Die strafrechtliche Relevanz von Sportverletzungen

Strafrecht und Rechtsphilosophie in Geschichte und Gegenwart

Herausgegeben von Wolfgang Schild

Band 3

PETER LANG

Frankfurt am Main · Berlin · Bern · Bruxelles · New York · Oxford · Wien

Lutz Hähle

Die strafrechtliche Relevanz von Sportverletzungen

Zur Problematik des Schutzes der körperlichen Unversehrtheit, insbesondere im Fußballsport

PETER LANG
Internationaler Verlag der Wissenschaften

Bibliografische Information der Deutschen Nationalbibliothek
Die Deutsche Nationalbibliothek verzeichnet diese Publikation in der Deutschen Nationalbibliografie; detaillierte bibliografische Daten sind im Internet über <http://www.d-nb.de> abrufbar.

Zugl.: Bielefeld, Univ., Diss., 2007

D 361
ISSN 1614-399X
ISBN 978-3-631-57499-7

www.peterlang.de

Vorwort und Danksagung

Die vorliegende Arbeit wurde im Jahre 2007 von der rechtswissenschaftlichen Fakultät der Universität Bielefeld als Dissertation angenommen. Der Tag der Disputation, bei der Herr Prof. Dr. Andreas Ransiek dankenswerterweise den Vorsitz führte, war der 06.08.2007.

Ein ganz besonderer Dank gilt meinem Doktorvater, Herrn Prof. Dr. Wolfgang Schild, der mir mit Rat und Tat bei der Entwicklung neuer themenspezifischer Gedankengänge zur Seite stand und mir gleichzeitig – obgleich bestehender konträrer Meinungslage in einigen Teilbereichen des dissertationellen Themenspektrums – die erforderliche Freiheit bei der Erstellung der Arbeit ließ. Es lässt sich als besonderes Glück bezeichnen, mit Herrn Prof. Dr. Schild einen Promotionsbetreuer gefunden zu haben, der nicht nur das hier behandelte Dissertationsthema selbst zu einem seiner zahlreichen wissenschaftlichen Schwerpunkte gemacht hat (und weiterhin macht), sondern – wie ich selber ebenso – dem allgemeinen Thema Sport und Strafrecht auch privates Interesse schenkt. So haben die verschiedenen beiderseitigen privaten und auch praktischen Erfahrungen auf dem Gebiet des Sports und insbesondere im Bereich des Fußballsports zu einem kritisch-konstruktiven und fruchtbaren Meinungsaustausch geführt, welcher die Arbeit bereichert hat.
Zugleich sei auch Frau Prof. Dr. Regina Harzer für die sehr zügige Erstellung des Zweitgutachtens gedankt, dessen Inhalt aufgrund eines durchaus hilfreichen Hinweises noch zur sinnvollen Modifikation der ursprünglich angedachten Dissertationsüberschrift geführt hat.

Konstruktive Anregungen für die Arbeit kamen zudem von Dr. Christoph Holtwisch, Christian Neuenhaus, Dr. Carsten Christmann, Helga Brüsten und Annette Brand, denen ebenso ein herzlicher Dank zukommt wie meiner Lebensgefährtin Ingrid Peltzer, deren stetige Hilfe auf allen Ebenen zum Gelingen der Arbeit beigetragen hat.

Ein ganz ausdrücklicher Dank geht an Herrn Dr. Peter Backes, der die grundsätzliche Idee der Durchführung der Promotion bei mir intensiviert und vorangetrieben hat und mir jederzeit seine Unterstützung hat zuteil werden lassen.

Abschließend möchte ich mich bei meinen Eltern bedanken, ohne deren langjährigen Beistand die Promotion nicht möglich gewesen wäre und denen ich diese Arbeit widme.

Mönchengladbach, im Oktober 2007 Lutz Hähle

Inhaltsverzeichnis

Abkürzungen

aA. anderer Ansicht

aaO. am angegebenen Ort

aE. am Ende

aF. alte Fassung

AK/Bearbeiter Alternativkommentar zum StGB

aM. anderer Meinung

AT Allgemeiner Teil

BGH Bundesgerichtshof

BT Besonderer Teil

d.h. das heißt

DÖV Deutsche Öffentliche Verwaltung

FS-Baumann Festschrift für Jürgen Baumann

FS-Engisch Festschrift für Karl Engisch

FS-Gallas Festschrift für Wilhelm Gallas

FS-Geerds Kriminalistik und Strafrecht. Festschrift für Friedrich Geerds

FS-Gitter Festschrift für Wolfgang Gitter

FS-Hirsch Festschrift für Hans Joachim Hirsch

FS-Honig Festschrift für Richard M. Honig

FS-Jescheck Festschrift für Hans-Heinrich Jescheck

FS-Arthur Kaufmann Festschrift für Arthur Kaufmann

FS-Kleinknecht Festschrift für Theodor Kleinknecht

FS-Lackner Festschrift für Karl Lackner

FS-Lenckner Festschrift für Theodor Lenckner

FS-Lorenz Festschrift für Werner Lorenz

FS-Roxin Festschrift für Claus Roxin

FS-Eb. Schmidt Festschrift für Eberhard Schmidt

FS-Spendel Festschrift für Günter Spendel

FS-Tröndle Festschrift für Herbert Tröndle

FS-Welzel Festschrift für Hans Welzel

GA Goldammer´s Archiv für Strafrecht

grds. grundsätzlich

hL. herrschende Lehre
hM. herrschende Meinung
idF. in der Fassung
idR. in der Regel
iVm. in Verbindung mit
iSd. im Sinne des/der
iSv. im Sinne von
JA Juristische Arbeitsblätter für Ausbildung und Examen
JR Juristische Rundschau
Jura Juristische Ausbildung
JuS Juristische Schulung
JW Juristische Wochenschrift
JZ Juristenzeitung
LK/Bearbeiter Leipziger Kommentar
MDR Monatsschrift für Deutsches Recht
mwN. mit weiteren Nachweisen
NdsRpfl Niedersächsische Rechtspflege
NJW Neue Juristische Wochenschrift
NK/Bearbeiter Nomos Kommentar zum Strafgesetzbuch.
NStZ Neue Zeitschrift für Strafrecht
ÖJZ Österreichische Juristen-Zeitung
OLG Oberlandesgericht
KritV Kritische Vierteljahresschrift für Gesetzgebung und Rechtswissenschaft
SchlHA Schleswig-Holsteinische Anzeigen
Sch/Sch/Bearbeiter Schönke/Schröder, Strafgesetzbuch - Kommentar
SchwZStr Schweizerische Zeitschrift für Strafrecht
SK/Bearbeiter Systematischer Kommentar zum Strafgesetzbuch
SpuRt Zeitschrift für Sport und Recht
VersR Versicherungsrecht. Juristische Rundschau für die Individualversicherung
VRS Verkehrsrechtsammlung
ZStW Zeitschrift für die gesamte Strafrechtswissenschaft
z.B. zum Beispiel

A) Einführung[1]

Die Ausübung von Sport erfreut sich großer Beliebtheit; sowohl innerhalb als auch außerhalb von Vereinen treiben Millionen von Menschen Sport, um einen Ausgleich und Ablenkung vom beruflichen Alltag zu finden, ihre Gesundheit zu fördern oder aus Freude am Spiel nach sportlichen Erfolgen zu streben. Der Sport ist jedoch nicht nur ein Weg natürlicher Ausdrucksmöglichkeiten, sondern er stellt ebenso ein riskantes Geschehen für die Gesundheit der Aktiven dar. Dies belegt schon die Häufigkeit der national registrierten Sportunfälle, welche sich auf ca. 1,5 bis 2 Millionen im Jahresschnitt[2] belaufen. Diese Statistik erfasst dabei sowohl Unfälle, die sich ohne jegliche Mitbeteiligung anderer Sportler ereignen, als auch solche, die auf körperliche Einwirkungen der jeweiligen sportlichen Kontrahenten zurückzuführen sind. Naturgemäß sind insbesondere die letztgenannten, fremdverursachten Unfälle aus strafrechtlicher Sicht erörterungswürdig, weil sich hier die Frage nach der Verwirklichung der Körperverletzungsdelikte stellt. Obgleich sich Rechtsprechung und Lehre bereits seit einiger Zeit mit dieser strafrechtlichen Sportverletzungsthematik befassen, konnten die mit ihr verbundenen strafrechtsdogmatischen Grundfragen bis zum heutigen Tage nicht einheitlich beantwortet werden.

I) *Umfang und Besonderheiten der Untersuchungsthematik*

In besonderem Maße umstritten ist die strafrechtliche Beurteilung von Verletzungen, welche sich die beteiligten Sportler speziell bei den körperkontaktreichen klassischen Mannschaftssportarten wie dem Fußball- oder Handballsport[3] gegenseitig zufügen.

Bei diesen, in hohem Maße praxisrelevanten Sachverhalten[4] ergeben sich in strafrechtlicher Hinsicht variantenreiche dogmatische Problemstellungen.

---

[1] §§ ohne Gesetzesangabe sind solche des StGB.
[2] Statistische Daten aus Gläser, ARAG-Auswertungsstelle für Sportunfälle unter www.ssg-ronsdorf.wtal.de/sportmedizin.html; vgl. auch die Angaben in Rössner, FS-Hirsch, S. 313. Nach Meiners, S. 4, zitiert in Zimmermann, VersR 80, 497, sind ca. 10% der in den Krankenhäusern der Bundesrepublik stationär behandelten Patienten beim Sport verletzt worden.
[3] Zu den relevanten Mannschaftssportarten gehören daneben auch der Hockey-, Basketball-, Wasserball- und Eishockeysport.
[4] Welche hohe praktische Bedeutung alleine der Fußballsport in Deutschland hat, lässt sich bereits dadurch belegen, dass der Deutsche Fußball-Bund (DFB) 2005 mit mehr als insgesamt 6,3 Millionen Mitgliedern mit Abstand der größte Dachverband des Deutschen Sportbundes (DSB) ist und diesem bundesweit 25.922 Fußballvereine mit 170.480 Mannschaften angeschlossen sind; statistische Angaben gemäß Mitgliederstatistik 2005 in DFB-Journal 3/2005, S. 100. Aus diesen Zahlen lässt sich folgern, dass ungefähr 83.000 regulär angesetzte Fußballspiele an einem Wochenende stattfinden, wobei Spiele von Freizeit-, Hobbymannschaften noch nicht berücksichtigt sind. Diese Angaben belegen, dass die abstrakte Wahrscheinlichkeit von gegenseitig beigebrachten Sportverletzungen alleine im nationalen Fußballsport exorbitant hoch ist und auch die juristische Thematik der Sportverletzungen eine entsprechende praktische Bedeutung in sich trägt. Die Anzahl auftretender Sportverletzungen ist naturgemäß sehr hoch. Im Jahre 1974 wurden ca. 92.000 Sportunfälle in allen dem Deutschen Sportbund eingegliederten Vereinen in der BRD versicherungstechnisch erfasst; siehe Fritzweiler, S. 8. 1978 waren es schon 113.002 Unfälle im organisierten Sport, siehe Erhebung der Landessportbundversicherer in Weisemann, S. 25; in den letzten Jahren beläuft sich die Anzahl registrierter Sportunfäl-

Maßgebliche Ursache hierfür ist der Umstand, dass es gemäß der charakteristischen Eigenart dieser Sportarten sehr häufig zu einem verletzungsrisikoreichen Körperkontakt zwischen den Sportlern kommt, welcher zudem von den jeweilig anerkannten Regeln der Sportart (zumindest) teilweise geduldet wird.[5] Zwar ist das vorgegebene wettbewerbsmäßige Ziel dieser Sportarten nicht die körperliche Beeinträchtigung des Kontrahenten[6]; aufgrund deren kämpferischen Charakters sind jedoch gegenseitig zugefügte Verletzungen unter den Sportlern eine geradezu übliche Erscheinung und direkte Folge der gemeinsamen sportlichen Ausübung.

Die tatsächliche Besonderheit dieser Sportarten liegt deswegen auch in der hohen Gefährdung für das Schutzgut der körperlichen Unversehrtheit aller Aktiven, hervorgerufen durch die regelmäßig vorkommenden, unmittelbaren und gegenseitigen körperlichen Einwirkungen der sportlichen Kontrahenten. Die Ausübung dieser Sportarten stellt sich demzufolge als wirkliche Risikohandlung der aktiven Sportler dar.

Genau dieser Umstand ist es auch, der eines der zu lösenden Hauptprobleme dieser strafrechtlichen Untersuchung offen legt, nämlich die generelle strafrechtsdogmatische Berücksichtigung riskanten und tatbestandserfolgsmitursächlichen Opferverhaltens.

Auf den Sport bezogen, wird u.a. zu diskutieren sein, inwiefern sich das riskante Sportteilnahmeverhalten des Verletzungsopfers auf eine mögliche Strafbarkeit des verletzenden Sportlers gem. §§ 223ff. auswirkt. Die im Zusammenhang mit der strafrechtlichen Sportverletzungsproblematik von Rechtsprechung und Literatur vornehmlich unter den Stichworten „sportspezifische Tatbestandsauslegung", „Einwilligung",

---

le nicht zuletzt aufgrund des Booms, den die Sportbranche seit einiger Zeit erfährt, in Deutschland auf ca. 1,5 - 2 Millionen im Jahresschnitt; siehe konkrete Zahlen bei Gläser, ARAG-Auswertungsstelle für Sportunfälle unter www.ssg-ronsdorf.wtal.de/sportmedizin.html. Bezieht man überdies ein, dass nur ein Bruchteil aller im Sport zugezogenen Verletzungen gemeldet und statistisch erfasst werden und dass z.B. der Anzahl von 1,5 Mio. Sportunfällen lediglich 0,5 Mio. registrierte Verkehrsunfälle mit Personenschaden (siehe Gläser, aaO.) gegenüberstehen, so wird man die enorme praktische Relevanz der Untersuchung von Sportverletzungen zur Kenntnis nehmen müssen. Auffallend ist in diesem Zusammenhang, dass der Anteil der Sportunfälle im Bereich des Fußballsports besonders hoch ist; dies ist aber, wie Gläser selbst zutreffend bemerkt, wohl weniger darauf zurückzuführen, dass der Fußballsport im Verhältnis zu anderen Sportarten besonders risikoreich ist, als vielmehr darauf, dass er, wie sich auch aus oben genannten Zahlen ergibt, die in Deutschland mit Abstand am häufigsten betriebene Sportart darstellt.

[5] Wie weit die Befugnisse des Einzelnen in Bezug auf den körperlichen Einsatz im Kampf um den Ball bzw. Puck reichen, hängt von den recht unterschiedlichen Regelbestimmungen der einzelnen Sportarten ab. So ist z.B. lediglich beim Eishockey und Hockey ein sog. Bodycheck erlaubt, beim Fußball das sog. korrekte Rempeln, beim Handball das Sperren des Gegners mit dem Körper auch ohne Ballbesitz und beim Wasserball das Untertauchen des ballführenden Gegenspielers; in Abweichung dazu stellt sich im Basketball nahezu jeder Körperkontakt als regelwidriges Verhalten dar.

[6] Insoweit unterscheiden sich die Mannschaftssportarten von den typischen Kampfsportarten wie Boxen, Judo, und Ringen, welche ein Kräftemessen im direkten Zweikampf und somit einen obligatorischen und institutionalisierten Körperkontakt vorsehen. Bei letzteren handelt sich um Einzelsportarten, die eine unmittelbare Konfrontation mit dem Gegner zum Ziel haben und deren Gewinner derjenige ist, der den körperlichen Widerstand seines Gegners vollends überwunden (wie durch einen „Knockout" beim Boxen) oder den Gegner niedergezwungen hat (wie beim sog. „Schultersieg" im Ringen) bzw. wer mittels Punktevergabe durch eine Jury zum besseren und stärkeren Kämpfer erkoren wurde.

„Risikoeinwilligung", „erlaubtes Risiko" und „Sozial- oder Sportadäquanz" vorgeschlagenen dogmatischen Erklärungsansätze werden dabei auf ihre Erfolgstauglichkeit hin zu untersuchen sein.[7] Des weiteren wird vorliegend der Beantwortung der Frage nach dem „ob" und „wie" einer konkreten (straf)rechtlichen Relevanz der geltenden und anerkannten Regeln der hier einschlägigen Sportarten und deren etwaiger Integrierung in einen zielführenden, praxisgerechten Lösungsansatz Bedeutung zukommen.

Einer genaueren dogmatischen Analyse werden vor allem auch die in den letzten zwei bis drei Dekaden zunehmend in den Blickpunkt der strafrechtlichen Wissenschaft gerückten Rechtsinstitute der „eigenverantwortlichen Selbstgefährdung" und der „einverständlichen Fremdgefährdung" bedürfen. Insbesondere letztgenannte Rechtsfigur gilt bis heute als eine der „ungeklärtesten Fragen der Fahrlässigkeitsdogmatik"[8] und bietet für Rechtsprechung und Wissenschaft noch „ein weites Feld für künftige klärende und konkretisierende Arbeit"[9]; u.a. hierzu soll die vorliegende Untersuchung unter vornehmlicher, aber nicht ausschließlicher Berücksichtigung der Sportverletzungsthematik einen Beitrag leisten.

II) Reichweite der „Autonomität des Sports"

Zunächst stellt sich die gelegentlich im Schrifttum aufgeworfene Grundsatzfrage, inwiefern überhaupt von einer allgemeinen Verbindlichkeit des Strafrechts im Sportbereich ausgegangen werden kann. In diesem Zusammenhang wird von einzelnen Autoren darauf hingewiesen, dass die strafrechtliche Sportverletzungsproblematik unter Umständen sogar vollends entfallen könne, wenn die Sanktionierung etwaiger Verletzungshandlungen im Sport den dafür vorgesehenen und eingerichteten nichtstaat-

[7] Aus strafrechtlicher Sicht weniger problematisch ist hingegen die Beurteilung von gegenseitig zugefügten Körperverletzungen, die bei der Ausübung körperkontaktloser Sportarten (dem sog. Sport „nebeneinander" oder auch sog. „friedlichen" Sportarten; vgl. weitere Formulierungen in Staudinger/Hager, Vor § 823ff. BGB, Rdn. 50) auftreten. Dazu gehören die meisten Individualsportarten wie z.B. Turnen, Leichtathletik, Golf, Reiten, Skifahren, Schlittschuhlaufen, Schwimmen, Segeln oder Wandern. Hierbei ist das Ziel der Betätigung nicht die Überwindung des Gegners und dessen Körper, sondern das leistungsmäßige Übertreffen der übrigen Teilnehmer durch bessere Lauf-, oder Fahrzeiten, Sprunghöhen, Wurfweiten etc. Dieser Art der Sportausübung ist per se eine Aktivität unmittelbar gegen den Körper des Kontrahenten wesensfremd, so dass eine bewusst eingegangene Risikohandlung der Sportler im obigen Sinne nicht besteht. Zwar kann es auch bei den sog. „nebeneinander" oder „parallel" Sporttreibenden zu gegenseitig beigebrachten körperlichen Beeinträchtigungen kommen wie etwaige Verletzungen, die z.B. durch die Kollision zweier Kurzstreckenläufer, Tänzer (siehe dazu OLG Hamm, NJW-RR 88, 1245), Schlittschuhläufer (siehe OLG Düsseldorf, VersR 94, 1484), durch den Treffer eines Golfballes an der Hand (siehe OLG Hamm, VersR 98, 67, und Storch, VersR 89, 1131ff.) oder durch den Körpertreffer eines auf der Stadionlaufbahn trainierenden Läufers durch einen vom Wind abgetriebenen Speer eines Speerwerfers (siehe dazu einen Artikel der Rheinischen Post vom 07.07.2003) herbeigeführt werden. Bei allen diesen genannten Verletzungen ergeben sich jedoch hinsichtlich der Untersuchung ihrer strafrechtlichen Relevanz im Ergebnis keine nennenswerten Unterschiede zu jenen Verletzungen, die sich außerhalb des Sportbetriebes ereignen.

[8] So schon Roxin, Gallas-Festschrift, S. 250; zustimmend Hammer, JuS 98, 785, (788); Wessels/Beulke, AT, Rdn. 190.

[9] Vgl. Roxin, NStZ 84, 412.

lichen Sportgerichten überlassen und auf diese Weise quasi eine „Autonomität des Sports“ anerkannt werde.[10]

In der Tat ist zu berücksichtigen, dass sich im Laufe der letzten Jahrzehnte eine sehr gut organisierte und funktionierende Sportgerichtsbarkeit entwickelt hat; insbesondere im Fußballsport findet durch die zahlreichen Sportgerichtsinstanzen, repräsentiert durch das DFB-Sportgericht[11], die jeweiligen Regional-, Verbands-, Bezirks- und Kreisspruchkammern bereits eine sportgerichtliche Sanktionierung etwaiger verletzungsursächlicher Fehlverhalten von Sportlern statt. Dies ändert jedoch nichts daran, dass neben der sportgerichtlichen Ahndung die strafrechtliche Ahndungsfähigkeit und somit die Zuständigkeit der staatlichen Verfolgungsbehörden auch im Sportbereich bestehen bleiben muss.[12] Selbst jene Autoren, die einer sportinternen Lösung durchaus Positives abgewinnen können, erkennen zutreffend, dass der grundgesetzlich abgesicherte Rechtsgüterschutz des Einzelnen letztlich dem Staate obliegt und daher jedenfalls die allgemeine Verbindlichkeit des Strafrechts zur Geltung kommen muss;[13] eine „Autonomität des Sports“ im Sinne einer vollständigen Verdrängung der staatlichen Strafrechtspflege ist daher nicht zu befürworten.

III) Abgrenzung zwischen strafbarer Körperverletzung und strafloser Sportbetätigung

Geht man von der allgemeinen Verbindlichkeit des Strafrechts auch für den Bereich des Sports aus, ist das Augenmerk auf eine weitere der Hauptaufgaben dieser Untersuchung zu legen: nämlich die akkurate Abgrenzung zwischen strafbarer Körperverletzung im Sport und strafloser Sportbetätigung.

Während auf der einen Seite dem Schutz der körperlichen Integrität des einzelnen Sportlers in hinreichender Weise Rechnung zu tragen ist, ist auf der anderen Seite das erhebliche gesellschaftlich-kulturelle[14] und sportlereigene Interesse an der sport-

---

[10] Diese Frage wird insbesondere von R. Schmitt, Schröder-Gedächtnisschrift, S. 236-243, diskutiert; vgl. auch die Ausführungen von Pfister, FS-Lorenz, S. 171ff.

[11] Siehe erläuternd zum Sanktionsverfahren der Sportgerichtsbarkeit im Profi-Fußballbereich die Ausführungen von Harzer, KritV 99, 114, (124).

[12] So im Ergebnis die allgemeine Auffassung; siehe beispielhaft Eser in JZ 78, 368; ebenso Buchberger, Die Überprüfbarkeit sportverbandsrechtlicher Entscheidungen durch die ordentliche Gerichtsbarkeit, S. 20ff.; Schroeder in Schroeder/Kauffmann, S. 41; Fritzweiler, NJW 2004, 989f. und Pfister, SpuRt 98, 221ff.

[13] R. Schmitt, aaO., zeigt plausibel die Vorzüge einer sportinternen Lösung auf, anerkennt jedoch schließlich auch die Letztverantwortung der staatlichen Strafrechtspflege; so im Ergebnis auch Schild in Sportstrafrecht, S. 122 und in Jura 82, 585ff., der zwar den Sportbereich als „rechtsentlassenen Raum“ (Unterfall des rechtsfreien Raums) betrachtet, jedoch die Frage, „ob die Praxis der Sportverantwortlichen [noch] rechtlich angemessen“ sei oder ob die eingeräumte Freiheit missbraucht werde, von staatlichen Instanzen zu beurteilen ist; nur diesen obliege die aufmerksame Beurteilung und Kontrolle der sportlichen und sportverbandsmäßigen Praxis. Zudem sei in „Fällen, in denen ein mit den rechtlichen Grundwertungen nicht mehr vereinbares gewalttätiges Handeln unter dem Anspruch, Sportausübung zu sein, vorliegt, [...] die strafrechtliche Verfolgung und Ahndung erforderlich“. Siehe hierzu die Ausführungen S. 108ff.

[14] Zur gesellschaftlich-kulturellen Bedeutung des Sports vgl. die Ausführungen Lauerbachs in Sport und Recht, S. 6ff., und Schilds in Sportstrafrecht, S. 20ff. und Jura 82, 464, (467ff.).

lichen Betätigung sowie die Bestandsfähigkeit der ebenso im staatlich-wirtschaftlichen[15] Sinne wertvollen klassischen Mannschaftssportarten zu berücksichtigen. Im Rahmen dieses Spannungsfeldes wird es – ungeachtet des oben benannten Bedürfnisses nach einem zugrunde zu legenden strafrechtsdogmatischen Lösungsansatz für das Sportverletzungsproblem - darauf ankommen, konkrete richtungsweisende Maßstäbe und Kriterien für eine sachgerechte und zielführende Abgrenzung zwischen strafrechtlich relevanten und strafrechtlich irrelevanten Verhaltensweisen im Sport zu entwickeln.

Zahlreiche Fallgestaltungen sind denkbar, in denen die Bejahung einer strafrechtlichen Haftung des verletzenden Sportlers nicht sachgerecht erscheint und demzufolge von einem nicht strafwürdigen Sportlerverhalten im obigen Sinne auszugehen ist: Praktisches Beispiel dafür ist das im Fußballsport durchaus übliche Rempeln eines Gegenspielers im Kampf um den Ball. Versähe man diese sportarttypische Handlungsweise mit dem Makel der Strafbarkeit, würde der rempelnde Fußballspieler ebenso strafrechtliches Unrecht begehen wie ein auf der Straße gehender Passant, der einen Mitbürger schuldhaft unvermittelt anrempelt (freilich vorausgesetzt in beiden Fällen kommt es beim Angerempelten zur Verwirklichung eines Körperverletzungserfolges, z.B. durch einen dadurch verursachten Sturz). Die körperkontaktreichen Mannschaftssportarten kämen auf diese Weise aufgrund der strafrechtlichen Abschreckung ohne Zweifel zum Erliegen, was sicherlich weder im staatlich-wirtschaftlichen und gesellschaftlich-kulturellen Sinne noch im Sinne der eigentlich zu schützenden Sportler selbst wäre.

Wie dieses Beispiel anschaulich zeigt, wird es – um der von keiner Seite gewollten Kriminalisierung des Sports entgegenzuwirken - erforderlich sein, einen nicht unerheblichen Anteil der verletzungserfolgsursächlichen Handlungen im Sport aus dem strafrechtlich relevanten Bereich zu „absorbieren".

So auch in den Fällen, in denen z.B. bei einem Fußballspiel im Anschluss an ein mit hoher Geschwindigkeit durchgeführtes Laufduell zweier gegnerischer Spieler, die sich beide darum bemühen als Erster den Ball mit dem Fuß zu spielen, der knapp schnellere Stürmer vom gegnerischen Abwehrspieler mit dessen Fußballschuh am Bein getroffen und verletzt wird. Außerhalb des Sports wäre ein solcher Fußtritt gegen den Körper einer anderen Person ohne weiteres als strafbare vorsätzliche (und ggf. sogar gefährliche) oder fahrlässige Körperverletzung gem. §§ 223, 224 I S.1 Nr.2 Alt.2, 229 aufzufassen. Im Rahmen des Fußballsports handelt es sich dabei hingegen um einen geradezu alltäglichen Vorgang bzw. um ein sog. „Allerweltsfoul" im Kampf um den Ball, dessen Begehung (nahezu) unstreitig kein strafrechtlich relevantes Unrecht darzustellen vermag. Diese Bewertung hängt vor allem auch damit zusammen, dass in diesen Fällen des Kampfes um den Ball die Beteiligten sowohl

---

[15] Erinnert sei in diesem Zusammenhang an die zahlreichen hohen staatlichen Fördergelder zugunsten der Landes- und Bundesverbände der jeweiligen Sportarten, aber auch an den wirtschaftlichen Stellenwert des Sportes generell. Insbesondere bei den Sportarten Fußball und Tennis stehen jährlich Geldsummen in zwei- bzw. dreistelliger Millionenhöhe im Raume. Der Sport als mächtiger Wirtschaftsfaktor in Deutschland bietet zudem etwa 700.000 Erwerbstätigen eine Beschäftigung und trägt mit ca. 17 Milliarden Euro rund 1,4 % zum Bruttosozialprodukt bei; siehe Gläser, ARAG-Auswertungsstelle für Sportunfälle unter www.arag-sportversicherung.de.

„potentielle Verletzer als auch Verletzte“[16] sind und der alternative Status der Sportler oftmals nur von Zufall und Sekundenbruchteilen abhängt.

Konträr dazu gibt es zahlreiche Sachverhalte, in denen es keine nachvollziehbaren Gründe gibt, den verletzungsursächlich handelnden Sportler aus der strafrechtlichen Haftung zu entlassen. Dazu gehören u.a. brutale Verhaltensweisen wie der vorsätzliche Tritt eines Stürmers beim Fußballspiel in das Gesicht des am Boden liegenden und den Ball haltenden gegnerischen Torwarts[17] oder eine beidbeinig gestreckte Grätsche mit hoher Geschwindigkeit gegen das Knie (!) des gegnerischen Spielers ohne die Möglichkeit den Ball zu spielen[18]. Auch andere Handlungen wie das vorsätzliche Nachtreten oder ein vorsätzlicher Ellenbogenschlag unmittelbar im Anschluss an einen sportarttypischen Zweikampf stellen Handlungen dar, die eine strafrechtliche Haftung auslösen können und regelmäßig keine strafrechtliche „Privilegierung“ unter dem dogmatischen Themenkreis der „Sportverletzung“ verdienen.

IV) Begriffliche Konkretisierung der „Sportverletzung“

Die „Sportverletzung“[19] als hier einschlägiger Untersuchungsgegenstand ist nach allgemeinem Sprachgebrauch eine körperliche Beeinträchtigung, die im Zusammenhang mit sportlicher Ausübung[20] auftritt.[21]

---

[16] So die treffende Anmerkung des BGH in Zivilsachen in VersR 75, 137, (138).

[17] Siehe die einschlägige Entscheidung des OLG Braunschweig, Nds. Rechtspflege, 1960, 233f., welche eine strafrechtliche Verurteilung des Stürmers zu einer mehrmonatigen Freiheitsstrafe auf Bewährung wegen gefährlicher Körperverletzung gem. §§ 223, 224 I S.1 Nr.2 Alt.2 zur Folge hat.

[18] Gemäß dem Urteil eines niederländischen Strafgerichts wurde der Fußballprofi Rachid Bouaouzan nach einem ähnlichen Foulspiel im Dezember 2004 in einem Profiligaspiel zwischen Sparta Rotterdam und den Go Ahead Eagles Deventer zu einer mehrmonatigen Freiheitsstrafe auf Bewährung und zur Verrichtung von 200 Stunden sozialem Dienst verurteilt; Quelle: Artikel der Rheinischen Post vom 09.08.2005.

[19] Vereinzelt wird statt des mehrheitlich verwendeten übergeordneten Terminus der Sportverletzung der des Sportunfalls angewandt; so Fritzweiler, S.1, der aufgrund der in anderen Rechtsgebieten feststehenden Unfallbegriffe, z.B. Verkehrs-, Arbeits- oder Dienstunfall, eine Parallele ziehen will; ebenso OLG Celle, VersR 80, 874.

[20] Der Begriff „Sport“ stammt selber ab vom lateinischen „deportare“ (wegtragen, fortschaffen) und den sich daraus entwickelten altfranzösischen und englischen Begriffen „desport“ (Vergnügen, Zerstreuung) und „to disport“ (sich zerstreuen bzw. die Zeit vertreiben).
Gemäß Sportbrockhaus, S. 444, ist unter „Sport“ jede Betätigung im Dienste körperlicher Beweglichkeit und spielerischer Selbstentfaltung zu verstehen, die sich an gewissen, nicht notwendigerweise exakten oder vollständigen Regeln orientiert. Nach Dölling, ZStW 96, 36, (37), handelt es sich um Sport bei Vorliegen körperlicher Betätigungen, die im allgemeinen nach gewissen Regeln ablaufen, im Wettkampf mit anderen ausgeübt werden und den Zielen der spielerischen Selbstentfaltung oder der Erbringung vorwiegend körperlicher Leistungen dienen. Mahling, S. 6, sieht im Sport jede Tätigkeit, die es dem Menschen ermöglicht, seine körperlichen Kräfte zu erhalten, zu messen, zu steigern und so seine geistig-körperliche Entwicklung zu fördern, wobei die Tätigkeit nicht als Ganzes dem normalen sittlichen Fühlen des Volkes widersprechen darf und die zugrunde liegenden Regeln die Anerkennung der staatlichen Sportaufsichtsverwaltung gefunden haben muss. Nach Hellgardt, S. 3f., genügt eine primär körperliche und erlaubte Betätigung, die nach bestimmten Gesetzen, den Sportregeln, angelegt sein muss, wobei die zugrunde liegenden Motive vom Willen Höchstleistungen zu erbringen bis hin zur einfachen Entspannung reichen können, jedoch mit einer im weitesten Sinne zu verstehenden sportlichen Gesinnung in Einklang stehen müssen. Berr, S. 23, argumentiert, dass eine abstrakt-

Im Rahmen dieser Arbeit bedarf es jedoch einer restriktiveren Anwendung dieses Begriffes insofern, als dass die körperliche Beeinträchtigung „in unmittelbarem Zusammenhang mit der sportlichen Aktivität" zugefügt werden muss. Alle vor Beginn, in Halbzeit- oder Drittelpausen und nach Beendigung der Sportausübung[22] verursachten Verletzungen werden also mittels der Einführung dieses Korrektivs aus dem Bereich der Sportverletzung ausgeklammert.

Maßgebliches Argument hierfür ist, dass kein strafrechtlich relevanter Unterschied zwischen Verletzungshandlungen bestehen kann, die einerseits in sportlichen Spielruhen und andererseits außerhalb des Sports im alltäglichen Leben zugefügt werden. Beide Fälle sind gleichermaßen nach den allgemeinen strafrechtlichen Vorschriften als „normale Körperverletzung"[23] oder „einfache, alltägliche Körperverletzung"[24] zu

---

allgemeine Begriffsbestimmung des Sportbegriffs daran scheitert, dass die „Vielfalt sportlicher Verhaltensmodalitäten" zu groß sei und nicht mittels möglichst knapper Definition erfasst werden könne. Von daher sei ein ganzer Katalog von 15 Einzelmerkmalen zu erstellen, die in der Gesamtheit einen Typusbegriff des Sports kreieren.
Ketteler, SpuRt 97, 73, kommt hingegen mit vier Merkmalen aus, nämlich der körperlichen Bewegung, dem Wettkampf- oder Leistungsstreben, dem Vorhandensein von Regeln und Organisationsformen sowie dem Erfordernis der Betätigung als Selbstzweck ohne produktive Absicht, welche je nach Erscheinungsform des Sports unterschiedliches Gewicht besitzen und auch Ausnahmen zulassen wie die Einschränkung des Leistungsprinzips beim Freizeit- und Breitensport oder das Zurücktreten der fehlenden produktiven Absicht beim Berufssport.
Betrachtet man diese Definitionsversuche im vergleichenden Überblick, ist es offensichtlich, dass der Sportbegriff zumindest einen (Begriffs-)Kern besitzt, über dessen Inhalt ein recht breiter Konsens besteht; nämlich dass es sich um eine körperliche Betätigung im Sinne einer spielerischen Bewegung handeln muss, die als solche erlaubt ist und sich nach gewissen, nicht zwingendermaßen niedergeschriebenen Regeln richtet. Einer genaueren, begrifflich präziseren Begriffsbestimmung des Sports bedarf es im Rahmen dieser Untersuchung nicht, da der Untersuchungsgegenstand vorliegend auf die körperkontaktreichen, klassischen Mannschaftssportarten, die evidenterweise unter den Sportbegriff zu fassen sind, begrenzt ist. Siehe zum Sportbegriff auch Hellgardt, S. 3ff.

[21] In der Sportmedizin wird sie verstanden als eine Verletzung, die sich während einer definierten sportlichen Aktivität ereignet und die den Sportler daran hindert, mindestens an einem Wettkampf oder einer Trainingseinheit teilzunehmen bzw. als einmalige, äußere Gewalteinwirkung während des Sports, die zur Unterbrechung des sportlichen Bewegungsablaufes führt; siehe Renström, Sportverletzungen und Überlastungsschäden, S. 252 bzw. Wegner, Sportverletzungen, S. 29.

[22] Als Sportausübung in diesem Sinne ist nicht nur der von einem Sportverband organisierte Wettkampf zu sehen, sondern ebenso die einfache Trainingseinheit; siehe BGH VersR 76, 775, für ein Basketballtrainingsspiel. Gleiches gilt für die üblichen Aufwärmübungen noch vor Beginn des Trainingsbetriebes; siehe AG Bremen, NJW 2004, 1964 und NJW-RR 2004, 749ff. ebenso beim Basketballsport. Siehe ebenso OLG München, NJW-RR 90, 732 bei einem Fußballtrainingsspiel einer Stammtischmannschaft; vgl. auch OLG Celle, VersR 80, 874 und OLG Karlsruhe, VersR 78, 676. Entsprechendes gilt für ein sportliches Spiel aufgrund eines zufälligen Zusammentreffens gemeinsam an einem Bewegungsspiel interessierter Zeitgenossen, wie z.B. der Gruppe einiger Jugendlicher und Erwachsener bei einem barfuß und spontan durchgeführten Fußballspiel auf einer Schwimmbadwiese; vgl. BayObLG, JR 61, 72, (73).
Erfasst werden demnach alle unterschiedlich geprägten sportlichen Betätigungsformen, vom einfachem Amateursport, präzise dem Breiten-, Freizeit-, Schul- und organisierten und wettkampfmäßig ausgeübten Vereinssport auf der einen Seite bis hin zum Leistungs- und Profisport auf der anderen Seite.

[23] Entsprechend angewandter und naheliegender Ausdruck von Schöntag, S. 220.

[24] So Schild, S. 58.

behandeln.[25] Problematisch ist die Qualifizierung von Verletzungen, welche zwar während der sportlichen Ausübung, jedoch mittels sportatypischer Gewalthandlungen zugefügt werden, wie z.B. die durch einen Faustschlag oder Fußtritt eines Fußballspielers gegenüber einem Gegenspieler herbeigeführten Verletzungen.

Zu differenzieren ist in diesen Fällen zwischen a) Verletzungshandlungen, die vorgenommen werden, wenn sich das eigentliche sportliche Spielgeschehen in einiger Entfernung vom „Tatort" abspielt und b) Verletzungshandlungen, die sich im Kampf um den Ball oder im unmittelbaren Anschluss daran ereignen.

Hinsichtlich Fallvariante a) besteht eine deutliche Parallele zu der oben benannten Situation einer vor Beginn oder nach Beendigung des Sportes vorkommenden Verletzungshandlung; in beiden Fällen wird die verletzungsursächliche Handlung lediglich „bei Gelegenheit des Sportes" vorgenommen. Sie steht weder in unmittelbarem Zusammenhang mit dem sportlichen Spielgeschehen, noch trägt sie eine spielspezifische Bedeutung in sich. Insofern ist auch hier von einer vorab aus dem Anwendungsbereich der Sportverletzungsthematik herausfallenden „normalen Körperverletzung" auszugehen.

Anders in Variante b): Hier fällt die Verletzungshandlung sowohl in zeitlicher als auch in örtlicher Hinsicht mit dem spieltypischen Verlauf des sportlichen Wettbewerbs zusammen. In solchen Fällen ist angesichts des unmittelbaren Zusammenhangs zwischen Tathandlung und Spielgeschehen von einer untersuchungsrelevanten Sportverletzung auszugehen und im Einzelnen die Strafbarkeit des verletzenden Sportlers nach den zu erörternden Maßstäben zu prüfen.

Im Rahmen dieser Untersuchung sind Sportverletzungen daher zu definieren als körperliche Beeinträchtigungen, die sich Sportler untereinander in unmittelbarem Zusammenhang mit dem sportlichen Spielgeschehen zufügen.[26]

---

[25] Die Ansicht von Zipf, S. 85, der aufgrund der unmittelbaren Nähe zur Sportausübung die in Umkleidekabinen verursachten Verletzungen als Sportverletzung auffasst, ist demzufolge nicht teilbar; insoweit konsequent ist das (zivilrechtliche) Urteil des OLG Hamm, SpuRt 2000, 248, (249), das bei einer zugefügten Augenverletzung in einer Spielruhe keine Prüfung unter dem besonderen juristischen Blickwinkel der Sportverletzungen vornimmt.

[26] Zur Vermeidung von Wiederholungen ist darauf hinzuweisen, dass, wenn im weiteren Fortgang dieser Untersuchung allgemein von Sportverletzungen die Rede ist, lediglich solche gemeint sind, die in Ausübung der hier relevanten körperkontaktreichen Mannschaftssportarten auftreten.

B) Die Sportverletzung als strafbare Körperverletzung

Die Zufügung von Sportverletzungen kann sowohl das Strafdelikt der fahrlässigen Körperverletzung gem. § 229 als auch das der vorsätzlichen Körperverletzung gem. § 223 verwirklichen.[27] Da vorsätzliche Körperverletzungen bei den hier einschlägigen Mannschaftssportarten in der Praxis seltener vorkommen[28] und zudem in strafrechtsdogmatischer Hinsicht weniger Probleme aufweisen als fahrlässige Körperverletzungen, ist deren Erörterung im Rahmen dieser Untersuchung hinten anzustellen. Das Hauptaugenmerk liegt vielmehr zunächst beim Strafdelikt der fahrlässigen Körperverletzung gem. § 229.

Vorab sind jedoch die für beide Delikte identischen Voraussetzungen, nämlich die geschriebenen objektiven Tatbestandsmerkmale, in wörtlicher, teleologischer und historisch-systematischer Hinsicht auszulegen.

I) Objektive Tatbestandsmerkmale der (einfachen) Körperverletzungsdelikte

Es bedarf sowohl zur Verwirklichung der vorsätzlichen Körperverletzung gem. § 223 I als auch der fahrlässigen Körperverletzung gem. § 229 einer körperlichen Misshandlung oder alternativ einer Gesundheitsschädigung.

1) Begriffsbestimmung durch Rechtsprechung und Lehre

Eine Gesundheitsschädigung ist nach höchstrichterlicher Rechtsprechung das Hervorrufen oder Steigern eines, wenn auch nur vorübergehenden pathologischen bzw. krankhaften Zustands.[29] Sie liegt demnach vor, wenn im Einzelfall ein pathologischer Befund bejaht werden kann, wie z.B. eine Knochenfraktur, eine Distorsion, Luxation oder eine einfaches Hämatom, wobei die Beeinträchtigung nicht dauerhaft sein muss.[30] Es handelt sich demnach um eine mit medizinwissenschaftlichen Methoden akkurat nachprüfbare und daher juristisch ohne weiteres bestimmbare Tatbestandsvoraussetzung.

Als problematischer erweist sich das tatbestandliche Alternativmerkmal der körperlichen Misshandlung. Der BGH sieht hierin jede üble, unangemessene Behandlung, die entweder das körperliche Wohlbefinden oder die körperliche Unversehrtheit nicht nur unerheblich beeinträchtigt.[31]

---

[27] Zwar ist auch die Verwirklichung von Tötungsdelikten wie den §§ 211, 212, 222, 227 StGB im Rahmen sportlicher Betätigung nicht von vornherein ausgeschlossen, bilden sie jedoch aufgrund ihrer in der Praxis weit weniger relevanten Stellung, insbesondere bei den hier relevanten Mannschaftssportarten, nur am äußeren Rande den Gegenstand dieser Untersuchung. Hingegen wird gegen Abschluss dieser Ausarbeitung auch die Frage nach der Verwirklichung der gefährlichen Körperverletzungen gem. § 224 im Sportbereich zu erörtern sein.

[28] Siehe zu den Gründen, die diese Annahme belegen, die Ausführungen auf S. 226ff.

[29] BGH NJW 60, 2253; Tröndle/Fischer, (50. Aufl.), § 223, Rdn. 6.

[30] So schon RG DR 39, 365.

[31] So BGH 14, 269; Tröndle/Fischer, (50. Aufl.), § 223, Rdn. 3.

Insbesondere die juristische Erfassung und Konkretisierung des unbestimmten Rechtsbegriffs der Erheblichkeit bzw. Unerheblichkeit erweist sich als diffizil. Eine Konkretisierungshilfe bieten dabei die von der Rechtsprechung entschiedenen Fallgestaltungen, welche konkret die Auslegung des (Un-)Erheblichkeitsbegriffs betreffen. So werden (im außersportlichen Bereich) ein leichter Schlag mit einer morschen Holzplatte[32], ein heftiger Stoß vor die Brust[33] und ein leichter Tritt[34] als nicht (hinreichend) erhebliche körperliche Beeinträchtigungen qualifiziert.

Transferiert man diesen Wertungsmaßstab konsequent auf etwaige Handlungsweisen im Sport, so sind beispielsweise auch ein leichter Tritt im Fußballsport oder ein Stoß vor die Brust im Eishockey als unerhebliche körperliche Beeinträchtigungen aufzufassen.

2) Teleologische Aspekte

a) Sportspezifischer Erheblichkeitsmaßstab?

Schiffer[35] ist der Ansicht, bei Sportverletzungen habe hinsichtlich der Erheblichkeitsschwelle im Rahmen der Misshandlungsalternative ein speziell sportspezifischer Maßstab zu gelten. Mittels teleologischer Auslegung und kriminologischer Überlegungen komme man zu dem Ergebnis, dass erst dann eine körperliche Misshandlung anzunehmen sei, wenn die physische Beeinträchtigung des Sportlers solche Maße annimmt, dass dieser in unmittelbarer zeitlichen Abfolge nicht mehr in der Lage ist, seinen Sport mit gleicher Leistungsfähigkeit auszuüben.

Dieser Ansatz vermag aber nicht zu überzeugen. Zwar scheint auf den ersten Blick eine solche restriktive sportspezifische Auslegung des Erheblichkeitsbegriffs nicht abwegig zu sein. Insbesondere aus sportpraxisnaher Sicht erscheint es nachvollziehbar, eine körperliche Beeinträchtigung im Sport erst dann als erheblich zu kennzeichnen, wenn diese die zumindest vorübergehende Unfähigkeit der weiteren sportlichen Ausübung zur Folge hat. Die Konsequenzen dieser restriktiven Auslegung sind jedoch nicht hinreichend durchdacht. Schiffer berücksichtigt nicht, dass in den Fällen, in denen der Betroffene seine Sportart infolge der körperlichen Beeinträchtigung nicht mehr (mit gleicher Leistungsfähigkeit) ausüben kann, ohnehin schon die Voraussetzungen des tatbestandlichen Alternativmerkmals Gesundheitsschädigung gegeben sind. Ein medizinisch feststellbarer pathologischer Befund beim Betroffenen wird nämlich in diesen Fällen ohne weiteres stets bejaht werden können.

Schiffers restriktive Auslegung des Erheblichkeitsbegriffs in die Tat umgesetzt, hieße demnach, der Misshandlungsalternative bei Sportverletzungen jedweden eigenständigen Anwendungsbereich zu versagen. Sie würde vollends leer laufen zu lassen, da das Vorliegen des pathologischen Zustandes als Voraussetzung des Merkmals der Gesundheitsschädigung zwingendes Durchgangsstadium des Merkmals der körperli-

---

[32] Vgl. BGHR § 1, zitiert in Tröndle/Fischer, (50. Aufl.), § 223, Rdn. 4.
[33] Siehe OLG Köln, StV 85, 17.
[34] OLG Düsseldorf, NJW 91, 2919.
[35] Schiffer, S. 78f.; ähnlich auch Faller, Sport und Strafrecht, S. 58.

chen Misshandlung wäre. Die damit verbundene Entbehrlichkeit der tatbestandlichen Misshandlungs-alternative für den Bereich des Sports ließe sich indes nicht mit der gesetzgeberischen Intention der Gleichrangigkeit der beiden Tatbestandsalternativen der Körperverletzung in Einklang bringen.

Es gibt demnach also keinen nachvollziehbaren Grund, den Begriff der Erheblichkeit in anderer Weise anzuwenden als im nichtsportlichen Bereich. Einer „restriktiven Verschiebung" der Erheblichkeitsschwelle im Rahmen sportlicher Ausübung bedarf es folglich nicht. Vielmehr verbleibt für beide Tatbestandsalternativen im Rahmen der Beurteilung von Sportverletzungen ein eigenständiger Anwendungsbereich. Eine vergleichende Heranziehung der außersportlichen Rechtssprechungskasuistik im Bezug auf die Bestimmung des Erheblichkeitsbegriffs ist daher auch bei der körperverletzungstatbestandlichen Beurteilung von Sportverletzungen angezeigt.

b) Parallele zwischen Sportverletzung und ärztlichem Heileingriff?

Von Karding[36] wird erstmals die Frage aufgeworfen, ob nicht die ursprünglich von Stooß[37] für den ärztlichen Heileingriff entwickelte Behandlungstheorie analoge Anwendung finden könne auf die strafrechtliche Problematik der Sportverletzungen. Stooß vertritt den Standpunkt, dass die operative Behandlung durch einen Arzt bereits aus teleologischen Gründen nicht die geschriebenen objektiven Tatbestandsmerkmale der (einfachen) Körperverletzung erfüllen könne.

Zum einen sei eine Gesundheitsschädigung nicht zu bejahen, da der Arzt seinen Patienten nicht schädigen, sondern dessen Gesundheit wiederherstellen wolle. Zum anderen sei auch keine körperliche Misshandlung, also eine üble, unangemessene Behandlung festzustellen, da das ärztliche Tätigwerden eine „wohltätige Einwirkung"[38] auf den Körper des Patienten und daher jedenfalls angemessen sei.

Diesen Gedankengang von Stooß wenden Karding und später auch Burgardsmeier[39] sinngemäß auf Sportverletzungen mit der Begründung an, dass der Zweck des Sports, nämlich die Kräftigung und Gesunderhaltung des Körpers, durchaus mit der ärztlichen Heilungsintention korrespondiere; es mangele daher bei Sportverletzungshandlungen bereits an einem objektiv tatbestandsmäßigen Körperverletzungsverhalten.

Die Stichhaltigkeit dieser Argumentation erscheint schon von ihrem Ansatz her zweifelhaft, da ihr bereits eine entscheidende Fehlvorstellung zugrunde liegt. Zwar lassen sich der Zweck von sportlicher Tätigkeit und ärztlichem Heileingriff durchaus unter dem gemeinsamen Oberbegriff „Kräftigung und Gesunderhaltung des Körpers" zusammenfassen. Allerdings ist der in diesem Zusammenhang vorgenommene Zweckvergleich irreführend, weil dabei untaugliche Vergleichsgegenstände herangezogen werden. Nicht die strafrechtliche Relevanz der (durchaus gesundheitserhaltenden)

---

[36] Karding, S. 13.
[37] Stooß, S. 6
[38] Stooß, aaO.
[39] Burgardsmeier, S. 38.

abstrakten Sportausübung ist die untersuchungsrelevante Thematik, sondern die Strafbarkeit der konkreten Sportverletzung. Daher kann auch nur die Sportverletzung per se und nicht der Sport im Allgemeinen tauglicher und einschlägiger Vergleichsgegenstand sein.

Berücksichtigt man dies, so wird man feststellen, dass im Gegensatz zur abstrakten sportlichen Betätigung die konkret aus dieser Tätigkeit resultierende und für diese Untersuchung relevante Sportverletzung in keiner Weise eine wohltätige Einwirkung auf den menschlichen Körper darstellt, geschweige denn eine Gesundheitsförderung zur Folge hat.[40] Folgerichtig verbietet sich ein wirksamer Vergleich zwischen der ärztlichen Heilbehandlung und der meist schmerzhaften „Behandlung"[41], die z.B. einem Fußballer durch einen harten Fußtritt seines sportlichen Kontrahenten widerfährt.

Hinzu kommt, dass die Intention des Arztes und des sportlichen Kontrahenten in höchstem Maße differieren; während der Arzt bei Vornahme seiner konkreten Heilbehandlung ausschließlich das Wohlergehen des Patienten im Blick haben wird, wird der sportliche Gegner bei seiner verletzenden Einwirkung nicht das Wohlergehen des Kontrahenten, sondern (bestenfalls nur) den eigenen sportlichen Wettbewerbsvorteil im Sinn haben.

Auch das in diesem Zusammenhang von Karding und Burgardsmeier vorgebrachte Argument, dass die mit einer Sportverletzung verbundene positive Abhärtungswirkung beim Betroffenen und die Verminderung dessen künftiger Verletzungsanfälligkeit unter teleologischen Gesichtspunkten für die Annahme der Tatbestandslosigkeit der Sportverletzung spreche, kehrt sich gegen sich selbst. Ist der betroffene Sportler nämlich infolge der Schwere seiner zugezogenen Verletzung nie mehr in der Lage die entsprechende Sportart auszuüben, geht die vermeintliche Abhärtungswirkung dieser Einwirkung ins Leere. Darüber hinaus ändert auch eine mit der Sportverletzung (zudem nur zweifelhaft) verbundene Abhärtung des Sportlers nichts an der zunächst vorhandenen und objektiv feststellbaren Körperverletzung.

Festzuhalten ist demnach, dass der gedankliche Ansatz einer analogen Anwendung der Behandlungstheorie von Stooß auf Sportverletzungen einer kritischen Überprüfung nicht standhält.

---

[40] Siehe dazu auch Mahling, S. 12-18; Mletzko, S. 12f.; Vollrath, S. 8ff.; Vögeli, S. 84f.; Krähe, S. 12f; Füllgraf, VersR 83, 705, (706f.).

[41] Diese Formulierung ist angelehnt an die Ausführungen von Mletzko, S.13, der in diesem Zusammenhang vielleicht etwas überspitzt, aber einprägsam anmerkt, dass die Hiebe eines Boxers den Gegner nicht „behandeln", sondern misshandeln. Das gleiche mit umgekehrten Vorzeichen hatte bereits Stooß, S. 6, für den Arzt und seinen Patienten auf den Punkt gebracht.

c) Teleologische Reduktion der Tatbestandsmerkmale aufgrund staatlicher Sportförderung?

Auch nach der sog. objektiven Zwecktheorie[42] sind bei Sportverletzungen die objektiven Tatbestandsmerkmale der Körperverletzung stets zu verneinen, da in solchen Fällen das Strafgesetz seinem objektiven Zweck nach keine Anwendung finden dürfe.

Neben den Ausführungen von Lobe[43] zu den Grundlagen der objektiven Zwecktheorie ist es vor allem Zeiler[44], der in Anlehnung an themenentsprechende Ausführungen von Garraud[45] zum französischen Strafrecht argumentiert, dass der Staat nicht einerseits die generelle Sportausübung billigen und fördern, andererseits die dabei auftretenden Sportverletzungen mit schweren Strafen bedrohen könne.[46] Da die Willensäußerungen der staatlichen Gewalt als rechtsübergreifend einheitlich unterstellt werden müssten, liege in jeder staatlichen Unterstützung des Sports, z.B. durch den Bau von Sportplätzen und der Zurverfügungstellung von öffentlichen Mitteln, die hoheitliche Kundgabe, dass die gesetzliche Strafdrohung des Staates sich nicht auf die eigens geförderte Leibesübung beziehe. Prägnant formuliert Zeiler, dass derjenige, der „körperliche Tüchtigkeit will", auch die Gefahr von Verletzungen „mit in Kauf nehmen" müsse,[47] was insbesondere für den Staat selber gelte.

Diese Auffassung vermag jedoch kaum zu überzeugen, da deren zugrunde liegende Argumentation bereits auf falschen Prämissen fußt.[48] Schon die geäußerte „Idealvorstellung" der Einheitlichkeit der Willensäußerungen des Staates geht weit an der Realität vorbei, zumal keinesfalls davon ausgegangen werden kann, dass jede noch so kleine Änderung einer beispielsweise verwaltungsrechtlichen Vorschrift Einfluss haben kann auf die Auslegung strafrechtlicher Vorschriften. Genau diese Ansicht wird jedoch speziell im Hinblick auf den vom Staate aufgestellten Haushaltsplan vertreten, der, wenn er Mittel für den Sport vorsehe, auch die Straflosigkeit jedweder Sportverletzung zur Folge haben müsse.[49]

Ohne die zweifellos erheblichen dogmatischen Einwände gegenüber dieser Auffassung im einzelnen zu kennzeichnen, offenbart sich die Fehlerhaftigkeit dieser Ansicht schon mittels der einfachen Annahme, der Staat würde bei Finanzengpässen die wirtschaftlichen Förderungen für den Sport kappen. In diesem Fall hätte dieser Ansatz zur Konsequenz, dass Sportverletzungen bei guter staatlicher Kassenlage straffrei blieben, während ansonsten das Gegenteil der Fall wäre. Mit rechtsstaatlichen

---

[42] Dieser Ausdruck ist auf die Ausführungen von Mletzko, S. 13, zurückzuführen.
[43] LK/Lobe, (5. Auflage) S. 49f.
[44] Zeiler, DJZ 1926, 1604f.
[45] Die Ausführungen Garrauds werden von Zeiler, aaO., 1605, zitiert.
[46] In der Sache ähnlich Karding, S. 60ff.; Becker, DJ 1938, S. 1720; Vollrath, S. 35; vgl. dazu auch Schild, S. 33 mwN.
[47] Zeiler, aaO., S. 1606.
[48] Ebenso ablehnend Zipf, Einwilligung, S. 87; Mahling, S. 32ff.; Vögeli, S. 104ff.
[49] So Vollrath, S. 35.

Grundsätzen wäre eine solch geradezu willkürliche Auslegung und Anwendung strafrechtlicher Vorschriften nicht zu vereinbaren.

Selbst wenn man – was nicht der Fall ist[50] - die staatliche Förderung des Sportes als staatliche Anerkennung des Sportes deuten würde, wäre es wenig verständlich, weshalb dieser bloße Umstand (der staatlichen Sportförderung) im Ergebnis dazu führen solle, dass auch in Fällen schwerer Verletzungen wie in Fällen von Knochenbrüchen bereits die geschriebenen Tatbestandsmerkmale Gesundheitsschädigung und körperliche Misshandlung nicht erfüllt sind.[51]

Zum einen liegt diesem Gedankenansatz eine klassische Fehlvorstellung zugrunde, die in anderen Rechtsbereichen, insbesondere im Straßenverkehr, unter dem Schlagwort „Verwechslung von Betriebsbewilligung und Betriebshandlung" bekannt ist. So wie die generelle Zulassung zum Straßenverkehr (Betriebsbewilligung) nicht gleichzeitig die Rechtmäßigkeit jeder im Verkehr vorgenommenen Einzelhandlung (Betriebshandlung) bedeutet, so kann die Förderung des Sports (Betriebsbewilligung) nicht „automatisch" zur Rechtmäßigkeit (geschweige denn zur Tatbestandslosigkeit) jeder konkreten Sportverletzung (Betriebshandlung) führen. Zum anderen wird auch die der objektiven Zwecktheorie beigemessene Rechtsfolge nicht überzeugend begründet, zumal es zur Erreichung des von den Verfechtern dieser Theorie anvisierten dogmatischen Zieles, nämlich der verbindlichen Feststellung der Straflosigkeit aller Sportverletzungstäter, nicht schon der Verneinung der geschriebenen objektiven Tatbestandsmerkmale mittels einer teleologischen Auslegung bedarf.

Wie schon zum Teil bei jenen Autoren, die schon eine ärztliche Heilbehandlung per se nicht als tatbestandsmäßig auffassen (wollen)[52], so liegt auch hier die Vorstellung zugrunde, dass bereits der isolierten Bejahung der Tatbestandsmäßigkeit der Körperverletzung eine „moralische Wertung"[53] zuzuordnen sei. Dabei wird missachtet, dass es sich bei der Differenzierung zwischen Tatbestandsmäßigkeit und Rechtswidrigkeit lediglich um eine eigens mit dem juristischen Denken und der strafrechtlichen Arbeitsweise zusammenhängenden Methodik handelt und beide im Falle des jeweiligen Nichtvorliegens zur Rechtmäßigkeit des täterschaftlichen Handelns führen; für eine unterschiedliche moralische Wertung ist insofern kein Raum.

Eine teleologische Reduktion der objektiven Tatbestandsmerkmale der fahrlässigen und vorsätzlichen Körperverletzung ist demzufolge bei Sportverletzungen nicht vorzunehmen.

---

[50] Siehe dazu die Ausführungen im Rahmen der Erörterung des Rechtsinstitutes des „erlaubten Risikos" auf S. 106ff.
[51] Ebenso Mletzko, S. 13f.
[52] Siehe Tröndle/Fischer, (50. Aufl.) § 223, 9a-d, zu der in diesem Themenbereich in Rechtsprechung und Literatur vorhandenen Meinungsvielfalt.
[53] Mletzko, S. 14.

3) Historisch - systematische Aspekte

Im Rahmen einer historisch-systematischen Auslegung der strafrechtlichen Körperverletzungsvorschriften hinsichtlich ihrer Anwendung auf Sportverletzungen ist zunächst erwähnenswert, dass die Frage, inwiefern beim Sport zugefügte Verletzungen die Straftatbestände der fahrlässigen oder vorsätzlichen Körperverletzung erfüllen können, bereits erstmals zu Anfang des 20. Jahrhunderts aufgeworfen wurde.[54]

In den Blickpunkt gerieten dabei die zu dieser Zeit noch gültigen und erst 1969 im Zuge der Großen Strafrechtsreform[55] aufgehobenen strafrechtlichen Zweikampfvorschriften, welche sich konkret in den §§ 201ff. a.F. wieder fanden und vom praktischen Anwendungsbereich her vor allem die verletzungsreichen und tödlichen Kämpfe zweier Duellanten mit Schusswaffen oder Säbeln umfassten[56]. Gem. § 207 a.F. waren alle im Zweikampf mit tödlichen Waffen zugefügte Körperverletzungen, welche mittels vorsätzlicher Übertretung der Zweikampfregeln zustande kamen, nach den allgemeinen Vorschriften über die Körperverletzung zu bestrafen. Im Umkehrschluss bedeutete dies, dass die allgemeinen Vorschriften keine Anwendung fanden, soweit die Regeln des Zweikampfes eingehalten wurden. Die gesetzgeberische Intention war es dabei sicherzustellen, dass die von der Gesellschaft bis dahin noch weithin praktizierten und anerkannten Duelle nicht den von §§ 211ff. und 223ff. vorgesehenen Strafandrohungen ausgesetzt wurden; den regelkonform agierenden Duellanten kam auf diese Weise in strafrechtlicher Hinsicht eine erhebliche Privilegierung zugute.

Von dieser Rechtslage ausgehend, wurde von Teilen der Literatur geschlussfolgert, dass gleiches analog für die klassischen Kampfsportarten wie Boxen und Ringen gelten müsse, da bei diesen Arten der Zweikämpfe nicht einmal der Einsatz von tödlichen Waffen zum Tragen komme und deshalb eine Straflosstellung daraus resultierender Verletzungshandlungen erst recht gerechtfertigt sei.[57] Nachdem sich das Schrifttum mangels der von § 207 geforderten Zweikampfeigenschaft der Sportkämpfe größtenteils gegen diese Analogie ausgesprochen hatte, bezog auch der Gesetzgeber Stellung, indem er 1933 dem 17. Abschnitt des StGB, den Straftaten gegen die körperliche Unversehrtheit, den § 226a[58] hinzufügte. In der Begründung des amtlichen Entwurfs von 1927, dem diese Vorschrift entnommen wurde, ist der ausdrückliche Hinweis enthalten, dass nunmehr Fragen von Verletzungen, die sich „z.B. aus sportlicher Betätigung" ergeben, „in einer dem Rechtsempfinden entsprechenden Weise strafrechtlich zu behandeln" seien.

Jener in diesem Zusammenhang befindliche Hinweis lässt erkennen, dass der Gesetzgeber a) die Frage der Strafbarkeit der Sportverletzung lediglich in dem Kontext der Körperverletzungsvorschriften im 17. Abschnitt und nicht in dem der Zweikampfvorschriften im 15. Abschnitt des StGB behandelt wissen will und b) die Sportverlet-

---

[54] So z.B. Karding, aaO; Burgardsmeier, aaO.; siehe zum Ganzen Jescheck, JZ 54, 108, (112f.).
[55] Siehe dazu BGBl I, S. 645.
[56] Vgl. auch Kubink, JA 2003, 257, (263); Mletzko, S. 16f.; Mahling, S. 27.
[57] So u.a. Frank und Olshausen, zitiert von Mletzko, S. 16, Fn. 25; Burgardsmeier, S. 38.
[58] Dieser ist sinnesgleich mit dem heutigen § 228.

zung, soweit sie von den bis dahin in der strafrechtlichen Diskussion behandelten klassischen Zweikampfsportarten wie Boxen und Ringen herrührt, als objektiv tatbestandsmäßige Körperverletzung qualifiziert, freilich vorausgesetzt, die objektiven Merkmale der Gesundheits(be)schädigung[59] und körperlichen Misshandlung sind alternativ oder gar kumulativ gegeben.

Mit seiner oben genannten Entwurfsbegründung zur Einführung des § 226a lenkt der Gesetzgeber den Blick eindeutig in Richtung der Einwilligung als etwaigen Strafausschlussgrund für Verletzungen infolge von Zweikampfsportarten. Argumente dafür, an die Erfüllung der geschriebenen objektiven Körperverletzungsmerkmale bei Sportverletzungen spezielle (sportspezifische) Anforderungen zu stellen, ergeben sich hieraus nicht.

Festgehalten werden kann daher, dass auch nach systematisch-historischen Gesichtspunkten ausschließlich die von der Rechtsprechung im außersportlichen Bereich aufgestellten, herkömmlichen Anforderungen an die Merkmale der Gesundheitsschädigung und körperlichen Misshandlung zu stellen sind.

II) Fahrlässige Körperverletzung - § 229 StGB

Der Straftatbestand der fahrlässigen Körperverletzung gem. § 229 setzt als fahrlässiges Erfolgsdelikt neben der Erfüllung der geschriebenen Tatbestandsmerkmale vornehmlich das Vorliegen der von der Rechtsprechung anerkannten Fahrlässigkeitselemente, nämlich der objektiven Pflicht- oder Sorgfaltswidrigkeit und der Vorhersehbarkeit des tatbestandlichen Erfolges, voraus[60].

1) Objektive Sorgfaltspflichtverletzung und Vorhersehbarkeit des Erfolges

Seit der Rechtsprechung des RG[61] und den einschlägigen Ausführungen von Engisch[62] ist dem Fahrlässigkeitsmerkmal der objektiven Sorgfaltspflichtverletzung eine eigenständige Funktion im Rahmen der Fahrlässigkeitsdogmatik neben dem Erfordernis der Erkennbarkeit der Tatbestandsverwirklichung bzw. bei Erfolgsdelikten der Vorhersehbarkeit des tatbestandlichen Erfolges zuzusprechen;[63] beide Elemente stehen nicht isoliert nebeneinander, sondern hängen vielfach voneinander ab bzw. sind miteinander verknüpft.[64]

Ein von jeher existierendes Problem der inhaltlichen Bestimmung der objektiven Sorgfaltspflichtverletzung liegt darin, dass in vielen Fällen gesetzlich nicht näher be-

---

[59] Gesundheits*be*schädigung lautete noch die damalige Gesetzesformulierung.
[60] RGSt 57, 172; 58, 130, (134); BGHSt 10, 369; 12, 75.
[61] RG 57, 172.
[62] Engisch, S. 360ff.
[63] Wessels/Beulke, AT, Rdn. 667; Tröndle/Fischer, (52. Aufl.) § 15, Rdn. 14; eine andere Ansicht vertritt Schroeder in LK, (10. Aufl.) § 16, Rdn. 157.
[64] Dazu im Einzelnen Tröndle/Fischer, (52. Aufl.) § 15, Rdn. 14; dezidiert auch Bohnert, ZStW 94, 68ff. und Rudolphi, JuS 69, 549ff.

stimmt wird, welches Verhalten in concreto als sorgfaltswidrig zu qualifizieren ist.[65] Bei der inhaltlichen Konkretisierung des maßgebenden Sorgfaltsmaßstabs wird oftmals danach gefragt, wie ein gewissenhafter und besonnener Mensch, der dem Verkehrskreis des Täters angehört, sich in der konkreten Situation verhalten hätte, um erkannte oder erkennbare Gefahren für ein bestimmtes Rechtsgut zu vermeiden.[66]

Die Rechtsprechung und andere Teile der Lehre weisen zumeist darauf hin, dass sich Art und Maß der anzuwendenden Sorgfalt aus den Anforderungen, die sich bei einer Betrachtung der Gefahrenlage ex ante[67] an einen besonnenen und gewissenhaften Menschen in der konkreten Lage und sozialen Rolle des Handelnden bilden, ergeben.[68]

Eine alleinige Anwendung dieser eher allgemeinen und offenen Maßstäbe erweist sich jedoch mitunter als äußerst diffizil und kann oftmals vermieden werden, da in vielen Lebensbereichen Regeln und Vorschriften existieren, die als hilfreiche Kriterien zur Konkretisierung eines einschlägigen Sorgfaltsmaßstabs herangezogen werden und insbesondere vor dem Hintergrund des verfassungsrechtlichen Bestimmtheitsgebotes von Strafgesetzen von Wichtigkeit sein können.[69]

Solch hilfreiche Anknüpfungspunkte stellen dabei oftmals Sondernormen, wie insbesondere (Gesetzes-)Vorschriften[70], Vertragswerke, Berufspflichten, oder allgemeine (nichtstaatliche) Bestimmungen, wie z.B. Unfallverhütungs[71]- oder Sicherheitsvorschriften, Richtlinien und verhaltensnormierende, Regeln dar.[72] Für den Bereich des Sports kommen dabei die jeweils geltenden Spiel- und Wettkampfregeln bzw. Sportregeln als eben solche Sondernormen in Betracht.

a) Rechtlicher Status der Sportregeln

Um die strafrechtliche Bedeutung der Sportregeln sowohl im Allgemeinen als auch im Konkreten analysieren und untersuchen zu können, ist es zweckmäßig, zunächst den rechtlichen Status der Sportregeln zu ermitteln. Da Sport in Deutschland, insbesondere die untersuchungsrelevanten Mannschaftssportarten verbandsmäßig betrieben werden, haben die unterschiedlichen Sportverbände, die ihrerseits in der Rechtsform des eingetragenen Vereins organisiert sind, ausführliche schriftliche Regelwerke zur ordnungsgemäßen Durchführung ihrer sportlichen Wettkämpfe formuliert. In allen Sportarten haben dabei die Sportregeln im Zuge der letzten Jahrzehnte zahlreiche Modifikationen erfahren, um den spezifischen aktuellen Entwicklungen der

---

[65] Konkrete Handlungsumschreibungen sind bekanntlich nur wenigen StGB-Normen, wie z.B. den §§ 315 b IV, 315c III zu entnehmen.
[66] Wessels/Beulke, AT, Rdn. 669; Roxin, AT, § 24, Rdn. 32; Burgstaller, S. 55.
[67] Speziell dazu BGH GA 69, 246.
[68] BGHSt 7, 307; 20, 315, (321); Jescheck, AT, § 55, I 2b.
[69] Dazu ausführlich Schroeder, JZ 69, 775ff.
[70] Klassische Fälle der sorgfaltspflichtkonkretisierenden Vorschriften sind das StVG und die StVO für den Bereich des Straßenverkehrsrechts.
[71] Vgl. Dallinger, MDR 51, 273, (274); 69, 194.
[72] Tröndle/Fischer, (50. Aufl.) § 15, Rdn. 16; Obergericht Kanton Bern, SpuRt 2001, 83; Donatsch in SchwZStR 90, 400ff.

jeweiligen Sportarten Rechnung zu tragen.[73] In diese konkrete stetige Weiterentwicklung der Sportregeln geht dabei der umfassende Sach- und Fachverstand der Verbände ein, welcher nicht zuletzt auf den umfangreichen und jahrzehntelangen Erfahrungen der einzelnen Verbandsverantwortlichen und Sportlern beruht. Insbesondere aufgrund dieser Sach- und Fachnähe der Verbände zu den eigenen Sportarten werden die Sportregeln bislang nicht von staatlichen Hoheitsträgern erlassen und sind von daher auch unstreitig[74] keine staatlichen Rechtsnormen, sondern „außergesetzliche Verhaltensregeln"[75].

Welche Normqualität den jeweiligen Regeln in concreto zuzuschreiben ist, hängt davon ab, ob die Sportverbände die entsprechenden Regelwerke in die eigene Vereins- bzw. Verbandssatzung integriert oder die Bezugnahme auf die Sportregeln in anderer Weise bewerkstelligt haben.

Die hier relevanten großen Verbände der klassischen Mannschaftssportarten, wie u.a. der DFB für den Fußballsport[76], verzichten auf eine unmittelbare Eingliederung der Sportregeln in die eigene Satzung und führen deren Verbindlichkeit durch eine Verweisungskette von Paragraphen herbei. Zu erklären ist diese Vorgehensweise damit, dass die Regeln dieser ja weltweit ausgeübten klassischen Mannschaftssportarten internationale Einheitlichkeit aufweisen[77], was die nationalen Sportverbände – eine unmittelbare Integrierung der Regeln in die eigene Satzung angenommen - bei den zum Teil jährlichen Sportregeländerungen turnusmäßig zu einer Satzungsänderung zwingen würde. Um eben dies zu vermeiden, hat z.B. der DFB festgelegt, dass gem. § 1 Nr. 1 seiner Spielordnung, auf welche die DFB-Verbandssatzung selber verweist, die in seinem Zuständigkeitsbereich stattfindenden Fußballspiele nach den Spielregeln der FIFA, dem internationalen Fußballverbund, durchzuführen sind.

Da die einzelnen Vereinsspieler ihrerseits keine Mitglieder des DFB sind, ergibt sich die Verbindlichkeit der Spielregeln für die Spieler nicht unmittelbar, sondern über eine Art „Kettenmitgliedschaft", da der DFB gem. § 13 Nr. 1 DFB-Satzung die Mitglieder der ihm unterstellten Landesverbände, also die einzelnen Vereine, verpflichtet

[73] Dazu gehören z.B. die vielfältigen (zum Teil) jährlichen Änderungen der Fußballregeln aufgrund der zunehmenden Professionalisierung und des stetig steigenden allgemeinen Interesses an der Sportart.
[74] Siehe Deutsch, VersR 74, 1045, (1048); Schild, S. 26; Grunsky, Haftungsrechtliche Probleme der Sportregeln, S. 8ff.; Fritzweiler, S. 75ff.; Heinze, JR 75, 288; Pfister, Festschrift für Gitter, S. 731f.; Marburger, S. 302.
[75] Looschelders, JR 2000, 265.
[76] So auch der DHB jeweils für den Handball- und Hockeysport (Abkürzung gleichlautend) und der DBB für den Basketballsport.
[77] Allerdings nimmt sich der DFB die Freiheit, im Anschluss an den unveränderten Wortlaut der jeweils 17 Regeln im offiziellen deutschsprachigen Fußballregelbuch spezielle „Anweisungen des DFB" abzudrucken, welche eine Auslegungshilfe und kommentarähnliche Erläuterung für den Schiedsrichter auf nationaler Ebene darstellen sollen; zur Klarstellung: es handelt sich dabei nicht um die Schaffung eigener oder neuer Regeln, welche ja im Wortlaut auch unangetastet bleiben, sondern nur um Klarstellungen des Regelwortlauts, welche zu einem einheitlichen Regelverständnis bei den Schiedsrichtern führen soll. Gleiches gilt für die Zusatzbestimmungen und Richtlinien der FIFA für Schiedsrichter, welche ebenso im Anschluss an die jeweiligen 17 Regeln abgedruckt sind.

hat, in jeweils ihren Satzungen deren eigene Mitglieder, also die Spieler selbst, an die Satzung und die Ordnungen des DFB zu binden.[78]

Für den Rechtsstatus der Fußballregeln lässt sich damit feststellen, dass diese angesichts der vom DFB lediglich in der Spielordnung vorgenommenen Verweisung auf die international geltenden FIFA-Regeln jedenfalls nicht den Rang nationalen privatrechtlichen Satzungsrechts innehaben, sondern vom Rechtscharakter her allenfalls mit der Spielordnung des DFB - einer sog. Vereinsordnung[79] - auf einer Stufe stehen kann. Es dürfte demnach die normative Einstufung des Fußballregelwerkes als untersatzungsrechtliche Vorschrift oder als Vereinsordnung zutreffend sein.[80] Privatrechtliche Satzungsqualität ist den Fußballregeln allenfalls unter internationalen Gesichtspunkten zuzusprechen, wenn man sie als Bestandteil der FIFA-Satzung, also der Satzung eines privaten internationalen Verbandes, versteht. Gleiches gilt im Übrigen entsprechend für die Regeln der anderen klassischen Mannschaftssportarten[81], welche ebenfalls vom jeweils übergeordneten internationalen Weltverband vereinheitlicht werden und deren nationale Geltung durch eine in der Satzung vorgenommene Verweisung des jeweiligen Bundesverbandes sichergestellt wird.

Im Ergebnis ist festzuhalten, dass die einschlägigen Sportregeln untersatzungsrechtliche Bestimmungen bzw. Vereinsordnungen von privaten nationalen Interessenverbänden im Bereich des Sports darstellen. Zudem sind sie als private, aber auch „überstaatliche" Vorschriften[82] zu kennzeichnen, da sie über nationale Grenzen hinweg allgemeine (weltweite) Anerkennung und Geltung erfahren. Insoweit ist zu konstatieren, dass die Größe des Geltungsbereiches der Sportregeln sogar denjenigen von (höherrangigen inner-) staatlichen Normen und Vorschriften mit lediglich nationaler Verbindlichkeit übertrifft. Die international geltenden Sportregeln stellen demnach für Sportler die bedeutende Ansammlung von privatrechtlich-verbindlichen Verhaltensanforderungen[83] im Rahmen der Durchführung sportlicher Wettbewerbe dar. Durch sie werden Rechte und Pflichten (Gebote und Verbote) der teilnehmenden Sportler im Rahmen des Wettkampfs konkret und detailliert formuliert. Als untersatzungsrechtliche Vorschriften oder Vereinssatzungen sind die Sportregeln damit ein entscheidender Anhalts- und Ansatzpunkt für die Konkretisierung der im Verkehr des Sports gängigen Verhaltensweisen.

b) Vollständige rechtliche Irrelevanz der Sportregeln?

Fraglich ist jedoch, ob die Sportregeln darüber hinaus auch insofern eine strafrechtliche Relevanz in sich tragen, als dass sie wie andere bereits obig benannte Sonder-

---

[78] Dazu auch Grunsky, S. 9ff.
[79] Zur rechtlichen Zulässigkeit von Vereinsordnungen siehe BGHZ 47, 172, (177).
[80] So auch Krähe, S. 58ff.; vgl. ebenso Vieweg, JuS 83, 825, (829).
[81] Siehe z.B. für den Handballsport die Ausführungen des OLG Köln, SpuRt 2003, 74, (76), OLG Frankfurt aM., NJW-RR 91, 418f. und LG Marburg, NJW-RR 88, 1243, (1244) zu den Internationalen Handballregeln. Vgl. für den Basketballsport und die offiziellen Basketballregeln des Internationalen Basketballverbandes BGH VersR 76, 775f.
[82] Vgl. Zipf, S. 93.
[83] Vgl. Dölling, ZStW 96, 36, (51f.).

normen[84] staatlichen Normen funktional gleichwertig sind oder zumindest als hilfreiche rechtlich relevante Kriterien, insbesondere zur Konkretisierung eines einschlägigen Sorgfaltsmaßstabs für den Bereich des Sports herangezogen werden können. Sowohl die Meinungen als auch die entsprechenden Begründungen in dieser Frage der rechtlichen Qualität und Relevanz der Sportregeln gehen in Rechtsprechung und Literatur weit auseinander.

Während die Rechtsprechung und der Großteil der Literatur die funktionale Gleichheit bzw. Gleichwertigkeit von Sportregel und Rechtsnorm[85] betont oder aber zumindest die Sportregeln als rechtlich relevante Kriterien[86] begreift, wollen einige Autoren[87] die Relevanz der Sportregeln auf das jeweils auszutragende Sportspiel reduziert sehen.

Allen voran vertritt Schild[88] (mittlerweile[89]) die These, dass den Sportregeln keinerlei rechtliche Relevanz zuzuschreiben sei. Dies gelte sowohl für die sog. konstitutiven Sportregeln, also jene Regeln, die eine Sportart erst als solche ausmachen, beschreiben und konstituieren[90] als auch für die sog. regulativen und strategischen Regeln[91], welche die Ziele, Rechte und Pflichten der Sportler ausloten und dabei insbesondere deren taktische Spielräume[92] definieren.[93] Da erstere den Zweck hätten, die

[84] Vertragsbestimmungen, Berufspflichten oder allgemeine Bestimmungen wie Unfallverhütungs- und Sicherheitsvorschriften.

[85] So OLG Düsseldorf, NJW-RR 2000, 1115; OLG Hamm, NJW-RR 92, 856; VersR 99, 461 und 1115; JR 98, 465; OLG München, VersR 77, 844, (845); NJW 70, 2297; OLG Bamberg in NJW 72, 1820f. LG Stuttgart, NJW-RR 88, 1241; AG Ettenheim, NJW-RR 92, 353; Niedermair, S. 131; Günter, S. 175; Nirk, NJW 66, 305, (306); Bydlinski, ÖJZ 55, 159.

[86] So BGH, VersR 76, 591f. und 775; JZ 75, 122, (123f.) = NJW 75, 109, (110f.) = VersR 75, 155, (156); NJW 2003, 2018; für das Strafrecht BayObLGSt 1961, 180, (182) = BayObLG, NJW 61, 2072f.; OLG Karlsruhe, JA 82, 266, (267); OLG Braunschweig, Nds. RPflege, 1969, 233, (234); NK/Paeffgen, § 228, Rdn. 103; SK/Horn, § 228, Rdn. 22; LK/Hirsch, § 226a, Rdn. 12; SchSch/Stree, § 228, Rdn. 16; Eser, JZ 78, 372; MüKo/Hardtung, § 228, Rdn. 34; Schmitt, S. 200ff.; Teichmann, JA 79, 295; Donatsch, SchwZStR 90, 411; Kretschmer, Jura 2000, 271; Weissenberger, S. 173; Gössel, BT, § 15, Rdn. 5; Fritzweiler, NJW 2002, 1014, (1017); Noll, S. 99f.; Rössner, S. 313, (323f.); Eser, JZ 78, 368, (374); Vögeli, S. 74; Günter, S. 118; Berr, S. 96; Burgstaller, S. 53f.; Roxin, AT, § 24, Rdn. 18; Ebert, JuS 99, 754,(759); Schroeder, S. 26ff.; Baumann/Weber/Mitsch, § 22, Rdn. 37; Roeder, S. 41f.; Maurach/Gössel/Zipf, § 43, Rdn. 58; Pfister/Steiner, S. 77; Treuer, 31f.; Scheffen, NJW 90, 2658, (2659); Kühn, S. 35; Grunsky, S. 15ff.; Nürck, S. 278; Haft, BT, § 223, 3.); Vieweg, JuS 83, 825, (829); Dölling, ZStW 96 (1984), 36, (49).

[87] Schild, Sportstrafrecht, S. 51ff.; so auch Sengle, S. 7f.

[88] Siehe Schild, S. 37ff.

[89] In seinen Ausführungen in Jura 82, 585, (588) formuliert Schild, dass die Regeln "nicht ohne jede Relevanz für die rechtliche Beurteilung" sein können. Allerdings verweist er darauf, dass die Regeln vor allem für die Definition dessen benötigt würden, was überhaupt noch als „Sport" aufgefasst werden kann.

[90] Dazu gehören die einfachen Grundregeln, die den eigentlichen Rahmen der Sportart bilden und z.B. die Bedingungen für den Aufbau des Spielfeldes, die Spielutensilien und die Spielgeräte zum Inhalt haben.

[91] Dazu gehören einerseits die Regeln, die die Sportart lenken sollen, wie z.B. die jeweiligen Bestimmungen über verbotene Spielweisen, und andererseits jene etwas komplexeren Regeln, die sportartspezifische und spieltaktische Besonderheiten erfassen, wie z.B. die Abseitsregel im Fußball- und Eishockeysport oder die Zwei-Schritte-Regel im Hand- und Basketballballsport.

[92] In seinem Buch „Anpfiff", S. 238, differenziert der ehemalige Fußballnationaltorwart Harald (genannt Toni) Schumacher hinsichtlich der Komplexität der Regeln für den Fußballsport: „Fußball ist nämlich

sportliche Ausübung als Spiel überhaupt zu ermöglichen, und letztere, den dabei entstehenden Spielfluss in Gang zu halten, einen ordnungsgemäßen Ablauf des Wettkampfes sicherzustellen und die Chancengleichheit der Beteiligten zu gewährleisten, sei Schutzobjekt der Sportregeln das Spiel selber.[94]

Eine Verletzung der Sportregeln[95] bedeute daher „zunächst und wesentlich eine Spielstörung";[96] im Gegensatz dazu sei der Verstoß gegen staatliche Rechtsnormen eine Verletzung der rechtlich garantierten Ordnung des Zusammenlebens.[97] Rechtsnormen schützten den Freiheitsstatus der Personen, die sanktionierenden Sportregeln hingegen machten lediglich die Spielstörung insofern wieder gut, als dass der durch den Sportregelverstoß gewonnene Vorteil zurückgenommen bzw. durch einen nun zugefügten Nachteil aufgewogen wird.[98] So werde z.B. beim Fußballsport das Foul eines Spielers durch Freistöße oder Strafstöße, den sog. Standardsituationen, sanktioniert und dadurch das dynamische Geschehen erneut in Gang gelassen.[99]

In der Tat ist der Großteil der von Schild bis hierhin aufgezeigten Ausführungen ohne weiteres nachvollziehbar; insbesondere die Richtigkeit der Feststellung, dass den Sportregeln der Zweck zukommt, sowohl den generellen Rahmen für sportliche Wettbewerbe abzustecken als auch für Chancengleichheit und einen ordnungsgemäßen Ablauf zu sorgen, liegt auf der Hand; genau aus diesem Grunde sind die Sportregeln zu Recht darauf ausgelegt, etwaige Sportregelverstöße zu ahnden und dadurch entstandene Spielnachteile auszugleichen; zu beachten ist dabei, dass die regeltechnischen Sanktionen nicht nur die spieltechnischen[100] Strafen wie die von Schild im Besonderen genannten Standardsituationen umfassen, sondern auch die den einzelnen, individuellen Sportler betreffenden persönlichen[101] Strafen, welchen eher eine Disziplinierungsfunktion zukommt.

---

ein einfacher Sport mit simplen Spielregeln: 20 Feldspieler, zwei Torhüter, ein Ball, ein Schiedsrichter. Der Ball soll ins gegnerische Tor geschossen werden. Das war's. Die Abseits-Regeln sind [hingegen] ein Kapitel für sich."

[93] Schild, S. 38f., mit Verweis auf die Ausführungen von Digel und Güldenpfennig.

[94] Schild, S. 52; ders., Jura 82, 585, (588); ähnlich auch Deutsch, VersR 74, 1045, (1048); Looschelders, JR 2000, 265, (270) und Schiffer, S. 96ff., (103), welche ebenfalls die besondere Zielrichtung der Sportregeln bei der Sicherung gleicher Wettbewerbsbedingungen und der Sicherstellung eines reibungslosen Ablaufs der sportlichen Tätigkeit erkennen; allerdings kommen infolge dessen weder Deutsch, Looschelders noch Schiffer zum Ergebnis der vollständigen (!) rechtlichen Irrelevanz der Sportregeln.

[95] Gemeint sind dabei nur die Verletzungen regulativer oder strategischer Sportregeln, da eine Verletzung der konstituierenden Sportregeln schon die konkrete Ausübung der speziell definierten Sportart als solche hindert.

[96] Schild, S. 43f.

[97] Schild, S. 44.

[98] Schild, S. 43f.

[99] Schild, S. 44.

[100] Zu den Spielstrafen gehören die Sanktionen, durch die der sportliche Wettkampf zum Nachteil der einen und zum Vorteil der anderen Mannschaft fortgesetzt wird; dazu zählen im Fußballsport der direkte und indirekte Freistoß sowie der Strafstoß.

[101] Persönliche Strafen richten sich direkt und unmittelbar gegen den regelwidrig agierenden Sportler; im Fußballsport sind dies die Verwarnung (gelbe Karte) und der Feldverweis (gelb-rote oder isoliert rote Karte). Die Bedeutung einer (isoliert) roten Karte geht im Übrigen sowohl im Profi- als auch im

Schild führt weiter aus, dass auch Regelverletzungen, die von den konkreten Sanktionsbestimmungen innerhalb der Sportregeln vorausgesetzt werden, zum Spiel dazugehören.[102] Wenn - wie in allen hier einschlägigen Mannschaftssportarten - solche Sanktionsregeln bestehen, sei die Verletzung der Sportregeln dem Spiel geradezu „immanent“[103]. Deswegen könne auch behauptet werden, dass die Regeln lediglich dazu da seien gebrochen zu werden, um dann zum Eingreifen der speziellen Sanktionsregeln führen zu können.[104] Die vom Regelwerk vorgesehene Sanktion gehöre auf diese Weise ebenso zum Spiel wie das regelkonforme Verhalten, was im Ergebnis sogar die Feststellung erlaube, dass „regelverletzende Verhalten[sweisen eigentlich] regelgerecht“ seien.[105] Aus dem bloßen Umstand der Vornahme einer sportregelwidrigen Handlung könne daher auch kein Rückschluss in Bezug auf eine rechtliche Konsequenz, die sich auf den Bereich außerhalb des Sportgeschehens erstreckt, gezogen werden.[106] Die Sportregeln seien nur bezogen auf das „Spielgeschehen in Raum und Zeit“ und damit als „rein sportinterne Verhaltens- und Sanktionsordnung“ aufzufassen, die nicht darauf ausgerichtet seien, die Rechtsverhältnisse der Spieler untereinander zu klären.[107] Jegliche rechtliche Relevanz sei den Sportregeln infolge dessen abzusprechen.

Diese These mag kritisch zu hinterfragen sein, sieht sie sich – wie gesehen - in dieser Absolutheit schließlich einer großen Mehrheit von gegensätzlichen Stimmen im Schrifttum und überdies der gesamten zivilrechtlichen und strafrechtlichen Rechtsprechung ausgesetzt.

Beizupflichten ist zunächst der Feststellung, dass sportregelverletzende Handlungen von Teilnehmern im Rahmen des Wettbewerbs keine Seltenheit sind und daher durchaus als regelmäßig vorkommende Vorgänge und bekannter Bestandteil des Sportspiels gekennzeichnet werden können. Aufgrund dessen sind innerhalb der jeweiligen Sportregeln stets einzelne Bestimmungen enthalten, die etwaige Sanktionen von Regelverletzungen vorsehen und auf diese Weise, wie Schild es zutreffend beschreibt, für Chancengleichheit und den weiteren Fortgang des Wettbewerbs sorgen. Zweifelhaft ist jedoch, ob in der Tat alleine aus den beiden genannten Umständen, nämlich a) der statistischen Häufigkeit und der daraus resultierenden Üblichkeit von Regelverletzungen und b) dem bloßen Vorhandensein von Sanktionsbestimmungen innerhalb der Sportregeln, geschlossen werden kann, dass die Regeln lediglich den

---

Amateurbereich über die des jeweiligen Fußballspieles hinaus, da diese mindestens eine Sperre von einem (DFB-Profibereich) bzw. zwei weiteren Spielen (Amateurbereich) zur Folge hat (Ausnahme im Profibereich: Regelverstöße oder besonders erhebliche Fehlentscheidungen des Schiedsrichters, wie z.B. eine Identitätsverwechslung des disqualifizierten Spielers).

[102] Schild, S. 44 und 49.

[103] Schild, S. 44; soweit, dass Regelverletzungen vom Regelwerk gewollt seien, geht Schild jedoch ausdrücklich noch nicht; vgl. auch Schild, Jura 82, 585, (589).

[104] Schild, S. 48f.

[105] Schild, S. 49.

[106] Schild, S. 53f.

[107] Schild, S. 52.

Zweck hätten „gebrochen" zu werden und Regelverstöße daher als immanente Bestandteile des Spiels eigentlich regelgerecht seien[108].

Alleine aus der bloßen Existenz von Sanktionsbestimmungen lässt sich allenfalls schlussfolgern, dass die (internationalen) Sportverbände bei der schriftlichen Fassung der jeweiligen Regeln die Intention verfolgen, alle etwaigen Eventualitäten in Form von denkbar fehlbaren Verhaltensweisen der Sportler zu erfassen und einer angemessenen spieltechnischen und/oder persönlichen Sanktion zuzuführen. Gegenstand dessen sind dabei selbstverständlich auch etwaige Verhaltensweisen, die einen sofortigen Ausschluss bzw. eine umgehende Disqualifikation[109] des Sportlers zur Folge haben, wie z.B. das Schlagen oder Treten eines Gegenspielers beim Kampf um den Ball. In solchen Fällen nur aufgrund des Umstands, dass die jeweiligen Regeln eine Disqualifikation für ein Spielerverhalten als Sanktion vorsehen, anzunehmen, dieses spezielle Verhalten sei dennoch als „regelgerecht" anzusehen, erscheint wenig einsichtig, zumal die Regeln selber auch für in hohem Maße kriminelle Handlungen, wie z.B. einem gezielten Faustschlag an den Kopf eines Kontrahenten, keine schwerere Sanktion als eine sofortige Disqualifikation kennt[110].

Schild verweist in diesem Zusammenhang darauf, dass eben solche gewaltsamen Verhaltensweisen gar nicht mehr als Spielhandlungen verstanden werden können, da durch ihre Vornahme die äußere Grenze des Sportspiels verlassen wird.[111] Dies mag in der Tat so gesehen werden können, ändert jedoch nichts daran, dass es sich auch in solchen Extremfällen - wie im Beispiel des Faustschlages - zunächst einmal um (wenn auch besonders grobe) Regelwidrigkeiten i.S.d. offiziellen Regelwerke der kontaktreichen Mannschaftssportarten handelt, die zudem eine sofortige Disqualifizierung des schlagenden Spielers zur Folge haben[112].

Dabei bleibt freilich die Richtigkeit von Schilds Feststellung, dass es sich im strafrechtlichen Sinne um eine „einfache, alltägliche Körperverletzung"[113] handelt, die keine strafrechtliche „Privilegierung" unter dem Gesichtspunkt der strafrechtlichen Sportverletzungsthematik verdient, unberührt.[114] Zu beachten ist auch, dass das von Schild ermittelte Zwischenergebnis, dass ein regelwidriges Verhalten eigentlich ein regelgerechtes Verhalten darstelle, nicht zwingend im wörtlichen Sinne zu verstehen

---

[108] So Schild, S. 44 und 48f.

[109] Sowohl im Fußball-, Handball,- Hockey- als auch im Basketballsport wird diese vom Schiedsrichter durch das Zeigen der Roten Karte nach außen dokumentiert.

[110] Verbandsmäßig ausgesprochene Sanktionen durch Sportgerichte und Spruchkammern bleiben hierbei außer Betracht.

[111] Siehe Schild, S. 58.

[112] Im Fußballsport ergibt sich dies aus Fußballregel 12, Feldverweiswürdige Vergehen, Unterpunkt 2 i.V.m. Nr. 3 und 5 der Anweisungen des DFB zu Regel 12; siehe den Abdruck von Fußballregel 12 in Anlage 1 ab S. 271.

[113] Siehe Schild, S. 58.

[114] Nach den bereits erzielten Ergebnissen dieser Ausarbeitung muss die konkrete körperliche Beeinträchtigung des Sportlers zumindest die Voraussetzungen einer Sportverletzung erfüllen und damit in unmittelbaren Zusammenhang mit dem sportlichen Spielgeschehen stehen. Anderenfalls handelt es sich bereits um eine „normale" oder „einfache, alltägliche", nach den allgemeinen strafrechtlichen Vorschriften zu behandelnde Körperverletzung; siehe dazu schon die entsprechenden Ausführungen auf S. 20ff. dieser Untersuchung.

ist, da sich dies ja schon rein begrifflich betrachtet ausschließt. Vielmehr steckt hinter der Wahl dieser kurzen, griffigen Formel offensichtlich der Versuch, die eigens vertretene These auf anschaulichem Wege zu untermauern; welche dergestalt ist, dass im Ergebnis kein rechtlich relevanter Unterschied darin liegen kann, ob es sich beim verletzungsursächlichen Sportlerverhalten um ein solches regelgerechter oder regelwidriger Art[115] handelt. Nur deshalb sind beide Fälle nach Ansicht Schilds auch gleichzusetzen.

Entsprechendes dürfte für die von Schild gewählte und zugespitzte Formulierung „[die Spielregeln seien] vorgesehen, damit sie gebrochen werden"[116] gelten. Auch diese Behauptung ist von ihrem reinen Wortlaut her kaum beipflichtenswert. Zum einen lässt sie sich kaum für die konstituierenden und die meisten strategischen Sportregeln aufrechterhalten, da hier die Beachtung der Regeln zumeist zwingende Voraussetzung für die Ausübung der konkret definierten Sportart ist. Zum anderen ist der Verstoß gegen die (regulativen) Regeln zwar ein durchaus übliches und daher vorhersehbares Ereignis, aber alleine deswegen noch nicht als eigentlicher Zweck derselben zu bezeichnen, zumal - wie schon erörtert - der Sinn und Zweck dieser Regeln vielmehr darin liegt, das sportliche Geschehen in geordneten Bahnen zu halten, die wettkampftechnischen Grenzen festzusetzen und für alle während des Wettkampfes denkbar eintretenden Einzelfälle eine Möglichkeit der Spielfortsetzung sicherzustellen.[117]

Wie schon angedeutet, spielt jedoch auch bei dieser Behauptung (Regelverstoß als Zweck der Regeln) weniger die wortlautmäßige Richtigkeit eine entscheidende Rolle, als vielmehr die von Schild hinter dieser zugespitzten Formulierung stehende Auffassung, dass die (mit den Sportregeln vermeintlich bezweckten) Verstöße gegen die Regeln eine reine sportinterne Bedeutung haben und es deswegen im rechtlichen Sinne keinen Unterschied ausmachen kann, ob es sich bei der Verletzungshandlung des Sportlers um ein regelgerechtes oder regelwidriges Verhalten handelt.

Die eigentliche Begründung für die Annahme einer rein sportinternen Bedeutung der Sportregeln und die damit verbundene vollständige rechtliche Irrelevanz der Regeln ist folglich auch nicht isoliert in den beiden genannten Kurzformeln wieder zu finden; vielmehr benennt Schild sie ausdrücklich an anderer Stelle, indem er darauf verweist, dass die von den Sportregeln ausgehende Schutzwirkung ausschließlich das Spiel selber betreffe, während die einzelnen Sportler bzw. deren Mannschaften nur insoweit geschützt seien, als es um die bloße Fortsetzung(smöglichkeit) der sportlichen

---

[115] Siehe die beiden Überschriften Schilds auf S. 53.

[116] Schild, S. 48f.

[117] Zu erwähnen ist in diesem Zusammenhang, dass es für den Schiedsrichter verbindliche Bestimmungen gibt, deren Sinn und Zweck ausnahmsweise nicht die Fortsetzung des sportlichen Wettbewerbs ist, sondern welche die genauen Voraussetzungen für das genaue Gegenteil, nämlich den Abbruch des Spiels, festlegen. Diese sind zumeist in den sportartspezifischen verbandsrechtlichen Vorschriften enthalten; so wird beispielsweise für den Westdeutschen Fußballverband in § 29 der Spielordnung bestimmt, dass u.a. folgende Gründe nach Ermessen des Schiedsrichters zu einem sofortigen Spielabbruch führen können: ein tätlicher Angriff eines Spielers auf den Schiedsrichter, die allgemeine Widersetzlichkeit der Spieler oder das Nichtbefolgen eines Feldverweises.

Tätigkeit geht.[118] Eine unmittelbare oder nur mittelbare rechtliche Schutzwirkung der Sportregeln zugunsten des individuellen Sportlers sei weder gewollt noch faktisch vorhanden.[119]

Genau hierin liegt der für die Frage der rechtlichen Relevanz der Sportregeln ganz entscheidende Gesichtspunkt, den es unter die Lupe zu nehmen gilt. Betrachtet man die Sportregeln als Gesamtes, fällt es schwer, auf den ersten Blick eine quasi übergeordnete Schutzwirkung zugunsten jedes einzelnen Sportlers auszumachen. Jedoch gibt es nach nahezu allgemeiner Ansicht innerhalb der Sportregeln einzelne Bestimmungen, hinter denen der konkrete Schutzzweck „Gesundheit der teilnehmenden Sportler" steht.[120] Insbesondere die Regelwerke der klassischen Mannschaftssportarten, bei denen körperlicher Kontakt und daraus resultierende Verletzungen von Kontrahenten nahezu obligatorisch sind, beinhalten regelmäßig Vorschriften zum Schutze der körperlichen Integrität und weisen gemäß ihrer jeweiligen typisch vorkommenden Gefahrensituationen entsprechende Schutzbestimmungen (Sportlerschutzregeln) auf.[121] Dadurch sollen die Sportregeln das kämpferische Element des Sportspiels mit dem notwendigen Schutz von Leben und Gesundheit der Spieler in Einklang bringen und verhindern, dass risikoreiches Spiel, Rohheiten und unsportliches Verhalten zu Verletzungen führen.[122]

Harzer weist zutreffend darauf hin, dass sich die Regeln selbst indes aus dem Verletzungsgedanken entwickelt haben, damit die Spieler keinen Schaden erleiden sollen.[123] So wie das präventive Strafrecht vermitteln daher auch die Sportregeln Schutz vor abstrakten und konkreten Gefährdungen und Verletzungen von Rechtsgütern.[124]

---

[118] Schild, S. 52 und 60.

[119] Schild; S. 60; in Jura 82, 585, (587) nimmt er diese Position in dieser Absolutheit noch nicht ein. Hier ist noch die Rede davon, dass das Schutzobjekt der Regeln „mehr" der Wettbewerb als solcher ist und „weniger" andere Gegebenheiten, wie die Unversehrtheit des gegnerischen Spielers.

[120] Siehe Grunsky, Probleme, S. 18, Fn. 35; Looschelders, JR 2000, 265, (270).

[121] So auch Fritzweiler, S. 76-82; ebenso Marburger, S. 302; Vieweg, JuS 83, 825, (829); Kretschmer, Jura 2000, 267, (270); Pfister, Gitter-Festschrift, S. 731, (734), Dölling, ZStW 96, 36, (51); aus dem Zivilrecht siehe Deutsch, VersR 74, 1045, (1051) und Palandt/Thomas, § 823, Rdn. 122; auf konkrete Beispiele aus dem Bereich der Fußballregeln wird im Rahmen der nächsten Abschnitte dieser Ausarbeitung eindringlich eingegangen. Konkret für den Handballsport siehe dazu OLG Köln, SpuRt 2003, 74, (75f.); OLG Frankfurt, NJW-RR 91, 418, (419); LG Marburg, NJW-RR 88, 1243, (1244f.). Für den Eishockeysport siehe NJW-RR 89, 727, (728) und Basketballsport siehe BGH VersR 76, 775.
Gleiches gilt zum Teil für Sportarten, die außerhalb des hiesigen Untersuchungsbereichs stehen. Für Squash siehe OLG Hamm, NJW-RR 91, 149; VersR 85, 296; OLG München, VersR 93, 237; für das Skifahren und zum Überblick über die einschlägige Rechtsprechung siehe OLG Frankfurt am Main, VersR 95, 544. Für den Tennissport siehe OLG München, NJW 70, 2297. Einen detaillierten Überblick über die entsprechenden Regeln der in der zivilrechtlichen Rechtsprechung bereits erörterten Sportarten liefert Steffen in BGB-RGRK, § 823, Rdn. 361.

[122] So zurecht BGH JZ 75, 122, (123) = NJW 75, 109, (111); wörtlich zitiert von OLG Frankfurt, NJW-RR 91, 418, (419).

[123] Harzer, KritV 99, 114, (118).

[124] Harzer, KritV 99, 114, (121).

Sogar Schild räumt ein, dass „zahlreiche Spielregeln [...] die Gesundheit der Spieler schützen“[125], diese „eindeutig als Schutzregeln aufzufassen“ sind[126] und die sportlichen „Verbände durch Änderung von Regeln das Verletzungsrisiko [der einzelnen Sportler] verringern“ wollen[127]. Dieser Feststellung ist vorbehaltlos beizupflichten. Ungeachtet dieser schlüssigen Erkenntnis bleibt Schild jedoch bei seiner Ansicht, dass die eingeräumte Schutzwirkung zugunsten der Sportler allenfalls als eine „Reflexwirkung“ wahrgenommen werden könne[128]. Zur Begründung führt er u.a. an, dass die Regeln von den Sportverbänden nicht als Kriminalisierungsparameter gebildet worden seien, somit auch weder die Rechtsbeziehungen der Spieler untereinander klären noch die rechtliche Relevanz eines Verhaltens festlegen sollen, sondern lediglich den Zweck haben, das sportliche Spiel zu regeln.[129]

Zuzustimmen ist dem insofern, als dass die Sportverbände bei der Schaffung und im Zuge der stetigen Änderungen von Sportregeln kaum das direkte Ziel verfolgen, die Strukturen etwaiger Rechtsverhältnisse der Sportler außerhalb des sportlichen Geschehens zu gestalten oder auszuformen. So weit dürfte der Blickwinkel der Verbände in der Tat nicht reichen;[130] von einer entsprechend vorhandenen Intention, welche die Schaffung von Kriminalisierungsparametern (mit rechtlicher Außenwirkung) zum Inhalt hat, ist daher nicht auszugehen.[131]

Darauf dürfte es jedoch bei der vorliegenden Betrachtung auch nicht ankommen. Von entscheidender Bedeutung bleibt alleine der Umstand, dass Teilen der Sportregeln - sowohl in objektiver Hinsicht als auch von den Verbänden so intendiert – die Funktion zukommt, die Unversehrtheit der Sporttreibenden zu gewährleisten. Soweit das Spiel als Schutzobjekt der Regeln angesehen wird, ist dies ohne Frage zutreffend, jedoch bleibt es nicht in diesem Sinne bei einer entsprechenden eindimensionalen Zweckausrichtung[132]. Vielmehr ist dem BGH beizupflichten, wenn er darauf verweist, dass die Sportregeln sowohl den Zweck verfolgen, die Eigenheiten des Spiels zu prägen, als auch „das dem Spiel eigene kämpferische Element mit dem notwendigen Schutz von Leben und Gesundheit der Spieler in Einklang zu bringen“ und dabei Verletzungen infolge von Rohheiten zu verhindern.[133]

Verkürzt ließe sich daher feststellen, dass sowohl dem Spiel als auch den Spielern die Schutzwirkung der Regelwerke zugute kommt. Einzuräumen und insofern in Ü-

---

[125] So Schild, S. 52 mit Verweis auf Looschelders, JR 2000, 265, (270); dezidiert zu den Einzelheiten siehe Pfister in Gitter-Festschrift, Schutzzweck von Sportregeln, S. 731ff.
[126] So Schild, Jura 82, 585, (587).
[127] Schild, S. 59.
[128] Schild, aaO, mit Verweis auf Sigler, Versuch, S. 25.
[129] Schild, S. 52 und 54.
[130] Dem Vortrag Schilds, S. 54, dass die vom Schiedsrichter ausgesprochenen sporteigenen Sanktionen keine Rechtsstrafen sind, ist daher ohne Zweifel beizupflichten.
[131] Viel zu weit geht daher der von Schild, S. 29, zitierte sportethische Ansatz von Gerhardt, welcher jeden Verstoß gegen eine Sportregel als Rechtsübertretung und daher „illegales Verhalten“ bezeichnet.
[132] In Jura 82, 585, (587) führt Schild an, dass das Schutzobjekt der Regeln „mehr“ der Wettbewerb als die Unversehrtheit des Gegners sei; von einer Ausschließlichkeit der Schutzausrichtung zugunsten des Spiels per se war hier noch nicht die Rede.
[133] BGH JZ 75, 122, (123); vgl. auch Vieweg, JuS 83, 825, (829).

bereinstimmung mit der früher so vertretenen Ansicht von Schild[134] ist dabei sicherlich, dass von den beiden genannten Intentionen die Durchführung des Sportspiels selber zunächst „im Vordergrund"[135] bzw. „im Zentrum"[136] steht. Jedoch ist es (nahezu) unbestritten, dass dies nicht auf Kosten der Gesundheit der teilnehmenden Sportler gehen soll und darf, was deshalb auch in erfolgreicher Weise durch die Ausformulierung der in den Regeln enthaltenen Verhaltensstandards sichergestellt wird.

Würden nämlich – wie Harzer zu Recht feststellt - die Sportregeln „den Schutz von Rechten nicht zum Grundsatz nehmen, läge eine Intervention durch staatliche Regelungen nahe"[137]. Da eine solche „normative" Intervention des Staates nicht geschehen ist, lässt dies in der Tat den Schluss zu, dass der von den Sportregeln ausgehende Individualschutz offensichtlich auch von staatlicher Seite aus für ausreichend erachtet wird.[138]

Da nach alledem die in den Regelwerken enthaltenen Sportlerschutzregeln objektiv geeignet sind, den Gesamtkomplex derjenigen Verhaltensweisen zu konkretisieren, die als spielordnungsgemäßes Verhalten zu verstehen sind, bilden sie auch die Grundlage für einen (im Detail sicherlich noch genauer zu bestimmenden) Maßstab, mittels dessen die (straf)rechtlich tolerierbaren Grenzen innerhalb des Sportbereichs ausgelotet werden können.

So sehen es im Ergebnis auch die ganz h.L. und die gesamte zivil- und strafrechtliche Rechtsprechung,[139] wenn zum Teil auch mit anderen argumentativen Erklärungsansätzen. Neben dem (auch) spielerschutzausgerichteten Zweck der Sportregeln lässt sich die positive rechtliche Relevanz der Sportregeln auch auf einen anderen Gesichtspunkt zurückführen, der insbesondere von Marburger aufgegriffen wird. Da die Sportler durch ihre Teilnahme zumindest konkludent die Inkaufnahme bestimmter Verletzungsrisiken erklären, beruht die rechtliche Bedeutung der Sportregeln nicht nur auf einem „Positivierungsakt des Normgebers", sondern auch darauf, dass die „Rechtsordnung [...] die Disposition des Einzelnen über seine Rechtsgüter

---

[134] Siehe Schild in Jura 82, 585, (587); vgl. ebenso Looschelders, JR 2000, 265, (270).
[135] Siehe Harzer, KritV 99, 114, (123).
[136] So Schild, Jura 82, 585, (588).
[137] So zutreffend und einprägsam Harzer, KritV 99, 114, (123) mit Blick auf die Fußballregeln.
[138] Vgl. auch Harzer, aaO.
[139] BGH, VersR 76, 591f. und 775; JZ 75, 122, (123f.) = NJW 75, 109, (110f.) = VersR 75, 155, (156); BayObLGSt 1961, 180, (182); OLG Düsseldorf, VersR 92, 841; NJW-RR 2000, 1115; OLG-Report Düsseldorf 1997, S. 268ff.; OLG Hamm, NJW-RR 92, 856; VersR 99, 461 und 1115; 85, 1072f.; JR 98, 465; MDR 85, 847; 97, 553f.; OLG München, VersR 77, 844, (845); OLG Bamberg, NJW 72, 1820f.; LAG Köln, VersR 85, 649f.; LG Stuttgart, NJW-RR 88, 1241; VersR 88, 600; AG Ettenheim, NJW-RR 92, 353; ; LK/Hirsch, § 226a, Rdn. 12; SchSch/Stree, § 228, Rdn. 16; MüKo/Hardtung, § 228, Rdn. 34; Palandt/Thomas, § 823 BGB, Rdn. 122; Staudinger/Hager, Vor § 823ff. BGB, Rdn. 55; Kühn, S. 32ff.; Niedermair, S. 131; Nirk, NJW 66, 305, (306); Burgstaller, S. 62; Ebert, JuS 99, 754,(759); Grunsky, S. 15ff.; Bydlinski, ÖJZ 55, 159; Kühn, S. 32ff.; Eser, JZ 78, 368, (372); Noll, S. 97ff.; Schmitt, S. 200ff.; Teichmann, JA 79, 295; Roeder, S. 41f.; Donatsch, SchwZStR 90, 411; Kretschmer, Jura 2000, 271; Weissenberger, S. 173; Fritzweiler, S. 76ff. und JZ 75, 109; Marburger, S. 302; Vieweg, JuS 83, 825, (829); Pfister, Gitter-Festschrift, S. 731, (734); Hellgardt, S. 83.

respektiert".[140] Da jeder Teilnehmende an einem, nach bekannten Sportregeln ausgetragenen Wettkampf, darauf vertrauen darf, den durch die Regeln bezeichneten Handlungsspielraum ausschöpfen zu können, kommt zumindest der Regeleinhaltung als haftungseinschränkendem oder gar -ausschließendem Kriterium eine rechtliche Bedeutung zu.[141]

Ebenso verweist Ebert (nicht zu Unrecht) auf die allgemein konsentierte Legalität der seit langem weit verbreiteten Sportarten wie dem Fußballsport, deren fixierte Regeln aufgrund der langjährigen staatlichen Duldung durchaus als Maßstab für die Rechtmäßigkeit der Sportlerhandlungen herangezogen werden könnten.[142] Derksen und Pfister verweisen auf das Grundrecht der Sportverbände zur autonomen Regelung ihres Tätigkeitsbereiches gem. Art. 9 I GG[143], ebenso Burmeister, allerdings i.V.m. den Grundrechten der einzelnen Sportler.[144]

In der Rechtsprechung wird zum Teil die Ansicht vertreten, dass den Sportregeln die gleiche Funktion zukomme wie im außersportlichen Bereich der StVO, was eine (rechtliche) Verpflichtung zur Einhaltung der Sportregeln zur Folge habe[145]. Teilweise wird eine sinngemäße Anwendung der Sportregeln aufgrund der „Natur der Sache" befürwortet[146]. Diese beiden Auffassungen der Rechtsprechung vermögen in dieser Form hingegen nicht zu überzeugen; insbesondere ist von einem deutlichen Rangunterschied zwischen den staatlichen Normen wie der StVO und den Sportregeln als privaten Vereinsordnungen bzw. untersatzungsrechtlichen Vorschriften auszugehen.

Zu präferieren ist vielmehr ein Ansatz, der die Sportregeln als private Verkehrs- oder Verhaltensnormen bzw. als private Sondernormen versteht, was sie z.B. mit den Deutschen Industrienormen (DIN) oder den VDI-Richtlinien vergleichbar macht.147 So wie letztgenannte Bestimmungen konkretisieren sie (als sportspezifische Verhaltensanforderungen) den Maßstab der im Verkehr (des Sports) erforderlichen Sorgfalt und stellen damit hilfreiche Kriterien zur Bestimmung von fahrlässigem Verhalten im. Sport dar,148 so dass ihnen im Ergebnis durchaus eine zumindest teilweise vorhandene (straf)rechtliche Relevanz bescheinigt bzw. attestiert werden kann

140 Marburger, S. 305.

141 Marburger, S. 307; Roeder, S. 42; Fritzweiler, SpuRt 97, 124; ähnlich BayObLGSt 61, 180, (183) = BayObLG, NJW 61, 2072f.; vgl. ebenso OLH Hamm, NJW-RR 92, 856; LG Nürnberg-Fürth, VersR 90, 96, (97); AG Ettenheim, NJW-RR 92, 353f.; mit anderen Begründungen aber gleichen Ergebnissen Harzer, KritV 99, 114, (123), wonach ein Spieler, der sich regelgerecht und sportlich verhält, nicht widerrechtlich handelt und Looschelders, JR 2000, 265, (271), der bei Einhaltung der Sportregeln keine rechtliche relevante Gefahrschaffung bejaht.

142 Ebert, JuS 99, 754, (759); anders wäre dies allenfalls zu sehen bei nahezu unbekannten, geradezu „exotischen" Randsportarten, deren Regelwerke nicht schriftlich fixiert oder nur rudimentär vorhanden sind und bereits aus diesen Gründen keine allgemeine Verbindlichkeit erfahren (können). Bei den untersuchungsrelevanten klassischen kontaktreichen Mannschaftssportarten ist zu berücksichtigen, dass deren Anerkennung sogar über den nationalen Rahmen hinweg unbestritten ist.

143 Derksen, SpuRt 2000, 143 und Pfister, Lorenz-Festschrift, S. 171ff.; vgl. dazu Schild, S. 34, Fn. 73.

144 Burmeister, DÖV 78, 1ff.

145 AG Ettenheim, NJW-RR 92, 353; ähnlich auch OLG Düsseldorf, NJW-RR 2000, 1115.

146 LG Nürnberg-Fürth, VersR 90, 96, (97); ähnlich OLG Hamm, NJW-RR 92, 856; VersR 99, 461.

147 So im Ergebnis auch Kretschmer, Jura 2000, 267, (270) und Marburger, S. 308f.

148 So u.a. BayObLG, NJW 61, 2072; OLG München, NJW 70, 2297; OLG Hamm, SpuRt 2000, 248; Schroeder, S. 26; Rössner, S. 313, (323f.); Eser, JZ 78, 368, (374); Reichert, S. 216ff.; Vögeli, S. 74;

c) Rechtliche Relevanz der Sportregeln bei außerverbandsmäßiger Sportausübung

Nicht unerwähnt bleiben darf dabei, dass eben jene Relevanz den anerkannten Sportregeln nicht nur bei den von den jeweiligen Sportverbänden organisierten Wettbewerben oder unterstützten Veranstaltungen[149] zuteil werden kann, sondern grundsätzlich auch bei jeglichen privat und freizeitlich ausgetragenen Wettkämpfen.[150] Dazu gehören sowohl privat ausgetragene Fußballspiele in der Halle[151], „Gaudispiele" von Stammtischfußballmannschaften[152], Freizeitspiele von Jugendlichen[153], Fußballtheken-[154] oder Betriebssportmannschaften[155], als auch barfuß auf der Schwimmbadwiese durchgeführte Fußballspiele[156] sowie einfache Trainingseinheiten von Amateursportlern[157].

In allen diesen Fällen ist – angesichts mangelnder gegensätzlicher Absprachen - von der stillschweigenden Übereinstimmung aller Beteiligten auszugehen, dass die vorgenommene Sporteinheit nach den jeweiligen feststehenden und bekannten Sportregeln der einschlägigen Sportart stattfinden.[158] Freilich ist dabei zu berücksichtigen, dass es insbesondere beim Freizeit- und Schwimmbadwiesenfußball oftmals zu Abweichungen einzelner konstitutiver und ggf. strategischer Bestimmungen des offiziellen Regelwerkes kommt, wie z.B. der Benutzungsbefreiung von Trikots und Schuhen, dem Spielen auf ein[159] oder gar kein Tor[160], der Abweichung der Feld- und Torgröße, dem Spielen ohne Torwart oder der Aufhebung der Abseitsregel.

Solche vereinbarten Regelmodifikationen ändern jedoch aufgrund der immer noch vorhandenen Erkennbarkeit der ausgeübten Sportart nichts an der Geltung und Aufrechterhaltung der wesentlichen konstitutiven und spielerschützenden Grundbestim-

---

Günter, S. 118; Berr, S. 96; Roxin, AT, § 24, Rdn. 18; Baumann/Weber/Mitsch, § 22, Rdn. 37; Maurach/Gössel/Zipf, § 43, Rdn. 58; Scheffen, NJW 90, 2658, (2659); Burgstaller, S. 53f. und ebenso Kühn, S. 35.

[149] Dazu zählen im Übrigen auch die sog. Freundschaftsspiele zwischen verbandsangehörigen Vereinen wie u.a. Spiele der sog. „Altherrenmannschaften".

[150] So die allgemeine Auffassung in der Rechtsprechung: siehe BayObLG, JR 61, 72, (73); für das Zivilrecht: BGH VersR, 76, 775 = NJW 76, 2161; OLG Zweibrücken, VersR 94, 1366; OLG Hamm in NJW-RR 92, 856; MDR 97, 553; VersR 99, 461 und 1115, (1116); OLG München, NJW-RR 90, 732; OLG Celle, VersR 80, 874; OLG Düsseldorf, NJW-RR 2000, 1116; LG Nürnberg-Fürth, VersR 90, 96f.; LG Köln, NJW-RR 86, 832.

[151] Siehe OLG Hamm, NJW-RR 92, 856.

[152] Siehe OLG München, NJW-RR 90, 732.

[153] OLG Düsseldorf, NJW-RR 2000, 1116; OLG Hamm, VersR 99, 461.

[154] Siehe LG Köln, NJW-RR 86, 832.

[155] OLG Hamm, VersR 99, 1115, (1116).

[156] Siehe BayObLG, JR 61, 72, (73).

[157] Siehe BGH VersR, 76, 775 = NJW 76, 2161 zur Relevanz der Sportregeln bei einem Basketball-Trainingsabend; vgl. auch OLG Celle, VersR 80, 874.

[158] So zu Recht die übereinstimmende Auffassung in der Rechtsprechung; vgl. dazu u.a. OLG Hamm, VersR 99, 461; OLG Düsseldorf, NJW-RR 2000, 1116; LG Köln, NJW-RR 86, 832.

[159] Vgl. OLG Düsseldorf, NJW-RR 2000, 1116.

[160] Vgl. OLG Hamm, VersR 99, 461.

mungen des Sportregelwerkes, wie insbesondere dem Verbot von Foulspielen (Regel 12 der Fußballregeln).[161]

Anderes kann nur gelten, wenn von den Teilnehmern – was in der Praxis unwahrscheinlich, aber theoretisch möglich ist – übereinstimmend diese spielerschützenden Bestimmungen entweder a) aufgehoben oder b) substanziell erweitert werden.

Hinsichtlich des erstgenannten Falles lässt sich feststellen, dass man ein Fußball- oder Handballspiel unter einverständlicher Aufhebung der Foulspielbestimmungen schwerlich noch als selbiges wird auffassen können, so dass eine verbindliche Anwendbarkeit der entsprechend verbleibenden Regeln hier wenig Sinn macht und ausscheidet. Im zweiten Falle bedarf es je nach vereinbarter Regelmodifikation einer genaueren Differenzierung: Schließt man beispielsweise im Vorhinein – wie es im niederländischen Hallenfußball üblich ist – einvernehmlich jedwedes Tackling (Beingrätsche) als regelgerechtes Handeln aus – so nimmt diese Modifikation der Regel Einfluss auf die in dem konkreten Sportverkehr geltenden Verhaltensanforderungen und somit auch auf den entsprechend anwendbaren Sorgfaltsmaßstab.

Bei einer vollständig verbindlichen Anwendbarkeit des Regelwerkes bleibt es jedoch z.B. in dem Fall eines Freundschaftsfußballspiels, bei dem im Vorhinein lediglich die lose Abrede besteht „nicht mit vollem Körpereinsatz zu spielen".[162] Hier mangelt es schon an einer für jeden Teilnehmer ausreichend bestimmten oder bestimmbaren Festlegung von konkret als regelwidrig zu kennzeichnenden Verhaltensweisen; insbesondere ist davon auszugehen, dass im Zweifel nicht der typische Kampfcharakter des Fußballspiels durch eine solche lose Abrede aufgehoben werden soll.

Es bleibt demnach festzuhalten, dass auch bei privat und freizeitlich ausgetragener Sportausübung die jeweiligen einschlägigen Regelwerke der Sportarten Anwendung finden, soweit in Ermangelung (konkreter) gegensätzlicher Absprachen die wesentlichen konstitutiven und spielerschützenden Regelbestimmungen verwirklicht werden. Der Umstand der fehlenden „Absegnung" der konkreten Wettkämpfe von Sportverbandsseite ändert dabei nichts an der vorhandenen objektiven qualitativen Eignung der Sportregeln als Sorgfaltsmaßstabskriterium, zumal die jeweilig ausgetragenen sportlichen Wettkämpfe auch im Rahmen privater Ausübung zumeist von äquivalenter kämpferischer Natur sind und mit zumeist ebenso großen immanenten Verletzungsgefahren für die Beteiligten verbunden sind[163].

Zu erörtern wird daher im Folgenden sein, inwiefern genau die Sportregeln sowohl bei verbandsmäßig organisierter als auch freizeitlich durchgeführter Sportausübung

---

[161] Vgl. Schild, S. 99.
[162] Siehe ähnlich OLG Hamm, MDR 97, 553, welches für das Zivilrecht die genannte Abrede nicht für ausreichend hält, um eine Umkehrung der Beweislast anzunehmen.
[163] Darauf verweist zurecht ausdrücklich das OLG Düsseldorf, NJW-RR 2000, 1116, wonach auch das freizeitliche Wiesenfußballspiel einzelner Kinder mangels abweichender Absprachen nach den offiziellen Fußballregeln zu beurteilen ist, da die „dabei praktizierte Spielweise, insbesondere der für das Fußballspiel typische Kampf um den Ball" im wesentlichen der bei zwei verbandsmäßig organisierten Mannschaften geübten Spielweise entspricht; ähnlich auch OLG Hamm in OLG-Report 98, 30, (31); vgl. dazu auch Grunsky, JZ 75, 109, (110).

eine Rolle bei der Bestimmung von fahrlässigem Verhalten im Sport spielen bzw. welche (straf)rechtliche Relevanz einerseits der Einhaltung und andererseits der Verletzung von Sportlerschutzregeln zufallen.

d) Rechtliche Relevanz der Einhaltung und Verletzung von Sportlerschutzregeln

Konkret wird zu hinterfragen sein, ob nicht die Einhaltung und Nichteinhaltung der Schutzregeln sogar sorgfaltswidrigkeitsausschließende bzw. –begründende Wirkung haben können, was eine differenzierte Prüfung erforderlich macht, welche auf folgende zwei Teilfragen hinausläuft:

Handeln a) diejenigen Sportler, die sich schutzregelkonform verhalten, auch zugleich sorgfaltsgemäß und b) jene, die sich konträr dazu regelwidrig verhalten, auch zugleich sorgfaltswidrig (jeweils im Sinne der strafrechtlichen Fahrlässigkeitsdogmatik)?

aa) Kongruenz von Sondernormkonformität und Sorgfaltsgemäßheit im außersportlichen Bereich?

Um den ersten Teil dieser Frage umfassend erörtern zu können, ist zunächst (exkursiv) der Fokus auf Sachverhalte außerhalb des Sports zu richten und zu eruieren, ob die Einhaltung von sorgfaltspflichtkonkretisierenden Sondernormen stets eine Sorgfaltspflichtverletzung des etwaigen Fahrlässigkeitstäters ausschließt.

Betrachtet man vergleichend die einschlägige Kasuistik der Rechtsprechung[164], so kommt man zu dem Ergebnis, dass es durchaus Einzelfälle geben kann, bei denen sondernormkonformes Verhalten nicht zum Ausschluss einer Sorgfaltspflichtverletzung führt. Aus Sicht der Rechtsprechung fallen darunter Fallgestaltungen, in denen die von einzelnen Sondernormen aufgestellten Voraussetzungen zwar erfüllt werden, dies jedoch zur Erfüllung der allgemeinen Sorgfaltspflicht noch nicht ausreichend ist.

So hat z.B. das OLG Köln eine Lehrerin der sechsten Schulklasse nach dem Ertrinken einer Schülerin wegen fahrlässiger Tötung gem. § 222 verurteilt. Für die organisierende Lehrerin einer Schulklassenfahrt an einen Baggersee sei zur Erfüllung ihrer Sorgfaltspflichten aufgrund der teilweise schlechten Schwimmfähigkeiten der Schüler noch nicht ausreichend, dass lediglich die Auswahl des Ausflugsziels den Richtlinien des Kultusministers für Schulwanderungen und –fahrten entspricht.[165] Aufgrund anderer amtlicher Schulpflichten seien in diesem Fall weitere Vorkehrungen zum Schutze der Schüler vor Ort erforderlich, wie z.B. das vorhergehende Erkunden des zum Schwimmen anvisierten Gewässers, das Mitnehmen von weiterem Aufsichtspersonal oder die vorhergehende Ausstellung von geeigneten Schwimmfähigkeitsbescheinigungen durch die Eltern der Schulkinder.

---

[164] BGHSt 4, 183, (185); RGSt 59, 341, (342); OLG Köln, NJW 86, 1947, (1948).
[165] OLG Köln, aaO.

Dieser Fall zeigt, dass die Einhaltung einzelner Sondernormen für sich alleine gesehen oftmals noch nicht ausreicht, um sämtlichen Sorgfaltspflichten zu genügen; insbesondere wichtige Rechtsgüter wie die Unversehrtheit von Leib und Leben werden in der geltenden Rechtsordnung häufig durch unterschiedliche Sondernormen, seien es formelle Gesetze, Verordnungen, Satzungen, einfache Regelbestimmungen, Amtspflichten oder Richtlinien, gleichzeitig und mehrfach geschützt.

Sind im konkreten Einzelfall, wie beispielsweise im Straßenverkehr die beiden Schutzbestimmungen eines 50 km/h-Tempolimits und eines Stoppschildes gem. § 41 II Nr. 1b und 7 StVO (Zeichen 274 und 206) an einer Straßenkreuzung, für einen Pkw-Fahrer zur gleichen Zeit einschlägig, genügt es zur Erfüllung der objektiven Sorgfaltspflicht nicht, lediglich die zulässige Höchstgeschwindigkeit einzuhalten.

Gleiches gilt ebenso, wenn der Regelungsgehalt der Sondernormen den gleichen Sachbereich betrifft, wie z.B. bei den Geschwindigkeitsvorschriften der StVO.

Während § 41 II Nr. 7 StVO (Zeichen 274) dem Verkehrsteilnehmer lediglich die bloße Einhaltung der zulässigen Höchstgeschwindigkeit vorschreibt, gibt § 3 I S.1-5 StVO überdies vor, dass die Fahrgeschwindigkeit den jeweiligen Umständen im Einzelfall, also Straßen-, Verkehrs-, Sicht- und Wetterverhältnissen, anzupassen ist.

Im Falle eines Unfalls mit Personenschaden führt demnach das alleinige Einhalten der Höchstgeschwindigkeit durch den Fahrer, insbesondere bei besonders engen Straßen, bei unmittelbar am Straßenrand spielenden Kindern oder bei starkem Regen- oder Schneefall im Einzelfall nicht zwingend zu einem Ausschluss einer Sorgfaltswidrigkeit.

Festzuhalten ist also, dass die Befolgung einer einschlägigen Sondernorm für sich alleine gesehen im Einzelfall jedenfalls nicht ausreicht, wenn zugleich gegen weitere ebenfalls einschlägige Sondernormen verstoßen wird.

Auf einen weiteren zu beachtenden Aspekt weist Bohnert hin.[166] Er ist der Ansicht, dass die objektive Sorgfaltspflicht einerseits und etwaige konkretisierende Sondernormen anderseits vom Grundsatz her getrennt betrachtet werden müssten und unabhängig voneinander seien.[167] Die Einhaltung von Sondernormen habe per se noch keinen sorgfaltswidrigkeitsausschließenden Charakter, da diese „allgemeiner“(!) seien als die objektive Sorgfaltspflicht. Bohnert bildet zur Erläuterung folgendes Beispiel: Bei einer „grünen“ Ampel gestatte der § 37 StVO das Überfahren der Kreuzung mit einem PKW. Überquere allerdings gleichzeitig eine gehbehinderte Greisin die Strasse, gehe die objektive Sorgfaltspflicht des § 229 als speziellere Regelung der Sondernorm vor.[168]

Diese Sichtweise erscheint durchaus nachvollziehbar, auch wenn es im Beispiel von Bohnert eines Rückgriffes auf die objektive Sorgfaltspflicht offensichtlich nicht bedurft

---

[166] Bohnert, JR 82, 6, (8f .); siehe auch Dencker, NStZ 83, 398, mit Anmerkungen zu Bohnert, aaO.
[167] Bohnert, JR 82, 6.
[168] Bohnert, JR 82, 6, (9).

hätte, da auch konkurrierende Sondernormen wie § 1 I und II StVO vorsehen, dass im Straßenverkehr gegenseitige Rücksicht zu nehmen ist und andere Verkehrsteilnehmer, wie im obigen Beispiel die Greisin, nicht durch vermeidbares Verhalten geschädigt werden dürfen. Ungeachtet dessen lenkt der Ansatz Bohnerts zu Recht den Blick auf die Problematik, ob und in welchen konkreten Fallgestaltungen die (bloße unkonkretisierte) objektive Sorgfaltspflicht des § 229 neben der Betrachtung und Einhaltung von Sondernormen eine eigenständige Bedeutung hat.

Im Ergebnis kann dies nur davon abhängen, welcher rechtlichen Materie der jeweilige Einzelfall zuzuordnen ist. Handelt es sich um einen rechtlichen Bereich, in dem ein von Sondernormen geschlossenes System vorherrscht, dessen Normdichte ein solches Maß annimmt, dass der von § 229 ausgehende Normbefehl „Wende die im konkreten Fall erforderliche Sorgfalt an, um niemanden an Körper und Gesundheit zu schädigen!“[169] vollends in diesem aufgeht, kann es auf die nach Bohnert isoliert zu betrachtende objektive Sorgfaltspflicht nicht mehr ankommen, da diese dann bereits integraler Bestandteil des einschlägigen Sondernormsystems ist.[170]

Liegt ein solches Sondernormsystem im konkreten Fall vor, kann vom Ergebnis her festgehalten werden, dass bei kumulativer Einhaltung aller einschlägigen Sondernormen eine Sorgfaltspflichtverletzung ausgeschlossen werden kann. Anders ist dies zu sehen, wenn der rechtliche Regelungsbereich des Einzelfalls eher der „sondernormarmen oder- freien Zone“ zugeordnet werden muss, da in solchen Fällen eine vollumfassende Konkretisierung der objektiven Sorgfaltspflicht und des Normbefehls des § 229 regelmäßig nicht gegeben ist.

Im Einzelnen ist dies jedoch abhängig von der charakteristischen Natur und der konkreten inhaltlichen Ausgestaltung der jeweiligen einschlägigen Sondernorm(en), so dass in dieser Hinsicht eine Einzelfallprüfung unentbehrlich ist.

bb) Kongruenz von Sportlerschutzregelkonformität und Sorgfaltsgemäßheit?

Für den Bereich des Sports stellt sich die Frage, ob schutzregelkonform agierende Sportler auch zugleich im strafrechtlich-fahrlässigen Sinne sorgfaltsgemäß handeln. Wendet man die im vorherigen Abschnitt gewonnenen Erkenntnisse entsprechend an, so ist festzustellen, dass dies maßgeblich davon abhängig ist, ob die Sportregelwerke ihrerseits den von § 229 ausgehenden Normbefehl vollumfänglich erfassen und in sich geschlossene Sondernormsysteme darstellen.

Bezüglich der entsprechenden qualitativen Eignung der Sportregeln hat insbesondere Schiffer[171] eine skeptische Haltung eingenommen. Es sei bedenklich, wenn die Sportregeln per se „über die Strafbarkeit des Sportlers“ entscheiden würden.[172] Bei

[169] Der von Bohnert, JR 82, 6, (8), benannte Normbefehl des § 229 „Handle so, dass Du niemanden an Körper und Gesundheit schädigst!“ geht angesichts seiner zu großen Reichweite über das Ziel hinaus.
[170] Zu den entsprechenden Anforderungen an technische Normen Lenckner in Engisch-FS, S. 496.
[171] Schiffer, S. 96ff.
[172] Schiffer, S. 96.

ihnen handele es sich lediglich um zurückhaltend anzuwendende Indizien, die nur einen relativen Wert bei der Beurteilung der strafrechtlichen Fahrlässigkeit hätten.[173] Deutsch[174] bestreitet, dass die Sportregeln eine ausreichend schützende Vorsorge vor den sporttypisch gefährlichen Vorkommnissen träfen.

Konträr dazu kommen, wie schon im Vorabschnitt gesehen, die Rechtsprechung[175] und eine Vielzahl von Autoren[176] zu dem Schluss, dass die Regelwerke der klassischen Mannschaftssportarten, bei denen körperlicher Kontakt und daraus resultierende Verletzungen von Kontrahenten obligatorisch seien, durchaus Vorschriften zum Schutze vor Verletzungen enthalten und gemäß ihrer jeweiligen typisch vorkommenden Gefahrensituationen entsprechende Schutzbestimmungen aufweisen.

Ihre Gegenauffassung untermauernd, verweisen Schiffer[177] und Deutsch[178] im Rahmen ihrer kritischen Auseinandersetzungen mit den Sportregeln insbesondere auf das Beispiel der Regeln im Fußballsport, nämlich das offizielle Fußballregelwerk der FIFA, welches lediglich einzelne Verbote vorsätzlicher Körperverletzung und ballferner Behinderung umfasse und deswegen allenfalls eine indizielle Bedeutung bei der Bestimmung von fahrlässigem Verhalten im Sport haben könne.

Diesem Urteil über die strukturelle Natur der Fußballregeln ist jedoch in dieser Form nicht beizupflichten, was zum großen Teil auf den simplen Umstand zurückzuführen ist, dass sich im Laufe der letzten (drei) Jahrzehnte das Regelwerk des Fußballs in mehrfacher Hinsicht verändert und unzweifelhaft an Professionalität und Strukturdichte hinzugewonnen hat. Beiden Autoren ist daher zugute zu halten, dass sich ihre Ausführungen aus den 70er Jahren auf einen zeitlichen Stand der Fußballregeln beziehen, der in dieser Form nicht mehr von Aktualität ist. Im Gegensatz zu dem von Deutsch und Schiffer gezeichneten Bild der Fußballregeln stellt sich das aktuelle Regelwerk der FIFA (und somit auch des DFB) in der Ausgabe von 2007/2008 durchaus als ein Normgebilde dar, welches von der Intention des Normgebers geprägt ist, die Gesundheit der teilnehmenden Sportler in erheblichem Maße zu schützen.[179]

---

[173] Schiffer, S. 103.

[174] Deutsch, VersR 74, 1045, (1047f.); wie schon gesehen, vertritt auch Schild, S. 60, die Ansicht, dass die Regeln in ihrer „Gesamtheit weder direkt noch indirekt [!] eine Schutzwirkung ausüben wollen und können"; er räumt jedoch ein (siehe S. 52 und 59), dass zahlreiche Sportregeln die Gesundheit der Spieler schützen und deren Verletzungsrisiko verringern sollen.

[175] BGH JZ 75, 122ff.; BayObLG, NJW 61, 2072; OLG München, NJW 70, 2297; OLG Hamm, SpuRt 2000, 248; Obergericht Kanton Bern, SpuRt 2001, 83, (84); LG Wien, NJW 66, 305.

[176] Fritzweiler, S. 76-82; Vieweg, JuS 83, 825, (829); Kretschmer, Jura 2000, 267, (270); Pfister, Gitter-Festschrift, S. 731, (734); Marburger, S. 302.

[177] Schiffer, S. 98f.

[178] Deutsch, aaO., (1048).

[179] Für die Fußballregeln ebenso ausdrücklich bejahend BGHZ 63, 140, (146f.) = BGH, JZ 75, 122ff.; BayObLG, NJW 61, 2072; OLG München, NJW 70, 2297; OLG Hamm, VersR 99, 461 und 1115; OLG Düsseldorf, NJW-RR 2000, 1115; LG Stuttgart, VersR 88, 600; AG Ettenheim, NJW-RR 92, 353f.; Marburger, S. 302; Grunsky, S. 17ff.; Burgstaller, S. 42; Harzer, KritV 99, 114, (118 und 121).
Freilich wird man dies, wie es Schiffer angemerkt hat, nicht von jeder einzelnen Bestimmung innerhalb des Fußballregelwerkes behaupten können. Dies schon deswegen nicht, weil eine Vielzahl der Regelbestimmungen solche konstitutiver oder strategischer Art sind. Erstgenannte befassen sich mit den

Konkret vor Augen geführt wird dies bei eingehender Betrachtung der zumeist in diesem Zusammenhang herangezogenen und bezuggenommenen Fußballregel 12, welche sich im Einzelnen mit den Arten des sog. verbotenen Spiels und des unsportlichen Betragens befasst. Detailliert werden hier sämtliche Regelverstöße in Form der möglichen verbotenen Spielweisen, insbesondere das Treten des Gegners und dessen Versuch, das Beinstellen und dessen Versuch, das Schlagen des Gegners und dessen Versuch sowie das Anspringen, Rempeln, Stoßen, Halten, das gefährliche und gewaltsame Spielen, die Laufbehinderung des Gegners und das allgemeine unsportliche Verhalten, katalogmäßig aufgeführt.[180] Es handelt sich dabei um sämtliche typische Verhaltensweisen im Rahmen der Ausübung des Fußballsportes, denen per se eine mittlere bis hohe Verletzungsgefahr für die betroffenen Gegenspieler anhaftet und deren Durchführung u.a. deswegen regeltechnisch untersagt sind.

Eine Schutzwirkung dieser Bestimmungen zugunsten der Gesundheit der teilnehmenden Sportler ist daher in Übereinstimmung mit der ganz h.M. anzunehmen. Da aber sämtliche obige regelwidrigen Verhaltensweisen zugleich zu einer für eine der beiden beteiligten Mannschaften nachteiligen Störung des Spiels führen und nachwirkende Verletzungen von Spielern sogar Wettbewerbsnachteile der jeweiligen betroffenen Mannschaften zur Folge haben, ist - wie zuvor schon ausgeführt – anzuerkennen, dass diese Bestimmungen in erster Linie (nicht jedoch ausschließlich) den Sinn haben, für einen chancengleichen Wettbewerb zu sorgen.[181]

Schild weist darauf hin, dass z.B. das gefährliche Spiel gem. Regel 12 Fälle erfasst, in denen die Gesundheit eines Spielers nicht der „eigentliche Schutzzweck" der Regelung ist.[182] So z.B., wenn ein Spieler durch ein riskantes Hechten nach dem Ball ins Spiel eingreift, während ein Gegenspieler in unmittelbarer Nähe steht und diesem hierdurch die Möglichkeit genommen wird den Ball zu spielen, ohne dabei eine erhebliche Verletzungsgefahr für den heranfliegenden Spieler heraufzubeschwören. Regelwidrig agierender Spieler ist in diesem Falle nicht der (potentiell) gefährdende

---

Grundvoraussetzungen des Fußballspiels wie der Größe des Spielfeldes (Regel 1), dem Ball (Regel 2), der Zahl der Spieler (Regel 3), dem Schiedsrichter und Schiedsrichterassistenten (Regel 5 und 6), der Dauer des Spiels (Regel 7), dem Beginn des Spiels (Regel 8) und der Torerzielung (Regel 10). Strategische Regeln sind die Bestimmungen über das Abseits (Regel 11) und die Spielfortsetzungen Freistoß, Strafstoß, Einwurf, Abstoß und Eckstoß (Regeln 13-17).
Für die anderen klassischen Mannschaftssportarten gilt dies entsprechend. Freilich unterscheiden sich die Regeln in ihrer jeweiligen Reichweite der Schutzwirkung; in Übereinstimmung mit Grunsky und mit dessen Worten (S. 19) formuliert, unterliegen die Regeln jedoch einem gemeinsamen „Grundmuster", welches die sportarttypischen Gefahren (z.B. Bodycheck oder Stockschlag im Eishockeysport) minimiert. Für den Handballsport zum gleichen Ergebnis kommend OLG Köln in SpuRt 2003, 74, (75f.); OLG Frankfurt, NJW-RR 91, 418, (419); siehe auch LG Marburg, NJW-RR 88, 1243, (1244f.). Für den Eishockeysport siehe OLG München, NJW-RR 89, 727, (728), für den Basketballsport BGH VersR 76, 775 und für den Tennissport OLG München, NJW 70, 2297. Siehe ebenso den detaillierten Überblick von Steffen in BGB-RGRK, § 823, Rdn. 361.

[180] Eine aussagenkräftige statistische Erhebung über die konkreten verletzungsursächlichen Handlungen beim Fußballsport liefert Wolf in seiner Untersuchung „Die Kriminalität bei Fußballspielen", S. 16-22. Danach kommen 69% der Sportverletzungen durch Fußtritte des Gegenspielers zustande, weitere 18% durch Faust- oder Handschläge und 13% durch sonstige Handlungen.

[181] Vgl. dazu die unterschiedlichen Formulierungen von Schild einerseits in Jura 82, 585, (587f.) und andererseits in Sportstrafrecht, S. 52 und 60. Ähnlich auch Harzer, KritV 99, 114, (123).

[182] Vgl. Schild, S. 52f.

Spieler, sondern jener, der sich, wie Schild zutreffend beschreibt, durch seinen Hechtsprung selbst gefährdet.[183]

Genau genommen müsste allerdings in diesem konkreten Fall konstatiert werden, dass auch hier, wenn auch unter anderen Vorzeichen, der Schutzzweck der Gesundheit der Spieler der Bestimmung zum gefährlichen Spiel gem. Regel 12 zugrunde liegt. Während sich jedoch in sonstigen einschlägigen Fällen der Regel 12 der „Regelbefehl" stets an den (Fremd-)Gefährdenden richtet (den Tretenden, den Schlagenden etc.), ist hier der Gefährdete als hechtender selbstgefährdender Sportler der Adressat der Regelbestimmung. Auch in diesem Fall ist daher der Schutzzweck der einschlägigen Regelbestimmung sowohl die Gesundheit des Sportlers (nämlich hier die des sich regelwidrig Selbstgefährdenden) als auch die Möglichkeit der Durchführung und Fortsetzung eines chancengleichen sportlichen Wettkampfes.

Ergänzt wird der Gefahrenschutz für die Spieler durch die in den letzten Jahren mehrfach modifizierte Regel 4 der Fußballregeln[184], welche sich mit den ausrüstungsspezifischen Sicherheitsvorkehrungen befasst und in der nunmehr die ausnahmslose Pflicht zum Tragen von Schienbeinschützern sowie das Verbot des Tragens sämtlicher selbst- oder drittgefährdender Gegenstände[185] niedergelegt ist. Angesichts der hier dargestellten und durch zahlreiche Beispiele belegten (mittlerweile) vorhandenen Dichte an unterschiedlichen selbst- und drittschutzbezogenen Bestimmungen innerhalb des Regelwerkes erscheint die Feststellung sachgerecht, dass die Schutzqualität der Regeln ein Maß angenommen hat, welches geeignet ist, etwaige Gesundheitsgefahren für die Fußballspieler in ganz erheblichem Maße zu reduzieren.[186]

Freilich darf bei der Diskussion nicht übersehen und verschwiegen werden, dass auch gelegentlich regelkonformes Verhalten von Spielern zu Verletzungen bei deren Gegenspielern führen kann. Die Fußballregeln verbieten nämlich nicht expressis ver-

---

[183] Schild, aaO; vgl. auch Schild in Jura 82, 585, (587f.).

[184] Vgl. dazu die Ausführungen von Marburger, Die Regeln der Technik im Recht (1979), S. 302.

[185] Dazu gehören u.a. Halsketten, Ringe, Ohrringe, Piercings und Schuhe mit zu langen oder zu scharfkantigen Stollen. Seit Beginn der Spielsaison 2005/2006 ist nunmehr auch das bisher noch als Äquivalent geduldete „Abtapen" des oben genannten Körperschmucks untersagt, was den Spielerschutz in weiterem Maße fördert.

[186] So auch BGHZ 63, 140, (146f.), der den Schutz von Leben und Gesundheit der Spieler bereits im Jahre 1975 durch Regel 12 der zu dieser Zeit gültigen Fassung der Fußballregeln hinreichend berücksichtigt sieht; vgl. auch OLG Neustadt/Weinstraße, MDR 56, 548, (549); Marburger, S. 302 und Harzer, KritV 99, 114, (118 und 121).
Gleiches gilt für die Internationalen Handballregeln des DHB, und dabei speziell für deren Regel 8, welche ähnlich den Fußballregeln katalogmäßig spielerschützende Bestimmungen umfasst; dazu im einzelnen OLG Köln, SpuRt 2003, 74, (75f.); OLG Frankfurt, NJW-RR 91, 418, (419); LG Marburg, NJW-RR 88, 1243, (1244f.). Im Eishockeysport sind vergleichsweise die Eishockey-Regeln 604 und 606 einschlägig, dazu OLG München, NJW-RR 89, 727, (728). Im Basketball ist gem. BGH VersR 76, 775f., die Regel IX B Art. 76 als eine dem Schutz des Spielers dienende Regel aufzufassen. Exkursiv für Squash siehe die Ausführungen des OLG Hamm in NJW-RR 91, 149f. Dezidierte Ausführungen zu den spielerschützenden Vorschriften der einzelnen Sportregelwerke, insbesondere denen des Fußballs, Handballs, Basketballs und Eishockeys siehe in BGB-RGRK/Steffen, § 823, Rdn. 361.

bis das Zufügen von Verletzungen bei Gegenspielern[187], sondern untersagen, wie eben gezeigt, katalogmäßig risikobehaftete und abstrakt gefährliche Verhaltensweisen, die erfahrungsgemäß Verletzungen der Kontrahenten zur Folge haben können. Die Regeln beinhalten daher kein grundsätzliches und generelles Verletzungsverbot, sondern eine Vielzahl abstrakter Handlungsverbote.

Der wohl bekannteste Beispielfall, in dem eine Verletzung des Gegenspielers auch ohne Verstoß gegen eines der integrierten Handlungsverbote denkbar ist, [188] deutet schon der Wortlaut der Regel 12, Direkter Freistoß, Unterpunkt 7 der Fußballregeln an, gemäß dem ein Tackling (Beingrätsche) im Kampf um den Ball verboten ist, wenn der gegnerische Spieler dabei vor dem Ball getroffen wird. Im Umkehrschluss dazu stellt ein Tackling, bei dem der Gegner erst nach dem Ball verletzungsverursachend getroffen wird, kein regelwidriges Verhalten i.S.d. Regel 12, Direkter Freistoß, Unterpunkt 7 dar.

Trotz der in diesem Fall kausal herbeigeführten Körperverletzungsfolgen beim betroffenen Gegenspieler, erscheint es aus unterschiedlichen Gründen nicht angezeigt, in diesem sportregelgerechten Spielerverhalten den für die Tatbestandsmäßigkeit des § 229 erforderlichen Verstoß gegen die objektive Sorgfaltspflicht zu erkennen.

Zunächst ist festzustellen, dass das Fußballregelwerk auch in dem genannten Beispiel eine umfangreiche Schutzwirkung zugunsten des Betroffenen durch anderweitig enthaltene überscheidende Bestimmungen entfaltet. So erkennt das Regelwerk in allen Fällen des Tacklings auch dann (wieder) eine regelwidrige Spielhandlung als sog. gefährliches Spiel gem. Regel 12, Indirekter Freistoß, Unterpunkt 5 an, wenn dabei entweder ein sog. „gestrecktes oder zu hohes Bein gegen den Mann" zum Einsatz kommt.

Des Weiteren führt eine gerade zu Beginn der Saison 2005/2006 eingeführte Änderung des Fußballregelwerkes zu einer klarstellenden Neuerung im bewertenden Umgang mit dem Tackling. Während bis zur Saison 2004/2005 gem. Nr. 4 der (den einzelnen Fußballregeln anheftenden und verbindlichen) Entscheidungen des International Football Association Board zu Regel 12 lediglich ein Tackling „von hinten", welches die Gesundheit eines Gegners gefährdet, als sog. „grobes Foul" i.S.d. Regel 12, Feldverweiswürdige Vergehen, Unterpunkt 1 qualifiziert wurde, genügt hierfür nunmehr schon jedwedes Tackling, welches die Gesundheit eines Gegners gefährdet, was zugleich einen weiteren Beleg für die regeltechnischen „Innovationsbemühungen"[189] der FIFA und deren fortschreitend intendierten Gesundheitsschutz der Spie-

---

[187] Wäre dem so, bedürfte es vor jeder Schiedsrichterentscheidung einer eingehenden (und spielfremden) Prüfung des Gesundheitszustandes des betroffenen Spielers.

[188] In der Rechtsprechung werden als verletzungsgefahrenträchtige, jedoch regelkonforme Verhaltensweisen oftmals die Beispielsfälle des „korrekten Rempelns", des „korrekten Sperrens" und des sog. „Pressballs" genannt; siehe z.B. BGH JZ 75, 122, (124).

[189] Harzer, KritV 99, 114, (119ff.) verweist auf die von der FIFA vorgenommene Anweisung an alle Schiedsrichter bei der Weltmeisterschaft 1998 mittels konsequenterem Durchgreifen gegenüber hoch gefährlichen Spielweisen (Disqualifikation mit roter Karte bei Hineingrätschen von hinten) um auf diese Weise für einen erhöhten Schutz der Spieler zu sorgen. Bereits im Regelwerk 2005/2006 hat sich

ler darstellt; dies bedeutet, dass auch der von vorne gegen seinen Gegner grätschende Fußballer sämtliche Vorkehrungen dafür treffen muss, die Gesundheit dieses Gegenspielers zu schützen. Dazu gehört beispielsweise, dass das Tackling nicht mit zu hoher und daher nicht mehr zu kontrollierender Geschwindigkeit ausgeführt wird.

Der das Tackling durchführende Spieler muss nach alledem, um insgesamt sportregelkonform zu handeln, a) den Ball vor dem Gegenspieler berühren, darf dabei b) weder mit gestrecktem oder zu hohem Bein gegen den Mann agieren noch c) bei der Durchführung des Tacklings die Gesundheit des Gegenspielers generell gefährden. Werden vom Spieler diese sämtlichen insgesamt doch sehr engen Voraussetzungen erfüllt, lässt sich ohne weiteres feststellen, dass sich in diesen Fällen die potentielle Verletzungsgefahr für den Gegenspieler auch unter Berücksichtigung der bereits oben benannten in Regel 4 eingeführten Tragepflicht von Schienbeinschonern auf ein Minimum reduziert.[190]

Es zeigt sich demnach in anschaulicher Weise, dass insbesondere das überschneidende Ineinandergreifen verschiedener Regelbestimmungen den hohen Gefahrenschutz für die Aktiven gewährleistet[191] und es deshalb sachgerecht ist, bei kumulativer Einhaltung sämtlicher Sportlerschutzregeln zugunsten des verletzenden Sportlers eine objektive Sorgfaltspflichtverletzung i.S.d. strafrechtlichen Fahrlässigkeitsdogmatik zu verneinen. Mit etwas anderen Worten ließe sich auch formulieren, dass ein Spieler, der durch sein regelkonformes Spielverhalten alle vom Regelwerk vorgesehenen Schutzvorkehrungen getroffen, Verhaltensstandards eingehalten und dadurch die Wahrscheinlichkeit etwaiger Verletzungen der Gegenspieler erheblich begrenzt hat, auch entsprechend der im Fußball- bzw. Sportverkehr erforderlichen Sorgfalt handelt.

---

diese Anweisung der FIFA nicht nur schriftlich niedergeschlagen, sondern sie ist, wie schon oben benannt, auf Grätschen aus sämtlichen Richtungen erweitert worden.

190 Gleiches gilt im Übrigen für die in der vorherigen Fn. benannten Beispiele des regelkonformen korrekten Rempelns und des Pressballes. In beiden Fällen ist zwar grds. eine Verletzungsgefahr für die Beteiligten vorhanden, auch diese ist jedoch aufgrund des durch anderweitige Bestimmungen überschneidenden Schutzes auf ein Minimum reduziert. So sind beim korrekten Rempeln einerseits die Voraussetzungen des angelegten Armes, des unmittelbaren Kampfes um den Ball und des nicht unverhältnismäßigen Körpereinsatzes strikt zu erfüllen und andererseits nicht die Grenzen zu dem anderweitig als regelwidrig qualifizierten Stoßen zu überschreiten, während beim regelkonformen Pressball weder mit gestrecktem noch mit zu hohem Bein agiert und zusätzlich der Gegenspieler nicht unmittelbar berührt werden darf.

191 Siehe zum Ineinandergreifen der spielerschützenden Regeln 604 und 606 im Eishockeysport die Ausführungen des OLG München, VersR 89, 598f.

So sehen es auch ein Großteil der Lehre[192] sowie Teile der Rechtsprechung[193]. Demnach habe sich ein Sportler mit der Teilnahme an einem Sportwettkampf, welches nach bestimmten, für jeden Mitspieler verbindlichen Regeln geführt werde, eben dieser Spielordnung unterstellt und die von dieser Ordnung als regelkonform angesehenen Verhaltensweisen als Teilnahmebedingungen anerkannt.[194] Da jeder Teilnehmende deswegen darauf vertrauen dürfe, den durch die Regeln bezeichneten Handlungsspielraum dann auch ausschöpfen zu können, komme der Regeleinhaltung als haftungsausschließendem Kriterium eine rechtliche Bedeutung zu.[195] Und weiter: Solange der Sportler die anerkannten Sportregeln in Gänze beachte, könne „nicht gesagt werden, dass er es an der gebotenen Vorsicht habe fehlen lassen".[196] Diesen Anmerkungen ist beizupflichten, freilich vorausgesetzt, dass es sich bei den entsprechenden Sportregelwerken um umfangreich sportlerschützende Sondernormsysteme handelt, zu denen aus benannten Gründen insbesondere das Fußballregelwerk[197] zu zählen ist.

An dieser Sichtweise ändern im Übrigen auch die von einigen Autoren weiter vorgetragenen Einwendungen gegen die entsprechende qualitative Eignung der Fußballregeln nichts. So macht Schroeder darauf aufmerksam, dass z.B. das durch Regel 12, Indirekter Freistoß, Unterpunkt 5 verbotene gefährliche Spiel ein recht unscharfer Ausdruck sei.[198] Auf den ersten Blick gesehen mag ihm dabei durchaus zuzustimmen sein, jedoch benennt der Autor selbst im gleichen Atemzug das einschlägige Gegenargument, indem er darauf hinweist, dass sich im Zuge der überaus häufigen Anwendung dieser Bestimmung „eine ziemlich fest umrissene Übung" entwickelt habe[199], was zwangsläufig zur Folge habe, dass dieser Regelausdruck ohne weiteres der Auslegung fähig ist.

In der Tat wurde im Fußballsport (seit Jahrzehnten) bekannterweise jedes gestreckte und zu hohe Bein im Kampf um den Ball sowie einige selbstgefährdenden Verhaltensweisen (wie z.B. der schon vorher aufgegriffene „Hechtkopfball" oder ein zu tief

---

[192] SK/Horn, § 228, Rdn. 22; Gössel, BT, § 15, Rdn. 5; Bydlinski, ÖJZ 55, 159; Brunner, S. 51; Eser, JZ 78, 368, (372); Marburger, S. 307f.; Nirk, NJW 66, 305, (306); Schmitt, S. 200ff.; Grunsky, Haftungsrechtliche Probleme, S. 15-17 und in JZ 75, 109, (110); Burgstaller, S. 53; Kühn, S. 32ff.; Schöntag, S. 244.

[193] LG Wien, NJW 66, 305, (306) mit Bezug auf OGH SSt. XIII 76; ähnlich für das Zivilrecht: BGH VersR 76, 775, (776), der die Regeln als das „entscheidende Erkenntnismittel für das Ausmaß der von ihnen zu fordernden Sorgfalt" begreift; vgl. ebenso OLG Hamm, VersR 99, 1115, das in der Verletzung des Fairnessgebotes die Außerachtlassung der erforderlichen Sorgfalt erblickt. Siehe für das Zivilrecht die Ausführungen von Emmerich, JuS 75, 463.

[194] Vgl. BGH JZ 75, 122; OLG Köln, SpuRt 2003, 74, (75).

[195] Vgl. Marburger, S. 307; ähnlich schon BayObLGSt 61, 180 = NJW 61, 2072f.; ebenso OLG Hamm, NJW-RR 92, 856; LG Nürnberg-Fürth, VersR 90, 96, (97); AG Ettenheim, NJW-RR 92, 353f.

[196] Siehe dazu auch die zitierten Entscheidungen und Aufsätze bei Schiffer, S. 97, Fn. 1) und 2); vgl. insbesondere die Formulierung von Glück: „Ein Fußballer, der die Regeln einhält, beachtet die von ihm geforderte Sorgfalt!"; so ebenfalls Bydlinski, ÖJZ 55, 159; Grunsky, S. 15 und 17, und Burgstaller, S. 42; Marburger, S. 303; Rössner, S. 313, (323f.); Günter, S. 182.

[197] Konkret für den Handballsport siehe dazu OLG Köln, SpuRt 2003, 74, (75f.); OLG Frankfurt, NJW-RR 91, 418, (419); LG Marburg, NJW-RR 88, 1243, (1244f.). Für den Eishockeysport siehe OLG München, NJW-RR 89, 727f. = VersR 89, 598f.

[198] Schroeder, S. 26; vgl. auch Vieweg, JuS 83, 825, (830) und Schild, S. 49.

[199] Schroeder, aaO.

gehaltener Kopf in unmittelbarer Nähe des Gegenspielers und des Balles) als „gefährliches Spiel" verstanden.[200] Nunmehr wird dieser Begriff in den nach Regel 12 folgenden Zusatzbestimmungen und Richtlinien der FIFA für Schiedsrichter definiert als „jede Aktion beim Spielen des Balles, durch die jemand verletzt werden könnte (einschließlich des Spielers selbst), die sich in der Nähe eines Gegenspielers zuträgt und diesen aus Angst vor einer Verletzung daran hindert, den Ball zu spielen".

Die problemlose Auslegungsfähigkeit gilt im übrigen auch für andere unbestimmte Begriffe, wie z.B. für den Regelausdruck des „gewaltsamen Spiels" in Regel 12, Feldverweiswürdige Vergehen, Unterpunkt 2; diese (erst in jüngerer Zeit eingeführte) Regelbegrifflichkeit wird dabei zum besseren allgemeinen Verständnis sogar unter der Rubrik Zusatzbestimmungen und Richtlinien der FIFA „legaldefiniert" und dann bejaht, „wenn ein Spieler einen Gegner abseits des Balles übermäßig hart oder brutal angreift". Auch hier zeigen sich die regelbezogenen Innovationsbemühungen des DFB und der FIFA, indem - insbesondere wenn es sich um neue in den Regelwortlaut integrierte Begrifflichkeiten handelt - zusehends Wert auf eine einheitliche Auslegung und einfache Verständlichkeit der Regeln gelegt wird.

Indes hält Schild die Sportregeln auf den ersten Blick hin ebenso für „zu offen" und „zu liberal" und weist auf den „erheblichen Ermessensspielraum" hin, der dem jeweiligen Spiel- oder Schiedsrichter eröffnet werde.[201] Da kein Spiel oder Wettbewerb dem anderen gleiche und sich stets eine unterschiedliche ggf. sogar hektische Spielatmosphäre entwickele, seien die Sportler darauf bedacht, eine eigene Auslegung der Spielregeln durchzusetzen bzw. „dem Spiel ihre eigenen Regeln auf[zu]prägen".[202] Die „wirkliche Regelhaftigkeit/Geregeltheit des Sports" sei daher weniger durch das offizielle Regelwerk einer Sportart als vielmehr durch ein „informelles Normensystem" zu bestimmen, welches z.B. ein faires oder gar spielnotwendiges Foul zulasse.[203]

Dem ist nur im Ansatz beizupflichten. Zwar wird dem Schiedsrichter bei der generellen Ausübung seines Amtes in der Tat ein gewisser Ermessensspielraum zugebilligt; zu beachten ist jedoch, dass seit Jahren insbesondere bei verletzungsgefahrintensiven Zweikämpfen eine strikt einheitliche Regelauslegung für die Schiedsrichter von den Sportverbänden, insbesondere von Seiten des DFB für den Fußballsport, vorgegeben wird und der Ermessensspielraum bei der Frage, „ob" eine Regelwidrigkeit vorliegt, erheblich reduziert bzw. nahezu nicht mehr vorhanden ist.[204] Rein objektiv

---

[200] Siehe die zahlreichen Beispielsfälle der zivilrechtlichen Rechtsprechung, die sich mit dem „gefährlichen Spiel" im Fußballsport als solches und dessen Auslegung bereits in der Vergangenheit befasst haben: BGH NJW 76, 957f. = VersR 76, 591f.; vgl. ebenso OLG Oldenburg, VersR 95, 670; OLG München, VersR 77, 844f.; LAG Köln, VersR 85, 649; LG Schweinfurt, VersR 96, 74 und AG Ettenheim, NJW-RR 92, 353; aufschlussreich auch die entsprechenden Ausführungen von Fritzweiler in SpuRt 94, 100, (101f.) über die einschlägige (zivilrechtliche) Rechtsprechungspraxis.

[201] Schild, S. 49.

[202] Schild, S. 51.

[203] Schild, S. 51 und 60.

[204] Anders stellt sich dies noch bei der Frage des „wie" dar, also mit welcher konkreten Konsequenz bzw. persönlicher Strafen (Verwarnung, Feldverweis) ein regelwidrig agierender Spieler zu belegen ist. Hier ist der Ermessensspielraum noch in deutlicherem Maße eröffnet.

betrachtet lässt sich nämlich jederzeit (ex post) feststellen, ob ein in einem sportlichen Wettbewerb vorkommender Zweikampf regelgerecht oder regelwidrig vonstatten gegangen ist.[205] Dass die Schiedsrichter (auch im Fußballsport) objektiv gesehen im konkreten Falle vielfältige Fehlentscheidungen treffen, welche zudem insbesondere auf fehlerhafte persönliche Regelkenntnis oder -auslegung zurückzuführen ist, bleibt dabei unbestritten.[206] Dies ändert jedoch nichts an der Eindeutigkeit und (jedenfalls vorhandenen) Bestimmbarkeit der anzuwendenden Sportregelwerke.

Gleiches gilt für die Bemühungen der einzelnen Spieler, im Rahmen des Wettkampfes eine eigene Auslegung der Regeln durchzusetzen und dem Spiel die eigenen Regeln aufzuprägen. Diese unstreitig vorhandenen Intentionen sowie auch die unterschiedlichen Spiel- und Wettbewerbsbedingungen führen nämlich nicht dazu, dass die Regeln einmal auf die eine und ein anderes Mal auf die andere Art auszulegen sind und infolgedessen neben dem offiziellen Regelwerk ein informelles Normensystem anzuerkennen ist. Vielmehr ist es in diesen Fällen gerade so, dass ungeachtet der konkreten Besonderheiten, die unterschiedliche Spiele mit sich bringen, ein Foul im hektischen und hart geführten Spiel A auch ein Foul im normal geführten Spiel B darstellt, und deshalb die Anerkennung eines „fairen Fouls" in Frage zu stellen ist.

Etwas anderes kann sich allenfalls bei der Frage nach dem „wie", also der Frage der Konsequenz einer regelwidrigen Spielhandlung ergeben. Hier könnten die Rahmenbedingungen, wie die bisher im Wettkampf an den Tag gelegte Härte eines Spieles, unter gewissen Umständen Einfluss darauf nehmen, welche persönliche Strafe zu erfolgen hat. Aber selbst dabei sind dem freien Ermessen des Schiedsrichters in vielfältigen Fällen durch die vom Regelwerk und den Verbänden erfolgte Vorgabe sog. „Mussverwarnungen" und „Mussfeldverweisen" eine recht enge Grenze gesetzt.

Auch Schiffer greift die Kritik der Unschärfe und Unvollständigkeit der Sportregeln auf.[207] Er entzieht jedoch seiner eigenen Kritik erhebliches Gewicht, wenn er die sei-

---

[205] So werden zu Beginn, zum Abschluss, aber auch inmitten einer Spielsaison im Schiedsrichterwesen des DFB eine Vielzahl von Tagungen und Seminaren veranstaltet, bei denen die in der jüngeren Vergangenheit vorgekommenen strittigen Spielsituationen analysiert und konkrete abschließende und verbindliche Bewertungen der Einzelfälle durch den Schiedsrichterlehrstab vorgenommen werden. Dabei wird akkurat festgelegt, ob es sich im Einzelfall um regelwidriges oder noch regelkonformes Sportlerverhalten handelt und welche etwaigen persönlichen Strafen und Spielstrafen vom Schiedsrichter richtigerweise hätten ausgesprochen werden müssen.
Dass bei einer abschließenden Beurteilung einzelner sportlicher Spielsituationen das „objektive Urteil der maßgebenden Fachkreise" von entscheidender und maßgeblicher Bedeutung sein muss, wird zurecht auch von Schild, S. 122, wenn auch in einem etwas anderen Zusammenhang, vertreten. Ihm ist beizupflichten, dass staatliche Instanzen nicht ohne „Zuhilfenahme des Sachverstandes" der in den Verbänden agierenden Experten zu einer sachgerechten Entscheidung kommen. Als Beispiel aus der Rechtsprechung lässt sich das zivilrechtliche Urteil des OLG München, NJW-RR 90, 732 anführen, das seine Entscheidung u.a. auf eine von der Vorinstanz in Auftrag gegebene gutachtliche Stellungnahme des DFB zur regeltechnischen Würdigung des Spielgeschehens stützt. Insofern lässt sich der von Sengle, S. 92, gezogene und von Schild, S. 122, zitierte Vergleich von „Fußballregel-Experten" mit (gerichtlich beauftragten) „Sachverständigen" durchaus untermauern und zurecht vertreten; vgl. ebenso auch BGH VersR, 76, 775, (776).

[206] Vgl. Grunsky, S. 30.

[207] Siehe Schiffer, S. 100; allerdings vermag die Begründung seiner kritischen Haltung aus heutiger Sicht nicht zu überzeugen, da er in seinen Ausführungen abermals auf ein Beispiel verweist, dem

ner Meinung nach gegebene Ergänzungsbedürftigkeit der Sportregeln für sich alleine noch nicht als Argument gegen ihre Verwendung ansieht, zumal, wie er zutreffend eingesteht, jede Normierung, gleich welcher rechtlichen Qualifikation, zwangsläufig Lücken aufweist.[208] Zudem darf nicht unerwähnt bleiben, dass etwaige tatsächliche Regelwerkslücken zusätzlich von dem den gesamten Sport überlagernden obersten Grundsatz, dem Fairplay[209] bzw. dem Fairnessgebot, ausgefüllt werden, dessen Gegenstand auch der Gedanke der Rücksichtnahme ist.[210] Der Fairplay - Grundsatz kann historisch belegt werden und wurde ursprünglich aus dem „neminem laedere" - Grundsatz entwickelt.[211] Er ist zwar expressis verbis in keiner der Sportregelwerke als übergreifende Generalnorm niedergelegt; er findet jedoch über die verschiedenen Generalklauseln innerhalb der Regelwerke Eingang in dieselben[212] und ist somit als jedwede Sportausübung „durchziehendes Prinzip"[213] deren Bestandteil und oberster Grundsatz.[214] Dem Argument der Lückenhaftigkeit der Sportregeln sollte damit endgültig der Boden entzogen sein.

Abschließend erweist sich auch der kritische Hinweis einiger Autoren wie Schiffer[215] und Krähe[216], den einzelnen Sportverbänden als Normgebern dürfe nicht zuviel entsprechende Kompetenz bei der Schaffung der Sportregeln zugetraut werden, da diese schließlich einer weiteren staatlichen Inhaltskontrolle entzogen seien, als nicht tragfähig. Nach ganz überwiegender Ansicht kann den einzelnen (internationalen) Fachsportverbänden aufgrund der jahrzehntelang angesammelten und sportartspezialisiert - konzentrierten Erfahrungswerten ein hoch qualifizierter Sachverstand attestiert werden, insbesondere wenn es darum geht, mittels Regelwerksmodifikatio-

---

nach aktuellem Regelstand 2005/2006 die angesprochene Problematik entzogen ist: Während es nach der Regelfassung von 1974/1975 gemäß Regel 12 erlaubt war, den Ball zu treten, solange der Torwart ihn nicht hält, ist dies gemäß aktuellem Stand nur noch erlaubt, wenn sich der Ball nicht unter Kontrolle des Torwarts befindet, wobei die Begrifflichkeit der „Kontrolle des Balles" durch die im Anschluss an Regel 12 folgende verbindliche Entscheidung Nr. 2 des International Football Association Board der FIFA „legaldefiniert" wird. Da unter „Kontrolle des Balles" nunmehr jede Ballberührung irgendeines Teiles des Armes oder der Hand zu verstehen ist, ergeben sich hieraus auch keinerlei begrifflichen Unschärfen mehr.

208 Schiffer, S. 101.

209 „Fairplay" als englischer Ausdruck für anständiges, ehrliches Spiel.

210 Siehe Schild, S. 30; Werner, S. 22.

211 Siehe zu den angelsächsischen Wurzeln des Fairplaygrundsatzes Fritzweiler, S. 90. Sehr dezidiert zum Fairnessgebot, dessen Hintergründen und Anwendung die Ausführungen von Werner, S. 22ff. und Schild, S. 30ff.; vgl. ebenso Schild in Jura 82, 585, (589f.).

212 Im Rahmen des Fußballregelwerkes findet der Fairnessgrundsatz vor allem Anwendung im Rahmen der Auslegung des Tatbestandes des „unsportlichen Verhaltens", dessen Begehung gem. Regel 12, Verwarnungswürdige Vergehen, Unterpunkt 1 zugleich ein verwarnungswürdiges Vergehen darstellt. Darunter fallen sämtliche gegen das Fairnessgebot verstoßenden Verhaltensweisen, also insbesondere solche, die Ausdruck der Nichtachtung oder Nichtbeachtung gegenüber den beim Wettkampf Anwesenden darstellen wie z.B. die übertriebene Kritik an Schiedsrichterentscheidungen oder ungebührliches Verhalten gegenüber Gegen- und Mit(!)spielern sowie Zuschauern.

213 So OLG Köln, NJW-RR 94, 1372.

214 Vgl. Fritzweiler, aaO., Fn. 100) mit weiteren Einzelverweisen in die Regeln der anderen klassischen Mannschaftssportarten wie dem Basketball, Handball etc.; siehe ebenfalls Schild, S. 60, und Werner, S. 22, der die Einhaltung des Fairnessgebots sogar als rechtliche Pflicht qualifiziert.

215 Schiffer, S. 99.

216 Krähe, S. 81; vgl. auch Friedrich, NJW 66, 755, (756).

nen die Verletzungsverhütung und -vermeidung im Rahmen der eigenen Wettkämpfe voranzutreiben.[217]

Noch entscheidender ist aber Folgendes: Obgleich die Schaffung und Modifizierung der Sportregeln lediglich den zuständigen Sportverbänden obliegt, sind diese Regeln weder einer staatlichen Inhaltskontrolle entzogen noch verdrängen sie etwaige staatliche Vorschriften. Vielmehr liegt es im Entscheidungsbereich des Staates, seinerseits verbindliche hoheitliche Vorschriften zu erlassen, wenn dies zum Schutze allgemeiner und individueller Rechtsgüter von Sportlern, Zuschauern oder anderen Beteiligten für erforderlich gehalten wird. Als beispielhaften Beleg hierfür lassen sich die zahlreichen staatlichen Schutzbestimmungen im Bereich des Segel- und Motorsports, des Skilaufens oder des Sportfliegens anführen. Da eine solche „normative Intervention“ des Staates im Zusammenhang mit den Sportregeln der klassischen Mannschaftssportarten (wohlbedacht) nicht geschehen ist, bietet auch die zuletzt genannte Kritik keinen begründeten Anlass, an der entsprechenden Tauglichkeit und Qualität der Sportregeln zu zweifeln. Vielmehr begründet und untermauert die seit Jahrzehnten praktizierte „staatliche Duldung“ dieser Regeln die daraus von Ebert gezogene Schlussfolgerung, dass eben jene Sportregeln als Maßstab für die Rechtmäßigkeit des auf ihnen beruhenden Verhaltens herangezogen werden können.[218]

Es lässt sich demnach durchaus - wie in der Einführung dieses Abschnittes thematisch zur Disposition gestellt - konstatieren, dass die vollständige und kumulative Einhaltung der mit Schutzwirkung für die Sportler ausgestatteten Sportregeln eine sorgfaltswidrigkeits- und somit auch tatbestandsausschließende Wirkung in Bezug auf § 229 hat.[219]

cc) Kongruenz von Sondernormwidrigkeit und Sorgfaltswidrigkeit im außersportlichen Bereich?

Geht man entsprechend dem gefundenen Ergebnis davon aus, dass sportlerschutzregelkonformes Handeln kein sorgfaltswidrig-fahrlässiges Verhalten i.S.d. § 229 darstellt, ergibt sich im Folgenden die bereits oben unter b) gestellte Anschlussfrage, ob sich auch umgekehrt die Schlussfolgerung ziehen lässt, dass sportlerschutzregelwidriges Verhalten stets als sorgfaltswidrig-fahrlässiges Verhalten i.S.d. § 229 zu qualifizieren ist.

Vorab ist jedoch ein kurzer vergleichender Blick auf allgemeine sportfremde Sachverhalte hilfreich um festzustellen, ob Verstöße gegen Sondernormen zwingend zur Bejahung eines Sorgfaltspflichtsverstoßes führen. Für den außersportlichen Bereich ist es in der Rechtsprechung und Literatur von jeher anerkannter Grundsatz, dass die Zuwiderhandlung gegen Sondernormen wie Unfallverhütungsvorschriften[220], Ver-

---

[217] Siehe BGHZ 63, 140, (146); Vieweg, JuS 83, 825, (829); Dölling, ZStW 1984, 36, (51); Kühn, S. 35.
[218] Siehe Ebert, JuS 99, 754, (759); vgl. auch Harzer, KritV 99, 114, (123).
[219] So im Ergebnis auch Bydlinski, ÖJZ 55, 159; Grunsky, S. 15 und 17; Burgstaller, S.42; Marburger, S. 303; Hofmann, JW 33, 417; nach Maurach/Schroeder/Maiwald, § 8, Rdn. 15, entfällt sogar auch bei leichten Regelverstößen die Fahrlässigkeit.
[220] So Dallinger in MDR 69, 194; dazu auch LK/Schroeder, § 16, Rdn. 163.

kehrsvorschriften[221], Polizeiverordnungen[222] oder andere abstrakte Gefährdungsverbote[223] für sich alleine gesehen noch nicht notwendigerweise den Vorwurf der Fahrlässigkeit begründet. Die Vorhersehbarkeit des Verletzungserfolges, welche für das Vorliegen einer Sorgfaltspflicht Voraussetzung ist, hängt stets von den Umständen des Einzelfalls ab und ist daher unabhängig davon zu prüfen, ob etwaige Verstöße gegen Sondernormen vorliegen. Da eine Sondernorm jedoch oftmals das „Ergebnis einer auf Erfahrungen und Überlegung beruhenden umfassenden Voraussicht möglicher Gefahren"[224] ist, kann ihre Nichteinhaltung einen wichtigen Anhalt für die Beurteilung der Vorhersehbarkeit oder Erkennbarkeit geben.

Eine Voraussetzung hierfür ist jedoch, dass der jeweilige Schutzzweck der einschlägigen Sondernorm gerade die Verhütung des in concreto eingetretenen Erfolges erfasst.[225] Nur wenn dies gegeben ist, kann die Übertretung der Sondernorm als Indiz[226] oder als sog. Beweisanzeichen[227] für die Vorhersehbarkeit des Erfolgseintritts und das Vorliegen einer Sorgfaltspflichtverletzung qualifiziert werden. Eine ausnahmslose übereinstimmende Annahme von Sondernormverstoß und Sorgfaltswidrigkeit ist damit allerdings keinesfalls verbunden, zumal eine Vielzahl von Fällen denkbar ist, in denen die Indizwirkung des Sondernormverstoßes widerlegt werden kann.[228]

dd) Kongruenz von Sportlerschutzregelwidrigkeit und Sorgfaltswidrigkeit?

Die auf den Sport zu übertragene Parallelfrage, ob jeder zu einem Körperverletzungserfolg führende Sportlerschutzregelverstoß zugleich das Vorliegen einer objektiven Sorgfaltspflichtverletzung i.S.d. § 229 bedeutet, wird in der Rechtswissenschaft recht unterschiedlich beantwortet.

Gemäß der älteren zivilrechtlichen Rechtsprechung des BGH[229] und der Ansicht einzelner (z.T. zivilrechtlicher) Autoren[230] wird im Sport der Pflichtenkreis der Sportler umfassend durch die entsprechenden Regeln der jeweiligen Sportarten festlegt; dies hat zur Folge, dass jedwede erfolgsursächliche und zugleich regelübertretende Handlung eines Sportlers als sorgfaltspflichtwidriges Verhalten aufgefasst werden müsste. Ungeachtet des Umstands, dass sich aus diesen Ausführungen keinerlei Schlüsse auf die entsprechende strafrechtliche Sichtweise ziehen lassen, ist diese Ansicht schon aus zivilrechtlicher Hinsicht nicht haltbar. Zurecht hat der BGH in Zivil-

---

[221] So in RGSt 59, 341; BGHSt 4, 182, (185); BayObLG, NVZ 89, 201.
[222] So in RGSt 76, 1, (2).
[223] Dazu LK/Schroeder, aaO.
[224] So BGHST 4, 182, (185).
[225] SchSch/Cramer, (25. Aufl.) § 15, Rdn. 181.
[226] So BayObLG, aaO.;
[227] So RGSt 56, 343; BGHSt 4, 182, (185); LK/Schroeder, (10. Aufl.) § 16, Rdn. 166; Tröndle/Fischer, (50. Aufl.) § 15, Rdn. 16; vgl. auch Schroeder, S. 26.
[228] So im Falle von RGSt 57, 148, (151), bei dem trotz Übertretung einer polizeilichen Vorschrift die Vorhersehbarkeit des eingetretenen Erfolges verneint wird, da anderweitige (ausreichende) Sicherheitsvorkehrungen zum Schutze des betroffenen Rechtsgutes getroffen worden sind.
[229] BGH VersR 57, 290f.
[230] So u.a. Gössel, BT, § 15, Rdn. 6; für das Zivilrecht Petev, VersR 76, 320, (323).

sachen später seinen früher vertretenen Standpunkt revidiert und klarstellend zum Ausdruck gebracht, dass normale Regelverstöße, welche erfahrungsgemäß „in jedem zweiten oder dritten Spiel" unterliefen oder insgesamt geringfügig seien, nicht schon ohne weiteres den Vorwurf der Fahrlässigkeit begründen.[231]

In strafrechtlicher Hinsicht kommt man zum gleichen Ergebnis.[232] Wie bereits im Vorabschnitt angemerkt, wird die fahrlässigkeitsbegründende Voraussetzung der Vorhersehbarkeit des tatbestandlichen Erfolges nach den konkreten Umständen des Einzelfalls beurteilt. Bei den hier relevanten kontaktreichen klassischen Mannschaftssportarten kommt es in nahezu jeder Wettbewerbseinheit zu einer bestimmten Anzahl von zumindest kleineren Verletzungen durch sportregelwidriges Verhalten des Kontrahenten. In den meisten dieser Einzelfälle ist dieser Umstand nicht zuletzt auf die besonders hohen generellen Anforderungen, die eine regelkonforme Ausübung der Sportart voraussetzt, zurückzuführen. Aufgrund der zum Teil hohen Geschwindigkeiten, mit der Sportarten wie der Fußball- oder Handballsport ausgetragen werden[233], müssen die Sportler situationsbedingte Entscheidungen in Sekundenbruchteilen[234] und in hoher sich wiederholender Frequenz treffen; die Komplexität der eigenen Bewegungsabläufe (auch mit dem Ball) und die unterschiedlichen auf den Sportler wirkenden Kräfte tun ihr Übriges.[235]

Nicht vernachlässigt werden darf zudem das konkrete Spielverhalten des verletzten Gegenspielers, welches nicht immer zuverlässig antizipiert werden kann.[236] Es sind gerade die erheblichen körperlichen, koordinativen, aber auch konzentrationsmäßig erhöhten geistigen Anforderungen an den Sportler, die es für ihn so diffizil machen, sich in jeder Wettkampfsituation strikt an die Regeln zu halten.

Auch beim trainiertesten, geschicktesten und athletischsten Sportler wird zu unterstellen sein, dass im jeweiligen Spielverlauf solch komplexe und unübersichtliche Situationen auftreten, in denen ihm Regelwidrigkeiten aufgrund der ihm eigenen natürlichen physisch-mentalen Grenzen unterlaufen. Dabei ist zu berücksichtigen, dass der Maßstab für die verkehrsübliche Sorgfalt gerade nicht durch die Leistungsfähigkeit des omnipotenten Sportlers, sondern nur durch jene eines besonnenen und gewissenhaften Durchschnittssportlers definiert werden kann; gerade von diesen Durchschnittssportlern kann jedoch nicht in jedem Einzelfall die Vornahme objektiv richtiger Beurteilungen und Entscheidungen erwartet werden. Aus fahrlässigkeits-

---

[231] BGH VersR 76, 591, (592); 76, 775, (776) = NJW 76, 957, (958); ebenso mit dezidierten Ausführungen OLG München, VersR 77, 844; LG Stuttgart, VersR 88, 600; AG Bad Neustadt/S., VersR 95, 1110; vgl. auch Grunsky, JZ 75, 109, (110).
Konkret für den Handballsport siehe dazu OLG Köln, SpuRt 2003, 74, (75f.); OLG Frankfurt, NJW-RR 91, 418, (419). Für den Eishockeysport siehe OLG München, NJW-RR 89, 727, (728).

[232] Vgl. LK/Hirsch, § 226a, Rdn. 12; SchSch/Stree, (26. Aufl.) § 228, Rdn. 16; MüKo/Hardtung, § 228, Rdn. 34; Ebert, JuS 99, 754, (759) mwN.; Looschelders, JR 2000, 265, (271); Marburger, S. 308; Donatsch, SchwZStR 90, 400, (420 und 429); Burgstaller, S. 53f.; Kühn, S. 36; Grunsky, S. 21ff.; Rössner, Hirsch-Festschrift, S. 313, (324); Kretschmer, Jura 2000, 267, (271).

[233] Vgl. Schmitt, S. 201; konkret für den Handballsport OLG Köln, SpuRt 2003, 74, (75f.) und für den Basketballsport BGH VersR 76, 775, (776).

[234] Vgl. auch BGH, VersR 76, 320, (323).

[235] Schmitt, aaO.

[236] Schmitt, S. 203.

dogmatischer Sicht fehlt es daher trotz des Vorliegens eines Sportlerschutzregelverstoßes in einer Vielzahl von Fällen an der objektiven Vorhersehbarkeit und/oder Vermeidbarkeit des Verletzungserfolges.

Die Grenzziehung zwischen Bejahung/Verneinung der fahrlässigkeitsbegründenden Sorgfaltspflichtverletzung kann folglich keinesfalls „sklavisch" mit der Abgrenzung Einhaltung/Nichteinhaltung der sportlerschützenden Regeln korrespondieren. Oder anders formuliert: Eine zwingende Kongruenz (oder Akzessorietät) von erfolgsursächlichem Sportlerschutzregelverstoß und strafrechtlich-fahrlässigem Verletzungsverhalten ist nicht gegeben.

Auf der Grundlage des in den Vorabschnitten ermittelten Ergebnisses verbleibt es lediglich bei einer „eindimensionalen bzw. einseitigen Bindungswirkung"[237] der Sportregeln; nämlich insofern, als dass bei sportlerschutzregelkonformem Verhalten ein Verstoß gegen die objektive Sorgfaltspflicht nicht gegeben ist; was im Umkehrschluss bedeutet, dass der Verstoß gegen eine der in den Sportregeln enthaltenen spielerschützenden Bestimmungen eine unabdingbare Voraussetzung für das Vorliegen einer objektiven Sorgfaltspflichtverletzung und der tatbestandlichen Verwirklichung des § 229 darstellt. Eine darüber hinausgehende strafrechtliche Bedeutung hat das Vorliegen eines Verstoßes gegen eine solche Schutzregel jedoch zunächst nicht. Alleine unter Zugrundelegung der Sportregeln lässt sich demnach noch kein sachgerechter und zielführender Lösungsansatz für das Sportverletzungsproblem finden.

Von deutlich zentralerer dogmatischer Bedeutung als die Frage nach der konkreten Relevanz der Sportregeln ist ein bereits in der Einführung dieser Untersuchung benannter Aspekt, welcher im Folgenden genau unter die Lupe zu nehmen sein wird: nämlich die strafrechtsdogmatische Berücksichtigung des „eigenhändigen Mitwirkens" des betroffenen Sportlers an seiner eigenen Verletzung durch dessen schlichtes Teilnahmeverhalten an der gefährlichen und körperkontaktreichen Mannschaftssportart.

Oder abstrakt und deskriptiv für sämtliche, auch außersportlichen Sachverhalte formuliert: die strafrechtliche Beurteilung von bewusst riskantem, die eigene körperliche Unversehrtheit gefährdendem Opferverhalten.

2) Die Eigengefährdung des Opfers und die dogmatische Erfassung von bewusst riskantem und tatmitverursachendem Opferverhalten

Von besonderem Schwierigkeitsgrad ist die Frage, inwiefern sich riskantes Opferverhalten, welches mitursächlich für Körperverletzungserfolge (beim Opfer selbst) geworden ist, auf die strafrechtliche Haftung des Verletzenden auswirkt. Die einschlägigen Sachverhalte, die im strafrechtlichen Schrifttum auch unter den Schlagworten „selbst- oder eigengefährdendes Opferverhalten", „eigenhändiges Mitwirken an einer eigenen Verletzung", „Vornahme von Risikohandlungen durch das Opfer" oder „Risi-

[237] Siehe Looschelders, JR 2000, 265, (272).

kohandlungen mit Verletzungstendenz" diskutiert werden,[238] hinterlassen bis heute hinsichtlich ihrer dogmatischen Klassifizierung und deliktssystematischen Verortung offene Fragen. Zur Veranschaulichung der Fallgruppe des riskanten Opferverhaltens eignet sich die Darstellung folgender einschlägiger Fallbeispiele, welche zum Teil bekannten Rechtsprechungsfällen entspringen und die im Verlaufe der Untersuchung noch an unterschiedlichen Stellen von (beispielhafter) Relevanz sein werden:

a) Praktische Fallbeispiele

1) Memelfall[239]: Ein Fahrgast will bei stürmischem Wetter von einem Fährmann mit einem Boot über die Memel gesetzt werden. Der Fährmann rät von dieser Fahrt ab und weist auf die Gefahren, die mit dem Sturm einhergehen, hin. Der Fahrgast beharrt jedoch auf seinem Wunsch, woraufhin der Fährmann das Wagnis unternimmt. Bei der anschließenden Fahrt kentert das Boot aufgrund des Sturms und der Fahrgast ertrinkt.

2) Motorrollerfall[240]: Bei einer Fahrt zu viert auf einem (deswegen) völlig überladenen Motorroller, bei der sich alle an der Fahrt Beteiligten der Überladung klar bewusst sind, verliert der Fahrer bei einem Ausweichmanöver wegen der Überladung des Rollers die Kontrolle über denselben, so dass bei dem anschließenden (gemeinsamen) Sturz einer der Mitfahrer zu Tode kommt und sich die beiden anderen verletzen.

3) Trunkenheitsfahrtfall/Mitfahrerfall[241]: Ein infolge Alkoholgenusses nicht mehr fahrtüchtiger Autobesitzer lässt nach einer Party einen anderen Gast auf dessen ausdrückliche Bitte in seinem Wagen mitfahren. Der Beifahrer, der vor Antritt der Fahrt die Alkoholisierung des Fahrers erkannt hat, wird bei einem vom Fahrer alkoholbedingt – verursachten Verkehrsunfall schwer verletzt.

4) Heroinspritzenfall[242]: Bei einem gemeinsamen Heroinkonsum zweier regelmäßig Drogen konsumierender Freunde, bei dem der eine (das spätere Opfer) das Heroin und der andere die dafür erforderlichen Einwegspritzen beisteuert, verstirbt einer der beiden an den Folgen der eigenhändig durchgeführten Injektion.

5) Motorradwettfahrtfall[243]: Bei einer zwischen zwei Motorradfahrern vereinbarten Wettfahrt, kommt einer von beiden bei einem selbst durchgeführten missglückten Überholmanöver, ohne dass es zwischen beiden Fahrzeugen zu einer Berührung gekommen ist, bei einem Sturz zu Tode.

---

[238] Der Zivilrechtler würde in diesen Sachverhaltsgestaltungen von „Handeln auf eigene Gefahr" und der juristische Laie womöglich von „eigener Schuld des Verletzten" sprechen.
[239] Angelehnt an RGSt 57, 172.
[240] Angelehnt an BGH VRS 17, 277.
[241] Angelehnt an OLG Celle, NJW 64, 736 und BGHSt 6, 232.
[242] BGHSt 32, 262.
[243] Angelehnt an BGHSt 7, 112.

6) Aids- oder HI-Virus-Fall[244]: Bei einem von zwei erst seit kurzem liierten Lebenspartnern einvernehmlich durchgeführten ungesicherten Geschlechtsverkehr kommt es aufgrund der beiden Partnern bekannten Aidserkrankung des einen Teiles zur Übertragung des HI-Virus auf den anderen, obgleich beide Partner auf das Ausbleiben einer solchen Infizierung vertrauen.

7) Auto-Surfer-Fall[245]: Zwei Freunde entschließen sich gegen Mitternacht zum sog. „Auto-Surfen" auf einem Feldweg. Dabei steuert einer der beiden das Fahrzeug, während sich der andere auf das Dach des PKW legt und sich an den Fensterholmen festhält. Als der PKW die zwischen beiden vorher abgesprochene Fahrgeschwindigkeit von 70 km/h in einer leichten Rechtskurve erreicht, stürzt der „surfende" Teil aufgrund der hohen Fliehkräfte in den Straßengraben und verletzt sich dabei schwer.

8) Fußballfall[246]: Bei einem zwischen zwei Mannschaften ausgetragenen Fußballspiel wird im Anschluss an ein von hoher Geschwindigkeit geprägtes Laufduell zweier gegnerischer Spieler, die sich beide darum bemühen, als erster den Ball mit dem Fuß zu spielen, der knapp schnellere Stürmer vom gegnerischen Abwehrspieler mit dessen Fußballschuh am Bein getroffen und zieht sich dabei einen Knochenbruch zu.

Übereinstimmendes Charakteristikum dieser Fallbeispiele ist zunächst, dass vom jeweiligen späteren Opfer in Kenntnis der abstrakten Gefährlichkeit des Vorhabens eine risikoreiche Handlung vorgenommen wird. Die jeweiligen in Rede stehenden Täter handeln in sämtlichen Fällen offensichtlich ohne Verletzungs- bzw. Tötungsvorsatz, so dass sie lediglich als Fahrlässigkeitstäter in Betracht kommen. Sowohl die vermeintlichen Täter als auch die Opfer sind an den jeweiligen Tatgeschehen beteiligt und leisten daher jeweils ihren ursächlichen Beitrag zur eigentlichen Gefahrschaffung und der daraus entstehenden Verwirklichung des Verletzungserfolges. Im Schrifttum wird daher in diesen Fallgestaltungen zu Recht und anschaulich von einem „Zusammenwirken der Akteure"[247] (nämlich des Täters und des Opfers) am Gesamtgeschehen gesprochen. Eine weitere hervorzuhebende Übereinstimmung innerhalb dieser Fallgruppe ist jedoch noch in einem anderen Umstand zu finden.

b) Übergreifende Besonderheit der Fallbeispiele: Mangelnder Tatbestandserfolgsbezug des Opferwillens

Bekanntermaßen wird die Einstellung des Tatopfers zur Tat von der Strafrechtslehre unter den Gesichtspunkten der Einwilligung und des Einverständnisses untersucht, welche (die) zwei traditionellen Formen des zustimmenden Opferwillens darstellen.[248] Im Rahmen der Körperverletzungsdelikte kommt aufgrund der entsprechenden Gesetzesstruktur der §§ 223ff., welche nicht die für das Einverständnis typische

[244] Angelehnt an BayObLG, JR 90, 473 = NJW 90, 131; siehe auch BGHSt 36, 1.
[245] Angelehnt an OLG Düsseldorf, NStZ-RR 97, 325.
[246] Angelehnt an OLG Neustadt/Weinstraße, MDR 56, 550.
[247] So z.B. von Walther, S. 21.
[248] Siehe die dezidierten Ausführungen Schlehofers in Einwilligung und Einverständnis, S. 1ff.

Überwindung des entgegenstehenden Opferwillens als Tatbestandsmerkmal voraussetzt, lediglich die Rechtsfigur der rechtfertigenden[249] Einwilligung in Betracht, zumal sie im einschlägigen Gesetzeskontext in § 228 ausdrückliche Erwähnung findet.

Für die hier relevanten Fälle der Vornahme bewusster Risikohandlungen des Opfers ist die Einwilligung, auf den ersten Blick gesehen, auch nahe liegender einschlägiger Anknüpfungspunkt.[250] Soweit man die Einwilligung als Konsens in eine Fremdverletzung versteht, bei der ein Verletzungswille bzw. ein voluntatives Element hinsichtlich des Verletzungserfolges beim Opfer positiv vorhanden sein muss,[251] erweist sich diese Annahme jedoch bereits auf den zweiten Blick hin als Trugschluss.

Dies zeigt sich insbesondere am Beispiel der Teilnahme an körperkontaktreichen Mannschaftssportarten wie dem Fußball-, Handball- oder Eishockeysport, die aufgrund ihres kampfbetonten Charakters etwaige Gefahren für die eigene Gesundheit mit sich bringen, wie auch der realitätsnahe und in der Praxis sicherlich häufig auftretende Beispielsfall 8) im Einzelnen nahe legt. Bisweilen hat die Rechtsprechung in diesen Fällen ohne weitere Begründung eine rechtfertigende Einwilligung des verletzten Sportlers angenommen.[252] Dieser Auffassung liegt die Annahme zugrunde, dass zwar die Einwilligung im Vorfeld der sportlichen Betätigung nicht ausdrücklich erklärt werde, die Sportler jedoch eigene Verletzungen stillschweigend in Kauf nähmen, so dass aufgrund der freiwilligen Teilnahme an einer körperkontaktreichen Sportart wie dem Fußballsport von einer konkludent erteilten Einwilligungserklärung ausgegangen werden könne.

---

[249] Nach einer im Vordringen befindlichen Ansicht entfaltet die Einwilligung keine rechtfertigende, sondern eine bereits tatbestandsausschließende Wirkung. Vor allem Roxin in ZStW 85, 96, (100) ist der Auffassung, dass es bei Vorliegen einer Einwilligung bereits an einer Rechtsgutverletzung und somit an der Tatbestandsmäßigkeit mangelt, da die autonome Herrschaft des jeweiligen Rechtsgutinhabers über das Rechtsgut, und nicht das Rechtsgut per se geschützt werde; so im Ergebnis auch Kaufmann, Welzel-Festschrift, S. 393; Schmidhäuser, S. 267f.; Weigend, ZStW 98, 45, (61).
Die h.M. vertritt den konträren Standpunkt, dass den Rechtsgütern selbst und nicht der Selbstbestimmung über dieselben der strafrechtliche Schutz zukomme. Mit Werteinbußen verbundene Eingriffe in fremde Rechtsgüter stellten „abstrakte Unwerte" dar, zu deren Wegfall es eines besonderen Rechtfertigungsgrundes bedürfe. Überdies setze sich die abweichende Auffassung über den eindeutigen Wortlaut des § 228 StGB hinweg („handelt nur rechtswidrig, wenn"); siehe dazu Jescheck, AT, § 34 I 3; Tröndle/Fischer, (50. Aufl.) vor § 32, Rdn. 3; Kargl, JZ 02, 389, (391); Dölling, GA 84, 71, (83); Wessels/Beulke, AT, Rdn. 363.
Von einer tiefgreifenderen Auseinandersetzung mit den jeweiligen von den genannten Autoren aufgezeigten Argumentationslinien kann und muss jedoch vorliegend abgesehen werden, da die Frage nach der deliktssystematischen Verortung der Einwilligung aufgrund der in dieser Untersuchung vorgeschlagenen Lösungswege nur eine untergeordnete Rolle spielt. Angesichts der (immer noch) überzeugenderen Argumente, die für die Einwilligung als Rechtfertigungsgrund sprechen (insbesondere des kaum zu widerlegenden Wortlautargumentes aus § 228) und des besseren Verständnisses der noch folgenden wissenschaftlichen Auseinandersetzung wegen, wird in der Folge vom Rechtfertigungsgrund der Einwilligung ausgegangen.

[250] Siehe Mletzko, S. 24f.

[251] Auf die entsprechende Gegenmeinung wird insbesondere unter dem Stichwort der Risikoeinwilligung noch umfänglich einzugehen sein.

[252] OLG Braunschweig, Nds. Rechtspflege, 60, 233; so auch SchSch/Stree, (26. Aufl.) § 228, Rdn. 16 und Mletzko, aaO.

Diese Ansicht vermag jedoch keinesfalls zu überzeugen, da sie bereits mit ihrer primär angenommenen Prämisse an der Realität vorbeigeht; das für die Einwilligung geforderte voluntative Element, nämlich die zumindest billigende Inkaufnahme[253] des eingetretenen Verletzungserfolges, ist beim verletzten Sportler regelmäßig nicht gegeben. Bei Mannschaftssportarten wie dem Fußballsport geht der Sportler ungeachtet der bekannten abstrakten Gefährlichkeit des Wettkampfes im Vorfeld nicht davon aus verletzt zu werden und vertraut auf das Ausbleiben etwaiger Verletzungen. Jedwede Annahme, der Sportler würde nur aufgrund seiner Teilnahme einer fremdverursachten Verletzung seines Körpers stillschweigend zustimmen oder eine solche billigend in Kauf nehmen, ist mit der Wirklichkeit nicht in Einklang zu bringen. Diese Feststellung trifft im Übrigen auch der BGH in Zivilsachen, der bei einem Fußballspiel der Anwendung der rechtswidrigkeitsausschließenden Einwilligung eine klare Absage erteilt, da sie eine „künstliche Unterstellung" sei und die Sportler beim Fußballspiel naturgemäß nicht verletzt werden wollten.[254] Deshalb sei auch die Annahme einer Einwilligung in eine gewollte Verletzung eine nicht anerkennenswerte Fiktion und von daher realitätsfern.[255]

Bei körperkontaktreichen Mannschaftssportarten ist es angesichts der Erkenntnis, dass jeder Sportler darauf vertraut, den sportlichen Rahmen gerade unverletzt zu verlassen, verfehlt, einen gewollten Verzicht auf Rechtsgüterschutz anzunehmen. Ein solcher Verzicht könnte im Einzelfall bejaht werden, wenn, was in der Praxis selten bis gar nicht der Fall sein wird, eine vorher ausdrücklich erteilte Einwilligungserklärung des Sportlers in den Verletzungserfolg vorläge. Ohne weitere Anhaltspunkte von der einfachen sportlichen Teilnahme auf eine (solche) konkludent erklärte Verletzungseinwilligung zu schließen, ist jedoch lebensfremd und wird dem tatsächlichen Willen der am Sport Beteiligten keineswegs gerecht.

c) Untauglichkeit der „klassischen" Verletzungseinwilligung

Gleiches gilt für die Beispielsfälle 1)-7), bei denen das jeweilige spätere Opfer zwar in Kenntnis der mit der jeweiligen Risikohandlung verbundenen, dem eigenen Rechtsgute erwachsenen Gefahr gehandelt hat, es jedoch darauf vertraut hat, dass sich die Gefahr de facto nicht verwirklichen wird. Hierin liegt ein entscheidender Unterschied zu den Fällen der „klassischen" Verletzungseinwilligung, wie sie z.B. bei der regelmäßig schriftlich erteilten Patienteneinwilligung vor schwerwiegenden ärztli-

---

[253] Siehe zu den subjektiven Voraussetzungen der Einwilligung, insbesondere zu den Anforderungen an das voluntativ-emotionale Element, recht ausführlich dazu Geppert, ZStW 83, 947, (976ff.); Hansen, S. 44; SchSch/Lenckner, (24. Aufl.) Vor § 32, Rdn. 34; BayObLG, NJW 68, 665; AG Ettenheim, NJW-RR 92, 353, (354); wie sich der bekannten Formulierung „billigendes Inkaufnehmen" entnehmen lässt, sind die von der Abgrenzung von Vorsatz und Fahrlässigkeit bekannten Maßstäbe durchaus auf die subjektiven Elemente der Einwilligung übertragbar; siehe dazu Burgstaller, S. 166 und Vögeli, S. 132ff.

[254] BGHZ 63, 140, (144); BGH VersR 75, 137, (138); erläuternd Looschelders, JR 2000, 265, (268); nach OLG Neustadt/Weinstraße, MDR 56, 548, (549), wäre es „gekünstelt", wenn dem Betroffenen unterstellt werde, er habe von vornherein in körperliche Schädigungen eingewilligt. Staudinger/Hager, Vor § 823ff., Rdn. 48, hält die Einwilligung in diesem Fall für eine „bloße Fiktion".

[255] BGH, aaO.; sehr aufschlussreich die Ausführungen des AG Ettenheim, NJW-RR 92, 353, (354) zur subjektiven Seite der Beteiligten, welche Verletzungen allenfalls „unbilligend in Kauf" nähmen; vgl. auch Vögeli, S. 164f. und Otto, Grundkurs Strafrecht, § 15, Rdn. 20.

chen Eingriffen wie der Sterilisation oder Kastration vorkommt, bei denen die Opfervorstellung den Verletzungserfolg als Handlungsziel integriert.

Bei den vorliegenden Fallgestaltungen riskanten Opferverhaltens mangelt es auf subjektiver Seite am opferseits gegebenen voluntativen Element hinsichtlich des Verletzungserfolges; das Opfer hat vielmehr sogar ein erhebliches Interesse an der Erhaltung der eigenen Rechtsgüter, so dass sich der eingetretene Verletzungserfolg in diesen Konstellationen lediglich als ungewollte Folge eines bewusst gesuchten, risikoreichen sozialen Kontaktes darstellt.[256] Der dogmatische Rückgriff auf eine Verletzungseinwilligung, also eine Einwilligung in eine bewusste und gewollte Selbst- oder Fremd*verletzung,* scheidet aus diesen Gründen aus.

Die subjektive Vorstellung des Opfers ist vorliegend vielmehr dergestalt, dass sich das Opfer lediglich bewusst einer *Gefährdung* der eigenen körperlichen Unversehrtheit aussetzt.[257] Charakteristisch für diese Gefährdungssachverhalte, wie sie die oben aufgeführten Beispielsfälle darstellen, sind daher zwei besondere Wissens- bzw. Willensstrukturelemente beim Rechtsgutinhaber: zum einen die positiv vorhandene Kenntnis der gefährdenden Umstände, zum anderen die negativ vorhandene billigende Inkaufnahme etwaiger aus den gefährlichen Umständen resultierender Verletzungsfolgen.

d) Dogmatische Trennung der h.M. zwischen Fremdgefährdung und Beteiligung an einer Selbstgefährdung

Nach Ansicht der mittlerweile h.M.[258] sind diese Gefährdungssachverhalte ihrerseits strikt danach zu unterscheiden, ob es sich um Fälle der sog. Fremdgefährdung handelt, oder um Fälle, in denen ein Dritter sich lediglich an der Selbstgefährdung eines anderen beteiligt. Zwar ist neben dem Umstand des vorhandenen Gefährdungsbewusstseins des Opfers beiden Konstellationen in der Regel gemein, dass sowohl der in Frage stehende Fahrlässigkeitstäter als auch das Opfer jeweils ihren individuellen und ursächlichen Beitrag zur Gefahrschaffung und dem letztendlich eingetretenen Verletzungserfolg beim Opfer leisten.[259] Ungeachtet dessen sind jedoch die Rechtsprechung[260] und nach wie vor die h.L.[261] der Auffassung, dass es einer dogmati-

---

[256] Vgl. Göbel, S. 25; D. Sternberg-Lieben, S. 214.

[257] Zum Begriff der Gefahr und des Risikos siehe W. Frisch, Vorsatz und Risiko, S. 119ff.

[258] BGH 32, 262, (265); BayObLG JR 90, 473; Roxin in Gallas-Festschrift, 249ff.; Tröndle/Fischer, (50. Aufl.) Vor § 13, Rdn. 19; Lackner/Kühl, § 228, Rdn. 2b; SK/Rudolphi, Vor § 1, Rdn. 81a; LK/Hirsch, 10. Aufl., vor § 32, Rdn. 94; SchSch/Lenckner, (25. Aufl.) Vor § 32, Rdn. 102; LPK/Kindhäuser, (1. Aufl.)Vor § 13, Rdn. 200ff.; Schünemann, JA 75, 715, (722ff.) und NStZ 82, 60f.; Stree, JuS 85, 183; Wessels/Beulke, AT, Rdn. 185, 190; Helgerth, NStZ 88, 261, (262); Dölling, GA 84, 76, und JR 94, 520; Prittwitz, NJW 88, 2943; Kühn, S. 67.

[259] So ereignet sich in allen aufgeführten Beispielsfällen das gefährdende Gesamtgeschehen unter aktiver Mitwirkung und zumindest auf Mitinitiative des Opfers hin.

[260] So BGH 32, 262, (265); BayObLG JR 90, 473.

[261] Erstmals übrigens Roxin in Gallas-Festschrift, 249ff., ebenso später in AT, § 11, Rdn. 105 und in NStZ 84, 410, (412); ebenso Tröndle/Fischer, (50. Aufl.) Vor § 13, Rdn. 19; Lackner/Kühl, § 228, Rdn. 2b; SK/Rudolphi, Vor § 1, Rdn. 81a; LK/Hirsch, (10. Aufl.) vor § 32, Rdn. 94; Schüne-

schen Trennung zwischen der Selbst- und der Fremdgefährdung bedürfe, da es in strafrechtlicher Hinsicht von entscheidender Bedeutung sei, ob sich das Opfer selbst freiverantwortlich vorsätzlich gefährde (eigenverantwortliche Selbstgefährdung) oder es sich im Bewusstsein des Risikos von einem anderen gefährden lasse (einverständliche Fremdgefährdung).

Der argumentative Hintergrund für diese Differenzierung resultiert aus der strafrechtlich-dogmatischen Bewertung, dass es einen erheblichen Unterschied darstelle, ob jemand das Opfer nur bei dessen eigener Gefährdung unterstütze (Teilnahme an fremder Selbstgefährdung) oder jemand die unmittelbare Gefährdung für das Opfer selber herbeiführe.[262]

Innerhalb der h.M. wird vereinzelt auf einen Vergleich mit der von den Suizidfällen bekannten Scheidelinie[263] hingewiesen; während die einfache Teilnahme am Selbstmord mangels Haupttat straflos sei, gelte dies bekanntlich nicht für den Fall der Tötung auf Verlangen, also der täterseits eigenhändigen Vornahme der vom Opfer gewollten Tötung.[264] Zum Teil wird die dogmatische Trennung von Selbst- und Fremdgefährdung analog zu der Abgrenzung von Selbst- und Fremdverletzung mit den Vorschriften der §§ 216, 228 begründet.[265] Diese Normen zeigten den vom Gesetz vorgesehenen Unterschied zwischen dem straflosen Mitwirken an einer Selbstverletzung und der gem. § 216 strafbaren bzw. gem. § 228 eventuell strafbaren Fremdverletzung.[266]

Zur Abgrenzung zwischen Fällen der Selbst- bzw. Fremdgefährdung rekurriert die h.M. daher auf das objektive Kriterium der Tatherrschaft und stellt konkret darauf ab, ob das Opfer die gefährdende Handlung, die ohne weitere Zwischenakte zum Verletzungserfolg führt, im Ergebnis selbst beherrscht hat.[267] Haben sowohl das Opfer als auch der Täter gleichsam und somit „mittatherrschaftlich" das entsprechende Risiko nach dem objektiven Geschehensablauf gesetzt, stellt sich die Frage, ob die Täterschaftskriterien der Mittäterschaft i.S.d. § 25 II in diesem Fall heranzuziehen sind. Dies wird zurecht übereinstimmend innerhalb und außerhalb der h.L.[268] abgelehnt; Schild weist darauf hin, dass beide Beteiligten wegen der wechselseitigen Zurechnung gem. § 25 II dann sowohl eine gemeinschaftlich begangene (straflose) Selbsttötung als auch eine gemeinschaftlich begangene (strafbare) Fremdtötung begehen müssten.[269] Wegen der Tatbestandslosigkeit des Opferbeitrags sei jedoch das von §

---

mann, NStZ 82, 60, (61); Stree, JuS 85, 183; Wessels/Beulke, AT, Rdn. 185, 190; ebenso Dölling in GA 84, 76 und JR 90, 474, (475); Helgerth, NStZ 88, 261, (262); Prittwitz, NJW 88, 2943.

[262] Roxin, aaO.

[263] So Helgerth, NStZ 88, 261, (262); Lackner/Kühl, vor § 211, Rdn. 12.

[264] Lackner/Kühl, aaO.

[265] Stree, JuS 85, 179, (183); Herzberg, JA 85, 265, (272); Geppert, ZStW 83, 947, (963).

[266] Stree, aaO.

[267] BayObLG, JR 90, 473; Dölling, aaO.; ders., JR 94, 520; Prittwitz, aaO; Kühn, S. 67; Helgerth in NStZ 88, 261, (262); Fahl, JA 98, 105, (113); Schünemann, JA 75, 715, (723).

[268] Dölling, GA 84, 71, (78), und JR 90, 473, (475); Walther, S. 143; Beulke/Mayer, JuS 87, 125, (127); Stratenwerth, AT, § 15, Rdn. 80; Schild, S. 83; Hugger, JuS 90, 972, (977); Neumann, JuS 85, 677, (679); Schünemann, JR 89, 89, (90); Otto, Spendel-Festschrift, S. 281ff.; ebenso auch BayObLG, NJW 90, 131f.

[269] Schild, aaO.

25 II geforderte Merkmal der gemeinschaftlichen Begehung einer Straftat nicht gegeben.[270]

Dieser Auffassung ist zuzustimmen; insbesondere ist dabei argumentativ zu ergänzen, dass die Mittäterschaftsregelung des § 25 II auch nur schwerlich auf den Bereich der Fahrlässigkeitsdelikte transferierbar ist, da sie eindeutig dem Vorsatzbereich entstammt; die weit reichende Rechtsfolge der wechselseitigen Zurechnung der jeweiligen Tatbeiträge erhält nämlich ihre Berechtigung nur aufgrund der Schaffung und der Durchführung eines gemeinsamen Tatplans, welcher auf die Erreichung eines konkreten Erfolges gerichtet ist. Ein Vorsatzelement der finalen Steuerung des Geschehens hin zum konkreten Erfolg ist jedoch beim Fahrlässigkeitsdelikt gerade nicht gegeben.

Überdies bleibt es auch bei vorhandener „Mittatherrschaft" des Dritten naturgemäß bei einer entsprechender Mittatherrschaft des Opfers. Angesichts der dabei gegebenen Einflussmöglichkeiten auf den Fortgang des Geschehens erscheint es sachgerecht, diese Form der „Mittatherrschaft" der bloßen Teilnahme an einer Selbstgefährdung gleichzustellen.

Im Einzelnen kann daher in strikter Anwendung der Abgrenzungskriterien der h.M. von einer einverständlichen Fremdgefährdung erst ausgegangen werden, wenn der Täter allein die Herrschaft über die Quelle der Gefahr ausübt und das Opfer sich lediglich den Wirkungen der vom Täter ausgeführten gefährlichen Handlungen aussetzt, so dass das Schicksal des Opfers allein in den Händen des Täters liegt.[271] Eine Selbstgefährdung kann danach hingegen angenommen werden, wenn das Opfer die gefährliche Handlung, die ohne weitere Zwischenschritte zum Erfolg führen kann, selbst beherrscht.[272]

aa) Differenzierung der Fallbeispiele nach Selbst- und Fremdgefährdungskonstellationen

Für die oben genannten Fallbeispiele ergibt sich daher für die Abgrenzung unter Zugrundelegung der Abgrenzungskriterien der h.M. Folgendes:

In den Beispielen 1)-3) und 7) wird die unmittelbare Gefährdungshandlung für das Opfer von den jeweiligen transportmittelsteuernden Personen vorgenommen, namentlich also vom steuernden Fährmann[273] sowie den steuernden Motorroller- und Kraftfahrzeugfahrern. Da diese Personen - phänomenologisch betrachtet – die jeweilige Steuerungsvorrichtung und somit das jeweilige Gesamtgeschehen in den Händen halten und die Einflussmöglichkeiten der Gefährdeten eher beschränkt sind,

---

[270] Schild, aaO.; vgl. auch Hugger, aaO.
[271] BayObLG, 90, 132; Roxin, NStZ 84, 411; Prittwitz, NJW 88, 2943.
[272] BayObLG, aaO.; Dölling, GA 84, 76 und JR 90, 474; Roxin, Gallas-Festschrift, 249.
[273] Abweichend hierzu nimmt Schroeder in LK, (10. Aufl.), § 16, Rdn. 181 für den Memelfall (Fallbeispiel 1) unverständlicherweise und ohne nähere Begründung eine Selbst(!)verletzung(!) an.

handelt es sich gemäß den Tatherrschaftskriterien um Fälle der einverständlichen Fremdgefährdung.[274]

Im Beispiel 4) hingegen wird das eigentliche Gefährdungsobjekt in Gestalt der Heroinspritze unmittelbar durch das Opfer selbst injiziert, so dass es sich danach offensichtlich um einen Fall der Selbstgefährdung handelt. Anders wäre es freilich, wenn die Injektion der Heroinspritze am Arm des Opfers unmittelbar durch den anderen erfolgt, da dieser dann die unmittelbare Gefährdungshandlung vornehmen würde.

Ein weiterer Fall der Selbstgefährdung findet sich in Beispiel 5). Da bei der Wettfahrt jeder der Fahrer sein eigenes Motorrad eigenhändig steuert, übt insofern auch das spätere Opfer die Tatherrschaft über die einschlägige Gefahrenquelle, nämlich das selbst befahrende Motorrad aus. Anders wäre der Fall wohl zu sehen, wenn einer der beiden Wettfahrer sein Fahrzeug bei hoher Geschwindigkeit in das des anderen steuern und Letzterer dabei durch einen Sturz zu Tode kommen würde. Die alleinige Herrschaft über die Gefahrenquelle, nämlich das „rammende" Fahrzeug, wäre in diesem abgewandelten Fall dem entsprechenden „rammenden" Fahrer zuzusprechen.

bb) Grenzfall: HI-Virus–Übertragung durch ungeschützten Geschlechtsverkehr

Nicht von solch evidenter Natur ist die entsprechend vorzunehmende Abgrenzung im Beispiel 6), dem Fall der HI-Virus-Übertragung infolge einvernehmlichen, ungeschützten Geschlechtsverkehrs, welcher als echter Grenzfall zu qualifizieren ist.

Für Roxin[275] ist das maßgebliche Argument für seine Annahme einer Fremdgefährdung der Umstand, dass die eigentliche Gefährdung allein vom HIV-infizierten Partnerteil ausgehe und der Partner sich dieser lediglich aussetze.[276] Dieser Fall sei durchaus vergleichbar mit dem obig abgewandelten Heroinfall, bei dem sich das Opfer das Rauschgift durch den Dritten einspritzen lasse[277]; Schünemann ist der gleichen Meinung und verweist auf die etwaigen Parallelen zum Mitfahrerfall[278]. So wie dem angetrunkenen Fahrer des PKW sei auch dem HIV-Infizierten eine tatherrschaftliche Stellung zuzuerkennen.

Diese Ansicht vermag jedoch nicht zu überzeugen. Insbesondere ist zweifelhaft, ob die vor allem von Roxin vorgetragenen Argumente schon zu einer einschlägigen Annahme einer Fremdgefährdung ausreichen, wenn, wie hier, auch der gefährdete Partnerteil während des ihn gefährdenden Sexualkontaktes jederzeit die Möglichkeit hat, auf den konkreten Geschehensablauf Einfluss zu nehmen. Zu berücksichtigen

[274] Im Auto-Surfer-Fall bejaht auch das OLG Düsseldorf, NStZ-RR 97, 325 eine einverständliche Fremdgefährdung; ebenso Trüg, JA 02, 214, (219); anders sieht dies Hammer in JuS 98, 785, (788), der Klopfzeichen des Surfenden als vereinbartes Zeichen zum Anhalten für eine ausreichende Einflussnahmemöglichkeit hält, um insgesamt von einer Selbstgefährdungslage auszugehen.

[275] Roxin, aaO.

[276] Zugunsten einer Fremdgefährdungslage plädieren Helgerth, NStZ 88, 261, (263), Roxin in AT, § 11, Rdn. 108, und Schünemann, JR 89, 89, (90).

[277] Roxin, aaO.

[278] So Schünemann, aaO.

ist, dass der nichtinfizierte Teil am Gesamtgeschehen nicht nur in der gleichen Weise, sondern gar gleichwertig und gleichverantwortlich beteiligt ist wie der infizierte Teil.[279]

Das BayObLG hat deshalb treffend formuliert, dass in solchen Fällen beide Beteiligten „Mitträger der Tatherrschaft" seien.[280] Zwar ist dies eine Feststellung, die auf den ersten Blick eine eindeutige Zuordnung dieser Fallgestaltung als Fremd- oder Selbstgefährdung nicht wesentlich simplifiziert. Wie sich jedoch schon oben gezeigt hat, kommt die Anwendung einer Mittäterschaftsregelung gemäß dem § 25 II nicht ernsthaft in Betracht. Folgt man dem oben gefundenen Ergebnis, so setzt eine Fremdgefährdung die alleinige Tatherrschaft des Dritten über das opfergefährdende Geschehen voraus; damit kommt man, freilich in Übereinstimmung mit dem BayObLG, in diesem Grenzfall konsequent zum Ergebnis des Vorliegens einer Selbstgefährdungslage, zumal keine Rede davon sein kann, dass der Infizierte die Tatherrschaft alleine innehatte, geschweige denn das Opfer das eigene Schicksal in die Hand des Infizierten gelegt hat. Aufgrund der gleichwertigen „Tatbeiträge und –initiative" und der opferseits jederzeit vorhandenen Möglichkeit der Unterbrechung oder Beendigung des Sexualkontaktes erscheint es auch zweifelhaft, die Gefährdung des Opfers dem ausschließlichen Verantwortungsbereich des Infizierten zuzurechnen.

Auf den Einwand der Gegenansicht, dass die eigentliche Gefährdung in Form des HI-Virus naturgemäß vom infizierten Teil ausgehe, hat das BayObLG zurecht erwidert, dass es für die Tatherrschaftsfrage nicht von Belang ist, „wer im medizinisch - virologischen Sinn" die Gefahrenquelle bildet.[281] Die Gefährdung des Opfers ist nicht auf den bloßen Umstand, dass der andere Teil HI-Virusträger ist, sondern auf den mit ihm ausgeübten, ungeschützten Geschlechtsverkehr zurückzuführen. Es kommt unter dem Gesichtspunkt der Tatherrschaft demnach auf die gefährdende *Handlung*, in concreto auf die Vollziehung des ungeschützten Geschlechtsverkehrs, an und nicht darauf, aus welchem *„Zustand"* heraus - nämlich der Erkrankung des einen Teiles - die Gefährdung herrührt. Aus dem bloßen („zuständlichen") Umstand der Erkrankung des einen Partnerteils kann insbesondere dann kein Schluss hin in Richtung einer Fremdgefährdung gezogen werden, wenn beiden Teilen die Infektion des einen bekannt ist und sich der andere, in jeder Hinsicht aufgeklärt, freiwillig und mit jederzeitiger „Beendigungsoption" auf das gefährdende Geschehen einlässt. In diesen Fällen bleibt es bei einer fremdgefährdungsausschließenden Mittatherrschaft des Opfers.

Auch der Hinweis Roxins[282] auf eine vermeintliche Vergleichbarkeit dieser Fallgestaltung mit derjenigen des eigenhändigen Einspritzens des Heroins durch den Dritten vermag diese Sichtweise nicht zu ändern. Beim Einspritzen des Heroins handelt es

---

279 Für eine Selbstgefährdung im vorliegenden Fall: BayObLG, JR 90, 473; Dölling, JR 90, 474; Wessels/Beulke, AT, Rdn. 191; Lackner/Kühl, Vor § 211, Rdn. 12a; Bruns, MDR 87, 353, (356); Herzog/Nestler-Tremel, StV 87, 360, (366); Prittwitz, JA 88, 427, (432f.); noch offen gelassen von BGHSt 36, 1, (17).

280 BayObLG, JR 90, 473, (474); so auch Otto, Tröndle-Festschrift, S. 157, (167).

281 BayObLG, aaO.

282 Roxin, AT, § 11, Rdn. 108.

sich um eine einseitige Einwirkung des Dritten auf den Körper des Opfers; dies wird man beim ungeschützten Geschlechtsverkehr nur schwerlich vertreten können, da es sich um eine gemeinschaftliche Interaktion und gerade keinen einseitigen „Akt“ handelt. Stellt man, wie offenbar Roxin, bei der Betrachtung des relevanten Gefährdungsverhaltens nicht auf das Gesamtgeschehen des ungeschützten Geschlechtsverkehrs, sondern ganz konkret auf die genauen physisch-medizinischen Umstände der Virusübertragung ab, käme man womöglich nicht umhin, zwischen den Geschlechtern als jeweilige Virusüberträger zu differenzieren. Da es in dieser Hinsicht im Ergebnis jedoch keine Rolle spielen dürfte, ob es sich beim Infizierten um einen Mann oder eine Frau bzw. um einen hetero- oder homosexuellen Kontakt handelt, sollte diese Betrachtung außen vor bleiben.

Nach dem bisher Gesagten ist auch die von Schünemann[283] gezogene Parallele mit dem Fall der gemeinsamen Trunkenheitsfahrt nicht schlüssig. Im Gegensatz zum Aidsfall unterliegt das Gesamtgeschehen beim Mitfahrerfall einer einseitigen Steuerung durch den angetrunkenen Fahrer, zumal sich der gefährdete Beifahrer buchstäblich in den (wagensteuernden) Händen des Dritten befindet. An der qualitativen Einstufung des (hier konkret geschilderten) Aids- oder HI-Virusfalles als Fall einer selbstgefährdenden Handlung - gemessen am Tatherrschaftskriterium der h.M. - ändert dies im Ergebnis nichts.[284]

cc) Grenzfall: Sportverletzung bei körperkontaktreichen Mannschaftssportarten

Zieht man das Abgrenzungskriterium der Tatherrschaft auch bei der hier untersuchungsrelevanten Herbeiführung von Verletzungsfolgen im Rahmen eines sportlichen Zweikampfs bei Mannschaftsportarten heran, so erweist sich diese Sachverhaltsgruppe ebenfalls als besonders schwierig zu beurteilender Grenzfall.

Auf der einen Seite liegt bei Sportverletzungen wie im Beispielsfall 8) die Besonderheit darin, dass die Gefährdung der körperlichen Integrität des Opfers unmittelbar durch körperliche Einwirkungen des Kontrahenten herbeigeführt werden; zu den denkbaren beeinträchtigenden Verhaltensweisen gehören dabei u.a. das Treten wie im obigen Fallbeispiel 8), das Zufallbringen des Gegenspielers durch Stoßen oder starkes Rempeln sowie das Schlagen[285]. Gemäß dem ersten Eindruck handelt es sich um Fälle, die angesichts der unmittelbar eigenhändigen Ausführung des „Täters“ offensichtlich als Fremdgefährdungen zu qualifizieren sind.

Auf der anderen Seite ist jedoch zu berücksichtigen, dass auch das Opfer aktiv am sportlichen Wettkampf teilnimmt und dessen körperliche Beeinträchtigung letztlich die Folge einer gemeinsamen, zeitgleichen körperlichen Interaktion der beiden sportlichen Kontrahenten ist. Schild[286] weist zutreffend mit Bezug auf die conditio sine qua

---

283 Schünemann, JR 89, 89, (90).

284 Siehe zum Ganzen die Ausführungen von Puppe, Jura 98, 21, (28).

285 Hinsichtlich möglicher weiterer beeinträchtigender Handlungen ist auf die enumerative Aufzählung verbotener Spielweisen in den entsprechenden Regelwerken der Sportarten zu verweisen; stellvertretend für den Fußballsport ist eine solche in der Regel 12 der Fußballregeln zu finden.

286 Schild, S. 90.

non – Formel darauf hin, dass die Verhaltensweisen beider Kontrahenten kausal für den beim Opfer eingetretenen Verletzungserfolg seien, da die sportlichen Beiträge beider jeweils nicht hinweggedacht werden könnten, ohne dass dieser Verletzungserfolg entfiele. Damit jedoch noch nicht genug: Im Rahmen der sportlichen Ausübung von Mannschaftssportarten kommt es zu einer hohen Anzahl von vielfältigen Einzelsituationen, in denen alle teilnehmenden Sportler aufgrund der „konfigurativen Bewegungsdynamik des Sports“[287] sowohl den gefährdenden Part als auch den eher passiv - duldenden gefährdeten Part übernehmen. Der BGH in Zivilsachen[288] qualifiziert die Verletzungsgefahr beim Fußballspiel daher zutreffend als „reziprok“, da jeder Spieler zugleich „potentieller Verletzer“ und „potentieller Verletzter“ sei.

Damit ist ein gewichtiger Unterschied zwischen Fällen der Sportverletzungen und den in den meisten in den anderen Beispielsfällen dargestellten Sachverhalten herausgestellt. Während in den anderen Fällen zumeist von vornherein feststeht, welcher Beteiligte der etwaige Gefährdete bzw. das Opfer und wer der potentiell in Frage kommende Täter ist (so z.B. im Mitfahrerfall, Aidsfall, Memelfall, Auto-Surfer-Fall), ist dies beim hier relevanten Sport nicht der Fall. Im sportlichen Zweikampf geht jeder der Beteiligten ein Risiko ein; beide sind sich darüber bewusst, dass es jeden treffen könnte, so dass in diesem Falle Fremd- und Selbstgefährdung regelmäßig untrennbar miteinander verbunden sind bzw. zusammenfallen.[289] Wenn man demnach einen geeigneten Terminus für diese Art der Gefährdung finden müsste, wäre es daher vermutlich weniger der der einverständlichen Fremd- oder Selbstgefährdung, sondern vermutlich treffender der der „einverständlichen Gegenseitigkeitsgefährdung“.

Dabei ist jedoch zu berücksichtigen, dass diese Betrachtung bislang lediglich die Gefährdungsausrichtung im Rahmen abstrakter sportlicher Ausübung wiedergibt. Da jedoch nicht das abstrakte Verhalten eines Täters (hier die Teilnahme am sportlichen Zweikampf), sondern das konkret - spezifizierte Täterverhalten (hier die konkrete Ausführung eines konkreten Zweikampfs) von strafrechtlicher Relevanz ist, ist die Frage zu stellen, ob die obigen Feststellungen nicht nur bei einer abstrakten Betrachtung von zweikampfimmanenter Sportausübung zutreffen, sondern auch im konkreten Einzelfall eines sportlichen Zweikampfs Geltung für sich in Anspruch nehmen können. Betrachtet man als Beispiel den einfachen Fall aus dem Fußballsport, dass dem ballführenden Spieler A vom Gegenspieler B mittels einer Grätsche heftig in die Beine getreten wird, so lässt sich diesbezüglich festhalten, dass es sich bei genauer und konkreter Betrachtungsweise um einen Fall der Fremdgefährdung handelt. Dies ist dadurch belegbar, dass eine konkrete Gefährdung des A durch die Handlung des B gegeben ist, während vom ballführenden Spieler A gegenüber dem Gegenspieler B in der speziell betreffenden Situation keine Gefahr ausgeht.

Diffiziler stellt sich die Lage allerdings dar, wenn man den konkreten Sachverhalt aus dem obigen Beispielsfall 8) genauer unter die Lupe nimmt. Da keiner der Spieler aktuell in Ballbesitz ist und im Anschluss an das Laufduell (zumeist[290]) nur einer von

---

[287] So die treffende Formulierung von Schild, aaO.
[288] BGHZ 63, 140, (145).
[289] So zutreffend Schild, aaO.
[290] Die Ausnahme wäre ein sog. „Pressball“.

beiden, nämlich vorliegend der schnellere oder flinkere Stürmer den Ball spielt und somit vom Abwehrspieler getroffen wird, ergibt sich hier erst in der letzten Zehntelsekunde, wem von beiden Beteiligten die Rolle des Fremdgefährdenden bzw. des Fremdgefährdeten zufällt. Bis zu diesem Zeitpunkt lässt sich die Situation analog der abstrakten Betrachtungsweise eher als einverständliche Gegenseitigkeitsgefährdung begreifen.

Zusammenfassend zeigen die vorherigen Ausführungen, dass die Konstellationen der Sportverletzungen bei zweikampfimmanenten Mannschaftssportarten in der Tat einen schwierigen Grenzfall zwischen Fremd- und Selbstgefährdung darstellen und zum Teil Züge eines Falles sui generis als „Gegenseitigkeitsgefährdungslage" annehmen.

Führt man diese Sachverhalte jedoch einer abschließenden Abgrenzungsentscheidung zu, die sie entweder als Fremd- oder Selbstgefährdung nach den Kriterien der h.M. kennzeichnen, so wird man sich allerdings schwerlich auf die Annahme einer Selbstgefährdungslage festlegen können. Da nun einmal die unmittelbare Gefährdungshandlung, wenn auch ggf. nur für den letzten Bruchteil einer Sekunde, der alleinigen Steuerung des verletzenden Spielers unterliegt, das Opfer diesen Wirkungen auch vollständig ausgesetzt bleibt und deswegen dessen Schicksal gemäß der Fremdgefährdungsdefinition der h.M. in den Händen (bzw. beispielsgetreu in den Füßen) des Täters liegt, wird man letztlich zugunsten einer Fremdgefährdungslage votieren müssen.[291] In Abgrenzung zu anderen Fällen der Fremdgefährdung erscheint es jedoch angezeigt, bei Sachverhalten wie im Beispielsfall 8) bis zur letzten Zehntelsekunde von einer „Gegenseitigkeitsgefährdung" oder zumindest einer „gegenseitigen Fremdgefährdung" und erst im letzten Augenblick von einer typischen einverständlichen Fremdgefährdung zu sprechen.

e) Die einverständliche Fremdgefährdung und ihre dogmatische Behandlung

War bisher vornehmlich die von der h.M. [292] vorgenommene Abgrenzung zwischen Fremd- und Selbstgefährdung Gegenstand der Erörterung, ist nunmehr das Augenmerk isoliert auf die für Sportverletzungen einschlägige Figur der einverständlichen Fremdgefährdung zu legen. Die komplexe Besonderheit dieser Konstellation besteht zusammenfassend darin, dass ein die objektiven Kriterien der alleinigen Tatherrschaft erfüllendes, eigenhändiges und opfergefährdendes Handeln des Täters vorliegt, welches zeitgleich mit dem entsprechend vorhandenen Einverständnis und Risikobewusstsein des Opfers einhergeht.

Die strafrechtliche Bedeutung, die dogmatische Einordnung und etwaige Rechtsfolgen dieser einverständlichen Fremdgefährdung sind im Einzelnen bis heute noch

---

[291] So Niedermair, S. 135; Kühn, S. 71.

[292] Siehe Tröndle/Fischer, (50. Aufl.) Vor § 13, Rdn. 19; Lackner/Kühl, § 228, Rdn. 2b; vgl. ebenso Schünemann, JA 75, 715, (722); Walther, S. 33ff.; Roxin, AT, § 11, Rdn. 105; Dölling, GA 84, 71, (80); Wessels/Beulke, AT, Rdn. 190.

weitgehend ungeklärt und umstritten.[293] Rechtsprechung und Lehre geben recht unterschiedliche Antworten auf die Frage, auf welche Art und Weise das risikoüberblickende Opferverhalten strafrechtlich zu würdigen ist bzw. ob und inwiefern sich aus dieser von Opferseite erteilten Zustimmung zur fremden Gefährdungshandlung ein strafrechtlicher Haftungsausschluss des Täters ableiten lässt. Der auf ersten Anschein hin nahe liegende dogmatische Erklärungsansatz, in der genannten Zustimmung des Opfers zur Vornahme der Gefährdungshandlung die Annahme einer rechtfertigenden Einwilligung in Form der (traditionellen) Verletzungseinwilligung zu sehen, erweist sich (aufgrund der bereits obig getroffenen Feststellungen) als unhaltbar. Das Opfer hat in diesen Gefährdungskonstellationen offensichtlich keinen auf einen Verletzungserfolg ausgerichteten Willen, sondern vertraut hingegen auf das Ausbleiben desselben. Es mangelt also an dem für eine Verletzungseinwilligung typischen emotionalen oder voluntativen Element hinsichtlich des Verletzungserfolges.

aa) Die Entwicklung der einschlägigen Rechtsprechung und die Kritik am Institut der rechtfertigenden Risikoeinwilligung

(1) Die unzureichende Argumentationsleistung der Rechtsprechung

Ungeachtet dieses beim Opfer vorhandenen Mangels auf subjektiver Seite hat der BGH insbesondere in den Fremdgefährdungskonstellationen der gefahrenbewussten Mitfahrt mit Dritten wie in den Beispielsfällen 2) und 3)[294] die klassische rechtfertigende Verletzungseinwilligung als einschlägigen Rechtfertigungsgrund anerkannt.

In den jeweiligen Entscheidungsgründen nimmt er zu der genannten Problematik des mangelnden emotionalen Elementes hinsichtlich des Verletzungserfolges in kaum genügender Weise Stellung.

Während er sich im Trunkenheitsfahrtfall (Beispielsfall 3) dazu noch vollends ausschweigt, erschöpft sich im Motorrollerfall (Beispielsfall 2) die gesamte Begründung zu diesem Aspekt auf die Anmerkung, dass es nicht einzusehen sei, warum die Einwilligung in eine fahrlässige Körperverletzung weniger wirksam sein solle als die in eine als sicher erkannte vorsätzliche Verletzung.[295] Zwar mag dieser Erst-Recht-Schluss auf den ersten Blick hin plausibel erscheinen; er liefert jedoch keine ausreichende Begründung dafür, weshalb der BGH im konkreten Fall (realitätsfern) davon ausgeht, dass die jeweils mitfahrenden Opfer in etwaige Körperverletzungsfolgen eingewilligt hätten, zumal sie offensichtlich darauf vertraut haben, dass gerade kein verletzungsfolgenreicher Unfall geschieht.

Weshalb genau der BGH im Ergebnis zur subsumptiven Annahme einer Verletzungseinwilligung kommt, ohne zu der genannte Problematik des mangelnden Erfolgsbezugs der Einwilligung Stellung zu nehmen, lässt sich plausibel wohl nur mit

---

[293] Roxin, NStZ 84, 412, bezeichnet sie als eine der „ungeklärtesten Fragen der Fahrlässigkeitsdogmatik"; so auch Hammer, JuS 1998, 785, (788), und Wessels/Beulke, aaO.
[294] BGHSt 6, 232, (234); OLG Celle, NJW 64, 736.
[295] BGH VRS 17, 277, (279) = MDR 59, 856.

dessen primärer Intention, nämlich der Schaffung einzelfallgerechter und ergebnisorientierter Lösungen, erklären; dass der BGH sich dabei dem Vorwurf aussetzt, die Realität der dogmatischen Konstruktion anpassen bzw. Sachverhalte zwanghaft in dogmatische Denkschemata pressen, ist für ihn offenbar kein Hinderungsgrund.

Anders als die nachfolgende, unterrangige Rechtsprechung[296], welche schließlich den (umgekehrten) Versuch unternimmt, (nämlich) die Dogmatik mittels des Instituts der Risikoeinwilligung der Realität anzupassen, bleibt der BGH auch in aktuelleren Entscheidungen bei dem bisher dazu Gesagten und verweist erneut auf das schon im Motorrollerfall vorgebrachte Hilfsargument (mit dem Tenor: Wenn eine Einwilligung in eine vorsätzliche Körperverletzung möglich ist, dann erst recht in eine fahrlässige Körperverletzung!).[297]

Einen etwas anderen, aber ebenso wenig überzeugenden Erklärungsansatz liefert das BayObLG[298] in dem Fall eines freizeitlich durchgeführten Fußballspiels, in dessen Verlauf einer der Spieler durch den Fußtritt seines Gegenspielers einen Schienbeinbruch erleidet und letzterer wegen fahrlässiger Körperverletzung gem. § 229 angeklagt wird. Das Gericht geht in diesem Fall vom Vorliegen einer rechtfertigenden Einwilligung des verletzten Spielers aus, da die freiwillige Teilnahme am Fußballspiel eine konkludente Zustimmung zu der Verletzungshandlung des anderen Spielers bedeute. Die konkrete Einwilligung des Verletzten beziehe sich dabei „auf das Setzen der Erfolgsverursachung, mithin auf die Handlung des Täters und damit auch auf deren Erfolg". Wer mit der die Gefahr begründenden Handlung einverstanden sei, müsse „auch deren sämtliche Folgen auf sich nehmen".[299]

Anhand dieser Ausführungen wird deutlich, dass es dem Gericht weniger auf das tatsächliche Vorliegen einer opferseits erteilten Einwilligung in den Erfolg ankam als vielmehr darauf, dem Opfer sein (und nur so lässt sich die Formulierung des BayObLG deuten) nach außen erkennbares Verhalten wie eine Einwilligung zuzurechnen. Was letztlich soviel bedeutet wie: Wer sich selbst riskant verhält, indem er sich in ihm bekannte Risikosphären begibt, muss demzufolge auch in etwaige daraus entstehende Erfolge einwilligen.[300] Dieser allgemeine Zurechnungsgedanke mag vom Blickpunkt der Sachgerechtigkeit her sogar ein zutreffender Ansatz an, mit der Dogmatik der rechtfertigenden Einwilligung ist er jedoch nicht in Einklang zu bringen, zumal das Gericht eine Prüfung des tatsächlichen Willens des Opfers nicht vorgenommen bzw. offensichtlich nicht für notwendig erachtet hat.

Göbel beschreibt die Situation daher treffend, wenn er meint, man behandele das Individuum in diesen Fällen so, „als wenn es in den Erfolg eingewilligt hätte".[301] Im Schrifttum wird angesichts dieser Rechtsprechungspraxis des BayObLG zu Recht

---

[296] BayObLG NJW 68, 665; OLG Düsseldorf, NStZ-RR 97, 325.
[297] So wird noch in der Entscheidung BGH NJW 95 (!), 795, (796) auf eben jene (dürftige) Begründung des BGH in MDR 59, 856 = VRS 17, 277, (279) verwiesen.
[298] BayObLG, JR 61, 72; ähnlich auch OLG Hamm, VRS 7, 203.
[299] BayObLG, JR 61, 72, (74) = BayObLGSt 60, 266, (270).
[300] Siehe dazu auch die Ausführungen von Schild, S. 94; ders. Jura 82, 520, (523f.).
[301] Göbel, S. 26.

oftmals von einer „Generaleinwilligung"[302] gesprochen, welche der Annahme einer systemwidrigen „Einwilligungsfiktion"[303] gleichkomme. Dass dabei die Figur der Einwilligung ihren Charakter als individuell-geprägtes Rechtsinstitut, bei dem stets der tatsächliche Wille des Einwilligenden relevant ist, einbüßt, ist für das BayObLG offenbar kein gesehener oder ernsthafter Einwand.

Nicht zuletzt deshalb ist auch die Schlussfolgerung von Jakobs konsequent, der bei dieser Form der angenommenen Einwilligung von einer nur „mittelbaren" und „unfinalen" Einwilligung[304] spricht. Rein wertungsmäßig könnte die vom BayObLG angewendete Konstruktion auch als Neueinführung einer „fahrlässigen Einwilligung" qualifiziert werden, welche freilich aus bekannten und den benannten Gründen keine Anerkennung erfahren kann.

(2) Die rechtfertigende Risikoeinwilligung

Ein wirkliches Aufgreifen der zuvor benannten Problematik des fehlenden Erfolgsbezuges der Einwilligung erfolgt erstmals durch die nachfolgende Rechtsprechung[305]. Dabei wird herausgestellt, dass es generell in Fällen der fahrlässigen Körperverletzung – übrigens entgegen dem Wortlaut des § 228[306] - nicht der Einwilligung in die Körperverletzung bedürfe, sondern lediglich der Einwilligung in die Gefährdung bzw. in das Risiko einer Körperverletzung, nämlich der sog. Risikoeinwilligung[307].

Präzise Antworten auf die Frage, warum eine solche Risikoeinwilligung in diesen Fallgestaltungen ausreichend sein soll, werden (zunächst) nicht genannt[308]; vielmehr wird in den jeweiligen Entscheidungsgründen ausführlich die Frage nach dem jeweiligen Einwilligungsumfang thematisiert, während hingegen die grundlegenden dog-

[302] Siehe z.B. Rössner, S. 313, (317); Zipf, S. 75; Kühn, S. 62.
[303] Siehe Göbel, S. 26; ähnlich auch BGHZ 63, 140, (144).
[304] Jakobs, 7. Abschnitt, Rdn. 128f.; Maurach, Dt. Strafrecht BT, § 8 III A und Schroeder, S. 29 nennen sie hingegen ebenso treffend „Eventualeinwilligung"; Baumann, StR-AT, § 21 II 4 a), spricht etwas unschärfer von „zu vermutender Einwilligung".
[305] So z.B. von BayObLG in NJW 68, 665 und VRS 53, 349; OLG Celle, MDR 69, 69, (70); OLG Hamm, VRS 40, 26; OLG Düsseldorf in VRS 36, 109 und in NStZ-RR 97, 325; OLG Frankfurt, MDR 70, 694f.; OLG Hamburg, NJW 69, 336.
[306] Die Einwilligung ist ein über die Grenzen der Körperverletzungsdelikte hinausgehender, anerkannter Rechtfertigungsgrund. Dass der Gesetzgeber die Einwilligung ausdrücklich noch einmal in § 228 normiert hat, unterstreicht aus Opferschutzgesichtspunkten das gesetzgeberische Anliegen, genau festzulegen, in welchen Fällen eine Einwilligung zum Entfallen der Rechtswidrigkeit führen kann; namentlich soll dies der Fall sein bei einer „...Körperverletzung mit Einwilligung..." und nicht bei einer Einwilligung in das Risiko einer Körperverletzung. Da diese Problematik bereits spätestens seit den 70er Jahren bekannt ist und noch zuletzt im Jahre 1998 der zuvor existierende § 226a mit nur wenigen, die Risikoeinwilligung mit keiner Silbe erwähnenden, sprachlichen Änderungen in den § 228 umgewandelt wurde, ist dies ein weiteres Indiz gegen die dogmatische Anerkennung der rechtfertigenden Risikoeinwilligung.
[307] Das BayObLG spricht in NJW 68, 665, von „Einwilligung in das Risiko als Rechtfertigungsgrund". Die Begrifflichkeit der Risikoeinwilligung wird ausdrücklich angewendet in Tröndle/Fischer, (52. Aufl.) § 228, Rdn. 22; Lackner/Kühl, § 228, Rdn. 2a; vgl. auch Kühl, AT, § 17, Rdn. 82f.
[308] Einzige Ausnahme: Kammergericht Berlin in JR 54, 428, siehe dazu die Ausführungen im übernächsten Abschnitt.

matischen Fragen unbehandelt bleiben.[309] Es wird lediglich festgestellt, dass bei Fahrlässigkeitsdelikten bereits eine vollständige rechtfertigende Wirkung aufgrund einer opferseits erteilten Einwilligung gegeben sei, wenn sich die Einwilligung auf die Handlung des Täters und die mit dieser Handlung verbundenen Gefährdung, nicht jedoch auf den tatsächlich eingetretenen Erfolg beziehe.[310]

Der Unterschied zwischen der „herkömmlichen" Verletzungseinwilligung und der Risikoeinwilligung ist demnach ausschließlich im modifizierten Einwilligungsgegenstand zu finden, während die allgemeinen Voraussetzungen[311] und auch die Rechtsfolgen[312] identisch bleiben. Die Besonderheit der Risikoeinwilligung liegt darin, dass die Kongruenz zwischen dem objektiven tatbestandlichen Geschehen einerseits, nämlich der täterschaftlich ausgeführten Handlung plus dem tatsächlich eingetretenen Erfolg, und dem vom Opfer subjektiv erfassten Gegenstand der Einwilligung andererseits, nämlich der Handlung plus lediglich dem Risiko des Erfolgseintritts, nicht gewahrt wird, da bei letzterem auf den Erfolgsbezug verzichtet wird.

Bei Vorsatztaten ist zu Recht ganz h.M.[313], dass die Einwilligung sowohl die Handlung als auch den Erfolg erfassen muss. So, wie Handlungs- und Erfolgsunrecht auf der objektiven Tatbestandsebene verwirklicht werden, muss auch die einwilligende Vorstellung auf Opferseite die Handlung und den Erfolg zum Inhalte haben. Das vom Täter begangene Handlungs- und Erfolgsunrecht kann dabei nur durch das Erstrecken der Einwilligung auf beide Komponenten beseitigt werden, anderenfalls kann es nicht zu einer vollständigen strafrechtlichen Rechtfertigung kommen.[314] Eine bloße Risikoeinwilligung wäre hier, bei Vorsatztaten, aufgrund der mangelnden einwilligenden Erfassung des Erfolges schon per se nicht in der Lage, das Erfolgsunrecht zu beseitigen und somit rechtfertigende Wirkung zu entfalten.[315]

Problematischer und umstrittener ist die Frage nach dem Einwilligungsgegenstand bei Fahrlässigkeitstaten. So wie die Rechtsprechung vertritt auch ein Teil des Schrifttums[316] - zum Teil ohne jegliche Begründung[317] - die Auffassung, dass neben der Einwilligung in die Handlung eine solche in die Gefährdung ausreicht, um die rechtfertigende Wirkung der Einwilligung in Form der Risikoeinwilligung entstehen zu lassen.

---

[309] So z.B. in BayObLGSt 61, 180 = NJW 61, 2072; BayObLG, JR 61, 72.
[310] BayObLG, NJW 68, 665; zusammenfassend Lackner/Kühl, § 228, Rdn. 2a.
[311] Dazu gehören die Disponibilität des geschützten Rechtsgutes, die Verfügungsberechtigung, die Einwilligungsfähigkeit und die Nichtexistenz wesentlicher Willensmängel; im einzelnen siehe dazu Sch/Sch/Lenckner, (24. Aufl.) vor § 32, 35ff.; Wessels/Beulke, AT, Rdn. 371ff.
[312] Siehe dazu die bereits oben gemachten Ausführungen zur Qualifizierung der Einwilligung als Rechtfertigungsgrund.
[313] Sch/Sch/Lenckner, (24. Aufl.), Vor § 32, Rdn. 34; a.A. Hansen, S. 107ff.
[314] Bei konkreten Gefährdungsdelikten ist der Einwilligungsgegenstand deshalb neben der Handlung konsequenterweise der Gefahrenerfolg.
[315] Anschaulich die Darstellungen von Schild, S. 93f., und Jura 82, 520, (525f.) zu diesem Themenbereich.
[316] Schaffstein, Welzel-Festschrift, S. 557, (559ff.); Lackner/Kühl, § 228, Rdn. 2a; Weber, Baumann-Festschrift, S. 43, (45f.); Hillenkamp, JuS 77, 166, (171f.); Jescheck, AT, § 56, II., 3.), S. 534.
[317] So u.a. in Wessels/Beulke, AT, Rdn. 379; Sch/Sch/Stree, (26. Aufl.), § 228, Rdn. 16.

(3) Präponderanz des Handlungsunwerts und untergeordnete Bedeutung des Erfolgsunwerts?

Dieser Annahme liegt oftmals die Prämisse zugrunde, dass exklusiv dem Handlungsunwert maßgebliche Bedeutung zuzumessen sei, während hingegen der Erfolgsunwert vernachlässigt werden könne.[318] Nur die sorgfaltswidrige Handlung des Täters stelle den eigentlichen „Unrechtskern"[319] der Fahrlässigkeitsdelikte dar, da eben jener „personale Aktunwert den generellen Unwert aller strafrechtlichen Delikte" ausmache; der Erfolgsunwert sei nur ein „unselbstständiges Moment"[320] bei Erfolgs- und konkreten Gefährdungsdelikten. Der tatbestandliche Erfolg sei daher als objektive Strafbarkeitsbedingung oder als ein den Tatbestand limitierendes Element zu qualifizieren.[321]

Das dieser Ansicht zugrunde liegende Argumentationsmuster erscheint schon vom Ansatz her nicht tragfähig. Zum einen kann nicht geleugnet werden, dass das geltende Strafrecht dem tatbestandlichen Erfolg sowohl strafbegründende als auch strafschärfende Wirkung beimisst. Ob eine begangene sorgfaltswidrige Handlung im Ergebnis eine strafbare Handlung darstellt oder nicht, hängt nun einmal oftmals davon ab, ob ein gewisser Erfolg, sei es der einer Körperverletzung oder der des Todes eines Menschen, eintritt. Selbst wenn der Tatbestandserfolg, wie es Schaffstein zusätzlich bemerkt, nur eine „Zufallskomponente"[322] innerhalb der fahrlässigen Delikte sein mag, ändert dies nichts an dessen bedeutender strafbegründender Funktion. Auf schwankendem Grund befindet sich daher der argumentative Hinweis Schaffsteins, dass der Handlungsunwert für das Unrecht von konstitutiver Bedeutung sei, der Erfolgsunwert hingegen nicht; dies zeige sich, so Schaffstein, z.B. bei einer Sorgfaltspflichtverletzung wie dem Verstoß gegen § 1 StVO, welche auch dann rechtswidrig sei, wenn diese weder eine konkrete Gefährdung i.S.d. § 315c, eine Verletzung i.S.d. § 229 oder gar Tötung i.S.d. § 222 zur Folge habe.[323]

Nimmt man einerseits an, Schaffstein beziehe dieses Beispiel speziell auf § 1 II StVO, so ist ihm entgegenzuhalten, dass auch die Verwirklichung dieser Vorschrift den Eintritt eines Erfolges vorsieht, nämlich entweder die Schädigung oder Gefährdung oder aber die unvermeidbare Behinderung oder Belästigung eines anderen; auch hier wäre der Erfolgsunwert konstitutiv. Hinsichtlich der Verwirklichung der Generalklausel § 1 I StVO ist Schaffsteins These der alleinigen Bedeutung des Handlungsunwerts zuzustimmen; dies liegt jedoch hier nicht an der grds. fehlenden konstitutiven Unrechtswirkung des Erfolgsunwerts, sondern schlicht und einfach an der Struktur der Vorschrift des § 1 I StVO, welche nun einmal per se keinen tatbestandlichen Erfolg voraussetzt. Dass bei solchen reinen Handlungsdelikten ein etwaiger weiterer tatbestandlicher Erfolg keine besondere Rolle spielen kann, liegt auf der Hand. Für die Erörterung der Bedeutung des tatbestandlichen Erfolges bei den hier

---

[318] So Schaffstein, Welzel-Festschrift, S. 557, (559ff.); LK/Hirsch, (11. Aufl.), vor § 32, Rdn. 93ff.
[319] LK/Hirsch, aaO.
[320] Schaffstein, aaO.
[321] Schaffstein, aaO., (560).
[322] Schaffstein, aaO.
[323] Schaffstein, aaO.; (561).

relevanten Erfolgsdelikten wäre damit aber nichts gewonnen, so dass der beispielhaft unterstützte Hinweis Schaffsteins ins Leere geht.

(4) Fern- und Sperrwirkung des § 216?

Gegen die Rechtsfigur der Risikoeinwilligung werden vielfach insbesondere aus der Vorschrift des § 216 dogmatische Bedenken geltend gemacht. Dabei wird wie folgt argumentiert:

Gegen die Vernachlässigung der Beachtung des Erfolgsunwerts bei der Einwilligung spreche vor allem der Rechtsgedanke des § 216. Wäre alleiniger Einwilligungsgegenstand die Handlung des Täters, käme es auf die Art und Schwere des eingetretenen Erfolges nicht mehr an. Der Vorschrift des § 216 sei jedoch gerade zu entnehmen, dass eine Einwilligung in eine Tötung unwirksam ist, so dass die Handlung als alleiniger Einwilligungsgegenstand nicht in Rede stehe.[324]

An diesem Gedankengang ist nichts auszusetzen, insbesondere ist festzustellen, dass sich die Opfervorstellung des auf Verlangen Getöteten gem. § 216 nicht nur auf die Tötungshandlung, sondern auch auf den Tötungserfolg erstrecken muss. Eine grundsätzlich vorhandene Erfolgsirrelevanz im Rahmen der Opfervorstellung ist daher auch nicht zu bejahen. Vorliegend geht es jedoch nicht um die Frage der grundsätzlichen Erfolgsirrelevanz in allen Fallgestaltungen, sondern lediglich um jene in den Fallgestaltungen der Risikoeinwilligung, welche sich aus besagten Gründen auf die Einwilligung bei fahrlässigen Erfolgsdelikten beschränkt.

Mit dem genannten argumentum e § 216 hat man jedoch unmittelbar nur ein Begründungselement für die ohnehin nach ganz h.M. erforderliche Erfolgsbezogenheit der Einwilligung bei Vorsatzdelikten gewonnen. Dieses wäre nur dann auch auf den Bereich der fahrlässigkeitsdeliktrelevanten Risikoeinwilligung übertragbar, wenn § 216 auch in Fällen der fahrlässigen Tötung, nämlich beim Eingehen von Tötungsgefahren im Rahmen einverständlicher Fremdgefährdung, Anwendung finden müsste.

Da eine unmittelbare Anwendung des § 216 sowohl mangels Tötungsvorsatzes des Täters als auch des Tötungserfolgsbezuges der Opfervorstellung ausscheidet, wird von der Rechtsprechung[325] und einigen Autoren im Schrifttum[326] eine Fernwirkung des § 216 als eine Art Einwilligungssperre auch bei nur lebensgefährdenden Handlungen bejaht.

Zur Begründung wird ausgeführt, dass es in der Gesamtbetrachtung kein erheblicher Unterschied sei, ob jemand in eine Tötung oder lediglich in eine Lebensgefährdung einwillige.[327] Zwar handele es sich bei der Gefährdung um ein „minus" im Vergleich

---

[324] Vgl. Zipf, S. 20fff.; Fiedler, S. 73.
[325] RGSt 2, 442; BGHSt 4, 88, (93).
[326] Jescheck, AT, § 56 II 3; Geppert, ZStW 83 (1971), 947, (987); Preuß, S. 140; Zipf, S. 70, 73; Bickelhaupt, NJW 67, 712, (713).
[327] Preuß, aaO.

zur Tötung[328], doch in beiden Fällen werde das eigene grundsätzlich indisponible Rechtsgut Leben zur Disposition eines anderen gestellt;[329] da es sich gleichermaßen „um ein Spiel mit dem Tode" handele, könne dem individuellen Selbstbestimmungsrecht auch bei einer „bloßen" Lebensgefährdung kein Vorrang eingeräumt werden.[330]

Diese Ansicht vermag jedoch nicht zu überzeugen.[331] Insbesondere ist dem entgegenzuhalten, dass es sich bei § 216 um eine Spezialregelung aus dem Bereich der vorsätzlichen Tötungsdelikte handelt, deren Übertragung auf die fahrlässige Tötung äußerst zweifelhaft erscheint.[332] Im Gegensatz zu den von § 216 erfassten Fallgestaltungen erfasst das voluntative Element des Gefährdeten keine eigenen Verletzungsfolgen, geschweige denn den eigenen Todeseintritt, zumal der gefährlichen Unternehmung regelmäßig die Hoffnung auf einen glimpflichen Ausgang zugrunde liegt.[333] Nicht zuletzt deshalb kommt auch der kriminalpolitische Zweck des § 216, nämlich die Tabuisierung jeglicher vorsätzlicher Tötungen trotz Einverständnisses des Opfers, im Fahrlässigkeitsbereich nicht zur Geltung.[334] Eine bewusste und zielgerichtete Entscheidung zur Vernichtung des Rechtsguts Leben ist hier gerade nicht gegeben.

Darüber hinaus ist der bei typischen Anwendungsfällen des § 216 vorhandene Umstand, dass nämlich ein Verlangen zur eigenen Tötung aus einer meist „starken geistigen Verengung"[335] herrührt, in den Fallgestaltungen der Lebensgefährdung regelmäßig nicht anzutreffen; anders als in Fällen der aktiven Sterbehilfe ist der Lebenswille beim lediglich gefährdeten Opfer ungebrochen und ein freier Wille zum Risiko in Verbindung mit der Hoffnung, dass alles gut gehe, vorhanden.

Ungeachtet dessen hätte eine strikte Versagung einer Einwilligung in lebensgefährliche Risiken z.B. zudem zur Folge, dass ein Arzt sich nicht mehr bei der Durchführung einer lebensgefährlichen Operation auf eine entlastende Einwilligung berufen kann.[336]

Dach ist daher beizupflichten, dass die Achtung vor dem Menschenleben und der Schutz desselben bei vorsätzlichen Tötungen durch § 216 gewahrt werden sollen;

---

[328] Geppert, aaO.
[329] Jescheck, aaO.
[330] Geppert, aaO.
[331] Ebenso OLG Zweibrücken, JR 94, 518, (519); SK/Samson, 1989, Anh. § 16, Rdn. 33; Sch/Sch/Lenckner, 25. Aufl., Vor. § 32, Rdn. 104; Schmidhäuser in LPK, (2. Aufl.) Vor § 13, Rdn. 222; Geppert, Jura 96, 47, (49f); Dach, NStZ 85, 24, (25); Weber, Baumann-FS, S. 43, (48); Schünemann in JA 75, 715, (722); dem OLG Zweibrücken zustimmend Dölling, JR 94, 520, (521); Roxin, Gallas-FS, S. 241, (253, Fn. 37); Otto, Jura 84, 536, (540).
[332] Sch/Sch/Lenckner, aaO.
[333] OLG Zweibrücken, JR 94, 518, (519); SK/Samson, Anh. § 16, Rdn. 33.
[334] Otto, Jura 84, 536, (540); vgl. auch Schünemann, JA 75, 715, (722).
[335] Walther, S. 36; Dach, aaO., spricht in diesem Zusammenhang auch vom „präsuizidalen Syndrom".
[336] So Weber, aaO.

bei bloßen Gefährdungen des Lebens jedoch keine „Erschütterungen“ dieser Achtung und des Schutzes zu verzeichnen seien.337

Als Beleg für die erhebliche Differenz beider Konstellationen lässt sich auch das vom BGH[338] zur Abgrenzung von bedingt vorsätzlicher und bewusst fahrlässiger Tötung herangezogene Kriterium der „deutlich erhöhten Hemmschwelle“ anführen. Diese Hemmschwelle muss bei reinen Fremdgefährdungslagen, welche im Alltag, wie das Beispiel der (ggf. gefährlichen) Mitfahrt im PKW eines anderen zeigt, im Vergleich zu Tötungen auf Verlangen auch statistisch gesehen deutlich häufiger vorkommen, gerade nicht überschritten werden.

Ein weiteres (statistisches) Argument für die Absage einer Fernwirkung des § 216 ergibt sich aus dem Umstand, dass die generelle Wahrscheinlichkeit des Tötungserfolgseintritts bei einem gezielten Angriff auf das Leben um ein Vielfaches höher ist als bei einer lediglich (fahrlässig) eingegangenen Lebensgefährdung; das zu schützende Rechtsgut Leben befindet sich daher bei einem gezielten Angriff auch in einer entsprechend deutlich höheren Gefahr und bedarf demnach auch nur dort eines entsprechenden Schutzes in Form des § 216.

In diesem Zusammenhang ist auch der durchaus begrüßenswerte 180 Grad - Meinungsumschwung von Geppert beachtenswert, der hinsichtlich der Vergleichbarkeit von gewollter Tötung und Lebensgefährdung zunächst noch von gleichwertigem „Spiel mit dem Tode“ spricht[339], nunmehr aber zu Recht vertritt, dass beide Fälle weder ethisch noch psychologisch auf eine Stufe zu stellen seien[340]. Beipflichtenswert ist auch sein neuerer argumentativer Hinweis, dass sich eine weitere Ausdehnung des § 216, dem aus guten Gründen nur Ausnahmecharakter zuzusprechen sei, nur schwerlich mit dem liberalen Grundprofil unserer Rechtsordnung vertrage.[341] § 216 greife nämlich einschneidend in die Autonomie des Einzelnen ein und müsse daher äußerst restriktiv ausgelegt werden.[342] Nicht zuletzt müsste bei einer weiteren Ausdehnung des Anwendungsbereiches des § 216 auch vertieft die grundsätzliche Problematik der Anwendung von Analogien zu Ungunsten des Täters[343] im Strafrecht überprüft werden. Ohne jedoch im Einzelnen auf diesen dogmatischen Umstand einzugehen, lässt sich feststellen, dass angesichts der oben dargestellten Gründe eine Fern- und Sperrwirkung des § 216 und somit auch eine etwaige planwidrige Regelungslücke des Gesetzes nicht zu bejahen ist.

Aus dem isolierten Gesichtspunkt der Existenz des § 216 ergibt sich demnach (ausnahmsweise) kein gewichtiges Indiz gegen die dogmatische Konstruktion der Risikoeinwilligung.

---

337 Dach, aaO.
338 So in BGHSt 36, 10,(15).
339 Siehe Geppert in ZStW 83 (1971), 947, (987).
340 Vgl. Geppert, Jura 1996, 47, (49f.).
341 Geppert, Jura 1996, 47, (50).
342 Vgl. Schmidhäuser in LPK, (2. Aufl.) Vor § 13, Rdn. 222.
343 Immerhin würde der rechtfertigenden Einwilligung des Opfers bei entsprechender Anwendung des (Rechtsgedankens des) § 216 die Wirksamkeit versagt werden.

(5) Die Auffassung des Kammergerichts Berlin

Das Kammergericht Berlin[344] ist der Ansicht, dass bei fahrlässigen Taten die Billigung des Verletzten nicht mehr enthalten müsse, als es dem Vorhaben des Täters entspreche. Erschöpfe sich demnach die innere Stellungnahme des Täters zum Erfolg in dem Eingehen des Risikos, so genüge auch zur Rechtfertigung dieses Verhaltens die Billigung des Risikos durch den Verletzten.[345] Begründet wird diese Annahme mit dem Wesen der Einwilligung, welche nicht die Aufgabe des Rechtsgutes, sondern lediglich die Preisgabe des Rechtsschutzwillens zum Inhalte habe. Bezugsobjekt des Rechtsschutzwillens sei zwar mittelbar auch das geschützte Rechtsgut, unmittelbar jedoch die den Rechtsschutz gewährende Verbotsnorm, vorliegend die StGB-Vorschrift der fahrlässigen Körperverletzung, deren einschlägige Anwendung mit der Billigung des Risikos durch das Opfers aufgrund gegebener rechtfertigender Einwilligung nicht mehr in Betracht komme.[346]

Vom Ausgangspunkt her liefert diese ältere Rechtsprechung einen durchaus interessanten Erklärungsansatz für die Nichterforderlichkeit der Billigung des Erfolges bei der Einwilligung in Fahrlässigkeitsdelikte. Wenn es tatsächlich auf die übereinstimmende emotionale Einstellung von Täter und Opfer hinsichtlich des Eintrittes des Erfolges ankäme, so müsste in der Konsequenz in der Tat bei fahrlässigen Delikten, bei denen das voluntative Element von Täter (Vorsatz) und Opfer regelmäßig nicht den Erfolg umfasst, die Einwilligung des Opfers in die Gefährdung ausreichen. Aber genau hier liegt der entscheidende Punkt. So kreativ der gebildete Ansatz der übereinstimmenden Einstellung von Opfer und Täter zum Erfolg auch zu sein scheint, eine dogmatisch nachvollziehbare Begründung und einen stichhaltigen Beleg für diese Annahme bleibt das Kammergericht Berlin schuldig. Auch der Hinweis auf die Preisgabe des Rechtsschutzwillens vermag daran nichts zu ändern. Vielmehr entlarvt das Gericht sich und die eigenen der Entscheidung zugrunde liegenden eigentlichen Motive selbst, wenn es an anderer Stelle in den Entscheidungsgründen auf die praktische Notwendigkeit seiner Auffassung verweist, da eine befriedigende Lösung aus anderen Gesichtspunkten „nicht möglich" sei[347]. Genau diese (Hilfs-)Begründung wird jedoch im Rahmen dieser Untersuchung zu widerlegen sein.

(6) Die Argumentation Döllings

Nach Ansicht Döllings ist eine entsprechende Gleichbehandlung der Einwilligungsgegenstände Gefährdung und Erfolg aufgrund folgender Schlussfolgerung gerechtfertigt[348]: Wenn der Betroffene zwecks Verwirklichung seines Selbstbestimmungsrechts das eigene Rechtsgut mit Vernichtungswillen durch einen anderen zerstören lassen dürfe, dann dürfe er es auch (erst recht) ohne Vernichtungswillen der gefährlichen Handlung des anderen aussetzen.

---

[344] KG Berlin, JR 54, 428; diesem sich anschließend auch OLG Schleswig, SchlHA 59, 154.
[345] KG, JR 54, 428, (429).
[346] KG, aaO.
[347] KG, JR 54, 428, (430).
[348] Dölling, GA 84, 71, (84).

Diese Erwägung scheint durchaus zutreffend zu sein; bei der vorliegenden Problemfrage hilft sie jedoch kaum weiter, da sie lediglich ein Argument für die generelle Strafunwürdigkeit des Täterverhaltens darstellt und als ein weiterer Versuch, dem menschlichen Gerechtigkeitsempfinden in strafrechtlich-terminologischer Weise Ausdruck zu verleihen, gekennzeichnet werden kann. Ein überzeugendes Plädoyer für die begründete und dogmatisch-haltbare Existenz der Risikoeinwilligung ist hierin nicht zu sehen. Dies wird insbesondere durch die direkt im Anschluss folgende Bemerkung Döllings erkennbar, der die eingetretene Verletzung dem „Verantwortungsbereich" des (die fremdgefährdende Handlung gestattenden) Opfers zuschreibt.[349] Für Dölling scheint es sich daher offensichtlich um die Abgrenzung von Verantwortungsbereichen zu gehen, also um einen Vorgang, der weniger beim Institut der Einwilligung als vielmehr bei der objektiven Zurechnungslehre von Relevanz ist.[350] In der Tat ist Dölling zuzustimmen, wenn er die Abgrenzung von Verantwortungsbereichen hinsichtlich Täter und Opfer als die hier maßgebliche Aufgabe begreift. Umso erstaunlicher ist es, dass er ungeachtet dessen am Lösungsweg der Risikoeinwilligung festhält. Eine sachgerechte Abschichtung von Risikosphären erreicht man nämlich schwerlich mit einer (sachwidrigen) Gleichbehandlung von Einwilligung und Risikoeinwilligung; vielmehr sind die Fälle der Risikoeinwilligung einer Lösung unter alternativen dogmatischen Gesichtspunkten zuzuführen.

(7) Zivilrechtliche Gesichtspunkte

Diese Notwendigkeit erkannt hat bereits die höchstrichterliche zivilrechtliche Rechtsprechung[351], die den genannten dogmatischen Bedenken bereits vor einiger Zeit Rechnung getragen und sich im Zuge dieser Erkenntnis vom Institut der Einwilligung in diesen Fallgestaltungen vollständig gelöst hat. Der schadensursächlichen Mitwirkung des Geschädigten an seiner eigenen Rechtsgutverletzung wird im zivilrechtlichen Deliktsrecht nicht durch die Konstruktion einer wie auch immer gearteten Einwilligung, sondern unmittelbar durch die Mitverschuldensvorschrift des § 254 BGB Rechnung getragen. Daneben kommt insbesondere der dem § 242 BGB entspringende Grundsatz des „venire contra factum proprium", also das Verbot des widersprüchlichen Verhaltens, zur Anwendung, wenn der Geschädigte den Schädiger zur Schadensregulierung in Anspruch nimmt, obgleich er selbst die für ihn gefährliche Lage bewusst geschaffen hat.[352] Das bewusste Verbringen der eigenen Person in eben diese Risikolage stellt auf diese Weise im zivilrechtlichen Sinne eine anspruchsmindernde oder gar –ausschließende Einwendung dar.

Es gebietet sich daher in diesem Zusammenhang die abschließende Feststellung, dass das Zivilrecht mit den §§ 242, 254 BGB über durchaus geeignete Mittel und Instrumentarien verfügt, um in Fällen riskanten Opferverhaltens Risiko- und Mitverantwortungsbereiche angemessen und sachgerecht abzuschichten; es handelt sich

[349] Dölling, aaO.
[350] Vgl. Hellmann, Roxin-Festschrift, S. 276; Göbel, S. 26.
[351] Die zentrale Grundsatzentscheidung im Zivilrecht ist BGHZ 34, 355; für den Bereich der Sportverletzung ist dies BGHZ 63, 140 = VersR 75, 137.
[352] Vgl. OLG Hamm, NJW-RR 92, 856, (857); VersR 98, 249; Looschelders, JR 2000, 265, (269); Staudinger/Hager, Vor § 823ff. BGB, Rdn. 54.

demnach genau um solche Instrumentarien, die optimal geeignet wären, das von Dölling angestrebte Ziel, nämlich eine sinnvolle Abgrenzung der Verantwortungsbereiche von Täter und Opfer zu ermöglichen; da das Strafrecht jedoch entsprechende sinnesgleiche Vorschriften auf strafbegründender Ebene nicht kennt[353] und entgegen dem Zivilrecht nach dem „Alles- oder Nichts-Prinzip" über die strafrechtliche Täterverantwortung zu befinden hat, stellt der zivilrechtliche Lösungsansatz nur bedingt eine Hilfe im Rahmen dieser Untersuchung dar.[354] Zumindest zeigt er aber vom gedanklichen Ansatz her auf, in welche Richtung ein etwaiges Strafausschlusskriterium gehen sollte, nämlich hin in Richtung eines möglichst fein strukturierten Risikoabschichtungsmodells und weg von der dogmatisch fragwürdigen Konstruktion „Risikoeinwilligung".

bb) Generelle Kritik am Institut der Risikoeinwilligung

Was abschließend bei Betrachtung der grundlegenden Argumentationsmuster der Verfechter der Risikoeinwilligungslösung wiederholt erkennbar wird, ist, dass diese in der Tat „aus der Not geboren" zu sein scheinen, und zwar mit dem Zweck, bereits zuvor gefundene und für richtig gehaltene Ergebnisse zu rechtfertigen. Nimmt man zur Kenntnis, wie der BGH die Risikoeinwilligung bis heute einzig und alleine auf den oben genannten Erst-Recht-Schluss („wenn Einwilligung in Vorsatztat, dann erst recht in Fahrlässigkeitstat"[355]) stützt, Anhänger dieses Instituts die zweifelhafte These der Präponderanz des Handlungsunrechts zulasten des Erfolgsunrechts vertreten oder systemfremd von der Abgrenzung von „Verantwortungsbereichen" im Rahmen der Einwilligung sprechen, ist es geradezu evident, dass das Institut der Risikoeinwilligung seit Jahrzehnten seine Anerkennung lediglich als „notwendiges Übel" mit zweifelhaft - konstruiertem dogmatischen Unterbau erfährt, deren Vorzüge mangels alternativer Lösungsansätze einzig in der Erbringung plausibler Ergebnisse gesehen werden. Ganz offensichtlich hat die erkannte Einfachheit und das vielfach so gesehene „Lösungsmonopol" der Figur der Risikoeinwilligung mit der Zeit dazu geführt, über die zweifellos vorhandenen dogmatischen Bedenken hinwegzusehen.[356]

---

[353] Das Mitverschulden des Opfers findet lediglich im Rahmen der Strafzumessung gem. § 46 StGB Berücksichtigung; siehe konkret dazu: BGHSt 3, 220; Tröndle/Fischer, § 46, Rdn. 60; Preuß, S. 147.

[354] Gleiches gilt im übrigen auch für die von Stoll im Zivilrecht entwickelte Konstruktion des Handelns auf eigene Gefahr, welche jedoch im Ergebnis bei den hier untersuchungsrelevanten Fällen wieder zur Anwendung des § 254 führt; siehe Stoll, Das Handeln auf eigene Gefahr, S. 253ff.; vgl. dazu auch Looschelders, JR 2000, 265, (268).

[355] Dieses Argument ist übrigens per se nicht zu beanstanden und kann durchaus weiterhin aufrechterhalten bleiben. Es führt jedoch nicht zur Legitimierung des Institutes der Risikoeinwilligung, sondern bedeutet schlicht und einfach, dass eine Einwilligung auch in Fahrlässigkeitstaten grds. möglich ist. Für eine Einschlägigkeit der Einwilligung bedarf es jedoch, wie bei Vorsatzdelikten, zumindest der billigenden Inkaufnahme des eingetretenen Erfolges durch das Opfer. Insofern ist der h.M. beizupflichten, dass sich § 228 (früher § 226a) auch auf die nachfolgende Vorschrift des § 229 (früher § 230) bezieht und Anwendung findet.

[356] Vgl. im einzelnen auch die sehr dezidiert formulierte Kritik an der Rechtsfigur der Risikoeinwilligung von D. Sternberg-Lieben, S. 213ff., der z.B. eine Gleichbehandlung von Einwilligung und Risikoeinwilligung für sachwidrig hält, da es sich in grundrechtlicher Hinsicht um völlig unterschiedliche, nicht vergleichbare Opferverhaltensmuster handelt; ebenso kritisch Maurach/Zipf, StR-AT, § 17 II, Rdn. 20; Hassemer, S. 87; Schmitt, S. 214ff.; Hansen, S. 82f.; Rössner, S. 316ff.; Schild, Jura 82, 520, (523f.).

cc) Kritik am Institut der Risikoeinwilligung in der konkreten Anwendung auf Sportverletzungen

Zu den weiteren Kritikpunkten an der Risikoeinwilligung lassen sich abschließend auch jene zählen, die bei konkreter Anwendung dieser Rechtsfigur auf Sportverletzungen bei den hier einschlägigen Mannschaftssportarten ausgemacht werden können.[357]

Ein Nachteil der Risikoeinwilligung besteht darin, dass an ihr Vorliegen nicht nur die gleichen anerkannten allgemeinen Voraussetzungen der klassischen Verletzungseinwilligung geknüpft werden, sondern auch, dass hinsichtlich ihrer Anwendung die gleichen Regeln gelten müssen.[358]

So sind zahlreiche Einzelfallgestaltungen denkbar, in denen die Konstruktion der Risikoeinwilligung bei Sportverletzungen keine tragfähige Grundlage mehr bildet. So wäre z.B. ein Fußballspieler in der Lage, vor dem Spiel (aus Antipathie) bestimmte Spieler der gegnerischen Mannschaft von einer nunmehr ausdrücklich und individuell erklärten Einwilligung auszunehmen und somit dem Strafbarkeitsrisiko in vollem Umfang auszusetzen.[359] Die gleiche absurde Situation läge vor, wenn ein Spieler während des sportlichen Wettkampfes die jederzeit widerrufbare Einwilligung zurücknimmt und nunmehr ausdrücklich und für jedermann wahrnehmbar erklärt, in Verletzungen nicht mehr oder nur teilweise einzuwilligen.[360]

Die Einwilligung bedeutet für den Rechtsgutinhaber einen individuellen Verzicht auf Rechtsschutz hinsichtlich einer konkret bestimmten Situation und setzt zumindest ungefähre Sachverhaltskenntnis über Zeitpunkt, Ort und Personen voraus.[361] Beim sportlichen Wettkampf ist hingegen allenfalls die statistische Wahrscheinlichkeit einer möglichen Verletzung bekannt, niemals aber detaillierte und konkrete Umstände;[362] was belegt, dass das individuell und einzelfallbezogene Institut der rechtfertigenden Einwilligung bei Massenphänomenen und überindividuellen Organisationen, wie dem Sportwesen, fehl am Platze ist[363] und die Betrachtung des Sportbereichs (zumindest zum Teil) aus objektiv typisierenden Gesichtspunkten[364] heraus erfolgen muss.

dd) Zwischenergebnis

Insgesamt ist daher festzustellen, dass die insbesondere von der Rechtsprechung vertretene Risikoeinwilligungslösung sowohl in abstrakter Form als auch bei ihrer

[357] Siehe die anschauliche Darstellung von Eser, JZ 78, 368, (370), der die entsprechenden problemreichen und ungeklärten Einzelfragen im Einzelnen aufführt.
[358] Siehe Schild, JA 82, 520, (524).
[359] So auch Rössner, S. 313, (317); vgl. auch Schmitt, S. 127 und Vögeli, S. 150.
[360] Maurach/Zipf, aaO.; Schmitt, aaO.; vgl. auch Schild, S. 78.
[361] Rössner, aaO.
[362] Rössner, aaO.
[363] Siehe Rössner, S. 316.
[364] Siehe dazu die dezidierten Ausführungen Schilds, S. 99ff. und 123.

konkreten Anwendung auf Sportverletzungen mit zahlreichen dogmatischen Mängeln behaftet und deswegen nicht zielführend ist.

Insbesondere das oftmals in der Vergangenheit angebrachte Argument der mangelnden erfolgstauglichen Alternativen zur Rechtsfigur der Risikoeinwilligung hat seinen eigenen Status verloren. Der „strafrechtswissenschaftliche Wettbewerb" um das Aufzeigen von (dogmatisch haltbaren) alternativen Lösungswegen, die ebenfalls sach- und einzelfallgerechte Ergebnisse zu erbringen in der Lage sind, ist längst eröffnet.

3) Alternative Lösungswege

Mit dem Aufzeigen der erheblichen dogmatischen Bedenken an dem Konstrukt der Risikoeinwilligung ist zunächst nur ein (wichtiger) Schritt in Richtung der angestrebten Entwicklung einer sachgerechten, sportverletzungsspezifischen Problemlösung getan.

Dabei hat man vor allem die Erkenntnis gewonnen, dass es wenig Sinn macht, die bislang immer noch „ungeklärte" Fallgruppe der einverständlichen Fremdgefährdung in das Anwendungsschema eines anerkannten Rechtsinstitutes zu „zwängen"; der scheinbare Gewinn plausibler Ergebnisse verkehrt sich dabei in sein Gegenteil, wenn es nicht gelingt, diese Ergebnisse auch dogmatisch zu fundieren und abzusichern.

Augenfällig ist dieser „Trend" nicht nur bei kritischer Analyse der Risikoeinwilligung, sondern, wie sich noch zeigen wird, ebenso bei genauerer Betrachtung weiterer im Schrifttum vorgeschlagener Ansatzpunkte und Gedankengänge.

a) Die Grundsätze der Sozialadäquanz

Im Schrifttum wird teilweise als einschlägiger strafrechtlicher Lösungsansatz für die Problematik der Sportverletzung das Rechtsinstitut der „Sozialadäquanz" herangezogen.[365] Wie sich zeigt und zunächst zu erörtern sein wird, sind die Grundsätze der „Sozialadäquanz" jedoch nicht nur schon von ihrer grundsätzlichen rechtlichen Anerkennung her umstritten, sondern sie erfahren durch deren Verfechter sowohl vom dogmatischen Inhalte als auch von den hergeleiteten strafrechtlichen Konsequenzen her eine recht unterschiedliche und uneinheitliche Anwendung.

Ihren eigentlichen Ursprung haben diese Grundsätze in der von Welzel entwickelten Lehre von der Sozialadäquanz.

aa) Die Lehre von der Sozialadäquanz im Sinne deren Begründers Welzel

Welzels ursprüngliches Verständnis der Sozialadäquanz ist zurückzuführen auf dessen formulierten Rechtsbegriff, nach dem das Recht „die durch metaphysische Werthaltung durchstrahlte und nach ihr gegliederte Lebensordnung des Volkes"

---

[365] Siehe Zipf, S. 93ff.; Dölling, ZStW 1984, 36, (55); Kühn, S. 71.

sei.[366] Das konkrete Ordnungsdenken finde im Gesetz seine wertvollste Stütze; dieses jedoch gehe auf die „wirklichen, lebendigen Werte der konkreten Volksgemeinschaft" zurück.[367] Dieses habe auch Auswirkungen auf das Strafrecht, zumal das soziale Leben von „konvergierenden Wertbeziehungen"[368] geprägt sei und durch den „Einsatz und Verbrauch von Rechtsgütern" stets die Beeinträchtigung, Gefährdung und Verletzung von einzelnen Interessen zur Folge habe[369].

Handlungen innerhalb des sozialen Lebensraumes, also solche, die sich im Rahmen der geschichtlich gewordenen sozialethischen Ordnung des Gemeinschaftslebens eines Volkes halten, seien, obgleich sie bei formaler Betrachtung tatbestandsmäßige Handlungen darstellen, oftmals positiv erachtetes Sozialverhalten.[370] Ungeachtet ihres unter Umständen schädlichen Charakters stünden diese „sozialadäquaten" Verhaltenweisen mit den übergeordneten Zielen der modernen Gesellschaft durchaus in Einklang und dürften daher keinem Deliktstatbestand unterfallen.[371] Wenn ein solches Verhalten formell-grammatikalisch unter den Wortlaut strafrechtlicher Vorschriften subsumiert werden könne, sei es im materiellen Sinne nicht vom Tatbestand erfasst.[372] Die dogmatische Einstufung als Tatbestandsausschließungsgrund sei darauf zurückzuführen, dass der Tatbestand als Muster verbotenen Verhaltens nur die in einem geordneten Sozialleben unangepassten Verhaltensweisen beschreibe und folglich nur sozialinadäquates Verhalten erfasse.[373]

Als einschlägige Beispiele für sozialadäquate Handlungen benennt Welzel dabei u.a. Bahn- und Busfahrten, bei denen zwischen zwei Stationen nicht ausgestiegen werden könne und trotzdem keine tatbestandsmäßige Freiheitsberaubung nach § 239 vorliege, da die Beschränkung des Rechtsgutes Freiheit sich in diesen Fällen innerhalb des Rahmens geschichtlich gewordenen sozialethischen Ordnungen des Gemeinschaftslebens bewege.[374] Gleiches gelte für die ordnungsgemäße Vornahme riskanter Unternehmungen wie kunstgerechter Heilmaßnahmen, der Drohung mit empfindlichen aber verkehrsmäßigen Übeln etc.[375]

Das von Welzel in den Folgejahren gereifte und (infolge kritischer Stellungnahmen im Schrifttum) wiederholt modifizierte Verständnis der Lehre von der Sozialadäquanz führte dazu, dass sich - aus Welzels Sicht betrachtet - die Relevanz dieser Rechtsfigur von der Ebene des Tatbestandes auf die der Rechtswidrigkeit und anschließend wieder zurück auf die des Tatbestandes verlagerte.[376]

---

[366] Welzel, Abhandlungen, S. 113; siehe zu der Entwicklung der Sozialadäquanzlehre von Welzel die detaillierten und dezidierten Ausführungen von Schild, S. 102ff.
[367] Welzel, Abhandlungen, S. 105.
[368] Welzel, Abhandlungen, S. 102.
[369] Welzel, Abhandlungen, S. 140.
[370] Welzel, ZStW 58, 491, (516f.); Welzel, Das deutsche Strafrecht, 11. Aufl., S. 55f.
[371] Welzel, aaO.
[372] Welzel, AT, S. 35; Strafrecht (11. Aufl.), S. 55.
[373] Welzel, AT, aaO.
[374] Welzel, Abhandlungen, S. 142; Strafrecht, S. 37.
[375] Welzel, AT, S. 33f. mit weiteren Beispielen.
[376] Siehe zu der chronologischen Entwicklung der einschlägigen Meinungsbildung Welzels auch die detaillierten Ausführungen Schilds, S. 102ff.

Während er zunächst die Ansicht vertrat, dass die soziale Adäquanz auf der Ebene der Tatbestandsmäßigkeit anzusiedeln sei[377], sie dann Jahre später als den in der sozialethischen Ordnung des Gemeinschaftslebens wurzelnden gewohnheitsrechtlichen Rechtfertigungsgrund tatbestandsmäßigen Verhaltens begreifen will[378], erkennt er (wiederum einige Jahre) später abschließend[379] in ihr ein allgemeines, in allen Rechtsbereichen anwendbares Rechtsprinzip, welches als Kriterium der restriktiven[380] Tatbestandsauslegung heranzuziehen sei[381].

bb) Umstrittene Akzeptanz der Sozialadäquanzlehre

In der Rechtsprechung[382] und im Schrifttum[383] hat die Lehre von der Sozialadäquanz zumindest vom Inhalte her ein größtenteils anerkennendes Echo erfahren. Die Rechtsgemeinschaft habe in der Tat ein ausgeprägtes Interesse an der Erhaltung der Handlungsfreiheit und somit am „ungestörten Ablauf und der vernünftigen Fortentwicklung sozial notwendiger Lebensäußerungen".[384] Zu diesen gehöre auch die Vornahme üblicher und gesellschaftsnützlicher gefährlicher Handlungen, welche zum Zwecke des sozialen Zusammenlebens notwendig und richtig seien.[385] Ein „menschliches Dasein ohne mehr oder weniger große Risiken"[386] sei nicht denkbar; zudem würde eine staatlich-strafrechtliche Sanktionierung dieser zum Teil auch riskanten Verhaltensweisen „autoritär in die kulturelle und zivilisatorische Entwicklung" eingreifen.[387] Da „alltäglich-normale"[388] bzw. „im sozialen Leben völlig unverdächtige[...] Handlungen"[389] oftmals unter die weiten Straftatbestände subsumiert werden könnten, müsse die Lehre von der Sozialadäquanz konsequenterweise zur Folge haben, dass diese „stillschweigend aus dem Bereich der Normbefehle"[390] herausfallen. Der

---

[377] Siehe Welzel, ZStW 58 (1939), 491, (517) mit dem Zitat: „Niemand wird hier auf den Gedanken kommen, dass die soziale Adäquanz ein Unrechtsausschließungsgrund ist!"

[378] Welzel so in Strafrecht (4. Aufl.), S. 62.

[379] Insbesondere aufgrund der Stellungnahmen von Hirsch, ZStW 74, 78ff. und Schaffstein in ZStW 72, 369ff., die den Meinungsumschwung Welzels hin zur Annahme eines Rechtfertigungsgrundes kritisierten, modifiziert Welzel abermals seine Auffassung hinsichtlich der dogmatischen Einordnung der Sozialadäquanz.

[380] Eine straferweiternde Funktion haben die Grundsätze der Sozialadäquanz nämlich nach ganz allgemeiner Auffassung nicht.

[381] Welzel, Strafrecht (11. Aufl.), S. 58.

[382] BGHSt 23, 226, (228); vgl. auch BGHSt 19, 152, (154); OLG München, NStZ 85, 549, welches die Sozialadäquanz als „anerkannt[es]" Institut begreift ; vgl. im Zivilrecht BGHZ 24, 21, (26); im Arbeitsrecht BAGE 1, 291, (300) und im Verwaltungsrecht BVerwG, NVwZ 96, 1001.

[383] Schaffstein, ZStW 72, 107; Nipperdey, NJW 57, 1777; Jescheck, AT, § 25, IV, S. 226 mwN.; Schmidhäuser, S. 173 mwN.; Münzberg, S. 275; Dölling, ZStW 1984, 36, (55ff.); Baumann/Weber, AT, 9. Aufl., § 15 III 1b; Roxin, AT, § 10, Rdn. 36; Zipf, ZStW 82, 633ff.; Wussow, NJW 58, 891ff.; Nipperdey, NJW 57, 1778f.; Geppert, ZStW 83, 995f.; Kühn, S. 39ff.; Tröndle/Fischer, (50. Aufl.) Vor § 32, Rdn. 12; MüKo/Hardtung, § 228, Rdn. 34; Sch/Sch/Lenckner, (24. Aufl.) Vor § 32, Rdn. 107a.

[384] Münzberg, S. 275.

[385] Zipf, S. 78.

[386] Hirsch, ZStW 74, 78, (95).

[387] Münzberg, aaO.

[388] So Welzel, S. 57; ebenso Dölling, ZStW 96, 36, (56).

[389] So BGHSt 23, 226, (228); vgl. auch Baumann/Weber, AT, (9. Aufl.), § 15 III 1b).

[390] Jescheck/Weigend, § 25 IV 1; vgl. Roxin, AT, § 10, Rdn. 36.

im Rahmen des Sozialüblichen Agierende schaffe daher „kein rechtlich missbilligtes Risiko“[391], begehe kein materielles Unrecht[392] bzw. handele „nicht tatbestandsmäßig oder zumindest nicht rechtswidrig“[393].

Übereinstimmung herrscht hinsichtlich der Feststellung, dass die Grundsätze der Sozialadäquanz nur in den Fällen Einschlägigkeit erfahren kann, in denen noch keine staatlich-gesetzliche Normierung vorhanden ist, welche ein entsprechendes Verhalten vorschreibt; andernfalls könne gerade nicht auf die soziale Anerkennung verwiesen werden, da es sich per se schon um rechtskonformes Verhalten handeln würde.[394]

Anders als in den Fällen, in denen das zu prüfende Verhalten an den dafür geltenden staatlichen Vorschriften, wie z.B. der Straßenverkehrsordnung, gemessen werde, ergänze die Lehre von der Sozialadäquanz die Rechtsordnung lediglich in den Bereichen, in denen keine staatliche Normierung gegeben sei.[395] Insofern gehe es bei der Sozialadäquanz um die Einhaltung „außerrechtliche Ordnungsvorstellungen“[396] und damit um ein Prinzip, welches gegenüber einer vorhandenen gesetzlichen Regelung subsidiär sei.[397]

Gegen die allgemeine Anwendbarkeit und Richtigkeit der Lehre von der Sozialadäquanz werden unterschiedliche Einwendungen vorgetragen. In der Hauptsache resultiert die mangelnde dogmatische Anerkennung aus dem vielfältig formulierten Vorwurf der Unbestimmtheit der Maßstäbe und Kriterien dieser Rechtsfigur[398]: Was sich konkret im Rahmen der geschichtlich-sozialen Ordnung halte, sei ebenso unbestimmt wie die Rechtsbegriffe der Sittengemäßheit oder Verwerflichkeit.[399] Jedenfalls verschwimme bei einem solch ungeschriebenen und offenen Tatbestandsmerkmal die materielle Grenze zur Strafbarkeit.[400] Die Nähe zum reinen Gewohnheitsrecht sei mangels der Schaffung klarer Voraussetzungen evident.[401]

Darüber hinaus hege die Verwendung einer solch „begrifflich unscharf[en]“[402], „schillernden“ und „vagen“ Generalklausel wie der Sozialadäquanz die Gefahr, dass mit deren Hilfe gerade für den Bereich der Kleinkriminalität eine strafrechtliche Ersatzlegislative entwickelt werden könne.[403] Auch leiste eine solche Rechtsfigur der dogma-

---

[391] Wolter, S. 62.
[392] Sch/Sch/Lenckner, (24. Aufl.) vor § 32, Rdn. 107a.
[393] BGHSt 32, 226, (228).
[394] Zipf, ZStW 82, 633, (637ff.)
[395] Zipf, aaO.
[396] So bezeichnet es Schaffstein in ZStW 72, 369, (394).
[397] Zipf, ZStW 82, 633, (637).
[398] So LK/Hirsch, (9. Auflage) Vor § 51, Rdn. 20ff. und (10. Auflage) § 226a, Rdn. 12; SK/Samson, vor § 32, Rdn. 15; Hirsch, ZStW 74, 78ff.; Kienapfel, S. 10; Baumann/Weber, AT, 9. Aufl., § 15 III 1b); Krähe, S. 81ff.; Vögeli, S. 193ff.; Rössner, Hirsch-FS, S. 313, (320f.).
[399] LK/Hirsch, (9. Auflage) aaO., Rdn. 22.
[400] Rössner, Ethik, S. 310f.
[401] Krähe, S. 82ff.
[402] SK/Samson, vor § 32, Rdn. 15.
[403] LK/Hirsch, (9. Auflage) aaO.; ähnlich Krähe, S. 82f., der aufgrund der unbestimmten Haftungskriterien die Sozialadäquanzlehre als „notdürftigen Ersatz für die Untätigkeit des Gesetzgebers“ einstuft.

tischen Verflachung infolge der Anwendung einfältiger Begriffsjuristik Vorschub, da anstelle von präziser strafjuristischer Argumentation oftmals nur das „Schlagwort Sozialadäquanz" trete, mit dem einfachen Ziel, auf diese Weise zu gewollten und ansonsten schwer begründbaren Ergebnissen zu kommen.[404]

Der gegen die Sozialadäquanzlehre vorgebrachte Einwand der Unbestimmtheit ist aus früherer Sicht durchaus nachvollziehbar, da zu Recht von jeher in der strafrechtlichen Wissenschaft ein besonders kritisches Augenmerk auf die Rechtsbereiche gelegt wird, in denen versucht wird, mittels jüngst entwickelter juristischer Konstruktionen und Schlagworte neue Wege einzuschlagen, und denen zudem, wie im Falle der Sozialadäquanz, noch der Makel möglicher Verwässerung langjährig vorhandener streng strafrechtsdogmatisch entwickelter Kriterien entgegensteht.

Wie jedoch schon früher die Rechtsprechung und die h.L. der Sozialadäquanzlehre ihre Existenzberechtigung zusprach, so ist es (erst recht) aus heutiger Sicht möglich, den geäußerten Bedenken entgegenzutreten und für die dogmatische Anerkennung dieses Rechtsinstitutes zu plädieren.[405] So mag vordergründig der geäußerte Zweifel an der Bestimmtheit der anzuwendenden Kriterien berechtigt sein; zu berücksichtigen ist jedoch, dass durch Literatur und Rechtsprechung insbesondere in den letzten Jahrzehnten durchaus eine inhaltliche Ausgestaltung des einschlägigen Anwendungsbereiches der Sozialadäquanz mittels der Entwicklung einer einschlägigen, keinesfalls uferlosen Kasuistik erfolgt ist. Im Strafrecht hat diese Lehre insbesondere bei den Gefährdungshandlungen im Bereich der Technik und des Verkehrs, aber auch in anderen Lebensbereichen[406] zu vernünftigen Ergebnissen und zu einer durchaus vorhandenen Bestimmbarkeit der Tatbestandskriterien geführt. Aus heutiger Sicht lässt sich daher ohne weiteres feststellen, dass die Erkennbarkeit der Strafbarkeitsgrenzen im selben Maße gewährleistet ist wie bei den sonstigen strafrechtlichen Voraussetzungen, so dass der Vorwurf der Rechtsunsicherheit nicht mehr zeitgemäßen Charakter hat.

Darüber hinaus ist eine allgemeinprinzipielle, also über das Strafrecht hinausgehende Anerkennung dieses Rechtsinstitutes offensichtlich, zumal nicht nur in der strafrechtlichen Praxis[407], sondern auch in der zivil-[408], arbeits-[409] und verwaltungsrechtlichen Praxis[410] die für die Sozialadäquanz gebildeten Fallgruppen die Rechtsfindung in erheblichem Maße erleichtert und die notwendige Angleichung der Rechtsanwendung an die sozial-gesellschaftliche Wirklichkeit auch ohne gesetzgeberische Intervention gefördert haben.

---

[404] Hirsch, ZStW 74, 78, (93); ebenso Kienapfel, aaO., und Baumann/Weber, aaO.

[405] Siehe die umfangreichen Stellungnahmen zur Frage der Existenzberechtigung der Lehre von der Sozialadäquanz in Schaffstein, ZStW 72, 369ff.; Kühn, S. 39ff.

[406] Siehe dazu die benannten Anwendungsbereiche in Schmidhäuser, AT, § 6, Rdn. 102 und Jescheck in AT, § 25 IV.

[407] BGHSt 23, 226, (228).

[408] BGHZ 24, 21, (26); OLG München, NStZ 85, 549, welches die Sozialadäquanz als „anerkannt[es]" Institut begreift ; vgl. schon OLG München, NJW 66, 2406.

[409] BAG NJW 55, 1373; BAGE 1, 291, (300).

[410] BverwG, NVwZ 96, 1001.

Auch das angeführte Gegenargument der möglichen Schaffung einer Ersatzlegislative stellt sich als keine gewichtige Einwendung dar, da es der Gesetzgeber jederzeit selber in der Hand hat, welche Lebensbereiche er in verstärktem Maße mit eigenen Rechtsvorschriften versieht. Letztlich ist mit der heute ganz h.M. die Lehre von der Sozialadäquanz dogmatisch anzuerkennen.

cc) Umstrittene dogmatische Einordnung in den Deliktsaufbau

Umstritten ist allerdings in diesem Zusammenhang die Frage, auf welcher Ebene des dreistufigen Deliktsaufbaus die Sozialadäquanz richtigerweise zu verorten ist und zu einem Strafausschluss sozialadäquater Verhaltens führen kann.

Roeder[411] vertritt die kaum teilbare Ansicht, die Sozialadäquanz habe erst auf der Schuldebene maßgebliche Bedeutung. Die mangelnde Überzeugungsfähigkeit dieser Auffassung ist dabei allerdings weniger auf eine verfehltes Verständnis der Sozialadäquanzlehre zurückzuführen, als vielmehr darauf, dass Roeder, der dieser Lehre nämlich (wie viele andere[412]) im Prüfungsrahmen der objektiven Sorgfaltspflichtverletzung Relevanz beimessen will, die Frage nach eben dieser objektiven Sorgfaltspflichtverletzung (entgegen der ganz h.M.) auf der Schuldebene verortet.

Damit verkennt Roeder, dass im Rahmen der Schuld stets nur der individuelle Vorwurf bzw. die persönliche Verantwortlichkeit des Täters (nämlich im Rahmen der Fahrlässigkeitsdelikte die subjektive Sorgfaltspflichtverletzung) Maßstab der Prüfung ist, während es hingegen bei der Sozialadäquanz um die generelle Richtigkeit des Verhaltens, also um einen rein objektiv zu bestimmenden Maßstab geht, welcher anhand der von der Rechtsgemeinschaft aufgestellten Regeln zu messen ist. Des Weiteren spricht gegen die Ansicht Roeders der Umstand, dass ihm zufolge gegen sozialadäquates Verhalten nunmehr das Notwehrrecht eingeräumt wäre, was einen unauflösbaren Widerspruch in sich tragen würde. Denn anderenfalls müsste in einem um von der Gemeinschaft generell gebilligten und sozialethischen Verhalten gleichzeitig auch ein ungerechtfertigter Angriff auf eine Person liegen, was einer plausiblen Erklärung kaum zugänglich ist.

Während im Kontrast dazu vor allem Schmidhäuser[413] und Engisch[414] vertreten, dass die Sozialadäquanz zu einem Ausschluss der Rechtswidrigkeit führt, sind nach der deutlich überwiegend vertretenen Ansicht[415] sozialadäquate Handlungen bereits nicht vom strafrechtlichen Tatbestand erfasst.

---

[411] Roeder, S. 65f. und 94.

[412] So Welzel, Strafrecht (7.Aufl.), S. 76 und 87; Jescheck, AT, § 25 IV mwN.

[413] Schmidhäuser, AT, § 6, Rdn. 102ff.

[414] Engisch, Vorsatz, S. 286.

[415] Zunächst Welzel in ZStW 58, 515ff. und zuletzt wieder in Strafrecht (11. Aufl.), S 58; ausführlich dazu Zipf, S. 78f. und Schaffstein, ZStW 72, 369, 372f.; vgl. auch Hirsch, ZStW 74, 78; Jescheck, S. 226ff.; Küpper, GA 87, 388; Tröndle/Fischer, Vor § 32, Rdn. 12 mwN.; Sch/Sch/Lenckner, (24. Aufl.) Vor § 32, Rdn. 107a; Dölling, ZStW 1984, 36, (57); Roxin, Klug-Festschrift, S. 303.
BGHSt 23, 226, (228) lässt offen, ob es sich um einen Ausschluss des Tatbestandes oder der Rechtswidrigkeit handelt.

Dass es sich konkret bei dieser Streitfrage um eine diffizile dogmatische Problematik handelt, beweisen schon die (beiden genannten) einschlägigen Meinungskehrtwenden des Begründers der Sozialadäquanzlehre, Welzel, der die soziale Adäquanz (zwischenzeitlich) als Rechtfertigungsgrund tatbestandsmäßigen Verhaltens begreift, in welchem als Unterfall die Grundsätze des erlaubten Risikos aufgingen[416]. Ähnlich äußert sich Schmidhäuser, der in ihr einen „Rechtfertigungsgrund der sozialen Angemessenheit eines rechtsgutsverletzenden Handelns"[417] erkennen will. Sozialadäquat gerechtfertigt sei ein Verhalten dann, wenn es unter den „Gesichtspunkten moderner Zivilisation und [...] verstandener Lebensfreude der Gesellschaft mehr Nutzen als Schaden" bringe.[418] Insbesondere die der Sozialadäquanz zuzuordnenden Fälle des erlaubten Risikos führten zu einer „Rechtfertigung tatbestandlich - rechtsgutsverletzenden Handelns aufgrund überindividueller Zweckhaftigkeit".[419] Würde man hingegen schon auf Tatbestandsebene einen Strafausschluss bejahen, dann seien die Strafgesetze von ihrem „materialen Gehalt" nicht mehr als Schilderung rechtsgutsverletzenden Verhaltens zu verstehen, da sie dann auch „scheinbare" Rechtsgutverletzung umfassten.[420]

Gegen diese einschlägige Annahme eines Rechtfertigungsgrundes und zugunsten der Annahme eines Tatbestandsausschlusses sprechen jedoch folgende Erwägungen:

Ein mit der Sozialordnung und der in der Gemeinschaft für richtig betrachteten Regeln übereinstimmendes Verhalten bedarf ebenso wie ein durch staatliche Normierung vorgeschriebenes Verhalten keiner Rechtfertigung, da es ja bereits dem Recht entspricht.[421] Ein Rechtfertigungsgrund könnte nur dann vorliegen, wenn ausnahmsweise eine Handlungsbefugnis des Täters gegeben ist. Solche Ausnahmesituationen, bei denen es stets, wie bei dem klassischen Fall der Notwehr, auf die einzelnen konkreten Tatumstände ankommt, stellen jedoch die Fälle der Sozialadäquanz nicht dar. Vielmehr zeigt die Sozialadäquanz ein Verhaltensmodell auf, welches in objektiv-genereller Hinsicht die vorgeschriebene rechtskonforme Situation beschreibt. Die Vornahme von nach Rechts- und Sozialordnung gebotenem Verhalten bedarf demnach keiner konkreten (rechtfertigenden) Erlaubnis, sondern ist von vornherein zugelassen und wird deswegen vom gesetzlichen Tatbestand, der nur strafrechtliches Unrecht typisiert, auch nicht erfasst. Genau darin ist auch die maßgebliche Diskrepanz zwischen sozialadäquaten Handlungen und dem Handeln zu sehen, welches unter die Grundsätze des erlaubten Risikos fällt. Bei Letzterem geht es um ein rechtsgutverletzendes Verhalten, welches im Einzelfall, nämlich aufgrund eines berechtigten, nach dem Vorbild des § 34[422] mit dem beeinträchtigten Rechtsgut abzuwägenden höherwertigen Interesses, erlaubt ist.

---

[416] Welzel so in Strafrecht (4. Aufl.), S. 62.
[417] Schmidhäuser, AT, Rdn. 102.
[418] Schmidhäuser, AT, Rdn. 103.
[419] Schmidhäuser, AT, Rdn. 107.
[420] Schmidhäuser, AT, Rdn. 102.
[421] So zu Recht schon Zipf, ZStW 82, 633, (646).
[422] Siehe dazu Schlehofer, JuS 92, 659, (662); Schild, S. 109.

Eine Gleichsetzung beider Rechtsinstitute oder das Unterfallen des erlaubten Risikos in den Anwendungsbereich der Lehre von der Sozialadäquanz erscheint schon angesichts dieses dogmatischen Unterschieds zweifelhaft.[423] Zudem erscheint es nur plausibel, die Sozialadäquanz gemäß der ihr vielfach zugedachten und überdies auch rechtsübergreifend so zugewiesenen Funktion eines „allgemeinen Auslegungsprinzips"[424], welches die Straftatbestände gemäß ihrem Sinn und Zweck restriktiviert, auf der Ebene der Tatbestandsmäßigkeit zu verorten. In dieser Form stellt die Lehre von der Sozialadäquanz durchaus ein sinnvolles Instrument und soziales Korrektiv zur Regulierung starrer gesetzlicher Tatbestände dar.

In der Konsequenz bedeutet dies, dass sozialadäquaten Handlungen, also jene, die sich innerhalb der geschichtlichen Ordnung des Gemeinschaftslebens eines Volkes bewegen, auch dann, wenn sie dem Wortlaut nach einen strafrechtlichen Tatbestand erfüllen, diesem nicht unterfallen und insofern auch keines speziellen (rechtfertigenden) Erlaubnissatzes bedürfen.

dd) Die Lehre von der Sozialadäquanz in der konkreten Anwendung auf Sportverletzungen

Während von einigen Autoren[425] die Sozialadäquanz auch als einschlägiger strafrechtlicher Ansatz für die Problematik der Sportverletzung herangezogen wird, sieht Welzel als Begründer der Lehre von der Sozialadäquanz hierin nicht den zielführenden Lösungsweg. Welzels ursprünglicher Vorschlag war zwar, „Sportkämpfe" unter dem dogmatischen Blickwinkel des erlaubten Risikos, einem „Sonderfall der sozialen Adäquanz", zu betrachten.[426] Später aber, als sich bei Welzel die Erkenntnis durchsetzte, die Sozialadäquanz sei ein allgemeines Prinzip zur Auslegung des Tatbestandes, wurde dieser gedankliche Ansatz verworfen und die Anwendung der Einwilligungsgrundsätze zur Lösung der Sportverletzungsthematik für einschlägig befunden.[427]

Diese Abkehr Welzels von der Anwendung der Lehre von der Sozialadäquanz im Sportbereich ist im Übrigen – auch wenn andere Gründe dabei eine Rolle gespielt haben mögen – von der Sache her zutreffend, da der (moderne) Sport keinesfalls Inhalt der lebendigen Gemeinschaftsordnung der Gesamtheit des staatlich verfassten Volkes ist. Vielmehr stellt der Sport das konkrete Gegenstück unserer allgemeingesellschaftlichen Werthaltung und Ordnung wider.[428] Körperliche Kraftausübung, kämpferischer Einsatz und verletzungsträchtiger Körperkontakt, wie sie im hier relevanten Mannschaftssport an der Tagesordnung sind, spiegeln gerade nicht die in der

---

[423] Siehe dazu die noch in dieser Arbeit folgenden Ausführungen zu den Grundsätzen des erlaubten Risikos ab S. 99ff.
[424] So Welzel, Strafrecht (11. Auflage), S. 58; ebenso Dölling, ZStW 1984, 36, (57, Fn. 98 mwN.)
[425] Siehe Zipf, S. 93f.; Dölling, ZStW 1984, 36, (55); Kühn, S. 71; z.T. auch Eser, JZ 78, 368, (372).
[426] So Welzel in ZStW 58, 491, (518) und ähnlich in Abhandlungen, S. 143f.
[427] So Welzel in Strafrecht (7.Auflage), S. 76 und 87.
[428] Vgl. Friedrich, NJW 66, 755, (757); Schroeder, S. 28; Schild, S. 106.

ganzen (!) Gesellschaft üblichen Verhaltensmuster im täglichen Leben dar.[429] Eine Anwendung der Lehre von der Sozialadäquanz im Sinne von Welzel (nämlich unter Heranziehung einer gesamtgesellschaftlichen Betrachtung) scheidet demnach für den Sportbereich offensichtlich von vornherein aus.

(1) Der Lösungsansatz Zipfs

Nach Zipfs Verständnis fallen unter sozialadäquate Verhaltensweisen solche, die sozialen anerkannten Verhaltensnormen entsprechen und die von der relevanten Mehrheit der Gemeinschaft als notwendiges und richtiges Verhalten für das soziale Miteinander aufgefasst werden[430]. Während rechtskonformes Verhalten die Kongruenz mit rechtlich vorgeschriebenen Verhaltensbefehlen auszeichne, sei sozialadäquates Verhalten kongruent mit den anerkannten sozialen Verhaltensnormen.[431] Insofern stelle die Sozialadäquanz die Nahtstelle zwischen der Rechtswissenschaft und der Rechtssoziologie dar[432]. Sie enthülle den Hintergrund der Rechtsordnung und mache die „Interdependenz zwischen dem Recht und anderen sozialwirksamen Regulatoren" deutlich[433]. Daraus resultiere als Hauptfunktion der Sozialadäquanz die Typenkorrektur gesetzlicher Straftatbestände durch eine Berücksichtigung des sozialen Lebens der Gemeinschaft[434]. Immer dann seien auch risikoreiche Handlungen sozialadäquat, wenn diese im Rahmen des gesellschaftlichen Lebens notwendig und zur Erreichung höherer Zwecke unvermeidlich seien.

Auf den Sportbereich übertragen bedeute dies, dass die Sportausübung, solange sie konkret aufgrund ihrer positiven Potentiale als richtig empfunden werde, keine Unrechtshandlung darstellen könne. Um jedoch das Gewaltpotential der Sportbetriebs nicht uferlos auszuweiten und im Rahmen einer Abwägung „Erhaltung des Sportbetriebes versus Individualschutz" entsprechende Kriterien zu liefern, differenziert Zipf im Einzelfall mit Hilfe der Heranziehung der jeweils einschlägigen Sportregelwerke.

In den hier relevanten kontaktreichen Mannschaftssportarten, wie z.B. dem Fußballsport, seien leichtfahrlässige (auch folgenschwere) Sportregelverstöße unvermeidbar, zur Erhaltung des Sportbetriebes notwendigerweise hinzunehmen und folglich sozialadäquat.[435] Anders sei dies bei bewusst regelwidrigen und zugleich (bedingt) erfolgsvorsätzlichen zugefügten Sportverletzungshandlungen, da dies ebenso „echte Kriminalität [...] unter dem Deckmantel des Sportbetriebes sei";[436] ebenso sozialinadäquat sei bei kontaktreichen Mannschaftssportarten jedwedes zwar regelkonforme, aber absichtliche Verletzungsverhalten, da in diesen Fällen der Täter „mit der

---

[429] Ähnlich Schild, S. 106, der zudem auf den Unterschied zwischen der demokratischen Struktur innerhalb der Gesellschaft im Vergleich zu der autoritären Herrschaft eines Schiedsrichters auf den Sportplätzen verweist.
[430] Zipf, Einwilligung, S. 78.
[431] Zipf, Einwilligung, aaO.
[432] Zipf, ZStW 82, 633, (653).
[433] Zipf, ZStW 82, 633, (653f.).
[434] Zipf, ZStW 82, 633, (654).
[435] Zipf, Einwilligung, S. 96.
[436] Zipf, Einwilligung, S. 91.

formalen Einhaltung der sozialadäquaten Verhaltensregeln ihre Ordnungsfunktion für das menschliche Zusammenleben“ missbrauche.[437]

Mit seiner im Sportbereich, vornehmlich anhand der Sportregeln differenzierenden Betrachtung stellt Zipf bei seiner Frage nach dem Vorliegen sozial anerkannter Verhaltensregeln auf die Ansicht „der beteiligten Kreise bzw. ihrer Organisationsformen“ ab, bezogen auf den Sportbereich also auf die Ansicht der Sportler selbst bzw. der Sportverbände.[438] Mit dieser Vorgehensweise hat sich Zipf allerdings von der Lehre der Sozialadäquanz im Welzelschen Sinne entfernt, zumal er bei der Frage nach sozialadäquatem Verhalten nicht mehr die für Welzel typische gesamtgesellschaftliche Betrachtung vornimmt, sondern lediglich die soziale Anerkennung der beteiligten Kreise, also gesellschaftlicher Teilsysteme, für maßgeblich hält. Eine überzeugende Antwort darauf, weshalb jedoch schon eine solche „teilgesellschaftliche Betrachtung“ ausreichend sein soll, bleibt Zipf schuldig. Ungeachtet der dogmatischen Probleme, die eine solche Modifizierung der Lehre von der Sozialadäquanz zur Folge hat, ist auch zweifelhaft, ob eine Verkleinerung der relevanten Gruppe auf die jeweils „beteiligten [gesellschaftlichen] Kreise“ die eigentlichen Problem zu lösen vermag. Denn es bleibt freilich unscharf, was überhaupt den Kern der „beteiligten Kreise“ ausmacht und wie nach den entscheidenden juristischen Maßstäben ein Teilsystem von einem anderen getrennt werden kann. Doch selbst wenn eine Trennung (wie im Sport grundsätzlich denkbar) möglich wäre, bliebe aufgrund der Pluralität der kleineren Einheiten für den einzelnen Bürger immer eine nicht zu billigende Restunklarheit, ob ein Verhalten als sozialadäquat zu qualifizieren ist oder nicht. Nicht zuletzt deshalb erscheint lediglich das Abstellen auf gesamtgesellschaftlich anerkannte Maßstäbe für die Lehre der Sozialadäquanz sinnvoll zu sein.[439] Ein isolierter argumentativer Verweis auf die Anerkennungsgrundlagen der Sozialadäquanzlehre Welzels ist demnach keinesfalls ausreichend.

Überdies ist auf weitere, konkret den Sportbereich betreffende Schwachstellen in Zipfs Argumentation hinzuweisen: So bleibt unbeantwortet, warum ein von den beteiligten Sportkreisen als Regelverstoß gewertetes und mit Sportstrafen belegtes Verhalten noch sozial anerkannt sein könne. Plausiblerweise können dies in der Tat nur solche Verhaltensweisen sein, die das Verhaltensprogramm der Sportregeln nicht überschreiten.[440] Eser nennt es deshalb treffend eine „innere Widersprüchlichkeit, Verhaltensweisen für adäquat zu erklären, denen man die für die Sozialadäquanz erforderliche generelle Billigung zuvor durch Kennzeichnung als regelwidrig gerade vorenthalten hat“[441].

Wenn Zipf den Geltungsgrund dafür darin sieht, dass im Interesse der wertvollen Erhaltung des Sportbetriebes der dagegen abzuwägende Individualschutz bei zumindest gewissen sportregelwidrigen Handlungen zurückstehen müsse, mag dies von der sachlichen Wertung her zutreffen. Von der dogmatischen Zuordnung her ist ein

[437] Zipf, ZStW 82, 633, (635); vgl. auch Maurach/Zipf, AT, § 17, Rdn. 24.
[438] Zipf, Einwilligung, S. 93 und 95.
[439] Siehe ebenso Schild, S. 108.
[440] So auch Dölling, ZStW 96, 36, (50).
[441] Eser, JZ 78, 368, (372).

solch begründeter Lösungsansatz allerdings weniger unter dem Gesichtspunkt der Sozialadäquanz (geschweige denn der im Welzelschen Sinne) als vielmehr unter dem Gesichtspunkt des „erlaubten Risikos“ relevant und einschlägig.[442] Insofern scheidet Zipfs vorgeschlagene Sozialadäquanz - Lösung für das Sportproblem aus.

(2) Der Lösungsansatz Döllings und Kühns

Ungeachtet dessen knüpfen Dölling[443] und Kühn[444] an die von Zipf vorgeschlagene Lösung des Sportproblems und an den von Welzel (chronologisch zuletzt) vertretenen Standpunkt, unter dem Gesichtspunkt der Sozialadäquanz eine Tatbestandsrestriktion vorzunehmen, an. So wie Zipf modifizieren auch sie die ursprüngliche Sozialadäquanzlehre Welzels.

Dölling erkennt schon dann ein sozialadäquates Verhalten an, wenn dieses „zu den völlig normalen Bestandteilen eines rechtlich anerkannten, gesellschaftlichen Teilbereichs gehört“.[445] Damit setzt sich Dölling den gleichen (oben genannten) kritischen Einwänden aus, die schon gegen den Lösungsansatz von Zipf sprechen und einen isolierten Rückverweis auf die Lehre Welzels als Argument ausscheiden lassen. Dazu gehört einerseits sicherlich das Problem einer den Anforderungen des Bestimmtheitsgebots genügenden begrifflichen Erfassung eines abgrenzbaren, „gesellschaftlichen Teilbereichs“. Darüber hinaus bleibt jedoch die entscheidende Frage offen, nämlich, weshalb ein Abstellen auf die Ansicht eines (ggf. sehr geringen) Teilbereichs der Gesellschaft ausreichend soll, um ein Verhalten als sozialadäquat und somit nichttatbestandsmäßig zu qualifizieren. Anders als Zipf setzt sich Dölling mit diesem Problem offen auseinander, weshalb es sich lohnt, seine diesbezüglichen Anmerkungen im Einzelnen unter die Lupe zu nehmen. Dölling argumentiert mit dem Bedürfnis einer Aufgliederung in gesellschaftliche Teilbereiche, da in einer modernen, pluralistischen Gesellschaft zu viele differente Meinungen vertreten seien, als dass eine übergreifende gesellschaftliche Meinung festgestellt werden könne.[446]

Dieser Hinweis mag in der Sache zwar zutreffen, er alleine stellt jedoch nur einen pragmatischen Vorschlag zu einer scheinbaren Vereinfachung der vorzunehmenden Prüfung dar, aber keinesfalls eine dogmatisch nachvollziehbare Begründung für eine so erhebliche Reduzierung der relevanten Meinungsgruppe; hätten alleine aus diesem Grunde die Sozialansichten x-beliebiger (z.B. radikaler) gesellschaftlicher Teilbereiche solche erheblichen Einflüsse auf das allgemeine Strafrecht, wären den staatlichen Strafverfolgungsbehörden selbst bei der Vornahme offensichtlich hoch krimineller Verhaltensweisen oftmals die Hände gebunden, wenn diese innerhalb dieser Gesellschaftsbereich von sozialüblichem Charakter sind. Auch der von Dölling geäußerte Einwand, die „Funktionsfähigkeit“ der gesellschaftlichen Teilbereiche sei gefährdet, wenn Rechtsgutverletzungen bestraft würden, die im allgemeinen Sozialleben zwar unerträglich sind, aber innerhalb des Teilbereichs als nicht strafwürdiges

---

[442] So ebenso Eser, aaO., und Schild, S. 109.
[443] Dölling, ZStW 96, 36, (55ff.).
[444] Kühn, S. 71ff.
[445] Dölling, ZStW 96, 36, (57).
[446] Dölling, aaO.; ebenso Kühn, S. 72.

Bagatellunrecht angesehen werden[447], ändert daran nichts.[448] (Dies im Übrigen schon deswegen nicht, weil die strafrechtliche Dogmatik genügend andere Rechtsinstitute und Möglichkeiten vorsieht, durch welche die in sozialen Gruppen gebilligten, rechtsgutbeeinträchtigenden Verhaltensweisen strafbarkeitsaus-schließende Wirkung erfahren können, wie z.B. der rechtfertigenden Einwilligung des Opfers bei Vorsatztaten oder der Einhaltung der im jeweiligen Verkehrskreis erforderlichen Sorgfalt bei Fahrlässigkeitstaten.)

Als weitere Voraussetzung nennt Dölling daher, dass die gesellschaftlichen Teilbereiche, auf deren Meinung abzustellen sei, rechtlich anerkannt sein müssten, was insbesondere für den Sportbereich gerade zutreffe.[449] Sportarten wie der Fußballsport seien „von der Rechtsordnung zugelassen", zum Teil von der öffentlichen Hand gefördert[450] und folglich als „eigenständiger Bereich"[451] zu qualifizieren.

Die konkreten Grenzen der Sozialadäquanz seien bei der Ausübung von Mannschaftssportarten erst dann überschritten, wenn a) die rechtsgutsverletzenden Handlungen geeignet sind, erhebliche Körperverletzungen zuzufügen[452], b) es bei deren Vornahme nicht mehr um den Spielvorteil geht oder c) die Körperverletzungen absichtlich zugefügt werden[453].

Ungeachtet des Umstands, dass, wie im Folgenden noch auszuführen sein wird, die These Döllings der rechtlichen Anerkennung des Sportes nicht stichhaltig ist[454], bleibt auch die Frage offen, weshalb - selbst bei rechtlicher Anerkennung des Sportes - die Tatbestandsmäßigkeit bei Verletzungshandlungen im Sport entfallen soll.[455]

Kühn hingegen, der die grundsätzlichen Auffassungen Döllings teilt und dessen Begründungen in großen Teilen übernimmt, spart im Rahmen seiner Darlegungen die These von der „rechtlichen" Anerkennung des Sportes aus[456] und verweist darauf, dass sozialadäquate Handlungen auch solche unerwünschten „Auswüchse" sein können, die innerhalb des sozialen Teilbereiches „zu Gunsten eines höheren Zwecks"[457] bzw. aufgrund der „übergeordneten Bedeutung der Sportausübung für die soziale Gemeinschaft"[458] hingenommen werden. Auch hier wird – wie schon bei Zipf – offensichtlich eine konkrete Güterabwägung zwischen Individualschutz und dem Allgemeininteresse an der Durchführung der gefahrenreichen Sportausübung

[447] Dölling, ZStW 96, 36, (58); Kühn, S. 73.
[448] Horn in SK, § 228, Rdn. 22, erkennt in der Sozialadäquanzlösung Döllings nichts anderes „ als die Verbalisierung seines Rechtsgefühls".
[449] Dölling, ZStW 96, 36, (59f.).
[450] Dölling, ZStW 96, 36, (59).
[451] Dölling, ZStW 96, 36, (60).
[452] Dölling, ZStW 96, 36, (62).
[453] Siehe Dölling, ZStW 96, 36, (61), wonach im Umkehrschluss von der Sozialadäquanz durchaus auch (grobe) Regelverletzungen und vorsätzliche Verletzungshandlungen erfasst werden können.
[454] Siehe dazu die Ausführungen im nächsten Abschnitt zu den Grundsätzen des erlaubten Risikos.
[455] So auch Schild, S. 107.
[456] Kühn, S. 71ff., stellt lediglich auf die soziale Hochwertigkeit und die sich daraus ergebende gesellschaftliche Billigens- und Förderungswürdigkeit des Sportbetriebes ab.
[457] Kühn, S. 72, Fn. 440, mit Verweis auf Zipf, Einwilligung, S. 95.
[458] Kühn, S. 74.

zugrunde gelegt, so dass eine Lösung unter dem dogmatischen Dach des erlaubten Risikos näher liegen dürfte.

Gegen die Ansicht Döllings spricht überdies noch ein weiterer Umstand, der bereits von Schild[459] treffend erkannt wird. Obgleich Dölling jedenfalls zum Teil an Zipfs Ausführungen zur Sportverletzungsthematik anknüpft, benennt er durchaus beachtenswerte Kritikpunkte an dessen Lösungsvorschlag, die er jedoch im Rahmen der Erörterung seines Standpunktes seinerseits nicht überzeugend entkräften kann. Folgende, eigens von Dölling aufgeworfene Fragen[460] bleiben nämlich auch von ihm selbst weitestgehend unbeantwortet: „Kann ein Verhalten, das von den beteiligten Sportkreisen als Regelverstoß gewertet und mit Sportstrafen belegt wird, noch als eine sozial anerkannte Verhaltensweise angesehen werden? Können Regelverstöße alleine deshalb als sozialadäquat qualifiziert werden, weil sie beim gegeneinander ausgeübten Sport immer wieder vorkommen? Wären dann nicht auch schwere Regelverstöße sozialadäquat, die zwar nicht so häufig wie leichte Regelwidrigkeiten, aber sich ebenfalls immer wieder ereignen und somit auch als unvermeidbare Folge der Zulassung des Kampfsportes angesehen werden könnten? Ist es überhaupt zulässig, die Straflosigkeit mit dem Gedanken der Sozialadäquanz zu begründen, ohne der [...] Gefahr der dogmatischen Verflachung[461] zu erliegen, die darin besteht, dass Fälle nicht mehr systematisch genau analysiert, sondern nach einem Schlagwort entschieden werden?"

Nach alledem ist zu konstatieren, dass weder die ursprüngliche Lehre von der Sozialadäquanz noch die (maßgeblich für den Sportbereich) vorgeschlagenen Modifikationen dieses Rechtsinstitutes geeignet sind, eine sachgerechte Lösung für das Sportproblem darzustellen.

b) Die Grundsätze des erlaubten Risikos

Zum Teil wird im Schrifttum die Anwendung der Grundsätze des erlaubten Risikos als Lösungsansatz der Sportverletzungsproblematik herangezogen.[462]

Der Grund- und Kerngedanke dieses Rechtsinstitutes ist dem Hansischen Wahrspruch des Mittelalters zu entnehmen, der aus dem Lateinischen übersetzt heißt: „Opfer, auch Opfer des Lebens, müssen gebracht werden, um das Leben zu erhalten."[463] Obgleich dieser Wahrspruch nie Eingang gefunden hat in eine gesetzliche Regelung, ist er jedoch schon seit Jahrzehnten in der Rechtsprechung anerkannt[464] und hat in den im Schrifttum entwickelten Grundsätzen des erlaubten Risikos Niederschlag gefunden.

---

[459] Siehe Schild, S. 107.
[460] Dölling, ZStW 96, 36, (50).
[461] Ähnlich im übrigen Hellmann, Roxin-Festschrift, S. 271, (279f.), der die Rechtsfigur der Sozialadäquanz in Gefährdungsfällen für untauglich hält, weil diese die maßgeblichen Gesichtspunkte „eher verschleiert als erhellt".
[462] Eser, JZ 78, 368, (372f.); Meckel, S. 120f.; Schmitt, S. 204 und 207f.; Schürer-Mohr, S. 308; Schmidhäuser, AT, § 6, Rdn. 108; Hirsch, ZStW 74, 78, (99).
[463] „Navigare necesse est, vivere non necesse." Siehe dazu die Ausführungen von Mayer, AT, § 28 I.
[464] Siehe RGSt 57, 173; die entscheidenden Passagen des RG werden auch zitiert von Mayer, aaO.

Diese besagen, dass in bestimmten Lebensbereichen auch gefahrenträchtige und risikoreiche Verhaltensweisen aufgrund ihrer sozialen Notwendigkeit und Anerkennung durch die Rechtsordnung erlaubt und folgerichtig dem strafbarkeitsrelevanten Bereich entzogen sein müssen.[465] In concreto geht es darum, das mit gefährlichen Unternehmungen verbundene Risiko in einem bestimmten Maße rechtlich zuzulassen, um anderweitige höherwertige Zwecke verfolgen zu können, da ansonsten das moderne Leben in allen seinen Ausprägungen nicht mehr möglich wäre.[466] Klassische Beispiele für erlaubtes Risiko sind die Gefahren, die unmittelbar mit dem modernen Personen- und Güterverkehr[467], mit der Fabrikation von Massenerzeugnissen[468] oder der Führung von gefährlichen Betrieben, wie Steinbrüchen, Bergwerken[469] etc., verbunden sind.

Von der Methodik her wird das „erlaubte Risiko" durch eine Abwägung zwischen dem Individualschutz und dem Allgemeininteresse an der Durchführung der gefahrenreichen Tätigkeiten nach dem Vorbild des § 34[470] ermittelt und dann bejaht, wenn die konkrete Risikohandlung ein deutliches Übergewicht der damit verbundenen Vorteile mit sich bringt.[471]

Mit den bis hierhin zum erlaubten Risiko getroffenen Feststellungen enden jedoch diejenigen strafrechtswissenschaftlichen Erkenntnisse, die in der Strafrechtsdogmatik als gesichert und anerkannt gelten. Sowohl hinsichtlich der Frage des grundsätzlichen wissenschaftlichen Bedarfs und Nutzens dieser komplexen Rechtsfigur[472] als auch deren genauer dogmatischer Einordnung und Verortung im Deliktsaufbau zeichnet sich ein weit gefächertes Meinungsbild.

aa) Umstrittene dogmatische Einordnung des „erlaubten Risikos"

Partiell wird im Schrifttum vertreten, dass das „erlaubte Risiko" die Funktion eines ungeschriebenen, eigenständigen, allgemeinen Rechtfertigungsgrundes innehabe.[473] Es sei eine Rechtfertigung tatbestandlichen Verletzungsverhaltens aufgrund überindividueller Zweckhaftigkeit.[474] Nicht zu Unrecht verweist Schild darauf, dass es we-

---

[465] Vgl. Maurach/Zipf, StR AT I, § 28 III, Rdn. 20; Mayer, aaO.; Noll, ZStW 77, 1, (30); Schmitt, S. 129.
[466] Hirsch, ZStW 74, 78, (93); Schmitt, S. 129.
[467] Mayer, AT, § 28 I; Maurach/Zipf, aaO.; Hirsch, ZStW 74, 78, (94) und Schmidhäuser in AT, § 6, Rdn. 108, sowie Noll in ZStW 77, 1, (30).
[468] Tröndle/Fischer, (50. Aufl.) Vor § 32, Rdn. 13; Noll, aaO.
[469] Schmidhäuser, AT, § 6, Rdn. 108.
[470] Siehe dazu Schlehofer, NJW 89, 2017, (2021) und JuS 92, 659, (662); Schünemann, JA 75, 575ff.; vgl. auch Schild, S. 109.
[471] Schild, aaO.; Eser, JZ 78, 368, (372); Noll, ZStW 1, (30f.); Meckel, S. 50 u. 78f.
[472] Siehe zu den zahlreichen Problemstellungen und als Beleg für die Komplexität dieses Rechtsinstitutes die umfangreichen einschlägigen Dissertationen von Rehberg (Zur Lehre vom Erlaubten Risiko), Meckel (Die strafrechtliche Haftung für riskante Verhaltensweisen) und Schürer-Mohr (Erlaubte Risiken).
[473] Mayer, AT, § 28 I; Schmidhäuser, AT, § 6, Rdn. 107; Noll, ZStW 77, 1, (30f.); Schmitt, S. 129; Berr, S. 194; Eser, JZ 78, 368, (372f.); vgl. auch Schild, S. 109. Nach Maurach/Zipf, AT, § 28, Rdn. 23f., erhält das erlaubte Risiko nur für die enge Sachverhaltsgruppe der riskanten Rettungshandlungen einen eigenständigen Anwendungsbereich als Rechtfertigungsgrund.
[474] Schmidhäuser, aaO.

gen der nach dem Vorbild des § 34 vorgenommenen Güterabwägung eigentlich nahe liegt, der Figur des erlaubten Risikos bei Einschlägigkeit rechtfertigende Wirkung beizumessen. Dafür spricht, dass das erlaubte Risiko nur in bestimmten, von konkreten Tatumständen abhängenden Ausnahmesituationen eingreift und somit dieser Rechtsfigur im Rahmen der Funktionsverteilung zwischen Tatbestand (Typisierung des Unrechts) und Rechtswidrigkeit (Handlungsbefugnis im Ausnahmefall; nämlich hier aufgrund einer Güterabwägung im Einzelfall) offensichtlich auf letztgenannter Ebene Relevanz zukommen müsste. Diese Annahme wird auch durch die isolierte Begrifflichkeit des „erlaubten" Risikos untermauert, was ein weiteres Indiz für das Vorliegen einer im Ausnahmefall eingeräumten rechtfertigenden „Erlaubnis" darstellt.

Die überwiegende Ansicht im Schrifttum[475] hingegen sieht dies mit zum Teil beachtlichen Gründen anders. Argumentiert wird mit dem schlichtweg fehlenden Bedarf dieses ungeschriebenen Instituts aufgrund der bereits vorhandenen einschlägigen Problemerfassung durch andere anerkannte Rechtsinstitute.[476] Der Begriff des erlaubten Risikos sei nur eine „Sammelbezeichnung" unterschiedlicher Sachverhaltsgruppen.[477]

Darüber hinaus entbehre die Anerkennung eines solchen Rechtfertigungsgrundes sui generis jeder Sinnhaltigkeit, da das erlaubte Risiko gar keine „volle strafrechtliche Rechtfertigung" verschaffen könne;[478] das Gesetz kenne das erlaubte Risiko nur als Bestandteil von anderen Verhaltensnormen, nicht als selbstständige Verhaltensnorm.[479] Im Gegensatz zu eigenständigen Erlaubnissätzen begründe das erlaubte Risiko lediglich die Erlaubnis gefährdenden Handelns, schließe daher eine Handlungserlaubnis ein, nicht jedoch eine Eingriffsbefugnis in die geschützten Rechtsgüter.[480] Aufgrund dessen könne es lediglich das Handlungs-, nicht aber das Erfolgsunrecht beseitigen.[481] Logische Folgerung dessen sei, dass das erlaubte Risiko strafbarkeitsausschließende Wirkung nur entfalten könne, wenn es entweder schon auf Tatbestandsebene das Entstehen des Handlungsunrechts verhindere[482] oder aber z.B. als Bestandteil der Handlungsmerkmale[483] in anderen Rechtfertigungsgründen enthalten sei[484].

---

[475] Lackner/Kühl, Vor § 32, Rdn. 29; Preuß, S. 193; Schlehofer, JuS 92, 659, (662); Rehberg, S. 236; Maiwald, Jescheck-FS, S. 405, (424f.); Jescheck/Weigend, StR-AT, § 56 III, S. 591; Maurach/Zipf, aaO.; Rehberg, S. 236; Dölling, ZStW 96, 36, (50ff.); Kindhäuser, GA 94, 197; I. Sternberg-Lieben, JuS 98, 428, (430); LK/Hirsch, (11. Aufl.) Vor § 32, Rdn. 33; Kienapfel, S. 10; Rössner, Hirsch-Festschrift, S. 313, (320).

[476] Preuß, aaO.; Kienapfel, aaO.; Geppert, ZStW 83, 947, (994ff.) stellt deshalb sogar das gesamte Rechtsinstitut des erlaubten Risikos in Frage und hält es für entbehrlich.

[477] Geppert, aaO., (995); ähnlich Kienapfel, S. 10.

[478] So Schlehofer, JuS 92, 659, (661f.); ebenso Maiwald, aaO, S. 425; Lackner/Kühl, Vor § 32, Rdn. 29; Rehberg, aaO.; Kindhäuser, GA 94, 197, (198); Schürer-Mohr, S. 161ff.

[479] Schlehofer, aaO.

[480] Schürer-Mohr, S. 162; Lackner/Kühl, Vor § 32, Rdn. 29; Maiwald, aaO.; Vögeli, S. 190.

[481] Maiwald, Jescheck-FS, S. 424f.; Schlehofer, aaO.; Kindhäuser, aaO.; Schürer-Mohr, aaO; ähnlich auch Rössner, Hirsch-Festschrift, S. 313, (320).

[482] So Schürer-Mohr, S. 163ff.; Kindhäuser, aaO., (223).

[483] So Schlehofer, aaO.

[484] So Preuß, aaO.

Dölling weist zudem mahnend auf die über das Strafrecht hinausgehende Bedeutung einer möglichen Anerkennung des erlaubten Risikos als eigenständigen, allgemeinen Rechtfertigungsgrund hin.[485] Dies berge die Gefahr der „möglicherweise unerwünschten Ausstrahlungswirkungen" in andere Gebiete der Rechtsordnung in sich, da „der Bereich der Rechtswidrigkeit [weitergehe] als derjenige der Strafbarkeit".[486]

Auch Schmitt, eigentlich Verfechter der Eigenständigkeit des erlaubten Risikos als eigenständiger Rechtfertigungsgrund, räumt ein, dass es an hilfreichen Konkretisierungen dieses Instituts für die einzelnen Lebenssachverhalte mangele und es deshalb weitgehend unklar bleibe, in welchen Fällen von erlaubtem Risiko ausgegangen werden könne.[487]

Wie sich angesichts dieser zum Teil durchaus stichhaltigen Einwendungen[488] zeigt, stellt sich die dogmatische Einordnung des erlaubten Risikos als eigenständiger Rechtfertigungsgrund als höchst problematisch heraus. Andererseits ist jedoch festzustellen, dass auch den von den mehrheitlichen Kritikern der Eigenständigkeitsthese vorgeschlagenen alternativen, dogmatischen Ansätzen keine übereinstimmende und überzeugende Vorschlags- und Argumentationslinie zugrunde liegt. Vielmehr lässt sich eine Vielfalt von unterschiedlichen Standpunkten ausmachen:

Ein größerer Teil der Autoren erfasst das erlaubte Risiko als Kriterium zur Konkretisierung der objektiven Sorgfaltspflicht bei Fahrlässigkeitsdelikten[489] bzw. als Tatbestandshindernis im Rahmen der objektiven Zurechnung[490]. Des Weiteren wird vertreten, dass dieses Institut als Bestandteil oder Unterfall der Sozialadäquanz[491] oder als selbstständiger Gesichtspunkt des übergesetzlichen Notstandes[492] zu qualifizieren sei. Zum Teil wird es als Bestandteil der Handlungsmerkmale des Tatbestandes und der Rechtfertigungsgründe[493] verstanden, in unmittelbaren Bezug zur Einwilligungslehre gesetzt[494] oder gar als Schuldausschließungsgrund[495] aufgefasst.

Wie es sich angesichts des äußerst umstrittenen (geradezu konträren) dogmatischen Verständnisses dieses Rechtsinstitutes im Schrifttum vermuten lässt, ist eine kurze, der Thematik gerecht werdende und ausreichend begründete Stellungnahme in dieser Frage kaum möglich.[496] Analysiert man jedoch die Ursachen für die Zerstritten-

---

[485] Dölling, aaO., (51f.).
[486] Dölling, aaO., (52).
[487] Schmitt, S. 130.
[488] Siehe die konkreten Einwendungen gegen die Eigenständigkeitsthese detailliert in den umfangreichen themenspezialisierten Dissertationen von Rehberg, aaO., Meckel, aaO., und Schürer-Mohr, aaO.
[489] Siehe Herzberg, JR 86, 6, (7); Kindhäuser, GA 94, 197, (215ff.); Schroeder, S. 26ff.; vgl. auch Schürer-Mohr, S. 173; Preuß, S. 186; Rehberg, S. 209; Herzberg, JR 86, 6, (7).
[490] Jakobs, AT, 7. Abschnitt, Rdn. 41; Roxin, AT, § 11, Rdn. 44 und 60; Weissenberger, S. 173.
[491] Welzel in deutsches Strafrecht (11. Aufl.), S. 132 und in Fahrlässigkeit und Verkehrsdelikte, S. 24; Schmidhäuser, AT, § 6, Rdn. 107.
[492] Meckel, S. 105; Geppert, ZStW 83, 947, (997).
[493] Schlehofer, aaO.; Jescheck/Weigend, AT, § 56 III, 1).
[494] Baumann/Weber, S. 321f.
[495] So Roeder, S. 29ff.
[496] Äußerst umstritten ist zudem auch, ob das erlaubte Risiko überhaupt einen wie (auch immer dogmatisch begründeten) Strafausschluss für vorsätzliche Verhaltensweisen zur Folge haben kann. Siehe

heit der Strafrechtslehre und die geradezu unübersichtliche Meinungsvielfalt in dieser Frage, so ist eines offensichtlich:

Zwar wird der Begriff des „erlaubten Risikos" in der strafrechtlichen Literatur übereinstimmend angewandt, jedoch werden unterschiedlichste Fallgestaltungen unter dem „dogmatischen Dach" des erlaubten Risikos zusammengefasst. Nicht zuletzt deshalb wird diese Rechtsfigur auch als übergeordneter „Begriff für eine mehrfach auftretende normative Struktur"[497] bzw. als „gemeinsames Strukturprinzip"[498] bezeichnet, welche als „Sammelbezeichnung"[499] für Fallgestaltungen dient, in denen es schon an einem strafrechtlich relevanten Verhaltensunrecht fehlt[500].

Zur Auflösung dieses Komplexes erscheint es hilfreich – gemäß der differenzierten Vorgehensweise Gepperts[501] - den Versuch anzutreten, die in der Lehre als erlaubte Risiken gekennzeichneten Fälle – soweit als möglich - ihrem eigentlichen dogmatisch einschlägigen Anwendungsbereich zuzuordnen:

Teilweise werden im Schrifttum unter der Rubrik „erlaubtes Risiko" Sachverhaltskonstellationen erfasst, die ohne weiteres dem Anwendungsbereich der Sozialadäquanzlehre zugeschrieben bzw. bei Fahrlässigkeitstaten mittels eines so konkretisierten objektiven Sorgfaltsmaßstabs gelöst werden können.[502] Hierbei handelt es sich dann um nicht tatbestandsmäßiges, (sozialadäquates) „unverbotenes"[503] und gerade nicht um ein „erlaubtes" Risiko. Ähnliches gilt für sozialinadäquates, aber ebenso „unverbotenes Risiko"[504], welches schon wegen der Einwilligung des Opfers (in die Gefährdung) keine Strafbarkeit zur Folge hat.

Übrig bleiben letztlich nur jene Fälle des „wirklich verbotenen, aber ausnahmsweise erlaubten Risikos", welchem Geppert als Unterfall des Rechtfertigungsgrundes des übergesetzlichen Notstandes keinen selbstständigen dogmatischen und praktischen „Wert" beimisst.[505]

Ungeachtet der in Frage stehenden Richtigkeit dieser konkret vorgenommenen dogmatischen Einordnung des erlaubten Risikos,[506] wird mit der von Geppert vorgenommenen Differenzierung zwischen nur „unverbotenem" und „erlaubtem" Risiko ein wichtiger und entscheidender Gesichtspunkt benannt, den es bei der Frage nach der

---

zu dieser Problematik die Ausführungen von Herzberg, JR 86, 6, (7f.); Preuß, S. 194ff.; Schürer-Mohr, S. 163ff.; Maiwald, Jescheck-FS, 405, (422).

[497] Preuß, S. 225; Maiwald, aaO., (425).

[498] Jescheck, AT, § 36 I 1).

[499] Geppert, ZStW 83, 947, (995); ähnlich Kienapfel, S. 10 und 28: „Der Begriff ist ein randloses Sammelbecken der Straffreiheit unterschiedlichster dogmatischer Schattierung."

[500] Wessels/Beulke, AT, Rdn. 283.

[501] Geppert, ZStW 83, 947, (995ff.)

[502] Geppert, aaO., (995f.).

[503] So Hirsch in ZStW 74, 78, (95); zitiert von Geppert, aaO., (996).

[504] So Hirsch, aaO.; zitiert von Geppert, aaO.

[505] Geppert, aaO., (997); ebenso Hirsch, aaO.; Meckel, S. 185.

[506] Eine detaillierte und erschöpfende allgemeine Darstellung dieser Problematik würde den vorgesehenen Rahmen dieser Ausarbeitung sprengen; verwiesen sei dabei auf die thematisch spezialisierten Dissertationen von Rehberg, aaO., Meckel, aaO., und Schürer-Mohr, aaO.

Anwendung dieses Instituts auf den Sportbereich nicht nur zu beleuchten gilt, sondern der – wie in der Folge zu sehen sein wird – ein maßgebliches Argument für die Verneinung eben dieser Frage darstellt.

bb) Anwendung des „erlaubten Risikos" auf den Sportbereich

Eser[507] gehört zu jenen Autoren im Schrifttum, die den Standpunkt vertreten, das Problem der Körperverletzung im Sport könne (u.a.[508]) mittels des Institutes des „erlaubten Risikos" gelöst werden. Er erkennt im erlaubten Risiko einen eigenständigen Rechtfertigungsgrund und nimmt, übertragen auf Sportverletzungen, eine Abwägung zwischen dem Individualschutz des Sportlers und dem allgemeinen (auch staatlichen) Interesse an der sportlichen Ausübung vor.[509] Da nicht jede Sportregelwidrigkeit im Sport zum Schutze des einzelnen Sportlers strafrechtlich geahndet werden dürfe, müssten gewisse regelwidrige Verhaltensweisen aus dem strafrechtlich relevanten Bereich absorbiert werden.

Bei körperkontaktreichen Mannschaftssportarten wie dem Fußballsport komme man bei Vornahme der entsprechenden Abwägung zu dem Ergebnis, dass der verletzende Sportler bei noch leichten Sportregelwidrigkeiten im Rahmen erlaubten Risikos gerechtfertigt sei.[510] Während bei regelkonformem Sportlerhandeln noch der Gedanke der Sozialadäquanz nutzbar gemacht werden könne, sei dies bei leichten Übertretungen der Regeln nicht mehr gegeben; in diesen Fällen habe man bereits mit „rechtfertigungsrelevantem erlaubtem Risiko" zu tun.[511]

Kühn hält dieser Ansicht entgegen, dass ein Abstellen auf das erlaubte Risiko in den von Eser benannten Fälle entbehrlich sei.[512] Auch leicht sportregelwidrige Verhaltensweisen seien noch gesellschaftlich geduldet und stellten nicht – wie beim erlaubten Risiko üblich – „prinzipiell gefährliches und untersagtes, sondern [...] vergleichsweise unbedenkliches und nicht verbotenes Handeln" dar.[513] Diese Fallkonstellationen könnten daher vollständig mittels der Anwendung der Grundsätze der Sozialadäquanz erfasst werden. Im Rahmen dieser Untersuchung kann es im Ergebnis dahinstehen, ob man in dieser Detailfrage die Ansicht Esers oder jene Kühns für nahe liegender hält, da a) – wie zuvor schon dargelegt – auch das von Kühn einschlägig favorisierte Institut der Sozialadäquanz im Sport keinen zielführenden Lösungs-

---

[507] Eser, JZ 78, 368, (372f.); im Ergebnis ebenso Meckel, S. 120; Schmitt, S. 204 und 207f.; Schürer-Mohr, S. 308; Schmidhäuser, AT, § 6, Rdn. 108; Hirsch, ZStW 74, 78, (99).

[508] Im Gegensatz zu einigen anderen Autoren vertritt Eser keine „monistische Lösung" des Sportproblems, löst also nicht die gesamte Problematik mittels einer einzigen dogmatischen Rechtsfigur, sondern entwickelt für jede differenzierte Sachverhaltskonstellation im Rahmen des Sportbereichs einen unterschiedlichen Lösungsansatz; das „erlaubte Risiko" findet nach diesem Ansatz nur in einer von vielen vorbestimmten Sachverhaltsgruppen Anwendung. Siehe konkret dazu Eser in JZ 78, 368, (371).

[509] Eser, aaO., (372f.); so im Übrigen auch Schmitt, S. 204 und 207f.

[510] Eser, aaO., (373), führt dabei einzelne Kriterien auf, mittels derer die Bestimmung eines „leichten" Regelverstoßes möglich sein soll.

[511] Eser, aaO., (372).

[512] Kühn, S. 53f.

[513] Kühn, S. 53.

weg darstellt und b) gegen Esers Anwendung des erlaubten Risikos im Sportbereich sich ebenfalls stichhaltige Gründe vortragen lassen.

Zu diesen Gründen zählen sämtliche (schon oben benannte) allgemeine Einwendungen, die gegen die dogmatische Qualifizierung des erlaubten Risikos als eigenständigen Rechtfertigungsgrund sprechen. Dazu gehören u.a. der beim erlaubten Risiko lediglich einseitig zu verzeichnende Wegfall des Verhaltensunrechts im Gegensatz zum Erfolgsunrecht und die Gefahr der unerwünschten Ausstrahlungswirkungen in andere Gebiete der Rechtsordnung.

Darüber hinaus ist ein weiterer Umstand, auf den bereits im Vorabschnitt thematisch hingewiesen wurde, etwas genauer zu erörtern, nämlich die Frage der genauen Anforderungen an ein „erlaubtes Risiko". Schild macht zutreffend deutlich, dass es sich um ein „erlaubtes" Risiko gemäß dem normalen Sprachverständnis nur dann handeln kann, wenn das Eingehen dieses Risikos „rechtlich erlaubt" ist.[514] Eine Parallele zu den vertretenen Theorien der Sozialadäquanz, bei denen es auf eine gesamt- oder partikulargesellschaftliche Auffassung ankommt, kann hier nicht gezogen werden. Zu berücksichtigen ist ferner, dass die „rechtliche Erlaubnis" zu einer Risikohandlung nicht gleichzusetzen ist mit dem „rechtlichen Unverbotensein" derselben;[515] was bedeutet, dass das riskante Verhalten entweder auf eine ausdrückliche rechtliche Erlaubnis zurückzuführen oder aber aus „Rechtsgründen"[516] erlaubt sein muss.

Überträgt man diese Anforderungen auf den Bereich des Sports, so stellt sich die Frage, mit welcher Begründung eine solche rechtliche Erlaubnis hergeleitet werden kann. Eine gesetzliche oder gar verfassungsrechtliche Anerkennung oder Erlaubnis des Sports und der in diesem Bereich vorgenommenen Risikohandlungen ist – auch wenn dies auf den ersten Blick Befremden auslösen mag - bis zum heutigen Tage nicht ersichtlich und sollte auch nicht vorschnell angenommen werden.[517] Daran ändert auch nichts der Umstand, dass der Sport in Teilen einer staatlichen Förderung unterliegt oder die Einnahmen aus Sportveranstaltungen und professioneller Sportausübung versteuert werden, da die jeweils zugrunde liegenden einschlägigen staatlichen Vorschriften (der entsprechende Haushaltsplan und Normen der Steuergesetzgebung) evidenterweise nicht als staatliche Erlaubnissätze qualifiziert werden können.[518]

Es bleibt für den Sport - zumindest für die hier relevanten klassischen Mannschaftssportarten – bei der bereits zuvor getroffenen Feststellung[519], dass dieser Bereich angesichts der bislang nicht erfolgten „normativen Intervention des Staates", von staatlicher Seite quasi geduldet wird. Aus dieser einfachen staatlichen Duldung des Sportes kann jedoch nicht auf eine rechtliche Erlaubnis und Anerkennung des Spor-

---

[514] Schild, S. 109.
[515] Vgl. Hirsch, ZStW 74 (1962), 78, (99); Schild, aaO.
[516] So zu Recht Schild, aaO.
[517] So auch Vögeli, S. 104ff.; Schild, S. 110f.
[518] Hier lässt sich partiell auf die Argumente verweisen, die schon gegen die von der alten Strafrechtslehre zum Teil vertretene objektive Zwecktheorie sprechen; siehe dazu die Ausführungen auf S. 27ff. dieser Ausarbeitung.
[519] Siehe dazu schon die Ausführungen auf S. 58f.

tes geschlossen werden. In gleicher Weise kann im Übrigen eine solche rechtliche Erlaubnis nicht alleine von der sozialen und partikulargesellschaftlichen Übung her abgeleitet werden. Der Sportbereich stellt demnach auch keinen „erlaubten“, sondern allenfalls einen „rechtlich unverbotenen“ Risikobereich dar.[520]

Veranschaulichen lässt sich der ausschlaggebende Unterschied zwischen dem bloß unverbotenen Sportbereich und einem wirklich gesetzlich anerkannten und erlaubten Risikobereich, wenn man zum Vergleich das (klassische) Beispiel des Straßenverkehrs heranzieht.[521] Letztgenannter wird ungeachtet der auch in diesem Lebensbereich bestehenden Gefahren für Leib und Leben durch staatliche Rechtsetzungsakte ausdrücklich legitimiert. Gesetze und staatliche Vorschriften wie die StVG und StVO beschreiben hier das konkrete Anforderungsprofil in Form vielfältiger Handlungsgebote und -verbote. Sie geben insoweit Auskunft über das vom Staate zu Lasten der Rechtsgüter der Verkehrsteilnehmer in Kauf genommenen Risiko zugunsten des mit dem Straßenverkehr verbundenen überwiegenden Nutzens für das Volk, nämlich der (fortschreitenden) Mobilität in einer modernen Gesellschaft.

Zwar gibt es auch im Sportbereich in Form der Sportregeln Vorschriften, die über die Reichweite des von den Sportverbänden intendierten Schutzes der körperlichen Unversehrtheit der Aktiven Auskunft geben, jedoch stellen diese – wie bereits umfangreich dargelegt – weder staatliche Vorschriften dar[522] noch hat der einfache Verstoß gegen sie eine zwingende rechtliche Relevanz[523]. Selbst wenn man den Sport angesichts der Existenz der vorhandenen Sportregeln als rechtlich anerkannt einstufen würde, ergäbe sich innerhalb Esers Lösungsansatz[524] ein schwerlich aufzulösender Widerspruch. Denn wenn die Sportregeln als Beleg für das „rechtliche Erlaubtsein“ des Gesamtbereichs Sports herangezogen werden könnten, wäre kaum vermittelbar, weshalb auch Verstöße gegen eben jene Sportregeln in den Anwendungsbereich des „erlaubten“ Risikos fallen sollten.

Des Weiteren ergibt sich ein generelles „Erlaubtsein“ des Sportes auch nicht aus rechtlichen Gründen, nämlich infolge der für die Ermittlung des erlaubten Risikos maßgebenden allgemeinen Interessenabwägung nach dem Vorbild des § 34. Es ist schon fraglich, ob der Sport wirklich als übergeordneter bzw. überwiegender Wert aufgefasst werden kann, gegenüber dem das riskante Sportlerverhalten unterzuordnen wäre.[525] Sicherlich wird ein gewisses Maß an gesellschaftlichem Nutzen des Sports[526] schon mit den wenigen Stichworten „Volksgesundheit infolge Körperertüchtigung, Freizeit- und Unterhaltungswert sowie Ventilfunktion[527] der Sportausübung“ umfangreich und verständlich beschrieben. Eine umfassende Gesamtabwägung zwi-

---

[520] So auch Schild, S. 109ff.
[521] Siehe auch Schild, S. 110.
[522] Vgl. dazu die Ausführungen dieser Ausarbeitung auf S. 33ff.
[523] Vgl. dazu die Ausführungen ab S. 59f.; lediglich die Einhaltung der Sportregeln in den benannten Sportarten schließt das Vorliegen sorgfaltswidrigen und somit strafrechtlich-fahrlässigen Verhaltens aus („einseitige Bindungswirkung der Sportregeln“).
[524] Eser, aaO., (373); ebenso Meckel, S. 120.
[525] So auch Schild, S. 112.
[526] Dazu Schroeder, S. 28.
[527] Vgl. Donatsch, SchwZStR 107, 400, (409).

schen diesen Interessen mit dem allgemeinen Interesse am Schutz der körperlichen Integrität erweist sich jedoch aus unterschiedlichsten Gründen als diffizil und kaum durchführbar.

Zum einen fiele das Abwägungsergebnis je nach durchgeführter Sportart und zugrunde liegender Motivationsstruktur jeweils differenziert aus. So ist z.B. die Gefahrenträchtigkeit des Hochleistungs- und Profisports aufgrund der Intensität der Durchführung im Gegensatz zum Freizeitsport als so hoch einzustufen, dass die oben genannten Interessen hier kaum gewichtiger sein dürften als die körperliche Integrität der Sportler.[528] Auch wird zu Recht die Frage zu stellen sein, ob nicht diese gesellschaftlich nützlichen Zwecke des Sportes auch dadurch erreicht werden können, dass anstatt sehr gefährlicher Sportarten, wie dem Eishockey- oder Handballsport, andere, weniger gefährliche („mildere"[529]) Sportarten, wie der Basketball- oder Volleyballsport, zum Zuge kommen.[530] Denn die Frage nach der Notwendigkeit oder Erforderlichkeit der konkreten Gefahreingehung zur Erreichung der anvisierten Ziele müsste zur Ermittlung des erlaubten Risikos in den konkreten Abwägungsvorgang entsprechend dem § 34 mit einfließen.[531]

Zum anderen müsste bei objektiver Durchführung eines solchen Abwägungsvorgangs das Ergebnis lauten, dass grundsätzlich nur die regelkonforme Ausübung der risikoreichen Sportart zulässig ist. Anderenfalls würde man – wie Eser[532] – dem Sportler das Recht auf Verletzung des Gegners trotz Regelverstoßes einräumen,[533] was zudem eine (ungewollte) Ausstrahlungs- und Bindungswirkung auf andere Gebiete der Rechtsordnung zur Folge hätte.[534]

Fasst man abschließend sämtliche in diesem Abschnitt gewonnenen Erkenntnisse zusammen, kommt man unweigerlich zu dem Ergebnis, dass, ungeachtet der ohnehin allgemeinen Komplexität und umstrittenen dogmatischen Einordnung des „erlaubten Risikos", die konkret gegen eine Anwendung dieses Instituts im Sportbereich sprechenden Einwendungen[535] sowohl in quantitativer als auch in qualitativer Hinsicht von solchem Gewicht sind, dass eine Lösung des Sportproblems mittels der Grundsätze des erlaubten Risikos außer Betracht bleiben muss.[536]

---

[528] Auf diesen Unterschied eingehend Schild, S. 112.
[529] So Schild, aaO.
[530] Vgl. Donatsch, aaO.
[531] Diese Gründe sprechen auch gegen die Vorgehensweise Schürer-Mohrs, S. 308 und Hirschs in ZStW 74, 78, (99), die dem erlaubten Risiko lediglich bei der Sorgfaltspflichtbestimmung im Rahmen des Fahrlässigkeitsdeliktes Relevanz beimessen. Auch hier handelt es sich genau genommen nicht um eine Theorie des „erlaubten", sondern des „unverbotenen" Risikos; vgl. dazu Schild, S. 114.
[532] Eser, aaO., (373); vgl. auch Meckel, S. 120.
[533] So auch Schild, aaO.
[534] Siehe zu dieser Einwendung ausführlich Dölling, ZStW 96, 36, (51f.).
[535] *Kienapfel, S. 9, formuliert sogar, dass der Begriff des erlaubten Risikos bei den Sportverletzungen* „zu jenen Generalklauseln [gehört], welche ebenso verlockend wie bedenklich, brillant im Ausdruck, bei näherem Hinsehen aber nur eine leere Attrappe sind."
[536] Im Ergebnis ebenso Dölling, aaO., (50f.); Kienapfel, S. 9ff.; Kühn, S. 53f.; Vögeli, S. 188ff.; Rössner, Hirsch-FS, S. 313, (318ff.); Schild, S. 109ff..

c) Die Sportadäquanzlösung

Schild vertritt die Auffassung, die strafrechtliche Sportverletzungsproblematik könne mittels der Theorie des rechtsentlassenen Raumes gelöst werden.[537] Dogmatisch sei der rechtsentlassene Raum einer von drei Anwendungsfällen der Lehre vom rechtsfreien Raum.[538] Diese Lehre unterscheide in concreto zwischen dem rechtsunfähigen, dem rechtsentzogenen und dem rechtsentlassenen Raum.[539] Während der rechtsunfähige Raum menschliche Lebensbereiche erfasse, die nicht einer rechtlichen Regelung unterworfen werden dürften[540], beinhalte der rechtsentzogene Raum jene Bereiche, die wegen ihrer „Atypizität und Individualität“ nicht der Anwendung des typischerweise anzuwendenden Rechts unterliegen könnten.[541] Der rechtsentlassene Raum hingegen betreffe jene Sachverhalte, die vom Recht (trotz der Möglichkeit dazu) nicht geregelt werden und die der sittlichen Selbstbestimmung der Menschen überlassen bleiben, wie z.B. die Lebensbereiche der Kunst, der Medizin oder des Sports.[542]

aa) Der Sportbereich als Bestandteil des rechtsentlassenen Raums

Die Gründe für die Einordnung des Sportbereichs in den rechtsentlassenen Raum leitet Schild aus den zuvor gewonnenen – mit der hier vertretenen Auffassung größtenteils übereinstimmenden - Erkenntnissen ab, die zum Ergebnis der Nichtanwendbarkeit der Rechtsinstitute der Sozialadäquanz und des erlaubten Risikos im Sportbereich[543] führen.

Einerseits ist der Sport unzweifelhaft kein verbotener oder rechtswidriger Lebensbereich. Andererseits mangelt es bis zum heutigen Tage an einer gesetzlichen oder auf Rechtsgründen basierenden Erlaubnis dieses Risikobereichs, so dass es – wie bereits erörtert - in der Tat angezeigt erscheint, den Sport als „rechtlich (bloß) unverbotenen“[544] oder „rechtlich (nur) zugelassenen“[545] Lebensbereich zu qualifizieren.

Aus diesem rechtlichen Unverbotensein und dem sich daraus ergebenden staatlichen Verzicht auf eine „rechtliche Durchdringung und Gestaltung“ des sportlichen „Eigenlebens“[546] zieht Schild den Schluss auf eine „Freilassung dieses Bereichs durch den Staat“.[547] Letzterer habe dem Bürger auf diese Weise einen Vertrauensvorschuss gegeben, welcher es ihm gestatte, mittels organisierter Verbände und den

---

[537] Vgl. Schild, S. 114ff. und in Jura 82, 585ff.; erstmals von Schild benannt in JA 78, 449, (456).
[538] Siehe die Ausführungen Schilds zum rechtsfreien Raum in JA 78, 449ff., 570ff., 631ff., und partiell in Jura 82, 585.
[539] Schild, aaO.
[540] Als Beispiele werden das Liebesverhältnis oder das Gewissen benannt; siehe Schild, Jura 82, 585 und JA 78, 449, (450ff.).
[541] Benanntes Beispiel hierfür sind Grenzsituationen, also extreme Notlagen des Menschen; siehe Schild in Jura 82, 585 und dezidiert in JA 78, 570ff.
[542] Schild, JA 78, 449, (453ff. und 456).
[543] Vgl. Schild, S. 115.
[544] Schild, S. 114.
[545] Schild, aaO.
[546] Schild, aaO., in Anlehnung an die Formulierung Zipfs, S. 93.
[547] Schild, S. 114.

zugehörigen maßgebenden Fachkreisen, den Sport selbst „ordentlich" zu halten.[548] Konsequenz dessen sei, dass körperverletzende Handlungen, die in diesem „freigelassenen" bzw. „rechtsentlassenen Raum" des Sportbereichs ausgeführt werden, weder als rechtmäßig noch als rechtswidrig zu qualifizieren seien und somit als Bestandteile des rechtsfreien Raums strafrechtlich sanktionslos bleiben müssten.[549]

Allerdings sei dieser rechtsfreie Raum nicht grenzenlos, sondern werde in vielfältiger Hinsicht beschränkt. So hätten beispielsweise sowohl die Grundrechte als auch die zivilrechtlichen Bestimmungen weiterhin vollständige Verbindlichkeit und Gültigkeit.[550] Lediglich eine strafrechtliche Relevanz dieses Verhaltens scheide aus, da sich dieses der rechtlichen Bewertung entziehe, weshalb genau genommen eigentlich von einem „strafrechtsfreien Raum" gesprochen werden könne.[551] Als Beleg für seine Annahme führt Schild an, dass nicht nur der Gesetzgeber auf eine normative Intervention in den Sportbereich verzichtet habe, sondern auch das sportbereichstypisch restriktive Strafverfolgungs- und Verurteilungsverhalten der Strafgesetzbestimmungen anwendenden Staatsanwälte und Richter nahe lege, dass Verletzungshandlungen im Sport offensichtlich nicht als strafrechtlich verboten angesehen würden;[552] eine plausible Erklärung für dieses Verhalten könne auch nicht mittels eines Verweises auf die Privatklagedeliktseigenschaft der fahrlässigen und vorsätzlichen Körperverletzung (§ 230) dargetan werden, da insbesondere im Fußballsport (wegen des Einsatzes von Stollenschuhen) oftmals die Begehung einer gefährlichen Körperverletzung gem. § 224 in Rede stehe, welche von § 230 nicht erfasst werde.[553]

Der Begriff des (straf)rechtsfreien Raumes sei jedoch nicht so zu verstehen, dass dieser das Recht aufhebe oder aushebele, sondern vielmehr in der Weise, dass dieser durch das (vorhandene) Recht erst zugelassen, somit zugleich begrenzt und definiert werde. Der Gesetzgeber sei demnach in der Lage, durch Erlass sportspezifischer staatlicher Vorschriften diesen (straf)rechtsfreien Raum jederzeit zu beschränken bzw. diesen durch den Erlass eines allgemeinen Sportgesetzes sogar ganz aufzuheben.[554]

Des Weiteren erfahre der strafrechtsfreie oder rechtsentlassene Raum des Sportbereiches neben dessen (nur) potentieller Einschränkbarkeit durch den Gesetzgeber eine tatsächliche, rechtsbegriffliche Einschränkung. Von der Straflosigkeit seien nämlich lediglich jene Verhaltensweisen erfasst, die dem Sportbereich als wirkliche Sporthandlungen noch zuzuordnen und terminologisch - in Anlehnung an den Begriff der Sozialadäquanz – als „sportadäquate" Handlungen aufzufassen seien.[555]

---

[548] Schild, S. 122; vgl. ebenso Sengle, S. 104.
[549] Schild, S. 114f.
[550] Schild, S. 115, und in Jura 82, 585, (586).
[551] Schild, aaO.
[552] Vgl. Schild, S. 118.
[553] Schild, S. 118
[554] Schild, S. 116; ähnlich auch schon ders. in Jura 82, 585, (591).
[555] Schild, aaO.

In strafrechtsdogmatischer Hinsicht komme der „Sportadäquanz“[556] oder auch „Sportimmanenz“ die Eigenschaft als ein Tatbestandsausschließungsgrund zu.[557] Da die vom Risikobereich Sport erfassten Verletzungshandlungen keiner rechtlichen Erlaubnis unterliegen, sondern ähnlich wie sozialadäquate Handlungen unverbotenes und daher (nur) zugelassenes Verhalten darstellen, sei die Prüfung der Sportadäquanz im Rahmen der Tatbestandsmäßigkeit am sachgerechtesten.[558]

bb) Voraussetzungen und Grenzen der Sportadäquanz

Die rechtlichen Grenzen des Tatbestandsausschließungsgrundes der Sportadäquanz beschreibt Schild mittels dreier Voraussetzungen, die er an das Eingreifen der Tatbestandslosigkeit und die daraus folgende Straflosigkeit der Verletzungshandlungen knüpft:

Zunächst müsse es sich bei der ausgeübten Sportart um eine solche handeln, die als anerkannte Sportart qualifiziert werden kann.[559] Schild schlägt vor, sich bei der Frage nach der Anerkennung der Sportart nach dem Urteil des Deutschen Sportbundes (DSB) zu richten.[560] Dabei komme es nicht auf eine hundertprozentige Umsetzung der für die Sportart verbindlichen Regeln an, sondern darauf, dass „im Kern die konstitutiven Regeln verwirklicht werden“.[561] Geringfügige Regelmodifikationen, wie z.B. das Fußballspielen ohne Anwendung der Abseitsbestimmung, seien durchaus möglich, solange erkennbar sei, welcher Sportart die konkrete Sportausübung zuzurechnen ist.[562]

Bei nicht vom DSB anerkannten Sportarten, wie z.B. dem „Ultimate Fighting“, seien lediglich die allgemeinen strafrechtsdogmatischen Rechtskonstruktionen wie die rechtfertigende Einwilligung einschlägig.[563]

Des Weiteren müsse sportadäquates oder sportimmanentes Verhalten vorliegen[564]. Dieses sei anzunehmen, solange das Verletzungsverhalten in einem Bezug zum Sportgeschehen stehe und noch als „wirkliche Sporthandlung“ aufgefasst werden könne.[565] Zur weitergehenden Erläuterung verwendet Schild die Begrifflichkeiten des

---

[556] Auch Zipf, S. 95 und Berr, S. 212f., verwenden den Begriff der Sportadäquanz, sehen darin jedoch nur einen Bestandteil der Sozialadäquanz.
[557] Schild, S. 117f. und in Jura 82, 585, (592). Schilds Ausführungen in Sportstrafrecht, S. 114ff., basieren auf seinem schon in Jura 1982, 585ff., vorgetragenen Lösungsansatz. Terminologisch wird eine Änderung der oftmals missverstandenen Begrifflichkeit vom „rechtsfreiem Raum“ in jene der „Sportadäquanz“ vollzogen; die Theorie bleibt jedoch vom Inhalte her im Kernbestand identisch.
[558] Schild, S. 118 und in Jura 82, 585, (592).
[559] Schild, S. 120.
[560] Schild, S. 119; ebenso, wenn auch in anderem Zusammenhang Schmidt, JZ 54, 369, (371); anderer Ansicht ist hingegen Hartung, NJW 54, 1225, (1228), der feststellt, dass der Deutsche Sportbund „weder eine staatlich anerkannte Monopolstellung“ habe noch sei der legitimiert, „mit irgendwie verbindlicher Wirkung zu sagen, was Sport sei und wie er ausgeübt werden müsse“.
[561] Schild, S. 121.
[562] Schild, aaO.
[563] Schild, S. 120f.
[564] Vgl. Schild, Jura 82, 585, (586).
[565] Schild, S. 121.

„maßgerechten Sportlers“[566] bzw. des „Noch-Sportlers“[567]. Darunter fielen nicht nur Sportausübende, die akkurat die Sportregeln befolgten, sondern auch jene, die regelwidrig, gefährlich[568] oder sogar verletzungsvorsätzlich[569] Gegenspieler attackierten, soweit diese Handlungen nach dem objektiven Urteil der „maßgebenden Sportkreise“ und –verbände als zur Sportausübung dazugehörend empfunden werden[570]. Die Grenze sei folglich erst da zu ziehen, „wo der Sport aufhört, Sport zu sein“, sportartunspezifische Handlungsformen“ anzunehmen sind bzw. „sportfremde Verletzung[en] bei bloßer Gelegenheit des Sports vorgenommen“ werden.[571]

Zusammengefasst sei eine positive strafrechtliche Relevanz von Körperverletzungen in diesem Bereich immer dann gegeben, wenn ein „mit den rechtlichen Grundwertungen nicht mehr vereinbares gewalttätiges Handeln unter dem Anspruch, Sportausübung zu sein, vorliegt“.[572] Als Beispiele für strafwürdiges Verhalten werden brutale Revanchefouls ohne Bezug zum Spielgeschehen sowie Schlägereien am Spielfeld benannt.[573]

Dritte Voraussetzung dieses Lösungsansatzes sei, dass das verletzte Opfer freiwillig am sportlichen Geschehen teilgenommen habe[574]. Dies schließe die allgemeine Kenntnis vom sportlichen Geschehen und den dabei auftretenden Risiken ein.[575] Konkret müsse der Betroffene das mit dem Sport verbundene Risiko „nicht erkannt haben“, es müsse ihm aber jedenfalls „bekannt gewesen sein“.[576]

cc) Diskussion der Sportadäquanzlösung

Setzt man sich mit den (nicht allzu vielen bisher) veröffentlichen Stellungnahmen[577] im Schrifttum zu der von Schild vertretenen Sportadäquanzlösung auseinander, lässt sich feststellen, dass dieser Lösungsweg des Öfteren vorschnell einer geradezu oberflächlichen Abqualifizierung ausgesetzt und zum Teil ernsthafte Versuche einer sachgerecht-kritischen Analyse der vorgebrachten Argumente Schilds erst gar nicht erst vorgenommen werden. Ursachen dieses Umstands sind offensichtlich häufig auftretende Missverständnisse bei den Autoren, welche insbesondere auf die von Schild angewandte Terminologie zurückzuführen sind.[578] Alleine die Verwendung der Begrifflichkeit des „rechtsfreien Raums“ in Verbindung mit dem Sportbereich scheint

---

566 Schild, Jura 82, 585, (590).
567 Vgl. Schild; S. 119; ders., Jura 82, 585, (590).
568 Siehe Schild, Jura 82, 585, (590f.).
569 Vgl. Schild, S. 119; ders., Jura 82, 585, (592).
570 Schild stellt folglich wie Sengle, S. 92, auf den Sachverstand der „Regelexperten“ der jeweiligen Sportarten ab, ohne deren Zuhilfenahme die staatlichen Instanzen nicht zur Fällung sachgerechter Entscheidungen in der Lage wären; vgl. Schild, S. 122; ebenso schon in Jura 82, 585, (591).
571 Schild, S, 121.
572 Schild, S. 122.
573 Schild, aaO.; ähnlich ders., Jura 82, 585, (591).
574 Vgl. Schild, S. 122; ders., Jura 82, 585, (592).
575 Schild, Jura 82, 585, (592).
576 Schild, S. 123.
577 Siehe Rössner, S. 313, (314f.); NK/Paeffgen, § 228, Rdn. 103; Reinhart, SpuRt 97, 1, (5); Dölling in ZStW 96, 36, (53f.); Kühn, S. 65f..
578 Vgl. ebenso Schild, S. 116 und Fn. 381.

Anlass genug zu sein, mit wenigen Sätzen der Sportadäquanzlösung ihre Existenzberechtigung abzusprechen.

Dass Stellungnahmen wie die von Rössner, der die Einbeziehung des Sports in den Bereich des rechtsfreien Raums für „undenkbar" hält, weil dieser Weg zum Motto habe, dass der, der sich in Gefahr begebe, möglicherweise darin umkomme[579] und so Sport ein „Freiraum für ungezügelte Aggressionen"[580] sei, ungeeignet sind, dezidierte strafrechtswissenschaftliche Erkenntnisse oder Argumente zu liefern, bedarf keiner weiteren Kommentierung. Verständlich sind von daher Schilds ausdrücklich formulierte Bemühungen, mittels eines Terminologie(prioritäts)wechsels (weg vom „rechtsfreien Raum" und mehr hin zum Begriff der „Sportadäquanz") den Blick auf den eigentlichen dogmatischen Inhalt seines Lösungsansatzes zu lenken.[581]

Setzt man sich sachlich mit der Sportadäquanz als Anwendungsfall der Theorie des rechtsentlassenen Raums auseinander, so ist zunächst festzustellen, dass der Sportbereich nicht pauschal als rechtsfreier Raum bezeichnet wird, der „unverbunden [und/oder unabänderlich] neben der Rechtsordnung steht.[582] Vielmehr wird der Sport – jedenfalls der im Rahmen dieser Untersuchung relevante Sport[583] - aufgrund der bislang fehlenden normativen Intervention des Staates in diesen Bereich als (jederzeit einschränkbarer) freigelassener, strafrechtsfreier und somit rechtsentlassener Raum angesehen.[584]

Eine sachgerechte kritische Analyse dieser Ansicht kann folglich nur an der Stelle ansetzen, an der der (unbestreitbar) fehlenden staatlich-normativen Intervention eine solche – wie hier dargestellte - strafrechtsrelevante Bedeutung zugemessen wird. Zu fragen ist daher konkret, ob die fehlende „Einmischung" des Gesetzgebers in den Sportbereich in der Tat so gedeutet und verstanden werden kann und darf, dass Körperverletzungshandlungen innerhalb dieses (sportimmanenten und durch die zuvor benannten Voraussetzungen begrenzten) Bereichs straflos sein sollen.

Teilweise wird vorgetragen, dass eine solche Deutung des gesetzgeberischen Schweigens in bestimmten Lebensbereichen gleichzusetzen wäre mit einer „Kapitulation des Gesetzgebers" vor etwaigen Schwierigkeiten und dies deshalb ein unakzeptables „Ausweichen vor klaren und notwendigen Entscheidungen" darstelle.[585] Die Lehre des „rechtsfreien Raums" sei folglich nur ein „Verlegenheitsbehelf", mit der sich eine gefestigte Rechtsordnung nicht abfinden dürfe.[586] Gegen diesen Einwand lässt sich allerdings anführen, dass die Rechtsordnung in nicht seltenen Fällen auf das Aufstellen allgemeingültiger und rationaler Maßstäbe verzichtet. Die Idealvorstel-

---

[579] Rössner, S. 313, (314).
[580] Rössner, S. 313, (314f.).
[581] Siehe Schild, S. 116f.
[582] Vgl. die Ausführungen Reinharts, SpuRt 97, 1, (5) über den Sport als außerrechtlichen Lebensbereich.
[583] Siehe die wenigen Ausnahmen aus den Bereichen des Segelfliegens etc., welche bereits auf S. 50 dieser Ausarbeitung benannt werden.
[584] Vgl. Schild, S. 115.
[585] Vgl. Henkel, Der Notstand nach gegenwärtigem und künftigem Recht, S. 37.
[586] Henkel, aaO.

lung, in praxi jeden menschlichen Sachbereich gesetzlich regeln zu müssen und können, geht an der Realität vorbei und ist mit einer freiheitlichen, vernünftigen Strafrechtsordnung auch kaum in Einklang zu bringen.

Anknüpfungspunkt einer berechtigten Kritik kann folglich nicht der (untaugliche) Vorwurf der „Kapitulation" des Gesetzgebers sein, sondern vielmehr der in Zweifel zu ziehende Grund oder „Bedarf" für die Annahme eines (straf)rechtsfreien Raums. Begründet wird die Straflosigkeit des verletzenden Sportlers damit, dass der Staat dem Bürger einen Vertrauensvorschuss gebe, mit dem er mittels seiner Verbände und den zugehörigen maßgebenden Fachkreisen, den Sport selbst „ordentlich" halte.[587] Dies geschieht vor allem mittels der von den Sportverbänden erlassenen Regelwerke, welchen – wie schon erörtert – der rechtliche Status privatrechtlicher Vorschriften in Form untersatzungsrechtlicher Bestimmungen oder Vereinordnungen zukommt.[588] Kühn verweist darauf, dass das Vorliegen eigener Regelwerke jedoch nicht alleinige Ursache für die Annahme eines rechtsfreien Raums sein kann, da nahezu jede größere Organisation, wie z.B. Großkonzerne, ihre eigenen Angelegenheiten selber regeln.[589]

Dem ist beizupflichten, zumal insbesondere im privatrechtlichen Bereich, eigens etablierte (und staatlich unwidersprochene bzw. unverändert gelassene) Regeln und Bestimmungen nicht ohne weiteres zum Anlass genommen werden können, „Recht und Staat aus der Verantwortung weitgehend zu entlassen"[590]. Kühn stellt heraus, dass der „pragmatisch anmutenden Versuchung [...], wichtige soziale Bereiche, die über eigene Regelungsinstrumentarien verfügen, sich selbst zu überlassen" entgegengewirkt werden müsse.[591] Diese Auffassung ist vom Grundsatz her teilenswert, jedoch bedarf es im konkreten Anwendungsfall einer genaueren Erforschung der jeweiligen Gründe des gesetzgeberischen Schweigens bzw. des normativen Nichteingriffs des Staates.

Im Falle des Sportes erscheint es nahe liegend, davon auszugehen, dass der Gesetzgeber bislang schlicht und einfach keinen Handlungsbedarf zur Kodifizierung einer rechtlichen Regelung des Sportes erkannt hat, weil die h.L. und vor allem die obergerichtliche Rechtsprechung[592] das strafrechtliche Sportproblem bis zum heutigen Tage mittels der (wenn auch dogmatisch problembehafteten) rechtfertigenden (Risiko-)Einwilligung gelöst hat. Dies lässt sich auch dadurch belegen, dass der Gesetzgeber – wenn auch schon vor vielen Jahrzehnten – zumindest insoweit Stellung zum strafrechtlichen Problem der Sportverletzung bezogen hat, als dass er 1933 dem 17. Abschnitt des StGB, den Straftaten gegen die körperliche Unversehrtheit, den § 226a[593] hinzufügte. In der Begründung des amtlichen Entwurfs von 1927, dem diese Vorschrift entnommen wurde, ist nämlich der ausdrückliche Hinweis enthalten, dass nunmehr Fragen von Verletzungen, die sich „z.B. aus sportlicher Betätigung"

---

[587] Siehe Schild, S. 122.
[588] Siehe dazu die Ausführungen auf S. 33f.
[589] Kühn, S. 65.
[590] So Kühn, aaO.
[591] Kühn, aaO.
[592] Vgl. BayObLG, NJW 61, 2073; JR 61, 72.
[593] Dieser ist sinnesgleich mit dem heutigen § 228.

ergeben, „in einer dem Rechtsempfinden entsprechenden Weise strafrechtlich zu behandeln“ seien.[594]

Dieser in diesem konkreten Zusammenhang befindliche Hinweis lässt erkennen, dass der Gesetzgeber die Frage der Strafbarkeit der Sportverletzung (insbesondere in Zweikampfsportarten[595]) tatsächlich in dem Kontext der Körperverletzungsvorschriften im 17. Abschnitt des StGB und des § 226a behandelt wissen wollte.

Die Annahme eines gesetzgeberisch geschaffenen oder geduldeten strafrechtsfreien Raums oder die These der Entlassung des Sportbereichs aus dem Recht erscheint vor diesem Hintergrund eher gewagt.

Auch der Hinweis darauf, dass nicht nur der Gesetzgeber, sondern auch die Strafvorschriften anwendenden Staatsanwälte und Richter[596] aufgrund ihrer zurückhaltenden Strafverfolgungs- und Verurteilungspraxis, Verletzungshandlungen im Sport als rechtlich nicht verboten hinnehmen, lässt sich nicht überzeugend belegen. Gegen eine solche potentielle Grundentscheidung durch die staatlichen Organe sprechen vor allem zweierlei Gründe:

Zum einen ist zu berücksichtigen, dass die §§ 223, 229 sog. relative Antragsdelikte i.S.d. § 230 darstellen, so dass notwendige Voraussetzung für eine entsprechende Strafverfolgung entweder ein Strafantrag des Verletzten oder alternativ die Bejahung des besonderen öffentlichen Interesses an der Strafverfolgung durch die Staatsanwaltschaft ist. Da im Sport nur in seltenen Fällen Strafanträge durch die verletzten Gegenspieler gestellt werden,[597] kommt der Frage nach dem besonderen öffentlichen Interesse an der Strafverfolgung erhebliche Bedeutung zu. Wie sich feststellen lässt, verneinen die Staatsanwaltschaften jedoch geradezu „schematisch“ und „stereotyp“[598] dieses besondere öffentliche Interesse im Falle von Sportverletzungen. Alleine aus dieser Rechtspraxis lässt sich allerdings keinesfalls der Rückschluss ziehen, dass die Staatsanwaltschaften davon ausgingen, dass Verletzungshandlungen im Sportbereich rechtlich nicht verboten sind.[599]

Schild – der dieses Argument vorhersieht - verweist replizierend darauf, dass jedoch in den meisten Fällen keine einfache (vorsätzliche oder fahrlässige) Körperverletzung gem. §§ 223, 229, sondern, wie im Falle der Herbeiführung einer Verletzung beim Fußballspiel durch Stollenschuhe, eine gefährliche Körperverletzung gem. § 224 in

[594] Siehe dazu schon die Ausführungen auf S. 20f. dieser Bearbeitung.
[595] Vornehmlich betraf dieser Hinweis die strafrechtliche Beurteilung von zugefügten Verletzungen in Zweikampfsportarten wie dem Boxen und Ringen, da dieser Bereich zu dieser Zeit den hauptsächlichen Gegenstand der strafrechtlichen Diskussion über Sportverletzungen ausmachte.
[596] Vgl. Schild, S. 118.
[597] Deutlich häufiger kommt es hingegen zur Geltendmachung zivilrechtlicher Schmerzensgeld- oder Schadensersatzansprüchen; vgl. z.B. BGH VersR 57, 290; 76, 591; NJW 76, 957; OLG München, VersR 77; 844; 86, 247; NJW-RR 90, 732; OLG Neustadt, MDR 56, 550; OLG Düsseldorf, NJW-RR 2000, 1116; LG Schweinfurt, VersR 96, 74; LG Stuttgart, NJW-RR 88, 1241.
[598] So auch Reinhart, SpuRt 97, 1ff.; Kauffmann, Kleinknecht-FS, S. 203, (205f.).
[599] Siehe zu den Anforderungen der RiStBV an das besondere öffentliche Strafverfolgungsinteresse die noch folgenden Ausführungen auf S. 227ff.

Betracht komme, bei der die in § 230 angesprochene Frage nach dem Vorliegen des besonderen öffentlichen Interesses an der Strafverfolgung nicht zu stellen sei. Dies ist in der Tat zutreffend, dabei ist aber zu beachten, dass auch die gefährliche Körperverletzung bis zum Erlass des 6. Strafrechtsreformgesetzes vor einigen Jahren ein Privatklagedelikt darstellte[600], bei dem es zur öffentlichen Klageerhebung zwar nicht der Bejahung eines „besonderen" öffentlichen Interesses, aber gem. § 376 StPO des einfachen öffentlichen Interesses bedurfte. Da auch dieses einfache öffentliche Interesse an der Klageerhebung bei Sportverletzungen (selbst im Falle des Vorliegens etwaiger Strafanträge durch die im Sport Verletzten) von der Staatsanwaltschaft jahrelang regelmäßig verneint wurde[601], lässt sich die von ihr angewandte Rechtspraxis kaum als Argument für die Akzeptanz oder geduldete Annahme eines rechtsentlassenen Raums anführen.

Zum anderen ist zu berücksichtigen, dass sowohl die Staatsanwaltschaften im Rahmen des Ermittlungsverfahren als auch die Strafgerichte im Rahmen des Hauptverfahrens die Sportverletzungsproblematik – sollte die Frage nach dem besonderen öffentlichen Interesse an der Strafverfolgung bzw. dem öffentlichen Interesse an der Klageerhebung einmal nicht entgegenstehen – in Anwendung der obergerichtlichen Rechtsprechung[602] mittels der dogmatischen Konstruktion über die rechtfertigende Risikoeinwilligung zu lösen versuchen.[603]

Die zurückhaltende Strafverfolgungs- und Verurteilungspraxis in den letzten Jahrzehnten durch Staatsanwälte und Richter sind nach alledem kein hinreichender Grund dafür, von einem staatlichen Willen oder einer (konkludenten) staatlichen Willensäußerung dahingehend auszugehen, dass Sportverletzungshandlungen als rechtlich nicht verboten hinzunehmen sind oder im Rahmen eines strafrechtsfreien oder rechtsentlassenen Raums straffrei bleiben sollen.

Dies würde zudem die Frage nach der Existenz und der Reichweite des grundrechtlich abgesicherten Schutzes auf körperliche Unversehrtheit innerhalb des strafrechtsfreien Raumes „Sportbereich" aufwerfen. Zum Schutze dieses Grundrechtes aus Art. 2 Abs. 2 S. 1 GG, kommt insbesondere den strafrechtlichen Vorschriften des 17. Abschnittes des StGB, also den §§ 223 ff., welche die Straftaten gegen die körperliche Unversehrtheit erfassen, eine besonders wichtige Bedeutung zu.[604] Es lässt sich sogar behaupten, dass diese Vorschriften die in Gesetzesform gegossene Kon-

---

[600] Siehe Art. 3 Nr. 5, Buchst. b) des 6. Strafrechtsreformgesetzes.

[601] Hier bildet der Fußballbundesliga-Fall Lienen aus dem Jahre 1981 ein einschlägiges Beispiel. Obgleich der Spieler Lienen als körperlich Verletzter und Verletzter i.S.d. § 77 wegen eines Stollenschuhtrittes seines Gegenspielers Siegmann Strafantrag gegen diesen gestellt hatte, verneinte die Staatsanwaltschaft das (einfache) öffentliche Interesse an der Erhebung der öffentlichen Klage und verwies diesen auf den Privatklageweg.

[602] Vgl. z.B. BayObLG, NJW 61, 2073.

[603] Dass der von der h.M. präferierte Lösungsansatz über die rechtfertigende Risikoeinwilligung in dogmatischer Hinsicht mit einigen Mängeln behaftet ist, wurde bereits im Rahmen dieser Untersuchung dargelegt. Diese Mangelhaftigkeit bzw. Ungeeignetheit dieses Lösungsansatzes führt hier jedoch nicht zu einem anderen Ergebnis, da es vorliegend um die von den staatlichen Organen (Richtern und Staatsanwälten) in den letzten Jahrzehnten praktizierte (wenn auch wenig überzeugende) Rechtsanwendung geht.

[604] Vgl. Haft, BT, S. 108.

kretisierung des Grundrechts auf körperliche Unversehrtheit darstellt, mittels derer der Gesetzgeber seiner verfassungsrechtlichen Verpflichtung, nämlich für den Schutz der körperlichen Unversehrtheit aus Art. 2 Abs. 2 S. 1 GG zu sorgen, nachkommt. Es erweist sich daher (zumindest) als problematisch, einerseits die vollständige Gültigkeit der Grundrechte – also auch jenes auf körperliche Unversehrtheit aus Art. 2 Abs. 2 S. 1 GG - festzustellen[605], andererseits die strafrechtlichen Bestimmungen – insbesondere die §§ 223ff.-, die einen wichtigen Bestandteil der grundrechtlichen Schutzwirkung ausmachen, für nicht anwendbar zu erklären und somit die Geltung grundrechtlicher und strafrechtlicher Bestimmungen isoliert voneinander zu betrachten. Der - auch von Kühn formulierte - Anspruch eines jeden (Sportlers) auf „unmittelbaren Rechtsschutz“[606] ist daher zu befürworten.

Im Schrifttum wird überdies zum Teil scharfe Kritik an dem von Schild herangezogenen Maßstab der Sportadäquanz gezogen.[607] Insbesondere wird darauf verwiesen, dass eine Orientierung an dem entwickelten Begriff des „maßgerechten“, oder „Noch-Sportlers“ nicht möglich sei, da es sich dabei um einen „höchst unsicheren, schwer feststellbaren Maßstab“ handele;[608] Paeffgen hält das Kriterium des maßgerechten Sportlers für ein sachwidriges Einschränkungskriterium und einen an „allerlei Regelwerk orientierten Maßstabs-Homunkulus“.[609] Abgesehen von dem Einsatz verfehlter und übertriebener Rhetorik, mit der Paeffgen seiner Kritik Ausdruck zu verleihen versucht[610], erweist sich dessen Behauptung auch in der Sache nicht als zutreffend.

Zum einen ist es gerade Schild, der seinen Maßstab – in Abgrenzung zu vielen anderen – eben nicht „an allerlei Regelwerk“ orientiert, sondern sowohl die Regelkonformität als auch die Regelwidrigkeit des Sportlerhandelns für irrelevant bei der strafrechtlichen Beurteilung hält.[611] Zum anderen ist der wiederholt formulierte Vorwurf der Unbestimmtheit des Sportadäquanzmaßstabs alleine nur ein schwaches Argument gegen die Heranziehung dieses dogmatischen Ansatzes. Freilich lässt sich feststellen, dass – wie auch Schild[612] zu Recht einräumt – hinsichtlich dieses Maßstabes „die inhaltliche Bestimmung im Einzelnen schwierig sein kann“. Dies ergibt sich schon aus der Vielfältigkeit der im Sportbereich denkbaren Sachverhaltskonstellationen und der deswegen erforderlichen mannigfaltigen Differenzierungen, welche die Komplexität der Sportverletzungsproblematik ausmachen. Der sittliche Mindestkonsens des maßgerechten Sportlers kann schließlich sowohl nach Sportart[613] als

---

[605] Vgl. Schild, S. 115.
[606] Siehe Kühn, S. 65.
[607] Dölling, ZStW 96, 36, (53); NK/Paeffgen, § 228, Rdn. 103.
[608] Dölling, aaO.
[609] NK/Paeffgen, aaO.
[610] Schild, S. 119, kritisiert nicht zu Unrecht die unverständliche „spöttische Abwertung“ seines methodischen Ansatzes durch Paeffgen, aaO.
[611] Siehe Schild in Jura 82, 585, (590): Auch der „maßgerechte Fußballer begeht z.B. durchaus Regelverstöße...“.
[612] Siehe Schild, S. 119.
[613] Die etwaige Fragestellung, ob es sachgerecht ist, dem Deutschen Sportbund (DSB) quasi die alleinige Entscheidungskompetenz darüber zukommen zu lassen, welche Sportarten als anerkannte Sportarten in den strafrechtsfreien Raum der Sportadäquanz fallen, kann dahinstehen, da die im Rahmen dieser Untersuchung relevanten Mannschaftssportarten evidenterweise vom DSB zugelassen sind; siehe zu dieser Thematik Schild, S. 119; ebenso Looschelders, JR 2000, 265, (273) und

auch nach der unterschiedlichen Motivation zur Sportausübung (Freizeit-, Amateur-, Leistungs- und Profisport) variieren. Jede verletzungsursächliche Sportlerhandlung ist daher auch unter Heranziehung aller sie im Einzelfall begleitenden Umstände zu begutachten, was jedenfalls eine inhaltliche Bestimmtheit des aufzustellenden Maßstabs besonders diffizil macht.

Schild und Schürer-Mohr ist daher beizupflichten, wenn sie anmerken, dass angesichts der Komplexität und des Sachverhaltspotentials im gesamten Sportbereich ein „behutsam gehandhabtes [und zu entwickelndes] case law"[614] als die geeignete und unumgängliche Lösung erscheint. Die formulierte Kritik der mangelnden Bestimmtheit des Sportadäquanzmaßstabs ist deshalb zwar nicht unrichtig, sie richtet sich jedoch - angesichts der Tatsache, dass nahezu jedweder bislang im Schrifttum vorgeschlagener Maßstab keine hinreichende Bestimmtheit besitzt, um alle Sachverhaltsgestaltungen im Sportbereich sachgerecht zu erfassen - gegen alle bisherigen Lösungsansätze.[615] Hinzu kommt, dass sich der Maßstab des maßgerechten Sportlers oder des Noch-Sportlers mittels der Hinzufügung weiterer Einzelkriterien durchaus noch konkretisierbarer und bestimmbarer gestalten ließe.[616]

Problematischer als die Frage der Bestimmtheit des Sportadäquanzmaßstabs erscheint vielmehr die Frage zu sein, ob die Reichweite bzw. die Grenzen dieses Maßstabs nicht zu weit gezogen sind und dadurch Verhaltensweisen im Sport straflos gestellt werden, die durchaus schon eine strafrechtliche Ahndung rechtfertigen würden. Insbesondere die Einbeziehung auch verletzungsvorsätzlicher Handlungen in den sportimmanenten (straflosen) Bereich erscheint in den hier untersuchungsrelevanten Mannschaftssportarten, in denen die Zufügung von Verletzungen gegenüber dem Kontrahenten – im Gegensatz zum Boxsport - gerade nicht Sinn und Zweck der Sportart ist, in den allermeisten Fällen zu weitgehend.

Fasst man die in diesem Abschnitt gewonnenen Erkenntnisse zusammen, stellt sich einerseits die Sportadäquanzlösung keinesfalls als der – wie von vielen Seiten dargestellte - von vornherein unakzeptable oder „undenkbare" dogmatische Ansatz heraus. Vor allem lässt sich die mit dieser Lösung verbundene Deutung des gesetzgeberischen Schweigens im Sportbereich als eine Entlassung dieses Bereichs aus dem strafrechtlichen Anwendungsbereich nicht als völlig abwegige Lösung auffassen, welche für den Sport zur Folge habe: „Wer sich in [die] Gefahr [des Sportbereichs] begibt, kommt darin um."[617]

Andererseits lässt sich der Sportbereich aber insbesondere aufgrund der dargestellten Gründe, die gegen eine solche Deutung oder Interpretation der fehlenden staat-

---

erstmals schon Schmidt in JZ 54, 369, (371 und 373); anders die h.L.; vgl. LK/Hirsch, § 226a, Rdn. 12 mwN.

[614] Schild, S. 120 in Anlehnung an Schürer-Mohr, S. 147 und 202.

[615] Siehe eine zusammenfassende Darstellung nahezu aller Versuche in Rechtsprechung und Schrifttum, die konkrete Grenze des sportlichen, nicht strafbaren Handelns zu skizzieren in den noch folgenden Ausführungen auf S. 170ff.

[616] Siehe dazu die noch kommenden Ausführungen auf S. 175ff.

[617] Wer - wie Rössner, S. 313, (314) – in dieser Weise argumentiert, kann in der Tat nur zu den von Schild, S. 116, benannten „eiligen Lesern" gezählt werden.

lich-rechtlichen Durchdringung des Sports sprechen, nicht als strafrechtsfreier oder rechtsentlassener Raum qualifizieren. Einige der im Rahmen dieser Lösung vertretenen sachlichen Teilbereiche werden allerdings innerhalb der Entwicklung eines eigenen Lösungsweges sicherlich noch einmal konstruktiv aufzugreifen und ggf. zu integrieren sein.[618]

4) Der Weg zur eigenen Lösung

Um den Weg zur Entwicklung eines sachgerechten Lösungsvorschlages der Sportverletzungsproblematik skizzieren zu können, erscheint es angezeigt, zunächst (noch einmal) allgemein den Fokus auf die eigentliche Besonderheiten jener Sachverhalte zu richten, die - wie die Sportverletzungsvorgänge im Rahmen der Ausübung körperkontaktreicher Mannschaftssportarten - nach den Kriterien der h.M. als Fälle der einverständlichen Fremdgefährdung aufzufassen sind.

Neben der beiderseitigen Mitwirkung von Opfer und Täter kennzeichnen sie sich dadurch, dass das Opfer einen bestimmten „sozialen Kontakt" sucht, von dem es weiß, dass diesem eine konkrete Verletzungsgefahr eigener Rechtsgüter, nämlich von Leib und/oder Leben, immanent ist. Ungeachtet dessen begibt es sich in eben diese vom Täter beherrschte Gefährdungssituation hinein, wobei es zudem auf das Ausbleiben eigener Verletzungsfolgen vertraut.

Dieses erfolgsmitursächliche Opferverhalten ist das besondere und maßgebliche Charakteristikum der einverständlichen Fremdgefährdung, welches einer entsprechenden Würdigung bei der Frage nach einer etwaigen Strafbarkeit des Verletzenden bedarf.

a) Ausgangspunkt: „Vorbild" der zivilrechtlichen Lösung

Die Vorzüge der einschlägig anerkannten, zivilrechtlichen Lösung sind dabei evident. Aufgrund seines eigenen vorwerfbaren Risikoverhaltens wird dem Geschädigten zumindest ein gewisser Mitverschuldensanteil gem. § 254 BGB zugerechnet. In bestimmten Fällen geht die zivilrechtliche Rechtsprechung sogar von einem „venire contra factum proprium", also einem widersprüchlichen Verhalten des geschädigten Opfer i.S.d. § 242 BGB aus,[619] wenn es sich einerseits durch eine eigene Risikohandlung selbst in Gefahr bringt und andererseits die „Hand ausstreckt", um gegenüber dem Schädiger die Zahlung von Schadensersatz oder Schmerzensgeld geltend zu machen.

Mittels dieser rechtlichen Konstruktionen ist es den Zivilrechtlern erlaubt und möglich, in jedem Einzelfall mittels der akkuraten Gewichtung und Abwägung der Tatbeiträge von Schädiger und Geschädigtem zu in jeder Hinsicht sachgerechten und angemessenen Ergebnissen zu kommen. Obgleich bekanntermaßen dem Strafrecht die unmittelbare Existenz dieser Institute unbekannt und auch ein unmittelbarer Rückgriff

[618] Siehe diesbezüglich die Ausführungen auf S. 175ff.
[619] Vgl. BGHZ 63, 140 = VersR 75, 137.

auf dieselben verschlossen ist, zeigt die zivilrechtliche Lösung einen bestimmten Ansatz auf, der in eine mögliche strafrechtliche Lösung zu integrieren sein mag; so wie im Zivilrecht die erfolgsmitursächlichen Handlungen des Verletzten stetige Berücksichtigung im Rahmen des Mitverschuldens finden, so wird dies auch im Rahmen der Prüfung der strafrechtlichen Haftung, welche bekanntlich nach dem „Alles- oder Nichtsprinzip“[620] erfolgt, gelten müssen.

b) Dogmatische Grenzen eines viktimologischen Ansatzes

Allerdings werden bei der strafrechtlichen Berücksichtigung des Opferverhaltens enge Grenzen einzuhalten sein. So darf der Anwendungsgrad eines opferverhalteneinbeziehenden bzw. viktimologischen Ansatzes nicht solche Maße annehmen, dass dies letztlich auf eine vollständige Gleichbehandlung von Täter- und Opferverhalten hinausläuft.

Genau jenes wäre jedoch die Folge, wenn man mit P. Frisch jedes eigengefährdende Opferverhalten dogmatisch als Obliegenheitsverstoß qualifiziert und diesen mit dem sorgfaltswidrigen Verhalten des Täters gegeneinander abwägt oder aufrechnet.[621] Nach diesem Konzept käme es folglich auf die Frage an, bei welchem der beiden Beteiligten der jeweilige Pflichtenverstoßanteil die 50%-Grenze überschritten hat, was im Ergebnis auf die Neueinführung eines strafausschließenden, überwiegenden Mitverschuldens des Opfers hinausliefe.[622]

Angesichts der unzweifelhaften ausschließlichen Strafnormausrichtung und –adressierung an die Person des Täters ist dieser Ansatz mit den strafrechtlichen Grundsätzen kaum in Einklang zu bringen. Auch Ensthaler[623] versagt P. Frisch deshalb geradezu energisch die Gefolgschaft[624], insbesondere, wenn bereits die bloße Erkennbarkeit der Gefährdungssituation für den Rechtsgutträger zu einem Unrechtsausschluss beim Täter führen soll; schließlich sei das Opfer nicht verpflichtet, das Täterrisiko dadurch auszugleichen, dass es ständig nach möglichen Gefahrenquellen Ausschau halte.[625] Wie diese argumentativen Ausführungen anschaulich belegen, darf die Berücksichtigung des Opferverhaltens eben nicht, wie beim zivilrecht-

---

[620] Ein unmittelbares Anknüpfen an ein Mitverschulden des Opfers erfolgt im strafrechtlichen Bereich allenfalls auf Strafzumessungsebene; siehe z.B. BGHSt 3, 220; im Detail dazu Tröndle/Fischer, (50. Aufl.) § 46, Rdn. 60, und Geppert, ZStW 83, 947, (999).

[621] P. Frisch, S. 119f.

[622] Ähnlich formuliert es Hirsch in LK, (11. Aufl.) Vor § 32, Rdn. 94, welcher der Ansicht Frischs entgegenhält, dass sie das Mitverschulden des Opfers zum Tatbestandskorrektiv erhebe. Akkurateweise und um Frisch gerecht zu werden, müsste Hirsch allerdings hinzufügen, dass Frisch (allerdings ebenso wenig überzeugend) nur bei *überwiegendem* „Mitverschulden“ zu einem Tatbestandsausschluss kommt.

[623] Ensthaler, S. 106.

[624] Ebenso Dölling, GA 84, 71, (82); Hillenkamp, S. 11f.; LK/Hirsch, (11. Aufl.) Vor § 32, Rdn. 94; Burgstaller, S. 169.

[625] Ensthaler, aaO.

lichen Mitverschulden, zur Prüfung eines aufrechenbaren „Gegentatbestandes"[626] führen.

So, wie einerseits der extrem viktimologische Ansatz von P. Frisch als zu weitgehend zu charakterisieren ist, gilt dies ebenso für die gegenpolige Ansicht von Hillenkamp[627] mit seiner Forderung nach einer klaren „Absage an alle Bestrebungen, das Opfermitverschulden auf einer Ebene zu berücksichtigen, in der es keinen Ausgleich, sondern nur ein Entweder-Oder gibt". Die von Hillenkamp präferierte vollständige Verdrängung der Opferverhaltensberücksichtigung auf die Ebene der Strafzumessung stellt zwar eine praktikable, aber in den Fallgestaltungen der einverständlichen Fremdgefährdung keine wirklich stets sachgerechte Lösung dar.

Vielmehr hat es Dölling in der Sache zu Recht auf den Punkt gebracht, dass es bei der Untersuchung von einverständlichen Fremdgefährdungen um die Abgrenzung von Verantwortungsbereichen[628] oder - mit eigenen Worten ausgedrückt - um die Abschichtung von Risikosphären zwischen vermeintlichem Täter und Opfer gehen muss.

Hassemer hat die Situation der einverständlichen Fremdgefährdung, bei der das Opfer bewusst das eigene Rechtsgut in eine bestimmte riskante Umgebung verbringt, als eine „eigentätige Erhöhung der seinen Rechtsgütern drohenden konkreten Gefahrintensität" bezeichnet.[629] Eben diese Gefährdungserhöhung lasse die Schutzbedürftigkeit des Opfers hinsichtlich der von dieser Erhöhung betroffenen Verhaltensweisen des Gefährdenden wegfallen; dies wiederum habe aufgrund des Grundsatzes der Verhältnismäßigkeit zur Folge, dass eine Bestrafung des tatsächlich rechtsgutbeeinträchtigenden Täters unzulässig sei.[630] Dieser von Hassemer ins Spiel gebrachte Gedanke der mangelnden Schutzbedürftigkeit oder Interessenminderung des Opfers wird auch von anderen Autoren in diesem Zusammenhang aufgegriffen;[631] insbesondere Montenbruck, der, wenn auch nur rudimentär, die Idee der Übertragung von Risikoübernahmegesichtspunkten auf die Fremdgefährdung zur Sprache bringt, geht davon aus, dass der Risikoübernehmer den Wert der eigenen Interessen nicht unerheblich mindert.[632]

Stellt man nunmehr den Versuch an, die verschiedenen vorgeschlagenen Ansätze einer angemessenen strafrechtlichen Berücksichtigung des riskanten Opferverhaltens im Rahmen einverständlicher Fremdgefährdungen einem wertenden Vergleich zuzuführen, so ist ein grundlegendes Kriterium als übereinstimmender Kern aller Überlegungen auszumachen: nämlich das Prinzip der Eigenverantwortlichkeit[633], wel-

[626] Die treffende Verwendung der Begrifflichkeit des „Gegentatbestandes" rührt her von Hillenkamp, S. 12, der den Ansatz P. Frischs ebenso ablehnt.
[627] Hillenkamp, S. 18; vgl. auch Geppert, ZStW 83, 947, (999).
[628] Dölling, GA 84, 71, (84), zieht aber, wie obig schon erörtert, aus dieser Erkenntnis die zweifelhafte Konsequenz der Anwendung der Einwilligungsgrundsätze.
[629] Hassemer, S. 87.
[630] Hassemer, S. 88.
[631] Münzberg, S. 144.
[632] Montenbruck, JR 85, 115, (116).
[633] Vgl. Fiedler, S. 116.

ches als Verfassungsprinzip auf dem grundgesetzlich verankerten individuellen Selbstbestimmungsrecht gem. Art. 1 I, 2 I GG beruht.

Freilich ist festzuhalten, dass es sich bei dem Prinzip der Eigenverantwortlichkeit im strafrechtlichen Sinne um kein eigenständiges Institut handelt; jedoch findet es in diversen anerkannten, strafrechtlichen Rechtsinstituten als „unselbstständige Komponente“[634] mit unterschiedlich starker Intensität seinen Niederschlag.

In dem von Rechtsprechung und Literatur bevorzugten Risikoeinwilligungsmodell kommt das Prinzip der Eigenverantwortlichkeit schon durch die Annahme einer etwaigen Einwilligung in das eingegangene Risiko zum Ausdruck; bei den Verfechtern der Lehre von der Sozialadäquanz[635] sind Eigenverantwortungsgesichtspunkte darin auszumachen, dass dem Rechtsgutinhaber eine Verfügungsbefugnis über das geschützte Rechtsgut zuerkannt wird; was zur konkreten Folge hat, dass nach der Verkehrssitte aufgrund solch verfügender Entscheidungen des Opfers die Vornahme von etwaigen Gefährdungshandlungen als sozialadäquat und nicht sorgfaltswidrig angesehen wird. Bei Döllings Verständnis der Sozialadäquanz ist die freiwillige Teilnahme des Opfers an gefährlichen Handlungen der Anknüpfungspunkt für ein eigenverantwortliches Handeln des Opfers.[636] Gleiches gilt für die von Schild[637] vertretene Sportadäquanzlösung, bei der von Opferseite die Freiwilligkeit der sportlichen Teilnahme, welche konkret die allgemeine Kenntnis vom sportlichen Geschehen und den dabei auftretenden Risiken einschließt[638], zwingendes Erfordernis für eine Straflosigkeit des Täters ist.[639] Auch bei jenen, die im Ergebnis auf ein erlaubtes Risiko[640] bzw. auf eine Verknüpfung von erlaubtem Risiko und Einwilligung[641] abstellen, ist die Eigenverantwortung des Opfers als ein tragendes Kriterium bei der Bemessung der Grenzen des erlaubten Risikos zu berücksichtigen. Bei Hassemer und Montenbruck kommt das Prinzip der Eigenverantwortlichkeit sogar so stark zum Ausdruck, dass aufgrund des riskanten Opferverhaltens eine mangelnde Schutzbedürftigkeit oder Interessenminderung beim Opfer angenommen wird.

Alle genannten Lösungsansätze unterliegen damit, teils mehr, teils weniger, der im Ergebnis zutreffenden Vorstellung, dass das vom Opfer bewusst eingegangene Risiko zumindest in gewissem (genau zu bestimmenden) Maße der individuellen Eigenverantwortung des Opfers, und nicht der Verantwortung eines Dritten zuzuschreiben ist.

Hilfreiche Anknüpfungspunkte zur Skizzierung des Eigenverantwortlichkeitsprinzips werden von Kratzsch und Schünemann genannt. Nach Kratzsch liegt diesem Prinzip die Vorstellung zugrunde, dass der Rechtsgutträger kraft seines Selbstbestimmungsrechts in gewissen Grenzen für die Wahrung seiner eigenen Schutzinteressen zu-

---

[634] So Fiedler, S. 118.
[635] Siehe Maurach/Gössel/Zipf, AT, § 43 III, 49f.
[636] Dölling, ZStW 96, 36, (60).
[637] Siehe dazu Schild, S. 123.
[638] Schild, Jura 82, 585, (592).
[639] Schild, S. 122f.
[640] Schürer-Mohr, S. 308;
[641] Baumann/Weber, S. 321f.

ständig ist.[642] Was ferner bedeutet, dass die strafrechtliche Haftung Dritter solange ausgeschlossen sein soll, wie die eigene Schutzzuständigkeit des Opfers im obigen Sinne gegeben ist. Ähnlich formuliert es auch Schünemann, der die „Verhängung von Strafe als ultima ratio des Staates zur Verhütung von Sozialschäden" für fehl am Platze hält, wenn das Opfer keinen Schutz verdient und keines Schutzes bedarf.[643] Da der vernünftige Selbstschutz des Opfers das beste Präventionsmittel zur Verhinderung von Straftaten darstelle, sei nach dem Ultima-Ratio-Prinzip auch ein Strafrechtsschutz entbehrlich.[644]

Beide aufgeführten gedanklichen Ansätze, sowohl der von Kratzsch als auch der von Schünemann, sind vom Grundsatz her zustimmungswürdige Überlegungen; allein ihre bloße Existenz hilft jedoch nicht weiter, wenn es nicht gelingt, sie in einen dogmatisch - praktikablen Lösungsansatz umzusetzen bzw. den „unselbständigen" Eigenverantwortlichkeitsaspekt in anerkannte Formen der Strafrechtsdogmatik zu transferieren.

Ausdrückliche Erwähnung in der Rechtsprechung haben Aspekte der Eigenverantwortlichkeit des Opfers (erstmals eindeutig) in dem vom BGH entschiedenen und bereits oben geschilderten Heroinspritzenfall[645] gefunden und somit eine besondere Bedeutung erfahren. In concreto geht es dabei um die Fallgruppe der eigenverantwortlichen Selbstgefährdung des Opfers bzw. um die Frage der Strafbarkeit der Teilnahme an einer fremden, eigenverantwortlichen Selbstgefährdung.

c) Die eigenverantwortliche Selbstgefährdung

Bevor im Einzelnen die Entwicklung, die dogmatischen und argumentativen Hintergründe und detaillierten Rechtsfolgen der vom BGH im Heroinspritzenfall entwickelten Selbstgefährdungsdoktrin zu beleuchten sind, ist zunächst ein Blick auf die zuvor einschlägige Rechtsprechungspraxis des BGH zu werfen, welche schließlich ihrerseits durch die Selbstgefährdungsdoktrin abgelöst wurde.

aa) Die Rechtsprechung des BGH vor Entwicklung der Selbstgefährdungsdoktrin

Über Jahrzehnte hinweg hat der BGH in Fallkonstellationen, welche nach Auffassung der h.M. als Selbstgefährdungskonstellationen zu qualifizieren sind, oftmals nur die Frage nach dem Vorliegen einer etwaigen (rechtfertigenden) Einwilligung durch das spätere Opfer problematisiert.

So z.B. im Motorradwettfahrtfall[646] (Beispielsfall 5), der nach hiesigem Verständnis in Anwendung des Tatherrschaftskriteriums der h.M. aufgrund der alleinigen Herrschaft

---

[642] Kratzsch, S. 357; ders., Oehler-Festschrift, S. 71ff.
[643] Schünemann, NStZ 86, 439.
[644] Schünemann, S. 415.
[645] BGHSt 32, 262; vgl. den oben benannten Beispielsfall 4 (Seite 55).
[646] BGHSt 7, 114.

des Opfers über das eigene Fahrzeug einen evidenten Fall der Selbstgefährdung darstellt. Hier erörterte der BGH als ernsthaft in Rede stehenden Strafausschlussgrund vor allem die Anwendung der Einwilligungsgrundsätze.

Gleiches gilt für den sog. Pockenfall[647], dem folgender Sachverhalt zugrunde lag: Nachdem ein Arzt bei einer Studienreise an Pocken erkrankt war, nahm dieser, obgleich er sich über die Art der Krankheit nicht im Klaren war, ohne weitere Prüfung seines Gesundheitszustandes und entsprechende Informationen an seine Kollegen die Arbeit in seiner Klinik wieder auf und übertrug daraufhin den Pockenvirus an weitere Ärzte und Patienten. Anschließend steckte sich mit dem Virus auch der Klinikseelsorger an, der die hohe Gefahr der Ansteckung freiwillig und in voller Kenntnis auf sich nahm, als er sich in die mittlerweile eingerichtete Quarantänestation begab. In Anwendung der Abgrenzungsmaßstäbe der h.M. unternahm der Seelsorger ohne Zweifel eine bewusste Selbstgefährdung, zumal es ausschließlich ihm selber oblag, sich in den gefährlichen Quarantänebereich zu begeben oder nicht.

Der BGH hat in diesem konkreten Fall ohne weiteres eine fahrlässige Körperverletzung des Arztes hinsichtlich der Erkrankung des Seelsorgers angenommen; als möglicher Strafausschlussgrund wurde dabei lediglich und ausschließlich eine rechtfertigende (konkludente) Einwilligung des Seelsorgers in Betracht gezogen, welche ggf. in dem freiwilligen Betreten der Station zu sehen gewesen wäre. Da sich die Einwilligung jedoch nur auf ein zukünftiges Verhalten des Täters beziehen könne[648], kam nach BGH-Ansicht auch die Anwendung der Einwilligungsgrundsätze hier in concreto nicht in Betracht.

bb) Erstmalige Anwendung der Selbstgefährdungsdoktrin im Heroinspritzenfall

Maßgeblicher Wendepunkt dieser Rechtsprechungspraxis ist schließlich die zuvor erwähnte Entscheidung des BGH im Heroinspritzenfall[649] (Beispielsfall 4) und die dort erstmalig angewendeten Selbstgefährdungsgrundsätze. Für die oben aufgeführten Selbstgefährdungskonstellationen bedeutete dies die bereits vorher im Schrifttum[650] teilweise geforderte Abkehr von der bislang vollzogenen eindimensionalen Anwendung der Einwilligungsgrundsätze.

In concreto sollen eigenverantwortlich gewollte und verwirklichte Selbstgefährdungen den Tatbestand eines Körperverletzungs- oder Tötungsdelikts dann nicht erfüllen, wenn sich das mit der Gefährdung bewusst eingegangene Risiko realisiert; folglich soll bei denjenigen eine strafrechtliche Haftung entfallen, welche eine solche fremde Selbstgefährdung lediglich veranlassen, ermöglichen oder fördern.[651]

---

[647] BGHSt 17, 359; siehe erläuternd zum Pockenarztfall die dezidierten Ausführungen von Rudolphi in JuS 69, 549, (556).
[648] BGHSt 17, 359, (360).
[649] BGHSt 32, 262.
[650] U.a. Roxin, Gallas-Festschrift, S. 249ff.
[651] BGHSt 32, 262, (264f.).

Die vom BGH dabei herangezogene argumentative Grundlage für diese richtungsweisende Entscheidung ist eine in doppelter Hinsicht gezogene argumentum a maiore ad minus[652] – Schlussfolgerung[653] und stellt sich - auch bekannt als sog. „Teilnahmeargument" – wie folgt dar: Als bekannt vorauszusetzen sei, dass die vorsätzliche Selbstverletzung und –tötung nicht als strafbare Handlung von den strafrechtlichen Vorschriften erfasst werde. Gleiches gelte bekanntlich mangels Haupttat für den an dieser Selbstverletzung teilnehmenden Dritten. Handele dieser an der Selbstverletzung teilnehmende Dritte darüber hinaus nur fahrlässig, so könne dies dann erst recht nicht zur Strafbarkeit führen, wenn der vorsätzlich handelnde Teilnehmer ebenso nicht strafbar sei.[654] Da zudem, wie die Selbstverletzung, erst recht die Selbstgefährdung ihrerseits straflos sei, gelte dies dann konsequenterweise auch für denjenigen, der lediglich die Selbstgefährdung vorsätzlich oder fahrlässig veranlasse, ermögliche oder fördere.

Die Einführung dieser BGH-Selbstgefährdungsdoktrin[655] hat im Schrifttum zu Recht Beifall erhalten. Stree[656] ist beizupflichten, wenn er diesbezüglich bemerkt, dass der eigenverantwortlich Handelnde, der eigene Rechtsgüter erheblichen Risiken aussetzt und sich dadurch verletzt, alleine die Verantwortung dafür zu tragen hat und diese nicht dem beteiligten Dritten zur Last gelegt werden kann. Auch Schünemanns schon vor dieser BGH-Entscheidung zu Recht erteilten Hinweise, dass a) das (uneigenständige) Prinzip der Eigenverantwortlichkeit nirgendwo so stark zum Ausdruck komme wie bei einer aus freien Stücken erfolgenden Selbstgefährdung und dass b) das beste Präventionsmittel, nämlich die vernünftige Selbstschutzmöglichkeit des Opfers, welche nach dem Ultima Ratio - Prinzip den Strafrechtsschutz entbehrlich mache, niemals größer sei als bei einer bewussten Selbstgefährdung[657], haben durch die Einführung der Selbstgefährdungsdoktrin Berücksichtigung gefunden.

Ungeachtet dieser positiven Aspekte hat die Entscheidung des BGH im Heroinspritzenfall jedoch auch zahlreiche offene Fragen hinterlassen und damit neue Problemkreise eröffnet. Dazu gehören insbesondere die Fragen nach dem genauen Anwendungsbereich der Selbstgefährdungsdoktrin, der deliktssystematischen Verortung der eigenverantwortlichen Selbstgefährdung und der genauen Maßstabsbestimmung für die vorausgesetzte Eigenverantwortlichkeit des Opferverhaltens.

---

[652] Es ließe sich in diesem Fall auch von einem argumentum a fortiori sprechen, da nach ganz überwiegender Ansicht die Fahrlässigkeit gegenüber dem Vorsatz nicht als minus, sondern als aliud qualifiziert wird; zu diesem bekannten Themenkomplex: Sch/Sch/Lenckner, (24. Aufl.) § 15, Rdn. 177. Mit Renzikowski, JR 01, 248 ließe sich auch neutral von einem „doppelten Erst-Recht-Schluss" sprechen.

[653] Der Gedanke dieses Erst-Recht-Schlusses kommt bereits in der Entscheidung BGHSt 24, 342 zur Sprache; der zugrunde liegende Sachverhalt ist als sog. „Pistolenfall" bekannt.

[654] BGHSt 32, 262, (264).

[655] Dies gilt jedoch – wie sich in der Folge zeigen wird – vornehmlich in Bezug auf deren inhaltliche Ausgestaltung und weniger in Bezug auf deren argumentative Grundlage, namentlich in Form des Teilnahmearguments.

[656] Stree, JuS 85, 179, (181).

[657] Schünemann, S. 415 und NStZ 82, 60, (62).

cc) Maßstab der Eigenverantwortlichkeit

Bedingung für die Straflosigkeit des Teilnehmers an der Selbstgefährdung eines anderen ist die Eigenverantwortlichkeit des Opfers zum Zeitpunkt der Vornahme der selbstgefährdenden Handlung. Da das StGB keine unmittelbaren Maßstäbe, geschweige denn eine Legaldefinition für den Begriff der Eigenverantwortlichkeit bereit hält, ist die genaue inhaltliche Präzisierung dieser Anforderung umstritten.

Der BGH[658] und die h.L.[659] stellen dabei für die einschlägige Bestimmung auf die gesetzlichen Grundsätze der mittelbaren Täterschaft ab. Zum einen sei von eigenverantwortlichem Handeln dann nicht mehr auszugehen, wenn beim Opfer die Voraussetzungen der §§ 19, 20, 35 StGB, § 3 JGG analog[660] vorliegen, also Umstände gegeben sind, die im Falle einer Fremdschädigung dessen Verantwortlichkeit ausschlössen.[661] Des Weiteren sei der Verantwortungsbereich des Beteiligten mangels Eigenverantwortlichkeit des Opfers erst dann eröffnet, wenn dieser kraft überlegenen Sachwissens das Risiko besser erfasst als der sich selbst Gefährdende.[662] Avanciert demnach der Beitrag des beteiligten Dritten kraft überlegenen Wissens zu dem eines „mittelbaren Täters"[663], so wird der Bereich der straflosen Teilnahme an einer Selbstgefährdung verlassen und die strafrechtliche Haftung ist wieder eröffnet.

Ein solches überlegenes Sachwissen hat der BGH u.a. in einem Fall angenommen, in dem der später verurteilte Angeklagte die mit ihm zusammenlebende „naive und kindliche" 19jährige Freundin zu einer Trinkwette veranlasste, die das Zusichnehmen von 500 ml Obstschnaps auf nüchternen Magen vorsah und an deren „Genuss" die junge Frau einige Sekunden später starb.[664] Da das Opfer infolge Trunkenheit zu einer Abwägung der Risiken nicht mehr hinreichend in der Lage war und der Täter zudem das tatsächliche eingegangene Risiko verschleiert hatte, indem er vorgab, die gleiche Menge zu trinken, sah der BGH zu Recht die Grenze strafloser Beteiligung an einer Selbstgefährdung überschritten.

Gleiches gilt für den (im Vergleich zu Beispielsfall 4) abgewandelten Heroinspritzenfall, in dem der „Täter" Heroin zum gemeinsamen Konsum beisteuert, den mitkonsu-

---

658 BGHSt 32, 38; 32, 262.

659 SchSch/Cramer, (24. Aufl.), § 25, Rdn. 22ff.; Dölling, GA 84, 71, (78); Roxin, AT, § 11, Rdn. 97.

660 Dölling, GA 84, 71, (78); offen gelassen von OLG München, JZ 88, 201.

661 Die Voraussetzung der Eigenverantwortlichkeit der Selbstgefährdung wird vom BGH z.B. in den sog. Brandretterfällen verneint, wenn der sich selbst gefährdende, später verunglückte Retter ein vernünftiges oder zugkräftiges Motiv für seine Selbstgefährdung hatte oder der Retter sogar zur Rettung verpflichtet war; in beiden Fällen mag der Retter in einem äußerlichen Sinne freiwillig handeln, in Wahrheit ist er genötigt; siehe dazu BGHSt 39, 322 und die Ausführungen von Puppe, Jura 98, 21, (30). Zu den Retterfällen im Risiko- und Extremsport siehe Kretschmer in SpuRt 2002, 4ff.

662 BGH NStZ 85, 25.

663 Zu berücksichtigen ist natürlich in diesem Gesamtzusammenhang, dass es im Fahrlässigkeitsbereich aufgrund der dortigen Einheitstäterschaft weder eine Teilnahme an der Tat noch die Figur der mittelbaren Täterschaft geben kann. Beide Ausdrücke werden jedoch aus Gründen der Verständniserleichterung des Gesamtkomplexes angewendet. Es ließe sich auch wie folgt formulieren: Avanciert der Beitrag des beteiligten Dritten ... zu dem eines „die Kriterien der Grundsätze der mittelbaren Täterschaft erfüllenden Täters, ...".

664 BGH NStZ 86, 266.

mierenden Freund jedoch bewusst nicht über die Art der Droge in Kenntnis setzt bzw. diesen im Glauben lässt, es handele sich um „weichere" Drogen. Aufgrund des überlegenen Sachwissens avanciert der Tatbeitrag des Heroinbeisteuernden auch hier zu dem eines „mittelbaren Täters", so dass eine eigenverantwortliche Selbstgefährdung des Opfers ausscheidet.[665]

Nach einer anderen Ansicht im Schrifttum[666] erfolgt die Maßstabsbestimmung der Eigenverantwortlichkeit nach den üblichen Kriterien der Einwilligungsregeln. Maßgeblich sei dabei, ob das Opfer bei seinem Entschluss zur Selbstgefährdung alle allgemeinen Voraussetzungen der rechtfertigenden Einwilligung erfüllt, dabei insbesondere den Entschluss frei von Willensmängeln gefasst habe und sich der Tragweite seiner Entscheidung bewusst gewesen sei.

Dieser Ansatz stellt an das Vorliegen der Eigenverantwortlichkeit höhere Anforderungen als die zuvor benannte h.M.; in den hier relevanten Fallgestaltungen, wie beim obigen Obstschnaps- und modifizierten HIV-Virus-Fall, kommen beide Ansichten jedoch zum gleichen Ergebnis, so dass sich an hiesiger Stelle eine entsprechende argumentative Auseinandersetzung erübrigt.[667]

dd) Unhaltbarkeit des sog. „Teilnahmearguments" und der eigentliche Anwendungsbereich der Selbstgefährdungsdoktrin

So, wie der BGH[668] im Heroinspritzenfall den Grund der Straflosigkeit der Teilnahme an einer eigenverantwortlichen Selbstgefährdung aus dem oben benannten Teilnahmeargument zieht und auf diese Weise zum Tatbestandsausschluss kommt, so wird auch in der Literatur mittlerweile einhellig die Tatbestandsmäßigkeit dieser Fallkonstellation verneint. Damit enden allerdings auch die Gemeinsamkeiten. Insbesondere gegen die vom BGH vorgetragene Grundüberlegung, die Beteiligung an einer eigenverantwortlichen Selbstgefährdung sei wegen §§ 26, 27 straflos, werden zu Recht gewichtige Einwendungen erhoben.

Schild[669] wendet sich direkt gegen die Heroinspritzenentscheidung[670] des BGH und verweist auf folgende darin enthaltene Formulierung: „Wer lediglich den Akt der eigenverantwortlich gewollten und bewirkten Selbstgefährdung (*vorsätzlich oder* fahrlässig) veranlasst, ermöglicht oder fördert, nimmt an einem Geschehen teil, das – soweit es um die Strafbarkeit wegen Tötung oder Körperverletzung geht – kein tatbestandsmäßiger und damit kein strafbarer Vorgang ist." Dabei kritisiert Schild, dass ein vorsätzliches, willentlich auf die *Schädigung* gerichtetes Teilnahmeverhalten des

---

[665] Zu den Aidsfällen siehe die Ausführungen von Herzberg, JZ 89, 470, (473f.).

[666] Herzberg, JuS 84, 369; SchSch/Lenckner, (25. Aufl.) vor § 32, Rdn. 52a; LPK/Kindhäuser, (2. Aufl.) Vor § 13, Rdn. 125; W. Frisch, Tatbestandsmäßiges Verhalten, S. 165ff.; allgemeiner dazu W. Frisch in NStZ 92, 1, (3).

[667] Auf die Problematik der genauen Bestimmung der Eigenverantwortlichkeit wird noch an anderer Stelle detailliert einzugehen sein.

[668] BGHSt 32, 262.

[669] Schild, S. 85f., hebt dabei die Formulierung „vorsätzlich oder" besonders heraus.

[670] BGHSt 32, 262, (265).

anderen niemals eine straflose Beteiligung an einer Selbst*gefährdung* sein könne, sondern stets als vorsätzliche Fremdschädigung anzusehen sei, da der andere das selbstgefährdende Opfer als Werkzeug gegen sich selbst einsetze.[671] Insofern sei die Lehre von der Selbstgefährdung nicht für Vorsatzdelikte geeignet, bei denen als Erfolg eine Schädigung vorgesehen sei.

Dieser Feststellung von Schild ist – wie darzulegen sein wird - wenig entgegenzusetzen. Zu fragen wäre allenfalls, ob der BGH seine Selbstgefährdungsdoktrin so verstanden wissen will, dass auch schädigungsvorsätzliche Handlungen des anderen der Annahme einer strafausschließenden, eigenverantwortlichen Selbstgefährdung des Opfers nicht im Wege stehen bzw. ob die obige Formulierung des BGH so zu verstehen ist, dass mit *vorsätzlicher* Veranlassung, Ermöglichung oder Förderung des Selbstgefährdungsaktes in der Tat eine mit Schädigungsvorsatz vorgenommene Teilnahmehandlung gemeint ist. Eine mögliche Betrachtungsweise wäre nämlich auch, dass sich nach Vorstellung des BGH der *Vorsatz* des anderen lediglich auf dessen eigene Teilnahmehandlung und die Selbstgefährdung des Opfers bezieht, nicht jedoch auf eine etwaige Schädigung des Opfers. So wäre auch die Konnexität der Selbstgefährdungsdoktrin zum Sachverhalt des Heroinspritzenfalls hergestellt, bei dem der Angeklagte sowohl hinsichtlich der eigenen Teilnahmehandlung (Herbeischaffen der Einwegspritzen) als auch der Gefährdung des Opfers vorsätzlich handelte, nicht aber hinsichtlich einer entsprechenden Schädigung.

Für ein von Seiten des BGH gewolltes Miteinbeziehen auch schädigungsvorsätzlicher Handlungen des Teilnehmers in den Anwendungsbereich der Selbstgefährdungsdoktrin spricht allerdings die konkrete, oben genannte BGH-Formulierung: „...soweit es um die Strafbarkeit wegen Tötung und Körperverletzung geht". Eine Reduktion auf den Fall nur *fahrlässiger* Tötung und Körperverletzung wird hier nämlich nicht ausdrücklich zur Sprache gebracht. Ein weiteres Indiz für diese Sichtweise ergibt sich aus dem Gesamtzusammenhang mit der HI-Virus-Entscheidung des BGH aus dem Jahre 1988[672]. Obgleich dort nach Ansicht des BGH der infizierte Sexualpartner mit (bedingtem) Verletzungsvorsatz handelte, prüfte der BGH (wenn auch nur kurz) das Vorliegen einer strafausschließenden, eigenverantwortlichen Selbstgefährdung und kommt im Ergebnis offensichtlich nur deswegen zu einer entsprechenden Ablehnung, weil der (seine Infektion kennende) Täter kraft überlegenen Sachwissens das Risiko besser erfasst habe (als der diesbezüglich unwissende Sexualpartner).[673] Auffällig ist jedoch, dass der BGH bis dato - mit Ausnahme der Entscheidung im HIV-Fall - die Selbstgefährdungsdoktrin stets nur im Zusammenhang mit Fahrlässigkeitstaten erörtert hat und dass auch im Schrifttum die Doktrin – wie selbstverständlich – fast ausschließlich in diesem Rahmen der Fahrlässigkeitshaftung diskutiert wird.[674]

---

671 Schild, S. 86.

672 Siehe BGHSt 36, 1 = NJW 89, 781; auch das BayObLG in NJW 90, 131, wendet die Selbstgefährdungsdoktrin mit isoliertem Verweis auf BGH NJW 89, 781, und ohne weitere Erläuterungen bei vorsätzlich durchgeführten Körperverletzungshandlungen im HI-Virus-Fall an und kommt so zur Straflosigkeit des verletzungsvorsätzlich handelnden Täter.

673 Siehe BGHSt 36, 1 (17).

674 Siehe u.a. Walther, S. 144 und 248; Joecks, § 222, Rdn. 11.

Ob letztlich nach Ansicht des BGH der Selbstgefährdungsdoktrin in der Weise ein Bedeutungsinhalt zukommen soll, dass auch schädigungsvorsätzliche Teilnahmehandlungen des anderen kein grundsätzliches Hindernis für die Annahme einer strafausschließenden, eigenverantwortlichen Selbstgefährdung darstellen, bleibt zwar insgesamt mangels ausdrücklicher Bekundung unbeantwortet, kann jedoch im Ergebnis dahinstehen, da einem solchen Verständnis der Doktrin nämlich keinesfalls beizupflichten wäre. Agiert der „Täter" nämlich tatsächlich bei Ausführung seiner Teilnahmehandlung mit Schädigungsvorsatz, also im Vergleich zum lediglich mit (Selbst-)Gefährdungsvorsatz handelnden Opfer mit „exzessiver Innentendenz", wird man kaum zu dem Ergebnis gelangen können, dass der Gefährdende das Risiko noch im selben Maße übersieht wie der Mitwirkende, da der andere zwar nicht mit einem Übergewicht an Wissen, jedoch mit einem gleich zu behandelnden „Übergewicht an Willen" ausgestattet ist.[675] Der andere überschreitet in diesen Fällen eindeutig das vom Opfer „einverständlich Hingenommene"[676], so dass von einer straflosen Teilnahme an einer eigenverantwortlichen Selbstgefährdung nicht mehr die Rede sein kann und die Tathandlung des anderen quasi zu der eines „mittelbaren Täters" avanciert. Bei Vorliegen eines Schädigungsvorsatzes des Teilnehmers kann in nachvollziehbarer Weise nur dann das Erfolgsunrecht entfallen, wenn eine erfolgsbezogene Einwilligung oder eine freiverantwortliche Selbstschädigung des Opfers angenommen werden kann.[677] Insofern ist der Feststellung Schilds, dass eine eigenverantwortliche Selbstgefährdung keine strafausschließende Wirkung bei Vorsatzdelikten erfahren kann, die als Erfolg eine Schädigung vorsehen, vorbehaltlos zuzustimmen. Eine solche Wirkung kann sie lediglich im Anwendungsbereich der Fahrlässigkeitsdelikte entfalten.[678]

Ob dieser Umstand dabei zugleich ein unmittelbares Argument gegen das Teilnahmeargument der Rechtsprechung darstellt, mag zunächst dahingestellt bleiben; Schild stellt zutreffend heraus, dass die Beteiligung an einer eigenverantwortlichen Selbstgefährdung bei Fahrlässigkeitsdelikten nicht wegen §§ 26, 27 straflos sei, sondern dies aus allgemein dogmatischen Überlegungen[679] zum Unrecht der Fahrlässigkeitsdelikte resultiere.

Ebenso überzeugend sind die entsprechenden Ausführungen von Herzberg[680], Dach[681] und Hardtung[682], welche mit beachtlichen Gründen verdeutlichen, dass die eigenverantwortliche Selbstgefährdung auf Dauer nicht (isoliert) auf das Teilnahmeargument des BGH aus dem Heroinspritzenfall gestützt werden kann. Ungeachtet der vordergründigen Plausibilität des doppelten Erst-Recht-Schlusses des BGH liegt dieser Überlegung nämlich eine irrtümliche Annahme zugrunde.

---

675 So auch vollkommen zutreffend Schild, S. 86 und 92.
676 So Schild, S. 92.
677 Siehe Schild, S. 86.
678 So z.B. auch Weber, Baumann-FS, S. 45; Walther, S. 144.
679 Siehe im Einzelnen dazu die dezidierten Ausführungen von Schild, S. 86f.
680 Herzberg, JA 85, 265, (269f).
681 Dach, NStZ 85, 24, (25).
682 Hardtung, NStZ 01, 206.

Da die vorsätzliche Teilnahme andere Strafbarkeitsvoraussetzungen als die fahrlässige Täterschaft hat, nämlich u.a. gem. §§ 26, 27 das Vorliegen einer vorsätzlichen rechtswidrigen Haupttat, kann eine Fahrlässigkeitstäterschaft nicht aufgrund des Nichtvorliegens einer solchen (ja eben nicht vorausgesetzten) Haupttat verneint werden.[683] Anderenfalls setzt man sich zwangsweise dem Verdacht aus, den Unterschied zwischen beteiligungsfähigen Vorsatzdelikten und den durch die Einheitstäterschaft geprägten und damit „beteiligungsunfähigen" Fahrlässigkeitsdelikten zu verkennen.[684]

Neumann[685] lenkt den Blick unter Heranziehung der Suizidproblematik noch auf einen anderen zu beachtenden Umstand: „Die rechtliche Beurteilung einer Handlung als Anstiftungs- oder Beihilfehandlung setzt voraus, dass Handlungen typisiert sind, zu denen angestiftet bzw. Beihilfe geleistet werden kann. Diese Typisierung erfolgt in den Tatbeständen des Besonderen Teils des StGB. (...) Schon die Beschreibung einer Handlung als Beihilfehandlung i.S.d. strafrechtlichen Kategorisierung (setzt) die tatbestandliche Vertypung einer entsprechenden Haupttat voraus. An einer solchen tatbestandlichen Vertypung der Haupttat aber fehlt es in Fällen der Suizidbeteiligung, da die §§ 212 ff. nach der vorherrschenden (...) Auffassung nur die Tötung eines anderen Menschen erfassen. Die Teilnahme an einem Selbstmord fällt also von vornherein nicht in den Geltungsbereich der §§ 26, 27."[686] Gleiches überträgt Neumann auf den Bereich der Teilnahme an eigenverantwortlichen Selbstgefährdungen, da eine tatbestandlich vertypte Haupttat auch in diesem Falle nicht gegeben sei.

Freilich lässt sich feststellen, dass die von Neumann vorgenommene akkurate Differenzierung, ob in den vorliegenden Fällen die Tatbestandslosigkeit der Teilnahmehandlung entweder auf der Anwendung der gesetzlichen Vorschriften über Anstiftung und Beihilfe oder gerade auf der Unanwendbarkeit dieser Vorschriften beruht, eine Vorgehensweise darstellt, deren Verständnis in dogmatischer Hinsicht eine hohe Abstraktionsfähigkeit erfordert. Simpler lässt sich dieser Gedankengang kennzeichnen, indem man herausstellt, dass die Straflosigkeit des Teilnehmers nicht auf das Fehlen einer etwaigen Haupttat zurückzuführen ist, sondern auf die Eigenverantwortlichkeit derselben. Die Frage, ob sich der Teilnehmer strafbar macht, entscheidet sich demnach schon zeitgleich mit der Frage, ob sich das Opfer eigenverantwortlich gefährdet. Die Beantwortung dieser Frage führt zugleich zu einer klaren Abschichtung von Verantwortungsbereichen, welche alternativ dem Opfer oder dem Täter zugewiesen werden können.

Erfüllt das Opfer alle Voraussetzungen eines eigenverantwortlichen Handelns, kommt eine Strafbarkeit des Teilnehmers schon mangels eigener Verantwortlichkeit nicht in Betracht. Dass man in dieser Fallgestaltung anschließend ebenfalls zu dem Ergebnis kommt, dass aus Teilnehmersicht keine „beteiligungsfähige Haupttat" aus-

---

[683] Hardtung, aaO.; ähnlich Dach, aaO.; vgl. auch Renzikowski, JR 01, 248 und W. Frisch, Tatbestandsmäßiges Verhalten, S. 159; siehe zu diesem thematischen Gesamtkomplex auch die Ausführungen von Mitsch in JuS 2001, 105, (109).

[684] Siehe zur Frage der Mittäterschaft bei Fahrlässigkeitsdelikten Otto, Jura 90, 47, (48f.) und Weißer in JZ 98, 230ff.

[685] Neumann, JA 87, 244, (246ff.).

[686] Neumann, aaO., (247).

zumachen ist, mag zutreffend sein. Ein stichhaltiges Argument ist in dieser Feststellung jedoch nicht zu sehen, vielmehr stellt sie eine regelmäßige Nebenerscheinung dar.

Zu konstatieren ist daher, dass eine mögliche Straflosigkeit der Teilnahme an einer fremden Selbstgefährdung ausschließlich auf der Eigenverantwortlichkeit des Opfers beruhen kann.[687] Eines Rückgriffes auf das aus den dargestellten Gründen nicht tragfähige Teilnahmeargument bedarf es dazu nicht.

ee) Deliktssystematische Verortung der eigenverantwortlichen Selbstgefährdung

Sowohl der BGH im Heroinspritzenfall als auch die mittlerweile einhellige Ansicht im Schrifttum kommt im Falle der „Teilnahme" an einer fremden, eigenverantwortlichen Selbstgefährdung zum Ausschluss der Tatbestandsmäßigkeit und folglich zu einer Straflosigkeit dieses Verhaltens. Wie bereits ermittelt, erweist sich zur dogmatischen Untermauerung dieses Ergebnisses das Teilnahmeargument der Rechtsprechung als wenig hilfreich; vielmehr ist der zielführende Ansatz darin zu finden, das obig herausgefilterte Strafausschlusskriterium der Eigenverantwortlichkeit des Opferverhaltens dogmatisch ein- und deliktssystematisch zuzuordnen.

(1) Theorie des „Wegfalls der Pflichtwidrigkeit"

Gössel[688], Hirsch[689], Dach[690] und (früher) Geppert[691] sind der Ansicht, bei einer freiverantwortlichen, bewussten Selbstgefährdung des Opfers entfiele bereits die allgemeine Pflichtwidrigkeit des daran beteiligten Dritten.

Mit ihren Auffassungen lehnen sie sich an die alte Rechtsprechung des BGH[692] und des RG (im Memelfall)[693] an, nach der die Bejahung der Pflichtwidrigkeit in Fällen der Mitwirkung an Selbstgefährdungen „von den Umständen des Falles abhängig" sei.

Dieser Lösungsweg ist jedoch aus mehreren Gründen nicht zielführend. Hauptgrund ist zunächst, dass es per se nicht einsichtig ist, weshalb die unter Umständen sogar erheblich gefahrbegründende Mitwirkungshandlung des Dritten erst gar nicht pflicht- oder sorgfaltswidrig sein soll.

Roxin hat mit Recht darauf hingewiesen, dass durch die jedes allgemein erlaubte Risiko überschreitende Gefährlichkeit des Täterverhaltens die Sorgfaltspflicht allemal

---

[687] So ebenfalls Hellmann, FS-Roxin, S. 281f. mit einem Verweis auf die hinsichtlich des Teilnahmeargumentes inkonsequente Rechtsprechung in BGHSt 39, 322ff.; vgl. dazu Zaczyk, S. 52 und Geilen in JZ 74, 145.

[688] Maurach/Gössel/Zipf, AT 2, (5.Aufl.) S. 81.

[689] Hirsch, ZStW 74 (1962), S. 78ff.

[690] Dach, NStZ 85, 24f.

[691] Geppert, ZStW 83, 947, (992).

[692] BGHSt 4, 88; 7, 112.

[693] RGSt 57, 172.

verletzt wird.[694] Daran kann auch eine freiverantwortliche Selbstgefährdung des Opfers nichts ändern. Sieht man dies mit der älteren Rechtsprechung anders, liefe dies, wie bereits obig schon einmal ausgeführt, quasi auf die Anerkennung eines strafausschließenden überwiegenden „Mitverschuldens" des Opfers hinaus, welches schon aus den ebenfalls bereits obig genannten Gründen abzulehnen ist.

Zudem hätte dies praktisch zur Folge, dass die Pflichtwidrigkeitsanteile beider Beteiligten gegeneinander aufgerechnet würden und im Ergebnis nur dann eine quasi „Gesamt-Pflichtwidrigkeit" beim Mitwirkenden anzunehmen wäre, wenn dies eine Einzelfallabwägung ergebe. Roxin verweist diesbezüglich darauf hin, dass eine Entscheidung, welche weitgehend von den Umständen des Einzelfalls und damit vom tatrichterlichen Ermessen abhängig gemacht werde, kaum mit dem Bestimmtheitsgebot in Einklang zu bringen sei.[695] In der Tat ist die bloße Aufzählung vereinzelter Einzelfallkriterien, wie der Anlass und Zweck des Unternehmens, die Vorsichtsmaßnahmen und das Maß der Sorglosigkeit und die Größe der Gefahr[696], nicht geeignet, Klarheit darüber zu verschaffen, unter welchen konkreten Umständen genau die Pflichtwidrigkeit auszuschließen sein soll.[697]

Vielmehr erscheint die ältere Rechtsprechung von der Absicht getragen, sich ein Einfallstor für die Einzelfälle offen zu halten, in denen eine Verurteilung des Mitwirkenden aufgrund reiner Billigkeitserwägungen für nicht sachgerecht gehalten wird.

Ein weiteres offensichtliches Motiv der Rechtsprechung für die angewandte dogmatische Konstruktion ergibt sich aus folgendem Umstand: Da die Berufung auf eine Einwilligung des Opfers bei fahrlässiger Tötung nach der Rechtsprechung wegen § 216 ausgeschlossen ist, dieses (unzutreffende[698]) Ergebnis aber in diesen Fällen regelmäßig zur Strafbarkeit des Mitwirkenden führt, bedurfte es in Ermangelung alternativer Lösungsansätze des Zugriffs auf die „Hilfskonstruktion"[699] des Wegfalls der Pflichtwidrigkeit.[700] Hirsch spricht hinsichtlich dieser dogmatischen (Hilfs-) Konstruktion nicht zu Unrecht auch von einer bloßen „Umetikettierung", da einerseits zwar das Vorliegen der Einwilligung aus den besagten Gründen abgelehnt, andererseits aber zur Verneinung der allgemeinen Pflichtwidrigkeit das Vorliegen der materiellen Wirksamkeitsvoraussetzungen der Einwilligung verlangt wird.[701]

---

694 Roxin, AT, § 11, Rdn. 107.
695 Roxin, aaO.
696 Siehe BGHSt 7, 112, (115).
697 Vgl. Dölling, GA 84, 71, (82).
698 Siehe schon die Ausführungen auf S. 75ff. dieser Ausarbeitung.
699 So die zutreffende Formulierung von Dölling, aaO.
700 Aus welchen Gründen Dach in NStZ 85, 24, (25) zurecht die Anwendung von § 216 auf fahrlässige Tötungen verneint, aber ungeachtet dieser hilfreichen Einsicht (welcher der älteren BGH-Rechtsprechung noch nicht zugrunde lag und somit deren dogmatisch-argumentatives Dilemma verständlich machte) bei eigenverantwortlichen Selbstgefährdungen schon die allgemeine Pflichtwidrigkeit verneinen will, bleibt unverständlich.
701 LK/Hirsch, (10. Aufl.) Vor § 32, Rdn. 95; vorausgesetzt wurde nach RGSt 57, 172 und BGHSt 4, 88 u.a., dass die Opfer die Gefahr wissentlich und willentlich übernommen haben, Umfang und Tragweite der Gefahr kannten und es sich bei ihnen um erwachsene und verständige Personen handelt.

Bezeichnend ist in dieser Hinsicht auch der Meinungsumschwung Gepperts. Während er in früheren Jahren die freiwillige Selbstgefährdung noch als ein Kriterium objektiver Sorgfaltspflichtverletzung auffasste und somit zunächst den Wegfall der Pflichtwidrigkeit befürwortete[702], macht er neuerdings deutlich, dass eine eigenverantwortliche Selbstgefährdung des Opfers zu einer Unterbrechung des strafrechtlichen Zurechnungszusammenhangs führen muss[703].

Dass ein weiteres Festhalten an dieser dogmatischen Notlösung nunmehr nicht mehr angezeigt ist, hat auch die Rechtsprechung[704] spätestens seit Einführung der Selbstgefährdungsdoktrin im Heroinspritzenfall ihrerseits zutreffend erkannt, indem sie die Pflichtwidrigkeit des Verhaltens, wie es auch Dach[705] (zu Unrecht kritisierend) feststellt, in diesen Fällen erst gar nicht mehr in Zweifel gezogen hat.

(2) Die Lehre von der objektiven Zurechnung und ihre Anwendung auf Fälle der eigenverantwortlichen Selbstgefährdung

Während sich nach der klassischen Verbrechenslehre im Rahmen des objektiven Unrechtstatbestandes die strafrechtliche Prüfung ausschließlich in der Betrachtung der Kausalität zwischen Handlung und Erfolg erschöpft, stellt die moderne Strafrechtsdogmatik zusätzlich auf normative Zurechnungskriterien ab. Deren Grundlage liegt vor allem in der gewonnenen Einsicht, dass für das Strafrecht nicht alleine das Verhältnis von Ursache und Erfolg, sondern vor allem die Frage wesentlich ist, ob dem Täter der sozialschädliche Erfolg unter Berücksichtigung des menschlichen Leistungsvermögens als sein Werk zugerechnet werden darf.

Dass diese haftungseinschränkende Korrektur mittlerweile zur gesicherten Erkenntnis von Literatur und Rechtsprechung gehört, ist allgemein bekannt. Zwar divergieren die vorhandenen Ansichten und Gedankengänge hinsichtlich der Existenz und Reichweite der unterschiedlichen einzelnen Zurechnungskriterien noch in ihrer konkreten Umsetzung und Ausgestaltung. Sie lassen sich jedoch als strukturähnliche Ansätze zur Einschränkung der weiten Kausalitätshaftung unter dem Oberbegriff der Lehre von der objektiven Zurechnung sinnvoll zusammenfassen.[706]

Danach ist der durch menschliches Verhalten konkret eingetretene tatbestandliche Erfolg dem Täter nur dann objektiv zurechenbar, wenn dieser eine rechtlich missbilligte Gefahr geschaffen hat, die sich im tatbestandsmäßigen Erfolg realisiert.[707] Im Zuge der dogmatischen Entwicklung dieser Lehre[708] haben sich in den letzten Jahr-

---

[702] So noch Geppert in ZStW 83 (1971), 947, (993); siehe dort insbesondere Fn. 216.
[703] Geppert, Jura 01, 490, (491ff.).
[704] BGHSt 32, 262, (264f).
[705] Siehe Dach, NStZ 85, 24f.
[706] Eine ernsthafte pauschale Ablehnung der Lehre von der objektiven Zurechnung vertritt Hirsch in Universität Köln-Festschrift, S. 399, (403ff).
[707] Tröndle/Fischer, (50. Aufl.) Vor § 13, Rdn. 17; SK/Rudolphi, vor § 1, Rdn.. 57; Wessels/Beulke, AT, Rdn. 179; Kaufmann, Jescheck - Festschrift, S. 254; so auch BayObLG 98, 102.
[708] Einen detaillierten und umfassenden Überblick über die Entwicklung der Doktrin der objektiven Zurechnung liefert Schünemann, GA 99, 207, (208ff.).

zehnten diverse anerkannte Fallgruppen und Kriterien[709] herausgebildet, in denen es an einer Zurechnung des tatbestandlichen Erfolges fehlt.

Insbesondere seit Einführung der Selbstgefährdungsdoktrin durch den BGH ist nach überwiegender Auffassung im Schrifttum[710] die vorliegend relevante Konstellation der eigenverantwortlichen Selbst*gefährdung* (bei Fahrlässigkeitsdelikten) einer dieser Fälle, in denen der beim Opfer eingetretene tatbestandliche Erfolg dem mitwirkenden Dritten nicht zugerechnet werden kann.

Gemäß einem Großteil dieser Autoren fehlt es hier an der Schaffung einer rechtlich relevanten Gefahr im Sinne der obigen Grundformel der objektiven Zurechnung; Roxin bejaht bei eigenverantwortlicher Selbstgefährdung zwar den Erfolg als Realisierung einer vom Täter geschaffenen unerlaubten Gefahr, er lässt jedoch „ausnahmsweise" die Zurechnung entfallen, weil der Schutzzweck der Tatbestandsnorm den aus diesen Selbstgefährdungen resultierenden Tatbestandserfolg nicht erfasst.[711]

(3) Die Kritik von W. Frisch

Gegen die Anwendung der objektiven Zurechnungslehre in Fällen der eigenverantwortlichen Selbstgefährdung hat insbesondere W. Frisch[712] erhebliche Einwendungen vorgetragen und begründet diese mit folgendem Gedankengang:

Die Vertreter der Zurechnungslehre könnten eine Verneinung der Erfolgszurechnung im Sinne ihrer geltenden (obig genannten) Grundformel ausschließlich darauf stützen, dass der Täter keine rechtlich missbilligte Gefahr geschaffen habe, da die zweite Voraussetzung, die Realisierung des Risikos im Erfolgseintritt, zweifellos vorliege.[713]

Wenn aber eine missbilligte Gefahrenschaffung durch den Dritten bei eigenverantwortlicher Selbstgefährdung nicht angenommen werde, dürfe die objektive Zurechnungslehre gar nicht (mehr) zum Zuge kommen.[714] Vielmehr führe die Verneinung der missbilligten Gefahrenschaffung, welche als „Wesensmerkmal des tatbestandsmäßig verbotenen Verhaltens" gekennzeichnet werden könne, dazu, dass das Drittverhalten bereits nicht als tatbestandlich verbotenes, sorgfaltswidriges Verhalten zu qualifizieren sei.[715] Der konkret einschlägige Grund der Straflosigkeit des mitwirken-

---

[709] Siehe die auflistenden Darstellungen bei Wessels/Beulke, AT, Rdn. 179; ebenso Jescheck/Weigend, § 28 IV, und Tröndle/Fischer, (50. Aufl.) Vor § 13, Rdn. 17ff.
[710] Tröndle/Fischer, (50. Aufl.) Vor § 13, Rdn. 19; LPK/Kindhäuser, (2. Aufl.) Vor § 13, Rdn. 132; Wessels/Beulke, AT, Rdn. 185; Hardtung, NStZ 01, 205, (207); Kühl, AT, § 4, Rdn. 86; Otto, FS-Tröndle, S. 157, (170ff.); Jescheck/Weigend, S. 288; Beulke/Mayer, JuS 87, 125, (126); Schünemann, JA 75, 715, (720); Stree, JuS 85, 179, (181); Fünfsinn, StV 85, 56, (57f).
[711] Roxin, AT, § 11, Rdn. 43.
[712] W. Frisch *in* NStZ 92, 1ff. und *in* Roxin-FS, S. 213ff.
[713] W. Frisch, NStZ 92, 1, (5).
[714] W. Frisch, Roxin-FS, S. 213, (232).
[715] W. Frisch, NStZ 92, 1, (5); ders., Roxin-FS, S. 213, (221 und 233); nach W. Frisch handelt es sich erst dann um Fälle fehlender objektiver Zurechnung, „wenn das Verhalten des Täters zwar eine prin-

den Dritten ergebe sich daher nicht aus Zurechnungsgesichtspunkten, sondern bereits aus dem Wegfall der Unerlaubtheit des tatbestandsmäßigen Verhaltens, welche strikt von der objektiven Zurechnung zu trennen sei.[716]

Der zu Anfang von W. Frisch getroffenen Feststellung, dass diejenigen, die bei Vorliegen einer eigenverantwortlichen Selbstgefährdung eine Erfolgszurechnung verneinen, dies nur auf die fehlende missbilligte Gefahrenschaffung stützen können, ist insoweit beizupflichten, als sie für die große Mehrheit der Anhänger der Zurechnungslehre zutrifft. Roxin hingegen beruft sich entgegen der Feststellung Frischs darauf, dass gerade doch eine nicht erlaubte Gefahrenschaffung vorliegt, dies jedoch aufgrund des Ausnahmecharakters des Kriteriums des Schutzzwecks der Norm nicht zur Erfolgszurechnung führt. In Bezug auf die Ansicht Roxins kann die Feststellung Frischs schon daher keine Geltung für sich beanspruchen.

Von entscheidender Bedeutung ist Frischs weitere Feststellung, dass die Voraussetzung der missbilligten Gefahrenschaffung bzw. unerlaubten Risikosetzung außerhalb des Anwendungsbereichs der objektiven Zurechnungslehre liege und Kriterium der Sorgfaltswidrigkeit sei.[717]

Diese Ansicht mag kritisch zu überprüfen sein, zumal die Feststellung W. Frischs unter dem Strich bedeutet, dass bei eigenverantwortlichen Selbstgefährdungen die Sorgfaltswidrigkeit entfällt. Mit diesem Ergebnis setzt sich W. Frisch jedoch der gesamten Bandbreite der bereits obig dargestellten Einwendungen gegenüber Ansätzen aus, die bereits den Wegfall der allgemeinen Sorgfaltswidrigkeit zum Inhalte haben.

Auch Roxin wendet sich ausdrücklich gegen die Ansicht von W. Frisch und vertritt dabei den gegensätzlichen Standpunkt, dass es einer strikten Trennung zwischen Zurechnung und tatbestandsmäßigen Verhaltens nicht bedürfe, da es im Ergebnis „immer um Zurechnung und Nichtzurechnung des Erfolges“ gehe.[718] Insbesondere die Voraussetzung der Sorgfaltspflichtverletzung gehe über die allgemeinen Kriterien der Zurechnung nicht hinaus.[719]

Schünemann hingegen bezeichnet die Kontroverse[720] zwischen W. Frisch und Roxin als müßigen Meinungsstreit;[721] die Frage, ob es auf die Erfolgszurechnung oder das tatbestandsmäßige Verhalten ankomme, sei ein „Scheinproblem“, da nach allen Ansichten die Voraussetzungen für eine insgesamt vorliegende Tatbestandserfüllung

---

zipiell missbilligte Gefahrenschaffung beinhaltet (und damit verboten ist), sich im eingetretenen Erfolg aber nicht diese, sondern eine generell tolerierte Gefahr realisiert hat.“

716 W. Frisch, Roxin-FS, 213, (232); siehe dazu auch die zeitlich vorher erfolgte Einlassung Roxins in AT, § 11, Rdn. 46.

717 W. Frisch, Roxin-FS, S. 213, (221 und 232f.); ders., NStZ 92, 1, (5).

718 Roxin, AT, § 11, Rdn. 46.

719 Roxin, AT, § 24, Rdn. 12.

720 Siehe diese angefangen bei W. Frisch, Tatbestandsmäßiges Verhalten, S. 67; dann Roxin in AT, § 11, Rdn. 46; schließlich W. Frisch, Roxin-FS, S. 213, (233ff.).

721 Schünemann, GA 99, 207, (216).

gleich sei.[722] Dieser relativierende Hinweis Schünemanns ist freilich hilfreich, zumal er die Bedeutung dieses Streits aufgrund ihrer geringen bis kaum vorhandenen ergebnisrelevanten Auswirkungen zutreffend auf den Punkt bringt; allerdings entbindet er vorliegend nicht von der nachhaltigen Verfolgung des selbsternannten Ziels, eine akkurate, deliktssystematische Verortung der eigenverantwortlichen Selbstgefährdung vorzunehmen.[723]

Angesichts der bereits im Vorabschnitt aufgeführten Einwendungen gegen einen Pflichtwidrigkeitswegfall sprechen die überwiegenden Gründe dafür, die Figur der eigenverantwortlichen Selbstgefährdung mit der h.L. auf der Ebene der objektiven Zurechnung zu verorten und zu problematisieren. Zwar ist auch für Schild[724] „die Zurechnung des Erfolges [eigentlich] nicht der angemessene Ort", da es (wie hier bei Fahrlässigkeitsdelikten) um die Frage der Unerlaubtheit des tatbestandsmäßigen Verhaltens bzw. der Gefährdung gehe.

Im Gegensatz zu W. Frisch ist Schild jedoch zu Recht der Auffassung, dass diese Frage auch in den Zurechnungsinhalt hinein genommen werden könne; dies habe – so Schild - aber die unangenehme Nebenfolge, dass der gesamte Tatbestand nur zwei Merkmale enthalte, nämlich den „Eintritt des Schadenserfolges und dessen Zurechnung zum Verhalten, das dadurch ein unerlaubtes (sorgfaltswidriges) Schädigen" werde.[725] Entsprechend dem Wortlaut der §§ 222, 229 sei die Prüfung in einem Dreischritt nachvollziehbarer. Dazu gehöre a) die kausale Herbeiführung des Schadenserfolges, b) das unerlaubte (sorgfaltswidrige) Verhalten und c) die Verbindung beider als Einheit von Verursachung und Unerlaubtheit des Verhaltens.

Soweit sich dieser kritische Hinweis Schilds gegen den konkreten Ansatz Roxins richtet, hat dieser zweifellos seine Berechtigung; in der Tat ist festzustellen, dass sich gemäß Roxin die Prüfung auf die beiden Punkte Kausalität des Täterverhaltens und Zurechnung des Erfolges reduziert.[726] Der Vorwurf Schilds hinsichtlich einer mangelnden Dreischrittprüfung lässt sich jedoch nicht gegenüber dem Großteil der Anhänger, die bei eigenverantwortlicher Selbstgefährdung die objektive Zurechnung des Erfolges verneinen[727], aufrechterhalten. So wird hier regelmäßig gegliedert zwischen a) der Kausalität von Tathandlung und –erfolg, b) der objektiven Sorgfalts-

---

[722] Schünemann, aaO.

[723] Auch Schünemann legt sich insofern fest, als dass er die eigenverantwortliche Selbstgefährdung entgegen W. Frischs Ansicht als Fallgruppe der objektiven Zurechnungslehre ansieht; siehe dazu dessen Ausführungen in GA 99, 207, (222).

[724] Schild, S. 88; vgl. auch AK/Schild, vor § 13, Rdn. 182 und 202.

[725] Schild, aaO.

[726] Roxin differenziert innerhalb der Prüfung der Erfolgszurechnung nach verschiedenen Unterpunkten mit folgender Prüfungsreihenfolge: 1) Ist nicht schon die Schaffung einer Gefahr abzulehnen? 2) Wenn nein, liegt nicht der Fall des erlaubten Risikos vor? 3) Hat sich das unerlaubte Risiko eventuell gar nicht verwirklicht? 4) Wenn nein, liegt die Verhinderung derartiger Gefahren nicht außerhalb der Reichweite des Tatbestandes (so z.B. bei eigenverantwortlicher Selbstgefährdung)? Sobald eine der Fragen zu bejahen ist, entfällt nach Roxin die Erfolgszurechnung; siehe dazu konkret Roxin, AT, § 11, Rdn. 39ff.; speziell die Rdn. 47, 49, 59, 67 und 72. Dabei ist das Kriterium der Sorgfaltspflichtverletzung nach Roxin bereits vollumfänglich in den Zurechnungskriterien enthalten; vgl. die Einzelheiten in AT, § 24, Rdn. 12.

[727] Zum Beispiel Wessels/Beulke, AT, Rdn. 667ff. und 875; Beulke/Mayer, JuS 87, 125, (126).

pflichtverletzung, die vor allem die Frage nach der objektiven Vorhersehbarkeit und Vermeidbarkeit des Erfolges erfasst, und c) der objektiven Zurechnung des Erfolges, welche insbesondere bei Vorliegen einer eigenverantwortlichen Selbstgefährdung entfällt.[728]

Diese Auffassung, die einerseits mit W. Frisch und entgegen Roxin die Trennung von Sorgfaltspflichtverletzung und objektiver Zurechnung befürwortet, andererseits mit Roxin und entgegen W. Frisch die eigenverantwortliche Selbstgefährdung auf der Ebene der objektiven Zurechnung verankert wissen will, scheint daher angesichts des oben Gesagten die praktikabelste Lösung zu sein.

Unterstützt wird diese Ansicht zudem durch jüngere Bekundungen des BGH[729], aus denen ausdrücklich hervorgeht, dass der Gesichtspunkt der Selbstgefährdung ebenfalls auf der dogmatischen Ebene der objektiven Zurechnungslehre verankert sein soll. So weist der BGH darauf hin, dass die „Zurechnung des vom Opfer selbst bewirkten Todeseintritts" im Falle der Mitwirkung bei einer Selbstgefährdung bei überlegenem Sachwissen des Dritten grds. gerechtfertigt ist.[730] Mit dieser Erkenntnis hat sich der BGH nunmehr zu Recht von dem isolierten Abstellen auf das umstrittene und einwendungsbehaftete Teilnahmeargument gelöst. Zwar verzichtet der BGH auf konkretere begründende Ausführungen, jedoch wird zumindest vom Ergebnis her die (auch vom eigenen Standpunkt her zutreffende) Botschaft klar ausgesprochen, dass nämlich eine eigenverantwortliche Selbstgefährdung des Opfers grds.[731] die objektive Erfolgszurechnung hindert.[732]

(4) Dogmatische Verortung innerhalb der objektiven Zurechnungslehre

Offen bleibt noch die Frage, in welcher konkreten Form die eigenverantwortliche Selbstgefährdung unter dem „dogmatischen Dach" der objektiven Zurechnungslehre von Relevanz ist.

---

[728] Wessels/Beulke, aaO.; Beulke/Mayer, aaO.

[729] BGH NStZ 2001, 205f.

[730] BGH, aaO., (206); diese Feststellung stellt eine konsequente Weiterentwicklung der Argumentation der Rechtsprechung seit der Entscheidung BGHSt 37, 179 dar; darin ist ausgeführt worden, dass das Prinzip der Selbstverantwortung und die Grundsätze zur bewussten Selbstgefährdung bei der Auslegung und Anwendung der Straftatbestände des Betäubungsmittelgesetzes eine Einschränkung erfahren. Der Gesichtspunkt der Selbstgefährdung führe bei Anwendung des § 30 I Nr. 3 BtMG, der bekanntlich den Tod eines Menschen infolge der Abgabe von unerlaubten Betäubungsmitteln voraussetze, nicht zu einem Ausschluss der „objektiven Zurechnung". Dem stehe der Schutzzweck des Betäubungsmittelrechts entgegen. In diesem Zusammenhang prägnant: Den Begriff der objektiven Zurechnung hatte der BGH im Zusammenhang mit den u.a. von ihm entwickelten Grundsätzen zur bewussten Selbstgefährdung bis dahin nie verwendet. Schon mit dessen erstmaliger Verwendung in BGHSt 37, 179 konnte daher durchaus im Umkehrschluss die Folgerung gezogen werden, dass die eigenverantwortliche Selbstgefährdung grds. zu einem Zurechnungsausschluss führt. Dies wurde schließlich mit der Entscheidungsbegründung des BGH in NStZ 2001, 205 auch endgültig bestätigt.

[731] Anerkannte Ausnahmen sind dabei vor allem die in der vorherigen Fußnote erläuterten Fälle des Betäubungsmittelrechts.

[732] So ebenfalls Hardtung, NStZ 2001, 206, (207).

Teilweise wird ein Ausschluss der Erfolgszurechnung darauf gestützt, dass der Schutzzweck der einschlägigen Strafnorm den Fall der Teilnahme an einer Selbstgefährdung nicht decke.[733] Insbesondere Schünemann[734], Stree[735] und Fünfsinn[736] verweisen darauf, dass die Reichweite des Tatbestandes sich nicht auf Erfolge erstrecke, die aus eigenverantwortlichen Selbstgefährdungen resultieren. Ungeachtet der Ursächlichkeit eines unterstützenden Verhaltens durch einen Dritten sei ein tatbestandlicher Erfolg objektiv dann nicht zurechenbar, wenn ein eigenverantwortlich Handelnder seine eigenen Rechtsgüter verletze oder gefährde.[737] Da der Schutzbereich einer Norm zugunsten eines Einzelnen dort ende, wo dessen eigener Verantwortungsbereich beginne, könne in diesen Fällen keinem Dritten das eigene Werk des Opfers zur Last gelegt werden.[738] Ein kriminalpolitisches Bedürfnis[739] für eine Bestrafung des Dritten sei nicht gegeben, da das Opfer in seinem Herrschafts- und Organisationsbereich alleine zuständig sei.[740]

Ein anderer Teil dieser Lehre[741] erkennt in der eigenverantwortlichen Selbstgefährdung ein nunmehr eigenständiges Zurechnungsausschlusskriterium, welches sich aus dem Prinzip der Eigenverantwortlichkeit heraus gebildet habe. Neben dem anerkannten Zurechnungskriterium des Schutzzweckes der Norm sei die eigenverantwortliche Selbstgefährdung als gesonderter Unterfall der objektiven Zurechnungslehre aufzufassen. Gemäß der Grundformel sei der konkret eingetretene tatbestandliche Erfolg dem Täter nur dann objektiv zurechenbar, wenn dieser eine rechtlich missbilligte Gefahr geschaffen habe, die sich im tatbestandsmäßigen Erfolg realisiere.[742] Die Schaffung einer rechtlich missbilligten Gefahr sei aber bei der Mitwirkung an einer freiverantwortlichen Selbstgefährdung zu verneinen, da der opfereigene Verantwortungsbereich schon einschlägig sei.[743]

Dass der Unterschied beider Auffassungen, nämlich Zurechnungsausschluss aufgrund der Nichteinschlägigkeit des Schutzzwecks der Norm einerseits und der Qualifizierung der Figur der eigenverantwortlichen Selbstgefährdung als selbstständiger Zurechnungsausschlussgrund andererseits, nur geringe bis keine Auswirkungen in der strafrechtlichen Praxis hat, ist offensichtlich. Zudem lässt sich feststellen, dass beide Ansichten zum Teil auch miteinander verzahnt und daher kaum zu trennen

---

[733] Schünemann, JA 75, 715, (720); ders., NStZ 82, 60, (61); Beulke/Mayer, JuS 87, 125, (127); siehe auch Roxin, AT, § 11, Rdn. 91; im Allgemeinen dazu Otto, Übungen im Strafrecht, S. 191.
[734] Schünemann, JA, aaO.; ders., NStZ, aaO.
[735] Stree, JuS 85, 179, (181).
[736] Fünfsinn, StV 85, 56, (57f).
[737] Stree, aaO.
[738] Stree, aaO.; Fünfsinn, aaO.
[739] Siehe Beulke/Mayer, aaO.
[740] Fünfsinn, aaO., (58).
[741] Vgl. Tröndle/Fischer, (50. Aufl.) Vor § 13, Rdn. 19; Jescheck/Weigend, S. 288; Wessels/Beulke, AT, Rdn. 185; Kühl, AT, § 4, Rdn. 86;.
[742] Tröndle/Fischer, (50. Aufl.) Vor § 13, Rdn. 17; Wessels/Beulke, AT, Rdn. 179; Kaufmann, Jescheck - Festschrift, S. 254; so auch BayObLG 98, 102.
[743] Wessels/Beulke, Rdn. 186; nach Wessels ist dem Dritten durch die Ausführung seiner Mitwirkungshandlung angesichts der vorhandenen Vorhersehbarkeit und Vermeidbarkeit des Erfolges zwar ein Sorgfaltspflichtverstoß anzulasten, jedoch liegt durch das eigenverantwortliche Dazwischentreten des Opfers keine zurechnungsrelevante (!) Gefahrschaffung des Dritten mehr vor.

sind. So stellt Wessels, der den Gesichtspunkt der Selbstgefährdung als eigenständigen Zurechnungsausschlussgrund befürwortet, ebenso nachvollziehbar heraus, dass der Schutzbereich einer Norm, die den Rechtsgutinhaber vor Eingriffen Dritter bewahren soll, dort ende, wo der eigene Verantwortungsbereich beginne[744]. Daran zeigt sich, dass auch dieser Auffassung deckungsgleiche Normschutzzwecküberlegungen zugrunde liegen. Die letztendliche Frage, welche „Bezeichnung" dieser Zurechnungskonstruktion schließlich zukommen sollte, ist angesichts der identischen argumentativen Grundlagen beider Ansätze von geringerer Relevanz.

Im Ergebnis erscheint es daher sinnvoll dafür zu plädieren, die eigenverantwortliche Selbstgefährdung als eines von mehreren Ausschlusskriterien der objektiven Zurechnung anzuerkennen und deren argumentative Grundlage aus den oben dargestellten Überlegungen zum Schutzzweck der Norm abzuleiten.

d) Gleichbehandlung von Fremd- und Selbstgefährdung?

Ist danach der Rechtsfigur der eigenverantwortlichen Selbstgefährdung ein dogmatischer Standort im Rahmen der objektiven Zurechnung zugewiesen, stellt sich nunmehr die Frage, inwiefern dieser Ansatz auch bei Sportverletzungsfällen, also in Fallgestaltungen einverständlicher Fremdgefährdungen, von Nutzen sein kann.

Bereits zu Beginn dieser Untersuchung wurde festgestellt, dass nach h.M.[745] eine strikte Abgrenzung zwischen Fällen der Mitwirkung an einer fremden Selbstgefährdung und denen der einverständlichen Fremdgefährdung zu erfolgen hat. In strafrechtlicher Hinsicht sei es von entscheidender Bedeutung und ein erheblicher Unterschied, ob sich das Opfer selbst freiverantwortlich vorsätzlich gefährde (eigenverantwortliche Selbstgefährdung) oder es sich im Bewusstsein des Risikos von einem anderen gefährden lasse (einverständliche Fremdgefährdung), bzw. aus Sicht des Täters betrachtet, ob dieser das Opfer bei dessen eigener Gefährdung unterstütze oder die Gefährdung für das Opfer unmittelbar eigenhändig herbeiführe.[746] So, wie bei der Abgrenzung zwischen Selbst- und Fremdverletzung, sei zur Abgrenzung zwischen Selbst- und Fremdgefährdung auf das objektive Kriterium der Tatherrschaft zurückzugreifen.

Gegen diese Abgrenzungsmethodik werden im Schrifttum[747] zum Teil erhebliche Einwände erhoben. Die dogmatische Trennung von Selbst- und Fremdgefährdung nach Tatherrschaftskriterien könne aufgrund ihrer begrenzten, weil rein phänomenologisch orientierten Betrachtungsweise nicht willkürfrei vonstatten gehen. Vielmehr

---

[744] Wessels/Beulke, AT, Rdn. 186.

[745] BGH 32, 262, (265); BayObLG JR 90, 473; SK/Rudolphi, Vor § 1, Rdn. 81a; Trüg, JA 02, 214, (220); Schünemann, NStZ 82, 60, (61); Stree, JuS 85, 183; Wessels/Beulke, AT, Rdn. 185, 190; Helgerth in NStZ 88, 261, (262); Prittwitz, NJW 88, 2943.

[746] Roxin, AT, § 11, Rdn. 256; Wessels/Beulke, AT, Rdn. 185, 190.

[747] So Schaffstein, Welzel-Festschrift, 74, 570ff.; Otto, Jura 84, 536, (539f.); Dach, NStZ 85, 25; dezidiert zu dieser Thematik Herzberg, JA 85, 265ff.

seien beide Konstellationen von der rechtlichen Behandlung her gleichzustellen[748] bzw. fielen für das Fahrlässigkeitsdelikt zusammen[749].

Dieser inhaltlichen Kritik an der strikten Abgrenzung der Gefährdungssachverhalte nach Tatherrschaftskriterien ist im Detail auf den Grund zu gehen. Dabei sind zunächst die vorgebrachten Argumente für eine dogmatische Trennung von Selbst- und Fremdgefährdung auf ihre Schlüssigkeit und Fundiertheit zu überprüfen.

aa) Schlüssigkeit und Fundiertheit der Argumentation zugunsten einer dogmatischen Trennung im Fahrlässigkeitsbereich?

Zum Teil wird die von der h.M. vorgenommene Abgrenzung argumentativ durch einen Vergleich mit der von den Suizidfällen hinreichend bekannten Scheidelinie[750] gestützt. Während die einfache Teilnahme am Selbstmord mangels Haupttat straflos sei, gelte dies bekanntlich nicht für den Fall der Tötung auf Verlangen gem. § 216, also der täterseits unmittelbar eigenhändigen Vornahme der vom Opfer gewollten Tötung.[751] Insbesondere von Stree[752], Herzberg[753] und Geppert[754] wird die dogmatische Trennung von Selbst- und Fremdgefährdung analog zu der Abgrenzung von Selbst- und Fremdverletzung mit den Vorschriften der § 216 und § 228 (früher § 226a) begründet.[755] Diese Normen seien Beleg für den vom Gesetz vorgesehenen Unterschied zwischen dem straflosen Mitwirken an einer Selbstverletzung und der gem. § 216 strafbaren bzw. gem. § 228 eventuell strafbaren Fremdverletzung.[756] Diese gesetzgeberische Wertung lege nahe, dass in Fällen, in denen der andere den eigentlichen Gefährdungsakt unmittelbar vornehme, das Leben und die körperliche Unversehrtheit des Betroffenen dessen eigenem Selbstbestimmungsrecht über eben diese Rechtsgüter vorgehen könne.[757] Eine Gleichbehandlung von Selbst- und Fremdgefährdung auch im Fahrlässigkeitsbereich hebele diese beiden objektiven (generalpräventiv begründeten) Grenzen individueller Autonomie[758] daher gänzlich aus.

(1) Die Wertung des § 216 StGB

Hinsichtlich des Einwandes, durch die Gleichbehandlung von Selbst- und Fremdgefährdung im Fahrlässigkeitsbereich werde die gesetzliche Dispositionsschranke des

---

[748] Dach, NStZ 85, 25; Beulke/Mayer, JuS 87, 127; Schünemann, JA 75, 722f.; Otto, Jura 84, 536, (540); ders., Tröndle-Festschrift, S. 155, (172ff.); ders., JZ 97, 522f.; Irene Sternberg-Lieben, JuS 98, 428, (430); Fiedler, S. 169; Hellmann, Roxin-Festschrift, S. 271, (281ff.); Neumann, JA 87, 244, (256).
[749] Schild, S. 86.
[750] So Helgerth, NStZ 88, 261, (262); Lackner/Kühl, vor § 211, Rdn. 12.
[751] Lackner/Kühl, aaO.
[752] Stree, JuS 85, 179, (183).
[753] Herzberg, JA 85, 265, (272).
[754] Geppert, ZStW 83, 947, (963).
[755] So auch LK/Hirsch, (11. Aufl.) Vor § 32, Rdn. 94 aE.; Kühn, S. 69.
[756] Stree, aaO.
[757] Geppert, aaO.
[758] Vgl. Tröndle/Fischer, (51. Aufl.) § 228, Rdn. 8.

§ 216 umgangen, ist auf das bereits im Rahmen dieser Untersuchung erzielte Ergebnis zu rekurrieren:[759]

Die Wertung des § 216 würde durch die obige Gleichsetzung nur dann unterlaufen, wenn sie nicht nur in Fällen vorsätzlicher Tötung, sondern auch bei fährlässiger Tötung infolge des Eingehens von Tötungsgefahren im Rahmen einverständlicher Fremdgefährdung Anwendung finden müsste. Diesbezüglich wurde jedoch bereits ausgeführt, dass eine entsprechende Fernwirkung des § 216 in den Fahrlässigkeitsbereich aus unterschiedlichen Gründen nicht angezeigt ist. Dazu gehören sowohl der der entgegenstehende (kriminalpolitische) Gesetzeszweck als auch die kaum zu vergleichende Angriffsintensität gegen das Rechtsgut Leben des Opfers sowie die differenten, subjektiven Vorstellungen des Täters und insbesondere des Opfers.

(2) Die Wertung des § 228 StGB

Während die Heranziehung des Rechtsgedankens des § 216 für die Fälle einverständlicher Fremdgefährdung im Fahrlässigkeitsbereich aufgrund offensichtlicher Wertungsdifferenzen außen vor bleibt, lässt sich dies für den § 228 nicht ohne weiteres entsprechend feststellen.

Zwar scheint schon die systematische Stellung des § 228 (früher § 226a), nämlich vor den vorsätzlichen Körperverletzungsdelikten und erst nach der fahrlässigen Körperverletzung gem. § 229, gegen dessen Anwendung auf die hier relevanten Fremdgefährdungssachverhalte zu sprechen. Ein gewichtiges Argument kann darin jedoch kaum gesehen werden, da nach dem Willen des Gesetzgebers bei der Normgenese der frühere § 226a auch die Rechtfertigung fahrlässiger Körperverletzungen ermöglichen sollte.

Als widerstandsfähiger erweist sich der Einwand, der § 228 sei mangels Bestimmtheit des darin enthaltenen Sittenwidrigkeitsmaßstabs insgesamt als verfassungswidrig zu kennzeichnen und habe daher keine strafrechtsrelevante Aussagekraft.[760] Nach gängiger Definition verstößt die Tat nicht gegen die guten Sitten, wenn sie sich mit dem Anstandsgefühl aller billig und gerecht Denkenden deckt.[761] Probleme bereitet dabei schon die (soziologische) Frage, ob und wo die Gruppe der billig und gerecht Denkenden zu finden ist, ob sie überhaupt einheitliche Denkstrukturen aufweist und was die Gruppe als solche konkret ausmacht. Unter Berücksichtigung des Umstands, dass sich gerade unsere moderne Gesellschaft durch einen Prozess der Wertepluralisierung auszeichnet, wird zumindest in Zweifel zu ziehen sein, ob angesichts der fehlenden einheitlichen Kriterien des Sittenwidrigkeitsmaßstabs der § 228 die Anforderungen aus dem Bestimmtheitsgebot des Art. 103 II GG erfüllen kann.

Da dieser Sichtweise jedoch auch replizierende Einwendungen entgegenstehen, die vor allem einen gangbaren Weg über eine verfassungskonforme Auslegung nahe

---

[759] Siehe bereits im Einzelnen die obigen einschlägigen Ausführungen auf S. 80ff.

[760] Dezidiert zu dieser Thematik Reinhardt, JR 64, 368ff.; Roxin, JuS 64, 373; kritisch dazu auch D. Sternberg-Lieben, S. 136f.; vgl. ebenso Tröndle/Fischer, (50. Aufl.) § 228, Rdn. 1a, mwN.

[761] RG JW 38, 30; BGHSt 4, 32.

legen[762], wird man sich auf die Anführung dieses (pauschalen) Arguments der Verfassungswidrigkeit des § 228 nicht beschränken und eine argumentative Auseinandersetzung mit § 228 als möglichen Wertungsmaßstab konkret bei der einverständlichen Fremdgefährdung nicht mit „gutem methodischen Grund" vermeiden können.[763] Ein intensives Eingehen auf diese dogmatisch diffizile Problematik erweist sich daher als unentbehrlich:

Zu hinterfragen ist zunächst, ob die Anwendung der Sittenwidrigkeitsklausel des § 228 auch vom Sinn und Zweck her auf die Fälle einverständlicher Fremdgefährdung sachgerecht erscheint. Schünemann verneint dies, da § 228 unmittelbar nur für das Vorsatzdelikt gelte und eine vom Gesetzgeber intendierte Tabuisierungswirkung habe, für die bei Fahrlässigkeitsdelikten kein Bedürfnis bestehe.[764] Auch das OLG Zweibrücken[765] kommt zum gleichen Ergebnis und merkt an, dass bei der Auslegung des § 228 für die Feststellung der eine Einwilligung ausschließenden Sittenwidrigkeit auch die Art und Schwere der Verletzung eine Rolle spiele, in die eingewilligt werde. Da bei Fremdgefährdungen der eingetretene Tatbestandserfolg regelmäßig weder vom Täter noch vom Opfer gebilligt werde, komme eine unmittelbare Anwendung dieser Vorschrift bei Fremdgefährdungen jedenfalls nicht in Betracht.[766]

Dieser Hinweis klingt plausibel. Es stellt sich jedoch die Frage, ob das OLG Zweibrücken mit der Annahme, die Art und Schwere der eingewilligten Verletzung sei in diesem Fall Anknüpfungspunkt für die Sittenwidrigkeitsprüfung, überhaupt von einer zutreffenden Prämisse ausgeht. Allgemeine Anerkenntnis erhält zunächst die Feststellung, § 228 dahingehend zu interpretieren, dass es nicht auf die Sittenwidrigkeit der Einwilligung selbst, sondern auf die Sittenwidrigkeit der Tat ankommt.[767] Des Weiteren kann es, wie Schild zu Recht klarstellt, im Rahmen der Sittenwidrigkeitsprüfung nicht darauf ankommen, welcher konkrete tatbestandliche Erfolg tatsächlich eingetreten ist.[768] Aus diesem Grunde ist auch die Auffassung des OLG Hamm[769], welche hinsichtlich der Wirksamkeit der ausgesprochenen Einwilligung nach der Schwere der faktisch eingetretenen Verletzung differenziert (bei schweren, dauernden Körperbeschädigungen positive Sittenwidrigkeit der Tat, bei weniger schweren Schädigungen Verneinung der Sittenwidrigkeit), unteilbar.[770] Die Wirksamkeit der Einwilligung hinge dann lediglich von einfachen Zufällen ab, womit die Sittenwidrig-

---

[762] Vgl. SchSch/Stree, (24. Aufl.), § 226a, Rdn. 6; ebenso LK/Hirsch, (10. Aufl.) § 226a, Rdn. 2, mwN.
[763] So zutreffend Walther, S. 231; sie macht zurecht darauf aufmerksam, dass sich im Schrifttum geradezu eine „Vermeidestrategie" hinsichtlich der Konfrontation mit dem durchaus unangenehmen und „sperrigen" § 228-Einwand ausmachen lässt. Nicht nur die von Walther aufgelisteten Autoren, sondern auch andere Verfechter der rechtlichen Gleichbehandlung von Selbst- und Fremdgefährdung lassen diesen Trend erkennen; dazu gehören Fiedler, S. 159 und 165, und Otto, Jura 84, 536.; ders. in JZ 97, 522.
[764] Schünemann, JA 75, 715, (723).
[765] OLG Zweibrücken, JR 94, 518, (519).
[766] OLG Zweibrücken, aaO.
[767] Vgl. z.B. Tröndle/Fischer, (50. Aufl.) § 228, Rdn. 9 mwN.
[768] Schild, Jura 82, 520, (524).
[769] OLG Hamm, MDR 71, 67f.
[770] So schon Schild, aaO; vgl. auch LK/Hirsch, (11. Aufl.) Vor § 32, Rdn. 95.

keitsprüfung auf ein simples Abgleichen mit den faktischen Verletzungszuständen reduziert wäre.[771]

Nahezu allgemein anerkannt ist, dass bei (mit Verletzungsvorsatz vorgenommenen) Fremdverletzungen Art und Umfang des von der Einwilligung erfassten Körperverletzungserfolges zumindest einen Teil der Beurteilungsgrundlage für die zu bestimmende Sittenwidrigkeit der Tat ausmacht.[772] Das OLG Zweibrücken macht insofern zu Recht darauf aufmerksam, dass diese Betrachtung bei fahrlässigkeitsrelevanten Fallgestaltungen, wie der einverständlichen Fremdgefährdung, aufgrund des fehlenden Willensbezuges hinsichtlich des Erfolges kaum einschlägig sein kann.[773] Es wird jedoch daher weitgehend vertreten, dass es in diesen Fällen nicht auf den eingewilligten Erfolg, sondern lediglich auf die bewusst vom Rechtsgutträger eingegangene Gefahrintensität als Anknüpfungspunkt für die anzustellende Sittenwidrigkeitsprüfung ankommen kann bzw. muss.[774]

Das pauschale Heranziehen der Größe der bewusst eingegangenen Gefahr als Kriterium für die Sittenwidrigkeit erweist sich aber insbesondere unter dem Blickwinkel des Bestimmtheitsgebots als problematisch. Zunächst bleibt offen, ob eine Sittenwidrigkeit bereits bei einer hohen Gefahr, einer sehr großen Gefahr, einer erheblichen Gefahr oder erst bei einer nicht mehr zu verantwortenden Gefahr anzunehmen sein soll. Des Weiteren wird es für den Gefährdenden im Zuge der Vornahme seines gefahrenträchtigen Tuns kaum kalkulierbar sein, „ob ein externer Beobachter das Geschehen als hochgefährlich oder als bloß entfernt gefährlich einstufen würde".[775] Die für die Sittenwidrigkeit der Tat i.S.d. § 228 erforderliche Erkennbarkeit der Strafbarkeitsgrenze ist angesichts dieser Unbestimmtheit des Gefahrenmaßstabs kaum gegeben.[776]

Während zudem bei (vorsätzlichen einverständlichen) Fremdverletzungen aufgrund des tatbestandserfolgsbezogenen Vorsatzes eine positiven Normen entnehmbare, objektive Einwilligungsschranke, wie § 228, beim Täter verhaltenssteuernde Wirkung entfalten kann, ist dies bei fahrlässigkeitsrelevanten Fremdgefährdungen nur bedingt der Fall.[777]

Der nicht durch die Appellfunktion eines vorsätzlichen Übergriffs in einen fremden Rechtskreis gewarnte Fahrlässigkeitstäter kann sein Verhalten lediglich an generalisierten Sorgfaltsanforderungen ausrichten, welche zudem oftmals nur privaten Ver-

---

[771] Diese Auffassung des OLG Hamm ist zu Recht bis zum heutigen Tage von keiner Seite geteilt worden.

[772] Vgl. Lackner/Kühl, § 228, Rdn. 10 mwN. und SchSch/Stree, § 226a, Rdn. 10. Zum Teil wird vertreten, dass dieser Umstand die einzige Grundlage im Rahmen der Sittenwidrigkeitsprüfung darstellt; so z.B. Weigend, ZStW 98, 44, (64); Otto, Tröndle-Festschrift, S. S. 157, (168); Göbel, S. 48.

[773] OLG Zweibrücken, aaO.

[774] SchSch/Lenckner, Vor § 32, Rdn. 103f.; LK/Hirsch, (11. Aufl.) Vor § 32, Rdn. 95; vgl. ebenso OLG Karlsruhe, NJW 67, 2321.

[775] Niedermair, S. 127.

[776] Niedermair, S. 126.

[777] Niedermair, S. 126.

kehrskreisen entstammen.[778] Ob eine Gefahr im Ergebnis als groß oder weniger groß zu qualifizieren ist, kann sich in den meisten Fällen allenfalls durch schwierigste Wahrscheinlichkeitsschätzungen mit vielfältigen Einzelfaktoren ableiten lassen, so dass sich der Maßstab der Gefahrenintensität als wenig brauchbar darstellt.[779]

Sogar diejenigen Autoren, die eine Anwendung des § 228 auf Fremdgefährdungen im Ergebnis befürworten, weisen zum Teil darauf hin, dass bei der Annahme eines Sittenverstoßes im Fall von Fahrlässigkeitstaten Zurückhaltung geboten sei und ein solcher nur bei verwerflichem und besonders gefährlichem Verhalten vorliegen könne.[780] Diesbezüglich lässt sich erweiternd feststellen, dass in Fallgestaltungen, bei denen die Risikoschaffung eben solch besonders hohe Gefahrenintensität aufweist, ein Haftungsausschluss schon oftmals deswegen ausscheiden kann, weil bereits die Grenze zum Vorsatzbereich überschritten ist.[781] Da bei der Abgrenzung zwischen (bedingtem) Vorsatz und (bewusster) Fahrlässigkeit u.a. objektivierbare Komponenten des Handlungsunwerts, wie der Größe der geschaffenen Gefahr, berücksichtigt werden[782], fällt zumindest eine Vielzahl dieser besonders erheblichen Fremdgefährdungen schon aus dem hiesigen problematischen Anwendungsbereich heraus. In der Tat wäre ja bei (schon bedingt) vorsätzlichen Fremdverletzungen der Anwendungsbereich des § 228 (übrigens auch des § 216) wieder unstreitig eröffnet, so dass es bei einverständlichen Fremdgefährdungen der generellen Heranziehung der Wertung des § 228 nicht bedürfte.

Gegen die Heranziehung dieser Vorschrift auf Fälle der einverständlichen Fremdgefährdung spricht zudem der allgemeine Freiheitsgedanke. Das Eingehen von zum Teil auch erheblichen Risiken ist in der heutigen hochtechnisierten Gesellschaft ein mittlerweile nahezu ubiquitäres und zur Erreichung von Zielen im Wirtschafts- und Sozialleben geradezu erfolgsnotwendiges Verhalten.[783] Eine in diesen Gefährdungskonstellationen vorgegebene Ausrichtung an kollektivistischen Wertvorstellungen würde die Freiheit des Einzelnen und dessen Selbstbestimmungsrecht erheblich und unverhältnismäßig beschneiden.

Schürer-Mohr weist zu Recht darauf hin, dass ein Verhalten nur dann das von § 228 für eine Sittenwidrigkeit der Tat geforderte Maß an Vernunftwidrigkeit besitzt, wenn „das autonome Rechtssubjekt sein eigenes Dasein negiert, mithin selbstwidersprüchlich den eigenen Daseinsbedingungen zuwiderhandelt, auf denen sich seine moralische, pragmatische und freie Subjektivität begründet".[784] Da weder der Gefährdete noch der Gefährdende eine Verletzung wollen, ist deren Verhalten auch nicht auf die „Aufhebung der substantiellen Daseinsbedingungen" gerichtet.[785] Im Gegenteil, das

---

[778] Niedermair, S. 126f.
[779] Niedermair, S. 127.
[780] Nach SchSch/Stree, § 226a, Rdn. 11, z.B. beim verwerflichen und besonders gefährlichen Experimentieren, das einen anderen verletze.
[781] Vgl. dazu Walther, S. 236ff.
[782] Siehe dazu die Ausführungen W. Frisch, Tatbestandsmäßiges Verhalten, S. 27.
[783] So zu Recht Niedermair, S. 127.
[784] Schürer-Mohr, S. 144.
[785] Schürer-Mohr, aaO.

Gefahrhandeln verfolgt gerade den „Zweck der Freiheitskonstituierung“[786] und ist Ausdruck der freiheitlichen Bestimmung der eigenen Lebensgestaltung. § 228 steht daher der Erlaubnis auch erheblicher Gefährdungen nicht entgegen.[787]

Eine noch stärkere Einschränkung der individuellen Selbstbestimmung und eine kaum zu legitimierende Bevormundung des Einzelnen ist auszumachen, wenn - wie ebenfalls vertreten[788] - neben der Gefahrenintensität auch noch Anlass und Zweck der gefährlichen Unternehmung maßgeblich auf die Sittenwidrigkeitsprüfung Einfluss nehmen sollen. Erhöht man nämlich die Anforderungen an die Wertigkeit der zugrunde liegenden Motivation des Gefährdeten schon bei der Eingehung alltäglicher Gefahren, so stellt man dessen Güter quasi unter einen „fremdnützigen Vorbehalt“[789]. Der Einzelne müsste bei jeglicher Vornahme gefährlich anmutender Tätigkeiten danach fragen, „ob sie nicht nur ihm, sondern auch der Gesellschaft das Risiko wert ist“.[790] Ungeachtet dieses Einwandes führt die Einbeziehung der Zweckbetrachtung bei Fremdgefährdungen nur noch zu einer Potenzierung der ohnehin schon durch das Kriterium der Gefahrenintensität vorhandenen und obig festgestellten Unbestimmtheit des Sittenwidrigkeitsmaßstabs.[791] Denn worin z.B. konkret ein vernünftiges Motiv oder ein gewichtiger Zweck für die Vornahme lebensgefährdender Tätigkeiten liegen soll, bleibt unbeantwortet und kann schwerlich allgemeinverbindlich festgelegt werden.[792]

Darüber hinaus ist eines zu berücksichtigen: Erhöht man mit zunehmender Gefahrintensität auch die Anforderungen an die sittliche Wertigkeit des verfolgten Zwecks[793], müssten sowohl in dem bereits zu Beginn dargestellten Memelfall als auch im Motorroller-, Mitfahrer- und HIV-Virusfall[794] der Gefahrschaffung solch enorm ethisch wertvolle Motive zugrunde liegen, wie sie in der Praxis kaum vorzufinden sind. Um konkret dem Vorwurf der Sittenwidrigkeit der Tat zu entgehen, hätte es im Memelfall den Fahrgästen und dem Fährmann schon um eine sittliche Pflicht von existentieller Bedeutung, wie z.B. dem Besuch des todkranken Vaters am Sterbebett[795], gehen müssen. Auch die angetretenen Fahrten im Motorroller- und Mitfahrerfall hätten höchsten sittlichen Ansprüchen, wie z.B. der Rettung eines Dritten, genügen müssen. Im HIV-Virus-Fall hätte sogar konsequent die (obskure) Frage nach dem Zweck und dem

---

786 Schürer-Mohr, aaO.

787 So auch Geppert, Jura 01, 490, (494), der darauf verweist, dass das Strafrecht nicht nur die autonome Entscheidung eines Vernünftigen, sondern auch die autonome, also die in Kenntnis aller eingegangener Risiken getroffene Entscheidung eines Unvernünftigen zu respektieren hat. Dies sei auch im arztstrafrechtlichen Bereich allgemein anerkannt. So sei dem Arzt gegen die unvernünftige Entscheidung eines Patienten die unter Umständen lebenserhaltende Operation untersagt.

788 RGSt 74, 91; Lackner/Kühl, § 228, Rdn. 10; SchSch/Lenckner, (24. Aufl.) Vor § 32, Rdn. 104; so im Ergebnis auch Dölling, GA 84, 80, (93), der eine Gesamtabwägung vornimmt.

789 So Niedermair, S. 129.

790 Niedermair, aaO.

791 So auch Niedermair, S. 127.

792 Schünemann, aaO., bezeichnet die Zweckbetrachtung gar als „willkürliches Moralisieren“.

793 So SchSch/Lenckner, aaO.

794 Natürlich vorausgesetzt man qualifiziert diese Konstellation entgegen der hier vertretenen Ansicht als einverständliche Fremdgefährdung und nicht als eigenverantwortliche Selbstgefährdung. Anderenfalls wäre § 228 hier unstreitig ohne Relevanz.

795 Treffendes Beispiel von Dölling in GA 84, 71, (95).

sittlichen Bedeutungswert von sexuellem Verkehr beantwortet werden müssen; es wäre also danach zu differenzieren gewesen, wie lange sich die Partner kannten, ob sie verheiratet oder ggf. gar homosexuell waren.[796]

Walther plädiert angesichts dieser unbestimmten Prüfungsmaßstäbe für die Ausblendung einer solchen moralisierenden Zweckbetrachtung, „solange dieser Zweck nicht durch eine legislative Entscheidung selbst konkretisiert ist oder sich sonst in objektivierbarer Weise ein gesellschaftlicher Konsens feststellen lässt".[797] Dieser Ansicht ist beizupflichten, zumal davon auszugehen ist, dass nicht nur in allen vier genannten originalgetreuen Beispielsfällen, sondern z.B. auch in sämtlichen Fällen der Drogenverabreichung[798] stets die fremdgefährdenden Handlungen mit dem Makel der Sittenwidrigkeit i.S.d. § 228 versehen würden. Dies hätte die paradoxe Folge, dass bei erfolgszielgerichteten Vorsatztaten die strafausschließende Wirkung aufgrund vorhandener wirksamer Einwilligung die Regel[799], bei Fahrlässigkeitstaten wie den aufgezeigten einverständlichen Fremdgefährdungen die Straflosigkeit hingegen die Ausnahme ist. Zu Recht erscheint es auch dem OLG Zweibrücken als zu eng, eine einverständliche Fremdgefährdung nur dann für straflos zu halten, wenn der mit der Tat verfolgte ethische Zweck den in der Lebensgefährdung liegenden Unwert überwiegt.[800] In der Tat ist das Aufstellen solch überhöhter Anforderungen an einen Sittenwidrigkeitsausschluss weder sachgerecht noch vereinbar mit dem individuellen freiheitlichem Willen des Gefährdeten, welcher gerade nicht auf eine eigene Verletzung gerichtet ist, sondern von der Hoffnung getragen wird, dass alles gut gehen werde.

Eine Heranziehung der normativen Wertung des § 228 auf Fälle der einverständlichen Fremdgefährdung ist daher abschließend insbesondere aufgrund der Unbestimmtheit der Maßstäbe der Gefahrenintensität und der Zweckbetrachtung sowie der damit verbundenen erheblichen Einschränkung der freiheitlichen Selbstbestimmung abzulehnen.[801] Darüber hinaus wird sich insbesondere beim Eingehen (besonders) hoher Gefahren bereits eine etwaige strafrechtliche Haftung des Gefährdenden durch die Überschreitung der Grenze zur Vorsatzstrafbarkeit oder aber schon ggf. eine rechtfertigende Verletzungseinwilligung des Opfers durch die dann schon billigende Inkaufnahme des Erfolgseintritts ergeben.

---

[796] So Helgerth, NStZ 88, 261, (263).
[797] Walther, S. 234.
[798] Dölling, GA 84, 71, (93), verweist nämlich darauf, dass hierdurch nie ein „positiver Wert" verwirklicht werde.
[799] Siehe dazu den genauen Wortlaut des § 228 (nur dann rechtswidrig, wenn...) und die wenigen anerkannten Beispiele für angenommene Sittenwidrigkeit wie Fälle der Verstümmelung, erhebliche sadistische Verletzungen, schwerwiegende Körpereingriffe zur Verdeckung einer Straftat etc.; zu den Einzelheiten SchSch/Stree, § 226a, Rdn. 10.
[800] OLG Zweibrücken, JR 94, 518, (519) mit ablehnender Haltung gegenüber dem „Abwägungsmodell" Döllings in GA 84, 71, (90ff.).
[801] Hinzu kommen noch die schon zuvor benannten allgemeinen Einwände gegen eine Verfassungsgemäßheit des § 228; siehe dazu S. 140f.

bb) Plädoyer zugunsten einer Gleichbehandlung von Fremd- und Selbstgefährdung im Fahrlässigkeitsbereich

Wie ermittelt, stellen die beiden von der h.L. genannten Argumente, nämlich die mit einer etwaigen Gleichbehandlung von eigenverantwortlicher Selbst- und einverständlicher Fremdgefährdung vermeintlich verbundene Umgehung der beiden §§ 216, 228 keine zielführende Begründungsgrundlage für deren strikte dogmatische Trennung im Fahrlässigkeitsbereich nach den Kriterien der Tatherrschaft dar.

Ungeachtet dessen gibt es weitere Einwendungen, die gegen die Vorgehensweise der h.L. vorzubringen sind. So hoch der Tauglichkeitsgrad des Tatherrschaftskriteriums bei der Differenzierung zwischen (vorsätzlicher) einverständlicher Selbst- und Fremdverletzung auch anerkanntermaßen ist, so wenig überzeugend ist dessen Heranziehung zur Vornahme einer strikten Trennung zwischen Selbst- und Fremdgefährdung. Die dabei zugrunde liegenden Zweifel ergeben sich schon daraus, dass mit der Tatherrschaft ein Kriterium herangezogen wird, welches dem dogmatischen Bereich der hier relevanten Fahrlässigkeitsdelikte fremd ist und wegen der bei diesen Delikten fehlenden Steuerung des Geschehens zu Recht abzulehnen ist.[802] Da eben bei Fahrlässigkeitsdelikten eine Differenzierung zwischen Tatherrschaft und Nichttatherrschaft nicht stattfindet, erscheint es wenig zwingend, in Fällen selbstgewählter Gefahr das Prinzip des Einheitstäters zugunsten einer Differenzierung von Täterschaft und (strafloser) Teilnahme aufzugeben.[803]

Dieser Einwand korrespondiert im Übrigen in gewisser Weise mit den bereits zuvor in dieser Untersuchung getroffenen Feststellungen zur Unhaltbarkeit des vom BGH in der Heroinspritzenentscheidung vertretenen „Teilnahmearguments“. Im Rahmen dieser Untersuchung wurde bereits dargelegt, dass Erst-Recht-Schlussfolgerungen bzw. die Übertragung von Kriterien aus dem Vorsatzbereich in den Fahrlässigkeitsbereich aufgrund unterschiedlicher Grundvoraussetzungen (Akzessorietät) nicht ohne weiteres haltbar sind.[804] Auch Schild wendet sich gegen die Übertragbarkeit der Regelung von Täterschaft und Teilnahme und das damit verbundene „Teilnahmeargument“ und kommt dabei unter Heranziehung allgemein dogmatischer Überlegungen zu dem Ergebnis, dass für das Fahrlässigkeitsdelikt die eigenverantwortliche Selbstgefährdung und einverständliche Fremdgefährdung zusammenfallen.[805]

Hinzu kommt noch Folgendes: Wie bereits festgestellt, hat die vorsätzliche Teilnahme an einer Straftat andere Strafbarkeitsvoraussetzungen als die fahrlässige (Einheits-) Täterschaft, so dass Letztere daher nicht aufgrund des Nichtvorliegens einer für sie gerade nicht geforderten Voraussetzung, wie dem Vorliegen einer beteiligungsfähigen Haupttat, verneint werden kann; jener Gedanke der fehlenden Übertragbarkeit eines Kriteriums aus dem Vorsatz- in den Fahrlässigkeitsbereich, lässt sich ebenso konkret für das Kriterium der Tatherrschaft nutzbar machen, dessen

---

[802] Vgl. Dach, NStZ 85, 24, (25).
[803] Vgl. Otto, Spendel-FS, S. 271, (276).
[804] Siehe dazu schon die Ausführungen auf S. 126ff.
[805] Im Einzelnen siehe dazu Schild, S. 86f.; ebenso Kühn, S. 66ff.; Geppert, Jura 01, 490, (493f.); vgl. auch Hellmann, Roxin-FS, S. 271, (281ff.).

strikte Anwendung bei der Differenzierung zwischen Selbst- und Fremdgefährdung zu geradezu willkürlichen und wenig sinnvollen Ergebnissen im Einzelfall führt.[806]

Anderenfalls müsste in Fällen wie dem Mitfahrer-, Motorroller-, oder Zechtourenfall die Haftung davon abhängig gemacht werden, „ob die Fahrgäste das noch stehende Fahrzeug besteigen (dann Fremdgefährdung) oder auf das schon fahrende Fahrzeug springen (dann Selbstgefährdung) und sich so in eine schon bestehende Gefahr begeben“[807]. Dieser von vielen Autoren[808] unterstützte Einwand hat in der Tat seine Berechtigung, da durch die rein phänomenologische Betrachtung der h.M. eine Abgrenzungsmethodik geschaffen wird, deren Ergebnisse oftmals von reinen Zufälligkeiten abhängen. So merkt Dach zu Recht an, dass das Merkmal der Tatherrschaft untauglich ist, wenn es z.B. in den Heroinfällen ausschließlich darauf ankomme, „wer letztlich auf die Spritze drückt“.[809] Die Annahme einer Fremdgefährdung erscheint nämlich nicht sachgerecht, wenn alle Initiativen und Vorbereitungshandlungen, wie das Bereitstellen des Stoffes und anderer Hilfsmittel, vom Opfer ausgegangen sind „und der Dritte nur zur Arbeitserleichterung“ abdrückt.[810]

Zutreffend formuliert Dach, dass man sich hüte solle, „ohne Not solche dogmatischen Konstruktionen zu wählen, die zu Folgerungen aus solchen Zufälligkeiten zwingen“.[811]

Ein weiteres Indiz für die Annahme, dass eine rein phänomenologische Betrachtungsweise in ihrer Tauglichkeit an Grenzen stößt, liefert folgendes Beispiel: Einem alkoholisierten, keinesfalls mehr fahrtüchtigen Autofahrer wird von seinem späteren ebenfalls angetrunkenen Beifahrer bis zu seinem Wagen geholfen; der Beifahrer steckt sogar noch den Schlüssel ins Zündschloss, um sich von dem Fahruntüchtigen nach Hause fahren zu lassen; Letzterer tritt die Fahrt an, bei der es zu einem (alkoholbedingten) Unfall und zu einer Verletzung des Beifahrers kommt. Angesichts der Gesamtumstände hinsichtlich Initiative und Aktivitäten des Opfers ist es wenig einsichtig, warum der Fahrer hier wegen fahrlässiger Körperverletzung des Beifahrers in Verantwortung zu ziehen sein soll.

Sowohl die Austauschbarkeit der jeweiligen Funktion als Fahrer bzw. Beifahrer als auch die beiderseitige Möglichkeit, jederzeit von der gefährlichen Autofahrt abzulassen, sprechen gegen eine einseitige Betrachtung des unmittelbar zur Verletzung führenden Umstandes und für eine übergreifende Bewertung beider Verhaltensweisen als selbstgefährdendes Handeln.[812]

---

[806] Siehe W. Frisch, Tatbestandsmäßiges Verhalten, S. 116; Schünemann in JA 75, 715, (722f.); Niedermair, S. 125; Ensthaler, S. 107ff.; Irene Sternberg-Lieben, JuS 98, 428, (430); Dach, NStZ 85, 24, (25); Beulke/Mayer, JuS 87, 125, (217); Wessels/Beulke, AT, Rdn. 191.
[807] Schünemann, aaO., (423); ebenfalls aufgegriffen von Hammer, JuS 98, 785, (789).
[808] U.a. Ensthaler, S. 108; W. Frisch, aaO.; ausdrücklich auch Hammer, JuS 98, 785, (788f.).
[809] Dach, NStZ 85, 24, (25).
[810] Dach, aaO.
[811] Dach, aaO.
[812] Siehe zu einem ähnlichen Fall Irene Sternberg-Lieben, JuS 98, 428, (430).

Gerade solche Konstellationen wie die gerade benannten Heroin- und Mitfahrerfälle, in denen der Rechtsgutträger sich des anderen zur Erreichung seiner Ziele bedient, zeigen die strukturelle Identität von Selbst- und Fremdgefährdung auf. Beide fußen gleichermaßen auf der von der Rechtsordnung anerkannten Autonomie des Einzelnen.[813] Die einverständliche Fremdgefährdung ist deshalb auch als alternative Form der Selbstgefährdung zu klassifizieren, zumal der Rechtsgutträger den Willen des Gefährdenden zu seinem eigenen Willen macht und diesen zu seinen Zwecken quasi als Mittel zur Selbstgefährdung benutzt.[814]

Die für eine strafrechtliche Haftung entscheidenden Kriterien können von daher nur schwerlich anhand einer Differenzierung zwischen Selbst- und Fremdgefährdung nach formalen, phänomenologischen Anhaltspunkten gewonnen werden. Vielmehr wird hier im Fahrlässigkeitsbereich ein einheitlicher Maßstab einer normativen Verantwortungszuweisung zu entwickeln sein.

Eine strikte dogmatische Trennung zwischen Selbst- und Fremdgefährdung nach Tatherrschaftskriterien ist somit im Fahrlässigkeitsbereich aufgrund deren zum Teil willkürlichen Ergebnisse, der strukturellen Identität der beiden genannten Konstellationen, der mangelnden Übertragbarkeit der aus dem Vorsatzbereich entnommenen Tatherrschaftskriterien in den Fahrlässigkeitsbereich i.V.m. der Unhaltbarkeit des Teilnahmearguments sowie der nicht durchgreifenden replizierenden Einwendungen einer etwaigen Umgehung der §§ 216, 228 abzulehnen.

e) Lösungsansätze für den einheitlichen Maßstab einer normativen Verantwortungszuweisung

Ausgehend von diesem Ergebnis ist zu erörtern, inwiefern ein einheitlicher Maßstab für eine normative Verantwortungszuweisung sowohl bei Selbst- als auch bei Fremdgefährdungskonstellationen entwickelt werden kann. Von einigen Autoren, die eine Gleichbehandlung von Selbst- und Fremdgefährdung befürworten, werden konkrete Maßstäbe für die strafrechtliche Beurteilung vorgeschlagen.

aa) Der Gleichstellungsansatz Roxins

Aus den Reihen des Schrifttums hat erstmals Roxin zu der besonderen Problematik der einverständlichen Fremdgefährdung Stellung genommen und eine konkrete Lösungsvariante für eine Grenzziehung hinsichtlich der strafrechtlichen Haftung des Täters vorgestellt.[815] Zwar nimmt er entgegen obig vertretener Ansicht auf erster Stufe eine (zweifelhafte) Differenzierung zwischen Selbst- und Fremdgefährdung anhand von Tatherrschaftskriterien vor, zugleich stellt er jedoch klar, dass es vielfach einverständliche Fremdgefährdungen gebe, die aufgrund dogmatisch - wertender Betrachtung „unter allen relevanten Aspekten einer Selbstgefährdung" gleichzustel-

---

[813] Vgl. M. Meyer, S. 150.
[814] Vgl. Fiedler, S. 159f.
[815] Roxin, Gallas-FS, S. 241, (249ff.)

len seien.[816] Eine solche rechtliche Gleichstellung der genannten Konstellationen sei unter folgenden Bedingungen sachgerecht:

Zunächst müsse der eingetretene Schaden die Folge des eingegangenen Risikos und nicht hinzukommender anderer Fehler sein. Darüber hinaus müsse der Gefährdete für das gemeinsame Tun dieselbe Verantwortung tragen wie der Gefährdende; er müsste also, wie bei der Selbstgefährdung, das Risiko im selben Maße übersehen haben wie der Gefährdende.[817] Bei Erfüllung dieser Bedingungen sei von einer vollständigen Risikoübernahme des Gefährdeten zu sprechen, so dass dem Gefährdenden wie bei der eigenverantwortlichen Selbstgefährdung der tatbestandliche Erfolg im Ergebnis nicht zugerechnet werden könne.[818]

Die von Roxin aufgestellten Gleichstellungsvoraussetzungen werden sowohl von Teilen der Rechtsprechung[819] als auch von Teilen des Schrifttums[820] aufgegriffen und angewandt. Insbesondere halten Hellmann und nunmehr auch Geppert den gedanklichen Ansatz Roxins für erfolgstauglich; allerdings bedürften die aufgestellten Kriterien Roxins insofern der Präzisierung, als dass der Grund für den letztendlich angenommenen Zurechnungsausschluss (wie bei der Selbstgefährdung) die Eigenverantwortlichkeit des Verletzten sein müsse.[821] Deshalb müsse die einverständliche Fremdgefährdung den gleichen „Rechtsregeln" unterworfen werden wie die eigenverantwortliche Selbstgefährdung.[822]

Eine rechtliche Gleichbehandlung von Selbst- und Fremdgefährdung sei nur anzunehmen, wenn das Opfer die Voraussetzungen des eigenverantwortlichen Handelns erfülle.[823] Dafür müsse, insofern in Einklang mit Roxin, das Opfer das Risiko zumindest im selben Maße übersehen wie der Dritte; darüber hinaus sei die „Abwesenheit von Zwang und erheblichen physischen Defekten"[824] bzw. die Nichteinschlägigkeit der Voraussetzungen der §§ 19, 20, 35 StGB, § 3 JGG analog beim Opfer erforderlich.

---

816 Roxin, Gallas-FS, S. 241, (252); ders., AT, § 11, Rdn. 107; ders., NStZ 84, 410, (412).
817 So Roxin in Gallas-FS, aaO., in AT, aaO., und in NStZ 84, aaO.
818 Roxin, AT, aaO.
819 OLG Zweibrücken, JR 94, 518, (519f.).
820 Hammer, JuS 98, 785, (788); Niedermair, S. 135.
821 Hellmann, Roxin-FS, S. 282ff.
822 Geppert, Jura 01, 490,
823 Hellmann, aaO., (283).
824 Hellmann, aaO., (284f.); er verweist darauf, dass die es gemäß seines Ansatzes erst gar nicht zu der oben geschilderten Problematik einer etwaigen Umgehung der §§ 216, 228 kommt. Die in den Fällen der Selbstgefährdung erforderliche Eigenverantwortlichkeit kennzeichne die Grenze zwischen strafbarer Tötung auf Verlangen und strafloser Beteiligung an einer Selbsttötung. Insofern komme naturgemäß bei eigenverantwortlichem Handeln § 216 vom Rechtsgedanken her keinesfalls zur Anwendung. Auch § 228 sei nur bei fremdverantwortlichem Handeln einschlägig und insofern auf eigenverantwortliche Gefährdungen nicht übertragbar.

bb) Der Lösungsansatz Ottos

Nach der Ansicht von Otto, welche auch vom BayObLG[825] übernommen und angewendet wird, sind die Konstellationen der Selbst- und Fremdgefährdung nicht durch eine Betrachtung der äußeren phänomenologischen Geschehensgestaltung voneinander abzugrenzen.[826] Ob der vermeintliche Täter die Gefahr nur auf indirektem Wege oder eigenhändig geschaffen habe, ändere nichts an der rechtlichen Beurteilung, soweit das Opfer sich bewusst und freiverantwortlich in die Gefahrensituation begebe.[827] Wenn das Opfer die mögliche Tragweite des gefährlichen Verhaltens überblickt habe, steuere dieses selbst das gefährliche Geschehen und übernehme damit das Risiko der Realisierung der Gefahr.[828] In diesen Fällen sei die objektive Zurechnung ausgeschlossen und der Täter folglich straflos.

Vergleicht man die Ansätze Ottos und Roxins im Detail, fällt ein wesentlicher Unterschied ins Auge. Während Roxin zunächst zwischen Selbst- und Fremdgefährdung nach objektiven Gesichtspunkten der Vornahme der Gefährdungshandlung unterscheidet und anschließend unter bestimmten Bedingungen die Fremdgefährdung der Selbstgefährdung wertungsmäßig gleichsetzt, differenziert Otto mittels seiner genannten Kriterien bereits zwischen strafloser Selbst- und strafbarer Fremdgefährdung. Werden die obig genannten Kriterien vom Gefährdeten nicht erfüllt, ist - nach Otto - von einer strafbaren Fremdgefährdung auszugehen, anderenfalls von einer straflosen Beteiligung an einer eigenverantwortlichen Selbstgefährdung.[829]

cc) Der viktimologische Abwägungsansatz Fiedlers

Nach dem viktimologisch geprägten Ansatz Fiedlers sind die Fallkonstellationen des bewussten Verbringens von Rechtsgütern in einen gefahrintensiven Bereich, welche einen Verletzungserfolg mit sich bringen, durch eine „Gesamtschau von Täter- und Opferverhalten" zu beurteilen.[830] In Anlehnung an Schünemann[831] und Kratzsch[832] vertritt Fiedler dabei die These, dass die Verhängung von Strafe als ultima ratio des Staates nicht sachgerecht sei, wenn das Opfer, ohne eigene Anstrengungen zur Schadensabwendung zu unternehmen, über die allgemeinen Lebensrisiken hinausgehe; weder verdiene dann das Opfer einen Schutz durch das Strafrecht, noch bedürfe es eines solchen Schutzes.[833]

Fiedler schlägt daher vor, das freiverantwortliche, tatmitverursachende Opferverhalten im Rahmen einer umfassenden Interessenabwägung auf Tatbestandsebene zu

---

[825] BayObLG, JZ 97, 521f.
[826] So Otto in Jura 84, 536, (539ff.), in Tröndle-FS, S. 169ff. (175) und in JZ 97, 522f.
[827] Otto, Jura, aaO., (540); ders., Tröndle-FS, aaO.
[828] Otto, Jura, aaO.; ders., Tröndle-FS, aaO.
[829] Otto vollzieht damit eine strikte Unterscheidung von Selbst- und Fremdgefährdung in der Weise, als dass er diese ergebnisgemäß mit der Frage nach der letztendlichen strafrechtlichen Haftung gleichsetzt (Demzufolge ist jede Selbstgefährdung straflos, jede Fremdgefährdung strafbar!).
[830] Fiedler, S. 178.
[831] Schünemann, NStZ 82, 60, (62).
[832] Kratzsch, Oehler-FS, S. 65, (70).
[833] Fiedler, S. 178f.

berücksichtigen.[834] Nur durch eine Abwägung von Täter- und Opferbeitrag unter normativen Gesichtspunkten sei zu ermitteln, wem der eingetretene Rechtsgutsverlust objektiv zuzurechnen sei.[835] Auf Seiten des Täters sei vor allem die Beurteilung des konkreten Gefährdungsverhalten, welches zur Verletzung des Opfers geführt habe, ein wichtiges Abwägungselement; auf Seiten des Opfers sei insbesondere der Gedanke der Eigenverantwortlichkeit zu berücksichtigen.[836] Darüber hinaus bezieht Fiedler die Gedankenansätze anderer Autoren mit in seine Abwägung ein. Sowohl die oben genannten Gleichstellungskriterien Roxins, die Eigenverantwortlichkeitsaspekte Ottos, die Ansätze einer Abschichtung nach Verantwortungsbereichen von Stree und Fünfsinn als auch Gesichtspunkte des zivilrechtlichen „venire contra factum proprium" finden bei Fiedler u.a. im Rahmen der Abwägung im Einzelfall Berücksichtigung.[837]

Obgleich dieser viktimologische Lösungsansatz Fiedlers scheinbar dazu befähigt, im Einzelfall sachgerechte Ergebnisse herbeizuführen, sind die Schwachpunkte seines Abwägungsmodells offensichtlich.

Zunächst findet generell die Vornahme einer allgemeinen Gesamtabwägung (unter Heranziehung verschiedenster objektiver und subjektiver Kriterien) im Rahmen der objektiven Zurechnung keinen dogmatischen Rückhalt. Zwar sind dem Strafgesetzbuch, wie sich insbesondere an § 34 zeigt, allgemeine und umfangreiche Gesamtabwägungen keinesfalls fremd; im hiesigen Zusammenhang erscheint diese Vorgehensweise jedoch nicht über den Versuch hinauszugehen, das Vorbild der bereits zuvor dargestellten zivilrechtlichen Mitverschuldenslösung in ein „strafrechtliches Gewand" zu kleiden.

Begreift man wie Fiedler Täter- und Opferverhalten als nahezu gleichwertige Bewertungskriterien, setzt man sich den bereits im obigen Abschnitt „Grenzen eines viktimologischen Ansatzes" genannten Einwendungen aus; insbesondere beherbergt der viktimologische Ansatz Fiedlers deshalb in dogmatischer Hinsicht erhebliche Zweifel, weil dadurch das Opferverhalten zu einem „aufrechenbaren Gegentatbestand" hochqualifiziert wird und dies mit der eindeutigen Strafnormausrichtung und –adressierung an den Täter kaum in Einklang zu bringen ist.

Selbst wenn einer Gesamtabwägung gemäß dem Fiedlermodell keine grundsätzlichen dogmatischen Einwände entgegenstehen würden, wäre ein noch weiterer mindestens ebenso erheblicher dogmatischer Schwachpunkt dieses Ansatzes hervorzuheben. Bezeichnenderweise weist Fiedler indirekt selber auf ihn hin, indem er in seinen Ausführungen die Absicht verkündet, im Rahmen der Abwägung „dem wertenden Ermessen durch relativ feste Kriterien möglichst enge Schranken" zu setzen.

Gerade diese Intention setzt Fiedler jedoch nicht hinreichend konkret in die Praxis um. Er bezieht die teils von den obigen Autoren entwickelten Kriterien sämtlich in

[834] Fiedler, S. 179 und 193.
[835] Fiedler, S. 181.
[836] Fiedler, S. 179.
[837] Fiedler, S. 190f.; siehe auch die Kritik Zaczyks an den Ausführungen Fiedlers in GA 91, 571ff.

sein Abwägungsmodell ein und kreiert auf diese Weise einen „Kriteriencocktail", der einen strikten Prüfungsmaßstab, ein berechenbares Anwendungsmuster sowie Angaben über Prioritäten innerhalb der Gewichtung der Kriterien vermissen lässt. Vielmehr werden in beispielhaft genannten Einzelfällen je nach Bedarf und Notwendigkeit entsprechend passende Details der genannten Kriterien als einschlägiger Erklärungsansatz für oder gegen einen Zurechnungsausschluss herangezogen. Dem tatrichterlichen Ermessen erscheint bei dieser Vorgehensweise ein allzu großer Spielraum eröffnet zu sein, so dass auch die Einhaltung des Bestimmtheitsgrundsatzes zumindest in Frage steht.

dd) Der Kontrollfragenansatz Zaczyks

Nach der Ansicht Zaczyks liegt eine für den Täter strafausschließende, bewusste Selbstgefährdung des Opfers vor, wenn der Verletzte den eingetretenen Erfolg als mögliches Ergebnis eigenen Verhaltens voraussieht, sich aber gleichwohl der Gefahr aussetzt bzw. sich ihr nicht entzieht.[838] Eine Strafbarkeit des Täters könne in diesem Fall also nur vorliegen, wenn dieser selbst und nicht das Opfer das geschützte Rechtsgut dem Zufall preisgegeben habe.[839] Um dies zu ermitteln, sei eine gestufte Prüfung mittels zweier Kontrollfragen vorzunehmen.

Zunächst sei zu fragen, ob das Opfer in rechtlich fester Form darauf vertrauen konnte, dass der andere den zur Verletzung führenden Geschehensablauf durch pflichtgemäßes Verhalten beherrsche.[840] Könne dies bejaht werden, sei der Täter für das Geschehen verantwortlich und eine Selbstgefährdung zu verneinen.[841] Müsse die Frage verneint werden, sei trotzdem nur dann eine Selbstgefährdung anzunehmen, wenn dem Täter keine besondere Obhuts- oder Unterlassungspflicht gegenüber dem Opfer auferlegt sei, die ihn quasi dazu verpflichte, das Opfer vor sich selbst zu schützen.[842]

Gegen den Ansatz Zaczyks ist einzuwenden, dass er zum Teil zu wenig einleuchtenden Ergebnissen führt. Während im Memelfall eine Selbstgefährdung anzunehmen sei, könne beim Mitfahrerfall trotz vollständiger Kenntnis des Opfers von der Fahruntüchtigkeit des Fahrers von einer solchen nicht ausgegangen werden, da das Opfer darauf vertrauen könne, dass der Fahruntüchtige entweder die Fahrt unterlasse oder aber die Fahrweise seinem noch vorhandenen Fahrvermögen anpasse. Eine Feststellung, die schon deswegen fragwürdig erscheint, weil man bei einem Fahruntüchtigen eben nicht davon ausgehen kann, dass dieser in jeder Hinsicht vorschriftsmäßig handelt. Vielmehr wäre es in diesem Falle einsichtig, die Folgen einer durch die Fahruntüchtigkeit resultierenden Unfallverletzung beim Opfer nicht dem Fahrer, sondern dem das Risiko in voller Bandbreite überschauenden Opfer selber anzulasten.[843]

---

[838] Zaczyk, S. 64.
[839] Zaczyk, S. 64f.
[840] Zaczyk, S. 65.
[841] Zaczyk, aaO.
[842] Siehe Zaczyk auf S. 58f. und 65.
[843] Im Ergebnis auch Roxin, AT, § 11, Rdn. 109; Hellmann, Roxin-FS, 271, (284).

ee) Der Interessenansatz Ensthalers

Nach der Ansicht Ensthalers hängt die Frage der strafrechtlichen Haftung davon ab, wem der beiden Beteiligten die Gefahrensituation diene bzw. welcher der beiden sie für sich nutzbar machen wolle.[844] Wenn sich der Rechtsgutträger des anderen wie im Mitfahrerfall bediene und diesen zur Verwirklichung seiner eigenen Ziele einsetze, könne die Gefährdungshandlung dem Opfer selbst zugeschrieben werden.[845] Lediglich das bewusste Eingehen des vollständig überblickten Risikos könne hierfür nicht ausreichen.[846]

Diese Ansicht vermag kaum zu überzeugen. Insbesondere ist in Zweifel zu ziehen, ob die Motive und die Interessenlage der beiden Beteiligten bei der Vornahme der gefährlichen Handlung die entscheidenden und sachgerechten Kriterien darstellen können und sollten; zum einen ändert auch das überwiegende Interesse des einen Beteiligten nichts an dem freiheitlichen Entschluss des anderen. Zum anderen stellt sich dieser Lösungsansatz als wenig hilfreich dar, wenn, wie in vielen der genannten Gefährdungskonstellationen, am entsprechenden Gefahrhandeln beide Beteiligten ein gleichwertiges Interesse haben. Insbesondere in den hier relevanten Fällen der Sportverletzung ist dieser von Ensthaler vorgeschlagene Interessenmaßstab daher unbrauchbar.

ff) Stellungnahme und Heranziehung des übergreifend anwendbaren Maßstabs der Eigenverantwortlichkeit

Bevor die dargestellten Lösungsansätze einem wertenden Vergleich zu unterziehen sind, erweist es sich als hilfreich, zunächst zwei bis hierhin gefundene Ergebnisse in Erinnerung zu rufen und miteinander in Beziehung zu setzen.

Geht man (in Einklang mit der nunmehr h.M.) davon aus, dass eine eigenverantwortliche Selbstgefährdung des Opfers mangels objektiver Zurechnung die Tatbestandsmäßigkeit des Täterhandelns im Fahrlässigkeitsbereich entfallen lässt[847] und lehnt man zugleich (entgegen der h.M.) eine strikte dogmatische Trennung von Fremd- und Selbstgefährdung im Fahrlässigkeitsbereich zugunsten einer rechtlichen Gleichbehandlung aller opfereinverständlichen Gefährdungskonstellationen ab[848], so lässt sich daraus eine plausible Schlussfolgerung ziehen: Nämlich, dass das Vorhandensein der Voraussetzung der Eigenverantwortlichkeit beim Opfer nicht nur im Falle der Selbst-, sondern dann auch im Falle der rechtlich gleich zu behandelnden Fremdgefährdung zu einer zurechnungsausschließenden Risikoübernahme des Opfers führen muss.

---

[844] Ensthaler, S. 109ff.
[845] Ensthaler, S. 110.
[846] Ensthaler, aaO.
[847] Vgl. die Ausführungen auf S. 132ff.
[848] Siehe entsprechend dazu S. 146ff.

Nur die Zugrundelegung eines solchen gefährdungskonstellationsübergreifenden Maßstabs erweist sich angesichts der beiden obig dargestellten Ergebnisse als konsequent und sachgerecht. Der gefundene Maßstab findet insofern auch einen (zumindest) partiellen Rückhalt in der anerkannten Strafrechtsdogmatik, zumal er mit dem vom BGH bereits in der Heroinspritzenentscheidung entwickelten Kriterium der Eigenverantwortlichkeit korrespondiert und insoweit eine teilweise Fortführung dieser richtungsweisenden Rechtsprechung darstellt.

Keinen (solchen) dogmatischen Rückhalt finden hingegen die Lösungsansätze Fiedlers, Zaczyks und Ensthalers, die aus autonomen Billigkeitserwägungen heraus entweder auf eine Gesamtabwägung zwischen Täter- und Opferbeitrag[849], bzw. das (objektive) Vertrauenkönnen des Opfers auf die Beherrschungsmöglichkeit des Geschehensablaufs durch den Täter[850], oder auf die Bewertung der Motiv- und Interessenlage der Beteiligten[851] abstellen. Überdies sehen sich die genannten Ansätze den in den Vorabschnitten bereits jeweils benannten (autonomen) Kritikpunkten ausgesetzt[852], so dass diese keine zielführenden Alternativen für den hier aufzeigten Lösungsweg darstellen.

Etwas anderes gilt für die von Otto und Roxin vertretenen Ansätze, zumal beide, wenn auch mit unterschiedlichen Nuancen, bei der Vornahme einer normativen Verantwortungszuweisung ebenfalls auf Eigenverantwortlichkeitsaspekte abstellen.

Gegenüber dem Ansatz Roxins ist jedoch einzuwenden, dass er entgegen der hier vertretenen Ansicht und vorgebrachten Argumente eine strikte Trennung zwischen Selbst- und Fremdgefährdung anhand von Tatherrschaftskriterien vollziehen, gleichwohl jedoch ausnahmsweise unter bestimmten Voraussetzungen beide Konstellationen gleichsetzen will. Otto bezeichnet diese Vorgehensweise Roxins deswegen nicht zu Unrecht als eine „umständliche Gleichsetzung" zweier zunächst als Gegensätze ausgegebener Gefahrensituationen.[853] Ungeachtet dieses zutreffenden kritischen Einwands vernebelt dies jedoch nicht die Einsicht, dass die Ansichten Roxins und Ottos von nahezu identischen Grundgedanken getragen werden und an einen Ausschluss der objektiven Zurechnung ähnliche Voraussetzungen knüpfen.

An der von Otto vorgetragenen Ansicht vermag jedoch dessen in diesem Zusammenhang angewandte Terminologie kaum zu überzeugen; dieser nach soll nämlich, wenn sämtliche Voraussetzungen einer eigenverantwortlichen Risikoübernahme des Opfers vorliegen, eine stets straflose Selbstgefährdung, anderenfalls eine stets strafbare Fremdgefährdung anzunehmen sein. Gegen die Verwendung einer solchen Terminologie spricht insbesondere, dass sie zu irreführenden Verwechslungen mit der von der h.M. vertretenen strikten Abgrenzung zwischen Fremd- und Selbstge-

---

[849] Fiedler, S. 178ff.
[850] Zaczyk, S. 64f.
[851] Ensthaler, S. 109ff.
[852] Zu Recht benennt Schürer-Mohr, S. 448, einen weiteren Kritikpunkt insbesondere an Fiedlers Lösungsansatz. Die Eigenverantwortung einer Person könne nicht als ein Kriterium unter vielen und somit als bloßes Gewicht in einer Waagschale oder „schlichtes Argumentationstopois" angesehen werden. Damit befindet sich diese Kritik exakt auf der hier vertretenen Argumentationslinie.
[853] Otto, JZ 97, 522, (523).

fährdung nach Tatherrschaftskriterien führt. Es erscheint nämlich wenig hilfreich, einerseits auf die untaugliche strikte Trennung von Fremd- und Selbstgefährdung (nach Tatherrschaftskriterien) zu verweisen und andererseits eine anderweitige Differenzierung mit Hilfe eben dieser beiden Rechtsbegriffe vorzunehmen. Vielmehr scheint es angezeigt, das eigentliche, für die objektive Zurechnung entscheidende Merkmal aller Gefährdungskonstellationen (nach der Terminologie der h.M. also sowohl der Fremd- als auch der Selbstgefährdung) in den Vordergrund zu stellen: die Eigenverantwortlichkeit des Opfers.

f) Allgemeine Anforderungen an die Eigenverantwortlichkeit

Mangels der Existenz von unmittelbar anwendbaren Maßstäben im StGB stellen der BGH[854] und die h.L.[855] zur Bestimmung der Anforderungen an die Eigenverantwortlichkeit des Opfers zum einen auf die Kriterien der rechtlichen Verantwortlichkeit im Falle einer Fremdschädigung und die entsprechend geltenden Exkulpationsregeln gem. §§ 19, 20, 35 und § 3 JGG ab. Zum anderen greifen sie auf die Regeln mittelbarer Täterschaft zurück und verneinen eigenverantwortliches Handeln des Opfers erst dann, wenn der gefährdende Beteiligte (als Hintermann) kraft überlegenen Sachwissens das Risiko besser erfasst als der Gefährdete. Dabei sei für die Annahme der Eigenverantwortlichkeit des Opfers jedoch Grundvoraussetzung, dass dieses das eingegangene Risiko selbst erkennt und mit ihm einverstanden ist. Erst mit dem gefährlichen, in seiner möglichen Tragweite überblickten Verhalten könne es das Risiko der Realisierung der Gefahr überhaupt übernehmen.[856]

Hingegen wird zum Teil die Ansicht vertreten, dass es beim Opfer zur Annahme der Eigenverantwortlichkeit schon ausreiche, wenn das Opfer lediglich die tatsächlich eingegangene Gefahr habe erkennen müssen. Auf eine positive Kenntnis oder ein zumindest billigendes Inkaufnehmen der Gefahr komme es dafür gar nicht unbedingt an.[857] Am weitesten geht dabei der Ansatz Jakobs, der eine Erfolgszurechung bzw. eine Zuständigkeit für den Schadensverlauf auch in den Fällen verneint, in denen der Rechtsgutinhaber die eingegangene Gefahr sorgfaltswidrig nicht erkannt habe.[858] In concreto könne dabei ein unbewusst sorgloser Umgang mit eigenen Gütern den Schädiger sogar auch dann noch entlasten, wenn das Risiko von dem Schädiger in einer Vorsatz begründenden Weise bedacht wurde.[859]

---

[854] BGHSt 32, 38; NJW 00, 2286, (2287); 03, 371, (372); JR 01, 246, (247).
[855] SchSch/Cramer, (24. Aufl.) § 25, Rdn. 22ff.; Dölling, GA 84, 71, (78); Roxin, AT, § 11, Rdn. 97; siehe dazu umfassend Kindhäuser, Nomos-Lehrbuch, § 11, Rdn. 24ff.
[856] BGHSt 32, 262, (265).
[857] Jakobs, AT 7/129; Schild, S. 85 und 89; P. Frisch, Das Fahrlässigkeitsdelikt, S. 120ff; ähnlich auch Donatsch, SchwZStR 107 (1990), 400, (413).
[858] Darüber hinaus geht Jakobs in AT 7/129, soweit, dass er eine Haftung des Schädigers auch dann ausschließt, wenn das Opfer selbst den Schadensverlauf nicht einmal erkennen konnte. Aufgrund der Heraufbeschwörung eines Sonderrisikos sei das Opfer auch in solchen Fällen für die eigenen Verletzungen zuständig und verantwortlich.
[859] Jakobs, aaO.

Mit dieser Auffassung schießt Jakobs jedoch nicht nur weit über das Ziel hinaus, er bleibt zudem auch jeden stichhaltigen Beleg für seine These schuldig. Insbesondere ist nicht nachvollziehbar, weshalb bei vollständiger Kenntnis der Gefahr beim Beteiligten und gleichzeitiger (wenn auch fahrlässiger) Nichtkenntnis der Gefahr beim Opfer eine Straffreistellung die Folge sein soll. Weshalb angesichts dieses Übergewichts bzw. ausschließlichen Vorhandenseins an Risikowissen auf Seiten des Mitwirkenden noch von einer eigenverantwortlichen Handlung des Opfers die Rede sein kann, bleibt unerfindlich. In dieser konkreten Ausgestaltung läuft diese Vorgehensweise geradezu auf eine willkürliche Schutzlosstellung des Opfers hinaus und verdient daher deutlichen Widerspruch.

Vorsichtiger und gewissenhafter, weil differenzierter, vertritt Schild die Ansicht, dass ein freiverantwortliches Handeln des Opfers nicht zwingend dessen positive Gefahrenkenntnis voraussetze.[860] Da eine fahrlässige Deliktsbegehung auch ohne Wissen um das Risiko in der Form der unbewussten Fahrlässigkeit möglich sei, müsse in diesem Fall auch lediglich auf das „potentielle" Risikowissen des Opfers im Vergleich zu dem des Täters abgestellt werden.[861] Beim Opfer genüge daher zur Annahme dessen Eigenverantwortlichkeit ein ebenso sorgloses oder leichtfertiges Verhalten wie das des anderen Beteiligten.[862]

Folgendes wird dabei deutlich: Anders als bei Jakobs, erfordert es nach Ansicht von Schild zur Verneinung der Eigenverantwortlichkeit zu Recht stets eines Übergewichtes an Risikowissen beim Beteiligten, sei es des positiven aktuellen oder des nicht positiv vorhandenen, aber potentiellen Risikowissens. Zu hinterfragen ist dabei allerdings, ob dieser zumindest gleich hohe Grad an potentiellem Risikowissen des Opfers im Vergleich zum Täter und damit die bloße, zumindest gleich hohe vorhandene Erkennbarkeit der eingegangenen Gefahr beim Opfer dafür ausreichend sein kann, das Handeln des Opfers im Ergebnis als freiverantwortlich zu qualifizieren.

Im Ergebnis ist dies zu bezweifeln; bereits die isolierte These, dass die bloße Erkennbarkeit der Gefährdungssituation für den Rechtsgutträger unter Umständen zu einem Unrechtsausschluss beim Täter führen kann, baut auf schwankendem Grund.

Nicht nur, dass dies einer systemfremden Einführung des aus dem Zivilrecht bekannten Abwägungsvorganges von Mitverschulden gleichkäme, sondern es liefe auch darauf hinaus, dass das Opfer, um dem eigenen strafrechtlichem Schutz nicht verlustig zu werden, dazu verpflichtet sei, ständig nach möglichen Gefahrenquellen Ausschau zu halten.[863] Dadurch würden dem Opfer unangemessen hohe Selbstschutzpflichten auferlegt werden; zudem würde aus einem „dem Recht entzogenen Bereich des Selbst-Seins" ein den gegenseitigen Umgang „bestimmendes Prinzip rechtlich verbindlichen Selbstschutzes" werden.[864] Lediglich der Vorwurf an den Rechtsgutträ-

---

[860] Schild, S. 85 und 89; im Vergleich dazu Schild, Jura 82, 520, (526), mit Blick auf die Risikoeinwilligung, für deren Einschlägigkeit die Erkennbarkeit der Gefahr für das Opfer (unstreitig) nicht ausreichen, sondern eine bewusste Kenntnis der Gefahr voraussetzen würde.

[861] Schild, S. 85.

[862] Schild, aaO.

[863] Vgl. Ensthaler, S. 106.

[864] So zutreffend Zaczyk, S. 62.

ger, bei Vornahme einer objektiv gefährlichen Tätigkeit eben diese Gefahr fahrlässigerweise nicht erkannt zu haben, kann daher kaum nachvollziehbar eine Eigenverantwortlichkeit des Opfers bedingen. Taugliche Grundvoraussetzung dafür kann nur sein, dass die Gefährdung (sei es nach Ansicht der bisher h.M. sowohl die Fremd- als auch die Selbstgefährdung) einverständlich, also mit hinreichender Kenntnis oder zumindest unter billigender Inkaufnahme der Gefahr durch das Opfer, erfolgt ist.[865]

g) Umstrittener Maßstab der Eigenverantwortlichkeit und Erörterung der einschlägigen Argumentationslinien

Umstritten ist die Frage, ob als Maßstab zur Bestimmung der Eigenverantwortlichkeit des Rechtsgutinhabers gem. der h.M.[866] (freilich neben dessen hinreichenden Kenntnis der Gefahr und der mangelnden Wissensüberlegenheit des Mitwirkenden) die Voraussetzungen der §§ 19, 20, 35 StGB, § 3 JGG analog heranzuziehen sind oder gem. einer anderen Ansicht im Schrifttum[867] die Maßstabsbestimmung der Eigenverantwortlichkeit insgesamt nach den Kriterien der Einwilligungsregeln i.V.m. der Dogmatik zur Ernstlichkeit des Verlangens i.S.d. § 216 zu erfolgen hat.[868]

Einschlägigen Bekanntheitsgrad hat diese Problematik und die damit verbundene wissenschaftliche Diskussion insbesondere aus dem Suizidbereich erfahren, und zwar speziell bei der Frage nach der Abgrenzung zwischen der Beteiligung an einer eigenverantwortlichen Selbsttötung und der vorsätzlichen Tötung in mittelbarer Täterschaft. Ungeachtet des Umstands, dass sich diese spezielle Thematik unmittelbar auf den Vorsatzbereich, also auf zumindest mit dolus eventualis durchgeführte Selbst- bzw. Fremdtötungen, bezieht, beanspruchen beide genannte Ansichten für sich die durchaus erfolgreiche Übertragbarkeit ihrer dogmatischen Ansätze auch auf den Fahrlässigkeitsbereich[869] und den Fall der einverständlichen Gefährdung des Opfers.

Bei der Bestimmung der Eigenverantwortlichkeit rekurriert der BGH seit Jahren auf die gesetzlichen Grundsätze der mittelbaren Täterschaft und somit auf die Maßstäbe der Verantwortungsfähigkeit bei der Verletzung fremder Rechtsgüter gem. §§ 19, 20, 35 StGB, 3 JGG analog.[870] Während der BGH diese Auffassung, ohne dabei eine nennenswerte Begründung mitzuliefern, zur Grundlage seiner Rechtsprechung ge-

---

[865] Zu weit hingegen geht der Vorschlag Kindhäusers in LPK, Vor § 13, Rdn. 126, der sich dafür ausspricht, die objektive Zurechnung zu Lasten des Täters auch dann zu bejahen, wenn dieser das Risiko noch weniger überblickt als das Opfer, sich also faktisch in einer unterlegenen Wissensposition befindet, ihm aber hinsichtlich seines Wissensdefizites Fahrlässigkeit zur Last fällt.

[866] BGHSt 32, 38; 32, 262; NJW 00, 2286, (2287); 03, 371, (372); JR 01, 246, (247); Roxin, Dreher-Festschrift, S. 341ff.; ders., NStZ 84, 71; Charalambakis, GA 86, 485, (498ff.); Hirsch, JR 79, 429, (432); Bottke, GA 83, 22, (30ff.); siehe auch Paetzold/Riemenschneider, NJW 97, 2420, (2424).

[867] Herzberg, JuS 84, 369; JA 85, 336ff. und JZ 88, 182; SchSch/Lenckner, vor § 32, Rdn. 52a; Neumann, JuS 85, 677, (679); W. Frisch, Tatbestandsmäßiges Verhalten, S. 165ff.

[868] Vgl. zu diesem Themenbereich auch Dölling, GA 84, 71, (78); Wessels/Beulke, AT, Rdn. 189; LPK/Kindhäuser, Vor § 13, Rdn. 124f.; vgl. auch W. Frisch, Tatbestandsmäßiges Verhalten, S. 166ff.

[869] Siehe BGH, aaO.; Wessels/Beulke, aaO.; vor allem auch Herzberg, JA 85, 226, (343).

[870] Siehe BGH, aaO.

macht hat, haben sich insbesondere Roxin[871] und Bottke mit dem Gegenvorschlag, der insbesondere von Herzberg vertreten wird, argumentativ auseinandergesetzt. Roxin verweist darauf, dass der Gesetzgeber die Verantwortlichkeit für eigenes Handeln nie den ungeschriebenen und ungesicherten Regeln der nur für Fremdtaten maßgebenden Einwilligung, sondern stets analog den §§ 19, 20, 35 StGB, 3 JGG unterworfen habe.[872] Bottke verweist in concreto auf einen Vergleich aus dem Suizidbereich. Der Suizident werde nach den §§ 19, 20, 35 StGB, 3 JGG analog genau dann als eigenverantwortlich angesehen, wenn ihm eine suizidversuchbewirkte Drittgefährdung nach den §§ 25 I, 19, 20, 35 StGB, 3 JGG als schuldhaft handelndem Täter zugerechnet würde.[873]

Auszeichnendes Charakteristikum dieser Lösung sei daher die strenge „Gesetzestreue", während das Konkurrenzmodell als eher gesetzesfern einzustufen sei.[874]

Herzberg[875] hingegen plädiert für eine engere Bestimmung der Eigenverantwortlichkeit, in concreto für die Anwendung der Maßstäbe der Verantwortungsfähigkeit eines in die Verletzung einwilligenden Rechtsgutinhabers i.V.m. der Dogmatik zur Ernstlichkeit des Verlangens i.S.d. § 216. Maßgeblich sei, ob das Opfer bei seinem Gefährdungsentschluss alle allgemeinen Voraussetzungen der rechtfertigenden Einwilligung erfüllt und diesen somit insbesondere frei von (jeglichen) Willensmängeln gefasst habe.

Darüber hinaus müsse das Opfer den riskanten Akt auch „ernstlich" i.S.d. § 216 gewollt haben.[876] Nur wenn diese Voraussetzungen erfüllt seien, könne eine Werkzeugqualität des Gefährdeten ausgeschlossen werden. Für diesen Ansatz sprächen insbesondere die inneren Widersprüche der Gegenansicht und deren in Einzelfällen unbefriedigende Ergebnisse wie im Falle des Motivirrtums.[877] Vor allem die von der h.M. vorgetragene Argumentation der strengen Gesetzestreue i.V.m. der Anwendung der strafrechtlichen Schuldregeln könne kaum in Anspruch genommen werden, da diese eindeutig nur bei tatbestandsmäßigen Unrechtstaten Anwendung fänden.[878] Gefährdungen der eigenen Rechtsgüter seien nämlich tatbestandslose, unverbotene Handlungen und keine Fälle von Fremdschädigungen, so dass von gesetzestreuer Anwendung der strafrechtlichen Schuldregeln keine Rede sein könne.[879]

In der Tat erscheint es bei der vorliegenden Meinungslage allzu simplifizierend, mit Hilfe des Argumentationsschlagwortes „Gesetzestreue" eine entscheidende Präferenz zugunsten einer der beiden Ansichten auszumachen. Allerdings ist darauf hinzuweisen, dass die h.M. auch gar nicht erst unterstellt, dass hier eine direkte Anwen-

---

[871] Roxin, NStZ 84, 71.
[872] Roxin, aaO.
[873] Bottke, GA 83, 22, (36).
[874] Bottke, GA 83, 22, (36f.).
[875] Herzberg in JuS 84, 369 und in JA 85, 336ff.
[876] Herzberg, JA 85, 336, 343 und 344; ebenso Neumann, JuS 85, 677, (680).
[877] Dazu dezidiert Herzberg, JA 85, 336ff., speziell zum Motivirrtum siehe S. 339f.; in der Sache ähnlich Zaczyk, S. 43.
[878] Herzberg, aaO., (344).
[879] Herzberg, aaO.

dung der strafrechtlichen Schuldfähigkeits- und Entschuldigungsvorschriften zum Zuge kommt. Vielmehr wird, insofern plausibel, nur eine analoge Anwendung in Betracht gezogen, da die Gefährdung der eigenen Person aus Sicht des Opfers evidenterweise keine Fremdtat bzw. keine Verletzung fremder Rechtsgüter darstellt. Der grundlegende Hinweis der h.M. darauf, dass der Gesetzgeber die Verantwortlichkeit für eigenes Handeln stets nach den strafrechtlichen Schuldvorschriften behandelt, erfolgt zu Recht. Aus diesem isolierten Umstand heraus jedoch die Gesetzestreue als zugkräftiges Argument für diese Vorgehensweise herauszustellen, erweist sich aber schon aufgrund der bloßen Erforderlichkeit der genannten Analogieziehung als zu weitgehend.

Roxin bringt jedoch einen interessanten Vergleichsansatz zur Sprache, der, weiter entwickelt, zur Rechtfertigung der oben gezogenen Analogie herangezogen werden könnte: Zwar fehlt bei der Schädigung der eigenen Rechtsgüter mangels Verbotenseins „das Gegenmotiv der Furcht vor Strafe; da aber der Mensch immer noch lieber andere als sich selbst schädigt, hat die Furcht vor der Beeinträchtigung eigener Interessen eine hemmende Wirkung von mindestens gleicher Stärke“.[880] Dies ist in der Tat ein plausibler Gedankenansatz, der die Grundlage für eine analogiebegründende, vergleichbare Interessenlage zu bilden imstande ist und daher kein ungewichtiges Argument für die h.M. darstellt.

Darüber hinaus erscheint der Lösungsansatz Herzbergs, welcher auch bei Fahrlässigkeitsdelikten des Mitwirkenden bzw. bei lediglich bewussten Gefährdungen der eigenen Person durch das Opfer dessen Eigenverantwortlichkeit u.a. an den Kriterien der „Verlangenslehre“ gem. § 216 messen lassen will, deutlich fern liegender. Dabei muss allerdings berücksichtigt werden, dass Herzberg generell seinen hier dargestellten Lösungsansatz ausdrücklich nur im Hinblick auf Suizidakte und fahrlässige, lebensgefährliche Verhaltensweisen vertritt. Da der vorliegende Untersuchungsrahmen jedoch thematisch weit über den Bereich (nur) lebensgefährlicher Gefährdungen hinausgeht bzw. vielmehr überwiegend simple Körperverletzungsrisiken umfasst, ist dies ein Grund mehr, auf die Heranziehung dieses, nur auf die (vorsätzliche) Lebensbeendigung abzielenden Maßstabs aus § 216 zu verzichten und folglich die benannten Kriterien der h.M. zur Bestimmung der Eigenverantwortlichkeit heranzuziehen.

h) Zwischenergebnis

Der hier deshalb vorgeschlagene, allgemein anwendbare Maßstab der Eigenverantwortlichkeitsgefährdung lässt sich daher im Ergebnis wie folgt zusammenfassen:

Realisiert sich in der Verletzung des Rechtsgutinhabers jene Gefahr, welche dieser sowohl unter Abwesenheit eines Verantwortlichkeitsdefizites i.S.d. §§ 19, 20, 35 StGB, 3 JGG analog als auch unter Abwesenheit eines überlegenen Sachwissens des Täters zumindest billigend in Kauf genommen und somit eigenverantwortlich übernommen hat, ist ungeachtet dessen, ob der Täter unmittelbar oder lediglich mit-

[880] Roxin, 3. Aufl., Täterschaft und Tatherrschaft, S. 604.

telbar die gefährliche Handlung vornimmt[881], die objektive Zurechnung ausgeschlossen und der Täter straflos.[882]

i) Anwendung des vorgeschlagenen Maßstabs der Eigenverantwortlichkeitsgefährdung auf die praktischen Fallbeispiele

Wendet man den hier vorgeschlagenen gefährdungskonstellationsübergreifenden Eigenverantwortlichkeitsmaßstab auf die sieben, im Rahmen dieser Untersuchung benannten (und an bekannten Rechtsprechungsfällen angelehnten), außersportlichen Beispielsfälle[883] an, so ergibt sich Folgendes:

1) Im Memelfall hat sich durch das Ertrinken des Fahrgastes infolge der sturmbedingten Kenterung des Bootes unmittelbar jene Gefahr realisiert, die der Fahrgast selber erkannt und zumindest billigend in Kauf genommen hat. Da der Fährmann den Gast vollständig über die Gefahren einer Bootsfahrt bei stürmischem Wetter aufgeklärt hat, demzufolge auch kein überlegenes Sachwissen des Fährmanns vorlag und zudem angesichts mangelnder entgegenstehender Anhaltspunkte auch kein Verantwortlichkeitsdefizit auf Seiten des Fahrgastes anzunehmen ist, ist hier von einer zurechnungs- und strafausschließenden Eigenverantwortlichkeitsgefährdung des Fahrgastes auszugehen.

Anders stellt sich allerdings die Situation dar, hätte der Fährmann den Fahrgast über die von ihm selbst erkannte Gefährlichkeit der Bootsfahrt im Unklaren gelassen. In diesem Fall käme man angesichts des überlegenen Sachwissens des Fährmanns nicht zum Ergebnis einer vorliegenden eigenverantwortlichen Gefährdung des Fahrgastes und folglich zu einer Strafbarkeit des Fährmanns gem. § 222. Eine entsprechende Strafbarkeit des Fährmanns käme auch dann in Betracht, wenn das Boot nicht aufgrund des stürmischen Wetters, sondern wegen eines anderen Defektes am Boot, wie z.B. einem Leck im Rumpf desselben, kentern würde. In diesem Fall hätte sich in der Kenterung des Bootes gerade nicht jene Gefahr realisiert, die vom Fahrgast erkannt und zumindest billigend in Kauf wurde (nämlich die Kenterung des Bootes infolge des Sturmes), sondern eine vollständig andere (nämlich die Kenterung des Bootes infolge des Lecks).

Zum Ergebnis der Straflosigkeit des Fährmanns im Ausgangsfall ist im Übrigen auch das Reichsgericht[884] – wenn auch freilich unter Heranziehung anderer dogmatischer Erklärungsansätze – gekommen. Da der Fahrgast „das Gefährliche der beabsichtigten Fahrt vollständig und in genau demselben Maße wie der Angeklagte" überblickt habe und der Fährmann „bei der Ausführung des Unternehmens die ihm [...] oblie-

---

[881] Also unabhängig davon, ob es sich nach Ansicht der h.M. – gemessen an den Tatherrschaftskriterien - um eine Fremd- oder eine Selbstgefährdung handelt!

[882] Ausnahmen dieses allgemein anwendbaren Maßstabes können sich jedoch ggf. in den sog. „Retterfällen" ergeben. Ein ausführliches Eingehen auf diese spezielle Problematik würde jedoch den angedachten Rahmen dieser Untersuchung sprengen; siehe zu den einschlägig vertretenen Lösungsansätzen in den „Retterfällen" die detaillierten Ausführungen Kretschmers in SpuRt 2002, 4ff.

[883] Siehe die entsprechenden Sachverhalte auf S. 63ff.

[884] RGSt 57, 172ff.

gende Aufmerksamkeit und Sorgfalt"[885] auch nicht vernachlässigt habe, sei der konkrete Vorwurf der Pflichtwidrigkeit zu verneinen. Daran zeigt sich, dass bereits schon das Reichsgericht dem Aspekt der Eigenverantwortung – wenn auch in Anwendung der dogmatisch zweifelhaften Konstruktion der sog. „Theorie des Wegfalls der allgemeinen Pflichtwidrigkeit[886] - eine besondere Stellung eingeräumt hat.

2) Auch im Motorrollerfall hat sich die von dem zu Tode Gekommenen und den verletzten Mitfahrern bewusst eingegangene Gefahr – nämlich die eines auf die Überladung des Rollers zurückzuführenden Sturzes - in den anschließenden Todes- und Verletzungsfolgen realisiert. Da der Fahrer des Rollers kein anderweitiges überlegenes Sachwissen hatte und angesichts mangelnder weiterer Anhaltspunkte hinsichtlich etwaiger Verantwortlichkeitsdefizite bei den Mitfahrern ist auch hier von einer zurechnungsausschließenden, eigenverantwortlichen Risikoübernahme der Mitfahrer auszugehen.

Eine Strafbarkeit des Fahrers wegen fahrlässiger Tötung gem. § 222 und fahrlässiger Körperverletzung gem. § 229 wäre allerdings dann zu bejahen, wenn für den Sturz nicht die Überladung des Rollers, sondern andere Defekte am Fahrzeug, wie z.B. defekte Bremsen, oder eigenständige Fahrfehler („Exzesse") des Fahrers ursächlich gewesen wären, da dann keine bewusste Übernahme der sich im konkreten Erfolg realisierten Gefahr vorgelegen hätte. Eine strafrechtliche Haftung des Fahrers wäre auch dann gegeben, wenn sich die gestürzten Mitfahrer bei Antritt der Fahrt in einem vollrauschähnlichen, die Voraussetzungen des § 20 erfüllenden Zustand, befunden hätten oder der Fahrer hinsichtlich der konkreten Gefahrintensität einer Überladung überlegenes Detailwissen gehabt hätte.

Der BGH[887] kommt in diesem Fall, unter Anwendung der Einwilligungsgrundsätze, zu dem Ergebnis eines Freispruchs des Fahrers hinsichtlich der in Rede stehenden fahrlässigen Körperverletzungen gem. § 229, nicht jedoch hinsichtlich der fahrlässigen Tötung gem. § 222. Begründet wird die entsprechende Verurteilung mit der im Rahmen dieser Untersuchung mehrfach erörterten und kritisierten Fernwirkung des § 216[888], aus welcher der BGH die Unwirksamkeit der (Risiko-) Einwilligung herleiten will.[889]

3) Die in Bezug auf den Motorrollerfall dargelegten Ausführungen lassen sich zu großen Teilen auch auf den Trunkenheitsfahrt- oder Mitfahrerfall transferieren. Der hier maßgebliche Unterschied zwischen beiden liegt lediglich in dem vom jeweiligen Opfer bewusst eingegangenen Gefahrenumstand. Während im ersteren Falle die Gefahrenquelle der erkannte herbeigeführte technische „Defekt" in Gestalt der Überladung des Rollers darstellt, ist dies im letzteren Falle der erkannte physische, durch Alkoholgenuss herbeigeführte „Defekt" des Mitfahrers. Ein strafausschließender Zurechnungsausschluss ist angesichts der Realisierung der akkurat vom Mitfahrer billi-

---

[885] RGSt 57, 172, (174).
[886] Siehe schon die kritischen Ausführungen zu dieser Theorie auf den S. 130ff.
[887] BGH VRS 17, 277.
[888] Siehe den Verweis in BGH VRS 17, 277, (279) auf die Begründung in BGHSt 4, 88, (93).
[889] Siehe dazu bereits die Ausführungen auf S. 80ff. und S. 139f.

gend in Kauf genommenen Gefahr, nämlich des vom Fahrer alkoholbedingt verursachten Unfalls, zu bejahen.

Das OLG Celle[890] hat in diesem Falle ebenfalls eine Strafbarkeit wegen fahrlässiger Körperverletzung gem. § 229 verneint, dies allerdings - in konsequenter Anwendung der BGH-Rechtsprechung - mit der Annahme einer rechtfertigenden (Risiko-) Einwilligung des Opfers in eine fahrlässige Körperverletzung begründet.

4) Im Heroinspritzenfall ist ohne größere Probleme von einer zurechnungs- und strafausschließenden Eigenverantwortlichkeitsgefährdung des infolge des Heroinkonsums Verstorbenen auszugehen. Da das spätere Opfer a) bewusst die Gefahr eingeht, welche mit der Injizierung des Heroins verbunden ist, b) ungeachtet seines regelmäßigen Drogenkonsums angesichts mangelnder entgegenstehender Anhaltspunkte auch verantwortlich handelt und zudem c) kein überlegenes Sachwissen des spritzenbeisteuernden Freundes vorliegt, ist eine Strafbarkeit des Freundes wegen fahrlässiger Tötung gem. § 222 nicht zu bejahen.

Zum gleichen Ergebnis kommt auch der BGH, der mit seiner Entscheidung im Heroinspritzenfall[891] und der dortigen Einführung der Selbstgefährdungsdoktrin einen maßgeblichen Wendepunkt der Rechtsprechungsentwicklung eingeläutet und somit (zu Recht) eine Abkehr von der übergreifend - eindimensionalen Anwendung der Einwilligungsgrundsätze vollzogen hat.

Im Gegensatz zu den drei zuvor behandelten Fallgestaltungen handelt es sich hier (die kritisierten Abgrenzungskategorien der h.M. nach Tatherrschaftsgesichtspunkten angewendet) um einen Fall der Selbstgefährdung des Betroffenen, da dieser die unmittelbar eigengefährdende Handlung (die Injizierung der Drogen) eigenhändig vornimmt. Der eigentliche Unterschied zwischen der Selbstgefährdungsdoktrin des BGH und dem hier vertretenen Ansatz zeigt sich deutlich, wenn man hypothetisch annimmt, dass nicht das Opfer selbst, sondern der mitkonsumierende Freund (quasi als Hilfestellung) das „Abdrücken“ der Spritze vornimmt.

Während der BGH dann aufgrund dieses rein objektiv und phänomenologisch differenzierten Umstands nunmehr eine einverständliche Fremdgefährdung annimmt, die an den Einwilligungskriterien zu messen sein soll und im Falle des Todeseintritts wegen der (vermeintlichen) Fernwirkung des § 216 eine Strafbarkeit des Freundes nach § 222 zur Folge hat, führt dieser (fast zufällige) sachverhaltsbezogene Unterschied nach hiesiger Betrachtungsweise zu keinem anderen Ergebnis. Anders als im Falle der zu Recht vorzunehmenden Abgrenzung zwischen einerseits der Tötung auf Verlangen gem. § 216 und andererseits der straflosen Beihilfe zum Selbstmord, denen jeweils die beidseitige vorsätzliche Verwirklichung eines (Tötungs-) Erfolges zugrunde liegen, stellt sich eine unterschiedliche dogmatische Bewertung in den hier rele-

---

[890] OLG Celle, NJW 64, 736. Ähnlich auch der Sachverhalt in BGHSt 6, 232; allerdings stand in diesem Falle vor allem die Deliktsverwirklichung der §§ 315a, 316 in Rede, in deren Begehung mangels Dispositionsfähigkeit der dort geschützten Rechtsgüter (Schutz der Allgemeinheit) das Opfer nicht einwilligen könne.
[891] BGHSt 32, 262.

vanten, nicht auf einen tatbestandlichen Erfolg gerichteten Gefährdungskonstellationen aus den schon dargelegten Gründen[892] als wenig überzeugend dar.

5) Wie schon der Heroinspritzenfall ist auch der Motorradwettfahrtfall gemäß den Tatherrschaftskriterien der h.M. als ein Fall der Selbstgefährdung des Opfers zu kennzeichnen. Sowohl nach Maßgabe der heute noch gültigen Selbstgefährdungsdoktrin des BGH als auch des hier vertretenen gefährdungskonstellationsübergreifenden Eigenverantwortlichkeitsmaßstabs scheidet eine Strafbarkeit des an der Wettfahrt ebenfalls teilnehmenden Fahrers wegen fahrlässiger Tötung gem. § 222 aus. Zum einen hat sich in der durch die vorgenommene riskante Wettfahrt zumindest billigend in Kauf genommene Gefahr eines Sturzes in dem tödlichen Ausgang realisiert; zum anderen ist von einer uneingeschränkten Verantwortlichkeit des Opfers sowie von einem gleich ausgeprägten Sachwissen bei beiden Fahrern auszugehen.

Eine objektive Erfolgszurechnung wäre allerdings dann (nach beiden Lösungsvarianten) zu bejahen, wenn der Sturz nicht auf einem eigenen missglückten Fahrmanöver, sondern auf einem Fahrfehler des anderen Wettfahrtteilnehmers beruhen würde.

Der BGH hat im Übrigen (freilich noch vor der Entwicklung der Selbstgefährdungsdoktrin) in einem ähnlich gelagerten Fall[893] eine Strafbarkeit des anderen Fahrers wegen fahrlässiger Tötung gem. § 222 in Anwendung der Einwilligungsgrundsätze und unter Zugrundelegung der Fernwirkung des § 216 angenommen; allerdings ging der BGH konkret davon aus, dass der Angeklagte die Gefahr deutlicher übersah als das schon leicht alkoholisierte Opfer.[894] Eine solche Feststellung würde auch nach heute geltender Rechtsprechung und dem hier vorgeschlagenen Ansatz zur Strafbarkeit des anderen Wettfahrtteilnehmers führen.

6) Eine die HI-Virus-Fälle in besonderem Maße prägende Problemstellung in der Strafrechtsdogmatik der letzten 15 Jahre liegt vornehmlich in der Frage, ob es sich - gemessen an den Kriterien der h.M. - um eine Fallgestaltung der Fremd- oder Selbstgefährdung handelt. Zwar liegt es - wie bereits erörtert - nahe, im Falle einverständlich durchgeführten Geschlechtsverkehrs von einer Selbstgefährdungslage auszugehen[895], jedoch spielt dieses Ergebnis nach der hier vertretenen Auffassung keine maßgebliche Rolle. Da der gefährdete Partnerteil vollumfänglich über das bestehende Infektionsrisiko, welches aus dem ungesicherten Geschlechtsverkehr herrührt, aufgeklärt ist und der infizierte Teil auch nicht kraft überlegenen Sachwissens das Risiko besser erfasst als der gefährdete Teil, ist hier evidenterweise von einer zurechnungs- und tatbestandsaussschließenden Eigenverantwortlichkeitsgefährdung des Opfers auszugehen.

In dem vom BGH entschiedenen, vom Sachverhalt her im Vergleich zu Fall 6) etwas anders gelagerten HI-Virus-Fall[896] kommt der BGH aufgrund der durch den Infizierten

---

[892] Siehe die entsprechenden Ausführungen auf S. 146ff.
[893] BGHSt 7, 112.
[894] Siehe BGHSt 7, 112, (115).
[895] Siehe dazu die Ausführungen auf S. 70ff.
[896] Siehe BGHSt 36, 1.

nicht erfolgten Inkenntnissetzung des anderen über die Erkrankung zum Ergebnis der Nichteinschlägigkeit einer eigenverantwortlichen Selbstgefährdung.[897]

7) Im Auto-Surfer-Fall hat sich im konkreten Verletzungserfolg beim Surfenden exakt jene Gefahr in der Form des Sturzes realisiert, die dieser gemeinsam mit dem Fahrer des Wagens durch das Autosurfen billigend in Kauf genommen haben. Da sich der Fahrer zudem an die zuvor mit dem Autosurfer getroffene Absprache einer Fahrgeschwindigkeit von 70 km/h gehalten hat, ist von einer einverständlichen und ohne überlegenes Sachwissen des Fahrers erfolgten Eigenverantwortlichkeitsgefährdung des „Surfers" auszugehen.

Das OLG Düsseldorf[898] nimmt in diesem Fall in konsequenter Anwendung der h.M. eine einverständliche Fremdgefährdung des Surfenden an und wendet folglich die (Risiko-)Einwilligungsgrundsätze an. Das Gericht sieht zwar einerseits die Autosurferfahrt mit einer Geschwindigkeit von 70 km/h als vom Einwilligungsumfang des Surfenden erfasst an, andererseits kommt es jedoch mittels der Einbeziehung von Tatzwecküberlegungen[899] im Rahmen der Sittenwidrigkeitsprüfung i.S.d. § 228 zum Ergebnis der Unwirksamkeit der Einwilligung[900] und somit zur Strafbarkeit des Fahrers wegen fahrlässiger Körperverletzung gem. § 229.

5) Anwendung der Grundsätze der Eigenverantwortlichkeitsgefährdung auf Sportverletzungen

Bevor man der Frage nach einem Transfer des zuvor vorgeschlagenen dogmatischen Ansatzes auch auf Fälle der untersuchungsrelevanten Sportverletzungen nachgeht, ist vorab festzustellen, dass zwei zusammenhängende und im Zuge dieser Untersuchung benannten und erörterten Problemfelder der Sportverletzungsthematik durch die besondere Eigenart der hier entwickelten Lösung weggefallen sind bzw. ihren eigenen Status verloren haben.

---

[897] Da der BGH sogar das Vorliegen eines auf einen Körperverletzungserfolg gerichteten bedingt vorsätzlichen Verhaltens des Infizierten bejaht, käme nach hiesiger Ansicht – auch bei vollständiger Inkenntnissetzung des Opfers - einer eigenverantwortlichen Selbst*gefährdung* keine strafausschließende Wirkung zu; siehe dazu mit Begründung schon die Ausführungen auf S. 126ff. Es wäre jedoch – in diesem Falle der vorher erfolgten vollständigen Inkenntnissetzung des Opfers über die Infizierung des anderen - von einer eigenverantwortlichen Selbst*verletzung* des Opfers auszugehen. Da beide Seiten in gleicher Weise vollständige Kenntnis von der vorhandenen Infizierung des einen Teils hätten, wäre es nämlich fern liegend anzunehmen, dass ein „bedingter Verletzungsvorsatz" nur auf Seiten des Infizierten, nicht aber auf Seiten des Opfers gegeben ist. Insofern müsste dann konsequenterweise auch eine strafausschließende, weil nicht beteiligungsfähige „bedingt vorsätzliche" Selbst*verletzung* des Opfers angenommen werden.

[898] OLG Düsseldorf, NStZ-RR 97, 325.

[899] OLG Düsseldorf, aaO., (327).

[900] Zu der Kritik an der Anwendung des § 228 in den vorliegenden Fällen und insbesondere der Heranziehung von Tatzweckbetrachtungen im Rahmen der Konkretisierung des Sittenwidrigkeitsmaßstabs siehe die Ausführungen auf S. 140ff.

a) Wegfall zweier Problemfelder im Sportbereich

Zum einen geht das von der h.M. vorgebrachte Hauptargument für eine strikte dogmatische Trennung von Fremd- und Selbstgefährdung im Fahrlässigkeitsbereich, nämlich eine Umgehung der §§ 216, 228 (ungeachtet dessen obig nachgewiesener Widerlegbarkeit) im konkreten Bereich der Sportverletzungen ins Leere. Dies schon deshalb, weil bei den hier einschlägigen kontaktreichen Mannschaftssportarten wie dem Fußball- und Handballsport eine nur äußerst geringe Lebensgefahr besteht und zudem die Ausübung dieser klassischen Mannschaftssportarten aufgrund ihrer unstrittig vorhandenen sozialen Anerkennung[901] nicht als sittenwidrig qualifiziert werden kann.

Zum anderen erübrigt sich die zum Teil äußerst schwer durchzuführende Abgrenzung zwischen Fremd- und Selbstgefährdung im sportlichen Wettkampf. Zur Erläuterung bedarf es eines kurzen Blickes zurück[902]: Aufgrund der im Zweikampf vorhandenen Sonderkonstellation, dass sowohl der eine als auch der andere Sportler potentieller Verletzender und Verletzter ist, es also hinsichtlich einer Verletzung jeden Akteur treffen könnte, stellt sich eine akkurate Abgrenzung von Fremd- und Selbstgefährdung als besonders diffizil heraus. Wie schon erörtert, wäre es von der Wertung her nahe liegender, in dieser Gefährdungskonstellation sui generis von einer (latenten) „einverständlichen Gegenseitigkeitsgefährdung" oder aber, wenn man im Ergebnis von einer Fremdgefährdung ausgehen wollte, von einer „einverständlichen, gegenseitigen Fremdgefährdung" zu sprechen.

Aufgrund des jedoch nunmehr anzunehmenden Zusammenfallens von Fremd- und Selbstgefährdung gemäß den hier vorgeschlagenen Grundsätzen der Eigenverantwortlichkeitsgefährdung ergeben sich für Sportverletzungen keine entsprechenden Abgrenzungsprobleme mehr.

b) Voraussetzungen einer zurechnungsausschließenden Risikoübernahme durch den verletzten Sportler

Problematischer ist es hingegen, konkret festzulegen, in welchen Fällen von einer strafausschließenden Risikoübernahme des verletzten Sportlers ausgegangen werden kann. Die entscheidende Frage lautet also: Unter welchen Umständen kann der konkrete Verletzungserfolg dem verletzenden Sportler bzw. dessen Verantwortungssphäre zugeordnet werden bzw. wann kann dem Opfer selbst wegen dessen (riskanten) sportlichen Teilnahmeverhaltens der Verletzungserfolg zugerechnet werden?

Ein erster Schritt zur Beantwortung dieser Frage kann darin liegen, durch einen Vergleich der jeweiligen Tatbeiträge von verletztem und verletzendem Sportler heraus-

---

[901] Siehe die entsprechenden Ausführungen in der Einleitung dieser Ausarbeitung zur allgemein hohen Bedeutung des Sports und der einschlägigen Sportarten.
[902] Siehe dazu die Ausführungen auf S. 72ff.

zufinden, auf welcher der beiden Seiten das „normative Gewicht", also der Verursachungsanteil an dem Eintritt des Verletzungserfolgs, höher wiegt.[903]

Bildlich vorstellbar wäre diese Wahrnehmung, wenn man die Verursachungsbeiträge der Beteiligten mit Gewichten in einer Waage vergleicht und dann die letztendliche Verantwortung für den Erfolg demjenigen zuschreibt, dem die tiefer hängende Waagschale zugeordnet ist; wobei eine Zurechnung zum Täterhandeln bereits dann nicht mehr in Betracht kommt, wenn der Gefährdete für das gemeinsame Tun zumindest dieselbe Verantwortung trägt wie der Gefährdende[904] und sich somit die Waagschalen quasi auf gleicher Höhe befinden.

Für die konkrete Abgrenzung und Abschichtung der Verantwortungsbereiche zwischen Gefährdendem und Gefährdetem lässt sich auf die entwickelten Kriterien der Eigenverantwortlichkeitsgefährdung zurückgreifen. Die erste maßgebliche Voraussetzung für eine zurechnungsausschließende Gefahrübernahme des Verletzten ist demzufolge, dass sich dessen eingegangenes Risiko im konkreten Verletzungserfolg realisiert haben muss.

Übertragen auf den sportlichen Zweikampf bedeutet dies, dass die konkrete Sportverletzung Folge des vom verletzten Sportler eingegangenen Risikos sein muss und daher nicht Folge etwaiger überschießender bzw. exzessiver Verhaltensweisen des verletzenden Sportlers sein darf. Nahe liegend erscheint es dabei, das als Sportler eingegangene Risiko auf Verhaltensweisen zu begrenzen, die nach der jeweiligen Charakteristik des sportlichen Wettkampfs her üblich und nicht fernab der normalen Vorstellung sind.

In terminologischer Hinsicht lässt sich eine Vielfalt an Ansätzen, die eben diesen Risikomaßstab zu spezifizieren in der Lage sind, kreieren und heranziehen: Zum einen kann man auf die Erheblichkeit des Abweichens des gegnerischen Handelns vom tatsächlich erwartbaren Geschehen, und somit auf den „Prognosehorizont" abstellen, welcher objektiv nach dem bisher in vergleichbaren Wettkämpfen Üblichen zu bestimmen ist.[905] Zum anderen kann die Grenze zwischen eingegangenem Risiko und exzessivem Täterverhalten dadurch markiert werden, indem man Letzteres erst dann bejaht, wenn das „sportartspezifische Grundrisiko"[906], der erwartbare Risikorahmen oder das beim Sport typische Risiko überschritten wird.

Mit Blick auf diese (allesamt brauchbaren) Formulierungsansätze fällt ein Umstand, der bei der strafrechtlichen Beurteilung von Sportverletzungen von zentraler Bedeutung ist und ein erhebliches Problempotential in sich birgt, sofort ins Auge.

---

[903] Vgl. Schild, aaO.
[904] Vgl. Niedermair, S. 135.
[905] Niedermair, S. 134.
[906] So Donatsch, SchwZStR 107, 400, (427), der aber diese Begrifflichkeit inhaltlich anders ausfüllt; zur zutreffend erforderlichen Differenzierung zwischen den verschiedenen Mannschaftssportarten siehe die Ausführungen im nächsten Abschnitt.

Dabei handelt es sich weniger um das (auch vorhandene) Problem der inhaltlichen Ausfüllung dieses Abgrenzungsmaßstabs als vielmehr um jenes der bei dieser Betrachtung anzuwendenden Perspektive. Wie schon den obigen Formulierungen sinngemäß zu entnehmen ist und zu Recht auch im Schrifttum erkannt wird, ist bei der Bestimmung der Reichweite des abgrenzungstauglichen, sportlichen Risikomaßstabs nicht auf höchstindividuelle variable Umstände abzustellen, sondern eine objektive (einheitliche) Betrachtungsweise heranzuziehen.[907]

Dieses Erfordernis ergibt sich aufgrund der atypischen Sonderkonstellation, die die Sportverletzungssachverhalte von den anderen Gefährdungsfallgestaltungen[908] im Strafrecht unterscheidet. Zum einen besteht konkret im Sport eine Gefährdungskonstellation sui generis, welche darin liegt, dass in einem sportlichen Wettkampf alle Beteiligten zugleich potentielle Verletzende und Verletzte sind („latente Gegenseitigkeitsgefährdung"), so dass hinsichtlich des von jedem Sportler „reziprok"[909] eingegangenen Risikos ein einheitlicher (allerdings je nach Professionalitätsstruktur der Durchführung variierender[910]) Grundmaßstab zu gelten hat. So kann beispielsweise für den robusten Abwehrspieler im Fußballsport kein anderer, weiter ausgelegter Risikorahmen zur Anwendung kommen als für den gleichzeitig am Spiel teilnehmenden wendigen und weniger körperbetont spielenden Stürmer. Dies würde auch angesichts der Erkenntnis, dass alle Sportler ihren Willen nach außen hin ja lediglich durch ihr bloßes (objektiv einheitliches, risikoträchtiges) Teilnahmeverhalten zum Ausdruck gebracht haben, zu untragbar unübersichtlichen Zuständen und unsachgerechten Ergebnissen führen. Da der Sport, und dabei insbesondere Mannschaftssportarten wie die hier relevante Fußball- und Handballsport, Massenphänomene sind, denen eine überindividuelle Organisation des sportlichen Wettkampfes zugrunde liegt[911], liegt die Heranziehung eines objektivierenden und einheitlichen Maßstabs für alle am Wettkampf teilnehmenden Sportler nahe.

Als tragfähig erscheint auch der in die gleiche Richtung gehende Erklärungsansatz Donatschs, gemäß dem im Sportbereich analog zum Vertrauensgrundsatz im Falle mangelnder gegenteiliger Anzeichen davon auszugehen ist, dass dem Einzelnen die konkreten mit seiner Sportausübung verbundenen Risiken bekannt sind.[912] Da gerade in Mannschaftssportarten kein individuelles Verhältnis zwischen der Vielzahl auf dem Platz befindlichen Spielern besteht, ist es nahe liegend, auf einen „generellen Kenntnisstand" hinsichtlich der Reichweite des eingegangenen Risikos abzustellen.[913]

---

[907] Ähnlich Dölling, ZStW 1984, 60ff.; Schild, S. 99 und 123; für das Zivilrecht Krähe, S. 103f. und Zimmermann, VersR 80, 497.

[908] Siehe die auf S. 63f. dieser Bearbeitung dargestellten ähnlich gelagerten Fallbeispiele.

[909] So die treffende Formulierung von BGHZ 63, 140, (145).

[910] So wird den unterschiedlich denkbaren Rahmenbedingungen eines sportlichen Wettbewerbes, nämlich der Ausübung als professionellem oder freizeitlichem Sport Rechnung zu tragen sein; siehe dazu die noch kommenden Ausführungen auf S. 182f. und 189f.

[911] So zu Recht Rössner, S. 313, (316); Kubink, JA 03, 257, (260f.).

[912] Siehe Donatsch, SchwZStR 107 (1990), S. 400, (413f.).

[913] Donatsch, aaO., S. 414, weist in seinem vergleichenden Schwimmbadbeispiel darauf hin, dass es auch einem Bademeister nicht möglich sei, bei allen Badegästen im vorhinein in Erfahrung zu bringen, ob diese die konkreten mit dem Schwimmen verbundenen Risiken kennen.

Auch Marburger[914] vertritt den Standpunkt, dass es bei der Gefahrübernahme im Sport nie um die empirische Ermittlung der subjektiven Vorstellung des Sportlers, sondern um „objektive" Zurechnung, also die normative Bewertung eines objektiven Verhaltens, nämlich der Teilnahme trotz Kenntnis der Regeln und der Verletzungsgefahren, gehe. Ensthaler[915] teilt diese Feststellung und erweitert sie sogar auf sämtliche (auch außersportliche) Formen eigenverantwortlicher Belastungen eines Rechtsgutes, was jedoch im Ergebnis zu weit geht, da diese spezielle Betrachtung lediglich aufgrund der benannten besonderen Umstände im Sport (atypische Gefährdungskonstellation, Willensindizcharakter der einfachen Teilnahme und Überindividualitäts- bzw. Massenphänomenargument) gerechtfertigt erscheint.

Beizupflichten ist daher der Feststellung von Schild[916] und Dölling[917], dass es im Sportbereich unentbehrlich erscheint, eine (zumindest zum Teil) generalisierende, die „objektive Typizität" einbeziehende Betrachtung vorzunehmen.[918] Durch die nach objektiven und nicht nach subjektiv-variablen Maßstäben erfolgte Bestimmung des sportspezifischen Grundrisikos, des erwartbaren Risikorahmens bzw. des zugrunde zulegenden Prognosehorizonts, wird insofern diesem Bedürfnis Rechnung getragen.

Allerdings führt diese Vorgehensweise nicht dazu, dass eine strafrechtliche Lösung für das Sportproblem mittels der – eher durch objektive Maßstäbe geprägten - Institute der Sozialadäquanz oder des erlaubten Risikos näher läge als der hier vorgeschlagene Weg.

Dies im Übrigen schon deswegen nicht, weil diese Rechtsfiguren aufgrund der aufgezeigten eigenen Anwendungsschwierigkeiten hinsichtlich des Sportproblems keine zielführende und dogmatisch überzeugende Lösung darstellen.

Wenn jedoch, was nunmehr nach jahrzehntelanger strafrechtswissenschaftlicher Auseinandersetzung offensichtlich geworden ist, keine der traditionellen, allgemeinen dogmatischen Figuren im Strafrecht hundertprozentige Kompatibilität mit dem Sportproblem erlangen kann, erscheint es angezeigt den Versuch anzutreten, soweit als möglich (und freilich dogmatisch vertretbar) das Sportproblem mittels jener dogmatischen Konstruktion zu bewältigen, mit deren Hilfe auch die anderen, mit der Sportverletzungssituation vergleichbaren Sachverhaltskonstellationen[919] einer strafrechtlichen Lösung zugeführt werden. Was bedeutet, dass den oben genannten, das Sport-

---

[914] Marburger, S. 306, Fn. 24; Auch Hellgardt, S. 83, kommt zum Ergebnis, dass für eine Gefahrübernahme nur die freiwillige faktische Teilnahme am Sport erforderlich ist. „Auf den Willen des Einzelnen kommt es nicht an."

[915] Ensthaler, S. 107f.

[916] Schild, S. 99 und 123; auch nach der Ansicht Schilds muss der Betroffene das mit dem Sport verbundene Risiko nicht „erkannt" haben, es muss ihm lediglich „bekannt" gewesen sein. Grunsky in JZ 75, 109, (110), verbindet die Kenntnis über die Regeln der Sportart mit deren Gefahren: „Wer einen gefährlichen Sport in Kenntnis der Regeln (und d.h. der Gefahr) ausübt, darf sich nicht beschweren, wenn sich eine Gefahr realisiert."

[917] Dölling, ZStW 96, 36, (60f.).

[918] Vgl. ebenso Ensthaler, S. 107ff.; Dölling, ZStW 1984, 60ff.; Zipf, ZStW 1970, S. 651; Eser in JZ 78, 368, (370); Schmitt, S. 124ff.; Schürer-Mohr, S. 142; Heinze, JR 75, 288.

[919] Vgl. die Gefährdungskonstellationen in den Beispielsfällen auf S. 63f.

problem ausmachenden und prägenden Besonderheiten durch eine angepasste, modifizierte Anwendung der Grundsätze der Eigenverantwortlichkeitsgefährdung (nämlich durch eine objektive Bestimmung des vom Sportler mit seiner bloßen Teilnahme am Sport eingegangenen sportspezifischen Grundrisikos) Rechnung zu tragen ist.

Nur so ließe sich die Zuführung des Sportproblems in den Anwendungsbereich einer eigentlich unpassenden (Sozialadäquanz, erlaubtes Risiko) oder speziell für den Sportbereich entwickelten dogmatischen Sonderkonstruktion (Sportadäquanz) vermeiden.

Zu beachten ist ferner, dass auch nach dem hier gemachten Lösungsvorschlag keine gänzlich objektive Betrachtungsweise zum Zuge kommt. Denn für die Annahme einer zurechnungsausschließenden Gefahrübernahme bedarf es neben der Einhaltung der (objektiv zu bestimmenden) Reichweite des sportspezifischen Grundrisikos durch den Gefährdenden auch der Eigenverantwortlichkeit des im Sport Gefährdeten. Dies wiederum setzt zum einen die Abwesenheit eines Verantwortlichkeitsdefizites i.S.d. §§ 19, 20, 35 StGB, 3 JGG beim Gefährdeten und zum anderen die Abwesenheit eines überlegenen und über das sportspezifische Grundrisiko hinausgehenden Sachwissens beim Gefährdenden voraus. Es zeigt sich folglich, dass, wenn auch nur in einigen wenigen denkbaren Fallgestaltungen, die konkreten (subjektiven) Risikovorstellungen der Sportler auch im Rahmen dieser Lösung nicht vollständig irrelevant sind.

In der Praxis dürfte eine solche Wissensüberlegenheit z.B. dann vorliegen, wenn bei einem Fußballspiel einer der Spieler bewusstermaßen nicht zugelassene scharfkantige Stollen an seinen Fußballschuhen oder sonstige sportfremde Gegenstände an seinem Körper trägt, deren konkrete Verwendung ursächlich für den Körperverletzungserfolg beim diesbezüglich unwissenden Kontrahenten sind.

c) Das sportspezifische Grundrisiko und die Abgrenzung zum exzessiven Sportlerverhalten

Beurteilt man das sportspezifische Grundrisiko gemäß dem im Vorabschnitt Gesagten nach objektiven Maßstäben, so stellt sich die Anschlussfrage, in welchen Sachverhaltsgestaltungen die Eingriffsintensität des gefährdenden Sportlers ein solches Maß annimmt, dass die Möglichkeit einer strafrechtlichen Haftung eröffnet ist.

Oder konkreter gefragt: Wann genau beginnt exzessives Sportlerverhalten bzw. bei welchen Verhaltensweisen lässt sich von Exzessen im Sportbereich sprechen, bei denen eine Zurechnung des eingetretenen Körperverletzungserfolges zu Lasten des Verletzenden sachgerecht erscheint?

aa) Anhaltspunkte zur Bestimmung eines konkreten strafrechtlichen Haftungsmaßstabes aus Rechtsprechung und Literatur

Zahlreiche Anhaltspunkte und Vorschläge zur Bestimmung einer Grenze zwischen straflosem und strafbarem Sportlerverhalten lassen sich bereits von Seiten der Rechtsprechung und der Literatur ausmachen. Dabei ist zu bedenken, dass diese Ansätze zumeist in Verbindung mit den anderen, bereits zuvor dargestellten Lösungsmodellen entwickelt wurden und daher diese konkreten Vorschläge zur Ziehung einer strafrechtlichen Haftungsgrenze freilich an unterschiedlicher deliktssystematischer Stelle Einschlägigkeit erfahren:

Die Rechtsprechung und Teile des Schrifttums halten Verhaltensweisen von Sportlern für strafrechtlich irrelevant, solange sie kein grob fahrlässiges oder gar vorsätzliches sportregelwidriges Verhalten darstellen.[920] Wenn ein Sportler Verletzungen jedoch vorsätzlich zufüge oder zumindest die Regeln vorsätzlich (schwer) missachtet bzw. bei fahrlässigem Verhalten die Gefahr erheblicher Schäden bestanden habe[921], sei das Tor zur Annahme strafbaren Handelns geöffnet.[922]

Vereinzelt wird ein die strafrechtliche Haftungsgrenze überschreitendes Verhalten auch schon bei Vorliegen von (normal) fahrlässigem regelwidrigen Verhalten bejaht.[923]

Andere wiederum sehen alle erwartbaren Regelüberschreitungen[924] bzw. (sämtliche) fahrlässigen Verstöße[925] als noch hinnehmbar an; erst bei vorsätzlich schwerer Missachtung der Sportregeln mit Verletzungsfolgen sei der strafrechtlich tolerable Bereich als überschritten anzusehen, da ein solches Verhalten nicht mehr innerhalb der „Sozialüblichkeit der Sportausübung" bleibe[926].

Von Horn wird der noch straflose Bereich begrifflich so erfasst, dass darunter noch alle regelwidrigen Aktionen eines Spielers fallen, die bereits mit spieladäquaten

---

[920] So BayObLG NJW 61, 2072, (2073) und BayObLGSt 60, 266, (269) mit Hinweis auf den Einwilligungsumfang; SchSch/Stree, (25. Aufl.) § 228, Rdn. 16; Sonnen, JA 82, 266, (267); Becker in DJ 1938, 1720, (1721); Schroeder, Sport und Recht, S. 1, (30); Jescheck, AT, § 56 II, 3).
[921] SchSch/Stree, (25. Aufl.) § 228, Rdn. 17.
[922] BayObLG, JR 61, 72, (73) = BayObLGSt 60, 266, (269); BayObLGSt 1960, 269; OLG Braunschweig, Nds. Rechtspflege 1960, 233, (234); Tröndle/Fischer, (50. Aufl.) § 228, Rdn. 7; ähnlich MüKo/Hardtung, § 228, Rdn. 34.
[923] Nürck, S. 279; Noll, S. 99; R. Schmitt, Gedächtnisschrift für Schröder, S. 263, (270); ebenso mit Ausnahmen SchSch/Stree, (25. Aufl.) § 228, Rdn. 16.
[924] NK/Paeffgen, § 228, Rdn. 103.
[925] LK/Hirsch, (10. Aufl.) § 226a, Rdn. 12; ebenso Mahling, S. 68f., der ausdrücklich auch grob fahrlässige Regelverstöße von der Einwilligung umfasst sieht; vgl. Maurach, Strafrecht - BT, (5. Aufl.) § 8 III A), 2).
[926] LK/Hirsch, aaO; ähnlich auch Haft, S. 113, der die Einwilligungsgrenze allgemein beim Vorliegen grober Regelverstöße zieht; ebenso Günter, der die Grenze zur strafrechtlichen Haftung erst bei einem „extrem schweren Regelverstoß" oder vorhandenem Vorsatz hinsichtlich der Herbeiführung eines erheblichen Verletzungserfolges eröffnet sieht.

Sanktionen[927] belegt werden können;[928] die Haftungsgrenze sei hier erst dort zu ziehen, wo nach objektivem Fachurteil der Regelverstoß eine Disqualifikation des Sportlers zur Folge haben müsse.[929]

Teilweise wird die Grenze zur Fahrlässigkeitshaftung da gezogen, wo ein Sportler „in grober und rücksichtsloser Weise ohne Chance der Regeleinhaltung" einen Gegenspieler " körperlich verletze, während hingegen leichte Regelverletzungen mit Wettkampfbezug spieladäquat seien[930] bzw. alle typischen und unvermeidbaren Regelverstöße aus dem sportlereigenen Verantwortungsbereich herausfielen.[931]

Ähnlich sehen es auch Eser[932] und Zipf[933], die nur Sportverletzungen infolge von leichten Regelverstößen aus dem strafrechtlich relevanten Bereich ausklammern.

Roxin schlägt - in konkretem Bezug auf den Fußballsport - vor, den Haftungsrahmen erst dann zu eröffnen, wenn „regelwidrig die Gefahr ernster Verletzungen geschaffen wird".[934]

Niedermair sieht einen Haftungsausschluss auf die Fälle beschränkt, in denen die eintretenden Verletzungsfolgen nur vorhersehbaren gegnerischen Aktionen entspringen, worunter keinesfalls dem Spielzweck zuwiderlaufende Angriffe ohne Wettkampfbezug zu zählen seien.[935] Der Spielzweck bilde hinsichtlich üblicher Regelüberschreitungen „den äußeren Rahmen der eingegangenen Gefährdung".[936]

In der zivilrechtlichen Rechtsprechung wird eine (zivilrechtliche) Haftung des Verletzenden bei Vorliegen eines erheblichen Regelverstoßes[937] bejaht, partiell auch bei vorsätzlichen oder grob fahrlässigen[938] bzw. einfach fahrlässigen[939] Regelverstößen.

---

[927] Beispielsweise eine gelbe Karte im Hockey oder Fuß- und Handball, eine grüne Karte im Hockey oder eine 2-Minuten-Strafe im Handball.
[928] SK/Horn, § 228, Rdn. 22.
[929] SK/Horn, aaO.
[930] Rössner, Hirsch-Festschrift, S. 312, (324); so auch Kretschmer, Jura 2000, 267, (271); ebenso Petev, VersR 76, 320, (323) für das Zivilrecht.
[931] Burgstaller, S. 54.
[932] Eser, JZ 78, 368, (373f.) hält sie im Rahmen erlaubten Risikos für gerechtfertigt.
[933] Zipf, S. 95 sieht in ihnen sozialadäquate Handlungen; vgl. auch Maurach/Zipf, AT, § 17 II, Rdn. 23.
[934] Siehe Roxin, AT, § 24, Rdn. 20, dessen gänzliche Ausführungen zur Sportverletzungsproblematik sich in der obigen Anmerkung erschöpfen.
[935] Niedermair, S. 133; vgl. auch Kühn, S. 82f. und Günter, S. 350.
[936] Niedermair, aaO.
[937] So OLG Köln, SpuRt 2003, 74; OLG Düsseldorf, VersR 92, 841; OLG-Report 97, 268, (269); OLG Frankfurt a.M., NJW-RR 91, 418; so auch Grunsky, S. 29f.; Fritzweiler, JZ 75, 109, (111).
[938] OLG Karlsruhe, JA 82, 266, (267); OLG Stuttgart, MDR 72, 623; NJW 92, 850; OLG Hamm, JR 98, 465; NJW-RR 92, 856; VersR 85, 1072; aus dem Schrifttum: Brüggemeier, S. 145; Heß/Dressler, S. 51; Staudinger/Hager, Vor § 823ff. BGB, Rdn. 50; Palandt/Thomas, § 823 BGB, Rdn. 122; Zimmermann, VersR 80, 497, (502).
[939] OLG Neustadt/Weinstraße, MDR 56, 550.

bb) Stellungnahme zu den Abgrenzungsvorschlägen

Auf den ersten Blick hin scheinen alle diese (wenn auch unterschiedlich weit reichenden) Vorschläge grds. geeignet, zu einer Abgrenzung zwischen dem sportspezifischen Grundrisiko und dem darüber hinausgehenden strafrechtlich relevanten, exzessiven Sportlerverhalten beizutragen.

Wie sich zeigt, besteht mittlerweile zu Recht schon einmal darin Einigkeit, dass die Schwere der tatsächlich eingetretenen Verletzung kein taugliches Abgrenzungskriterium darstellt,[940] da die strafrechtliche Haftungsfrage dann von reinen Zufallskomponenten abhängig wäre. Anderenfalls müsste beispielsweise bei einem eigentlich harmlosen und im Sport üblichen Zusammenprall zweier Spieler im Falle des Zusammentreffens unglücklicher Umstände, die zu einer schweren Folge führen, ggf. die strafrechtliche Relevanz des Sportlerverhaltens bejaht werden.[941] Infolgedessen kann es zu Recht nur auf die „Natur" bzw. die konkrete Eigenschaft der durch den Sportler vorgenommenen verletzungsfolgenursächlichen Handlung ankommen, wobei dann die Folgefrage zu beantworten sein wird, ob diese Handlung noch im Rahmen des sportartspezifischen Grundrisikos liegt.

Betrachtet man die genannten Vorschläge von Rechtsprechung und Literatur unter diesem Blickwinkel, fällt in besonderem Maße die übereinstimmende Heranziehung der Sportregeln als u.a. maßgebliches Abgrenzungskriterium ins Auge. Eben diese Vorgehensweise erweist sich jedoch bei akkurater Betrachtung nicht in jeder Hinsicht als unproblematisch, da die wortbegleitenden wertenden Begrifflichkeiten, mit denen die Sportregeln in direkten Kontext gebracht werden, in höchst unterschiedlicher Art und Weise angewandt werden. Oftmals wird zwischen leichten und schweren oder aber leicht, normal und grob fahrlässigen sowie vorsätzlichen Regelverletzungen differenziert, ohne dass dabei herausgestellt bzw. deutlich gemacht wird, ob sich die Termini Vorsatz und Fahrlässigkeit auf die Regel- oder auf die Körperverletzung[942] bezieht.[943] Insbesondere die Verwendung der juristischen Begriffe „fahrlässig", grob fahrlässig" und „vorsätzlich" in direkter Verbindung mit dem Regelverstoß und die verbindliche Festsetzung der strafrechtlichen Haftungsgrenze auf der Basis dieser Terminiverbindung erweist sich weder als hilfreich noch als sachgerecht.

So stellt sich die überwiegend herangezogene Haftungsgrenze, welche ab dem Vorliegen von grob fahrlässigen oder vorsätzlichen Regelverstößen als überschritten

---

[940] Gemäß den Ausführungen des BayObLG, JR 61, 72, (74) als Revisionsinstanz ging das vorinstanzliche Berufungsgericht noch „rechtsirrig" davon aus, dass ein Strafausschluss nur bei Eintritt geringfügiger Verletzungen, nicht aber im Falle der tatsächlich erlittenen schweren Verletzungen anzunehmen wäre.

[941] Vgl. BayObLG, JR 61, 72, (74); NJW 61, 2072, (2073); Looschelders, JR 2000, 265, (272); ebenso Grunsky, S. 32.

[942] Vor allem Nürck, (1936), S. 278, weist noch verstärkt auf die Relevanz der Differenzierung zwischen fahrlässiger und vorsätzlicher Regelüberschreitung hin; vgl. ebenso die zum Teil schwer nachvollziehbare Terminiverwendung in der Entscheidung des OLG Braunschweig, Nds. Rechtspflege 1960, 233f.

[943] Auf diese gelegentlich vorkommende „dogmatische Unsauberkeit" weist ebenso Schild, S. 35 und 97, hin; ähnlich auch Grunsky, S. 29 und Tröndle/Fischer, (51. Aufl.) § 228, Rdn. 22.

angesehen wird[944], schon deshalb als unpraktikabel heraus, weil solche Verhaltensweisen erfahrungsgemäß schon innerhalb eines einzigen Wettkampfes häufig an den Tag gelegt werden und somit eine „Flut“ von strafbaren Handlungen zur Folge hätten.

Dazu gehören zahlreiche Verhaltensweisen im Sport, wie z.B. das Stoßen des Gegenspielers beim Kopfballduell im Fußball- oder das sog. „Wurfarmgreifen“ im Handballsport, also Fälle, in denen aufgrund der taktischen Spielsituation innerhalb des Wettkampfes bewusst und gewollt die Regel übertreten wird, um zum Gesamterfolg der eigenen Mannschaft beizutragen. Bei diesen Handlungen handelt es sich zwar um vorsätzlich regelwidrige, jedoch auch um sportartspezifisch typische, weil übliche und deshalb auch vorhersehbare Vorgänge, mit denen im Spielbetrieb jederzeit gerechnet werden muss und die jeder Spieler „bei umgekehrten Vorzeichen“ genauso begehen würde[945]. Aufgrund der Üblichkeit dieser Verhaltensweisen befinden sich diese im Anwendungsbereich des oben benannten Prognosehorizonts und somit in der Reihe der vom sportspezifischen Grundrisiko erfassten Handlungen.

Eine taugliche verbindliche Abgrenzungslinie zwischen straflosem und strafbarem Sportlerverhalten kann somit schwerlich und erst nicht isoliert auf der Basis dieses Maßstabs gezogen werden. Die innere Willensausrichtung des verletzenden Sportlers in Bezug auf die selbst begangene Regelwidrigkeit kann – wenn überhaupt – allenfalls geringen indiziellen Charakter bei der strafrechtlichen Gesamtbeurteilung haben.

Nicht zuletzt deswegen erscheint es in der Sache sinnvoller und zudem der von Schild zurecht angemahnten Übersichtlichkeit der Verwendung der Schuldformtermini „Vorsatz“ und Fahrlässigkeit“ im Rahmen der Sportverletzungsthematik geschuldet[946], wenn diese weniger im Zusammenhang mit der Sportregelwidrigkeit als vielmehr im direkten Bezug zur Körperverletzung selber und somit ausschließlich bei der Differenzierung zwischen den Körperverletzungsdelikten gem. § 223 und § 229 zur Anwendung kommen.

Was sich aus dem bisher Gesagten mit Sicherheit feststellen lässt, ist, dass die den Prognosehorizont überschreitenden Exzesse der einzelnen Sportler lediglich solche Verletzungshandlungen sein können, mit denen man bei bloßer Teilnahme am Wettkampf vernünftigerweise nicht zu rechnen braucht und die ein erhebliches Abweichen vom üblichen vorhersehbaren Sportlerhandeln darstellen; nach dem zuvor Festgestellten ist die „vorsätzliche Regelwidrigkeit“ mangels dieser Voraussetzung kein entsprechend sachgerechter Abgrenzungsmaßstab; hingegen ist jedoch die ins-

---

[944] Siehe BayObLG NJW 61, 2072, (2073); BayObLGSt 60, 266, (269); SchSch/Stree, (25. Aufl.) § 228, Rdn. 16; Sonnen, JA 82, 266, (267); Becker, DJ 38, 1721; Schroeder, Sport und Recht, S. 1, (30); Jescheck, AT, § 56 II, 3); im Zivilrecht OLG Karlsruhe, JA 82, 266, (267); OLG Stuttgart, MDR 72, 623; NJW 92, 850; OLG Hamm, JR 98, 465; NJW-RR 92, 856; VersR 85, 1072; ebenso: Brüggemeier, S. 145;
Heß/Dressler, S. 51.

[945] So zutreffend Grunsky, S. 29; vgl. auch Tröndle/Fischer, (51. Aufl.) § 228, Rdn. 22; Looschelders in JR 2000, 265, (272); Zimmermann, VersR 80, 497, (502).

[946] Siehe Schild, S. 35 und 97.

besondere von Seiten des Zivilrechts[947] partiell herangezogene Haftungsgrenze der (besonders) schweren, groben, krassen oder erheblichen Regelwidrigkeit als ernsthafter (Mit-)Prüfungsmaßstab in Erwägung zu ziehen.

Die gewichtigsten Einwände gegen diesen Ansatz erhebt vor allem Schild, was jedoch weniger mit dem – zunächst nahe liegenden - Vorwurf der Unbestimmtheit des Prüfungsmaßstabs zusammenhängt, sondern vielmehr auf die seinerseits vertretene und zu Beginn dieser Untersuchung[948] dargestellte These der vollständigen rechtlichen Irrelevanz der Sportregeln zurückzuführen ist[949]. Diese Ansicht wird – wie schon dargelegt - zwar in der so vertretenen Form nicht geteilt, jedoch erweist sich der von Schild vorgeschlagene alternative Ansatz mit seinen relativ hohen Anforderungen an eine strafrechtliche Fahrlässigkeitshaftung des Sportlers auch bei der Konkretisierung des sportartspezifischen Grundrisikos als durchaus aufschlussreich und erörterungswürdig.

In Anlehnung an verschiedene sinnverwandte Abgrenzungsversuche anderer Autoren zieht Schild die Haftungsgrenze dort, „wo der Sport aufhört, Sport zu sein" und konkret eine „sportartunspezifische Handlungsform anzunehmen ist" [950]. Wenn „ein mit den rechtlichen Grundwertungen nicht mehr vereinbares gewalttätiges Handeln unter dem Anspruch, Sportausübung zu sein", vorliege, sei die „strafrechtliche Verfolgung und Ahndung erforderlich"[951]. Als „unbestrittene Fälle" in Form praktischer Beispiele werden in diesem Zusammenhang u.a. ein Fausthieb auf dem Weg in die Kabine, die Schlägerei am Spielfeld und das ohne jeden Bezug zum Kampfgeschehen begangene brutale Revanchefoul aufgeführt.[952]

Dass es sich bei diesen praktischen Beispielen in jedem Fall um strafrechtlich relevante, das sportartspezifische Grundrisiko überschreitende Verhaltensexzesse von Sportlern handelt, ist in der Tat unbestreitbar. Nach der hier vertretenen Ansicht liegt bereits überhaupt kein Fall einer (unter dem Blickwinkel des strafrechtsdogmatischen Sportproblems zu erörternden) Sportverletzung vor, da es an dem gemäß der hier entwickelten Definition der Sportverletzung vorausgesetzten unmittelbaren Zusammenhang zum sportlichen Spielgeschehen evidenterweise fehlt.[953]

Gleiches gilt für andere Verletzungshandlungen ohne direkten Wettkampfbezug, wie das Nachtreten ohne Kampf um den Ball oder einen Ellbogenschlag in einer Spielruhe; beide Verhaltensweisen verdienen keine privilegierte Behandlung unter dem strafrechtlichen Problem- und Themenkreis der Sportverletzung und sind als „norma-

---

947 Vgl. OLG Köln, SpuRt 2003, 74; OLG Düsseldorf, VersR 92, 841; OLG-Report 97, 268, (269); OLG Frankfurt a.M., NJW-RR 91, 418; Grunsky, S. 29f.; Looschelders, JR 2000, 265, (272); siehe auch Schmitt, S. 202.
948 Siehe auf S. 35ff. dieser Ausarbeitung.
949 Siehe dazu konkret Schild S. 97 und 122.
950 Schild, S. 121, mit Verweis auf u.a. Derksen, SpuRt 2000, 141, (142) und Vollrath, S. 59ff.
951 Schild, S. 122.
952 Schild, aaO.
953 Siehe dazu schon die Ausführungen auf S. 22ff.

le“ (bei Gelegenheit des Sports durchgeführte) Körperverletzungshandlungen[954] aufzufassen.

Wenn von einzelnen Autoren im Schrifttum[955] im Rahmen der Haftungsabgrenzung auf eben diese Kriterien des unmittelbaren Wettkampfbezuges oder auch des Spielzwecks[956] abgestellt wird, so geschieht dies daher zu Recht, zumal nach dem hier vertretenen Lösungsweg diese Aspekte bereits bei der (vorgelagerten) Frage nach dem Vorliegen einer (überhaupt erst gemäß den strafrechtsdogmatischen Besonderheiten zu prüfenden) Sportverletzung Berücksichtigung finden.

Komplexer wird die Problematik bei Verletzungshandlungen, bei denen a) ein gewisser restlich verbleibender Bezug zum Wettkampfgeschehen vorhanden ist und zudem b) die Intention der Verfolgung des eigentlichen Spielzwecks (kurzfristig: die Erringung des Ballbesitzes; mittelfristig: Erzielung eines eigenen oder Verhinderung eines gegnerischen Tores; langfristig: Erringung des sportlichen Siegs) durch den verletzenden Spieler zumindest nicht in Gänze abgesprochen werden kann; dies wäre z.B. gegeben bei einer rüden Attacke im Fußballsport gegen den ballführenden Gegenspieler mittels einer mit Hochgeschwindigkeit durchgeführten beidbeinigen Grätsche.

In solch gelagerten Fällen wäre es – sogar an den restriktiven Maßstäben Schilds gemessen - in der Tat nicht völlig fern liegend, schon ein strafrechtlich ahndungswürdiges Verhalten anzunehmen, zumal die (zwar dem Ball geltende, aber völlig spielatypisch intensive und überharte) Attacke durchaus als ein mit den „rechtlichen Grundwertungen nicht mehr vereinbares gewalttätiges Handeln“ aufgefasst und die Grenzen der eigentlichen Sportausübung als überschritten angesehen werden könnte.

cc) Entwicklung eines Sportlerexzessmaßstabs

Die offensichtlich aus der Anwendung dieses allgemein gehaltenen Prüfungsmaßstabs von Schild gewonnene Erkenntnis ist jedoch, dass diesem eine Wertungsfrage zugrunde liegt, die je nach Gefühl (abstrakt mit „ja“ oder „nein“) beantwortet werden muss. Eine denkbar hilfreiche Erleichterung, Ergänzung und Weiterentwicklung dieses zu Recht restriktiven Maßstabs wäre es, diesen mit Hilfe weiterer Einzelkriterien und Anforderungen zu präzisieren und konkretisieren und auf diese Weise einer insgesamt „handfesteren“ und bestimmbareren Beurteilungsgrundlage zuzuführen.

---

[954] So die Formulierung von Schöntag, S. 220.
[955] Günter, S. 250, Kühn, S. 82f.; Niedermair, S. 134.
[956] Dahinter steht die Vorstellung, dass die Handlung des Sportlers dem speziellen Spielzweck zu dienen hat, wenn sie in strafrechtlicher Hinsicht als unbedenklich qualifiziert werden soll.

(1) Besonders schwerer Verstoß gegen eine Sportlerschutzregel

(a) Prägnante Ausnahmestellung des Regelverstoßes

Als eine erste sinnvolle und präzisierende Anforderung zur Erfüllung eines mit den rechtlichen Grundwertungen nicht mehr vereinbarem gewalttätigen Handeln ist zunächst das bereits schon zuvor benannte Kriterium des besonders schweren oder groben Regelverstoßes zu nennen. Nur dann, wenn das verletzungsursächliche Sportlerverhalten in besonders hohem Maße konkret gegen gesundheitsschützende Regelbestimmungen (Sportlerschutzregeln) verstößt, kommt ein strafrechtsrelevanter Sportlerexzess im Kontext des § 229 überhaupt in Betracht. Mit der Heranziehung dieser sehr engen Voraussetzung wird zudem einer eher restriktiven Anwendung der strafrechtlichen Fahrlässigkeitshaftung im Sport Rechnung getragen.

Konkrete Indizien für die besondere Schwere der Regelwidrigkeit lassen sich aus vielerlei Richtungen ableiten.[957] Zum einen darf es sich nicht um typisches und regelmäßig vorkommendes regelwidriges Sportlerverhalten, wie z.B. das Aufstützen, das Rempeln mit nicht angelegten Armen, das Halten oder leichte Stoßen des Gegenspielers, im Fußballsport handeln. Das Verhalten muss in einem besonderen Maß gegen spielerschützende Regelbestimmungen verstoßen und muss daher von seiner Intensität und speziellen Eigenart her eine prägnante Ausnahmestellung innerhalb der „Kollektion" aller denkbaren regelwidrigen Spielweisen innehaben.

(b) Disqualifikationsreife des Regelverstoßes

In dieser Bewertung sollte insbesondere auch der Umstand Berücksichtigung finden, welche Konsequenzen bzw. persönlichen Strafen das jeweilig anwendbare Sportregelwerk für ein konkretes regelwidriges Verhalten vorsieht.

Plausible Voraussetzung für das Vorliegen eines besonders schweren oder groben Schutzregelverstoßes kann bei dieser Betrachtungsweise nur sein, dass gemäß dem anwendbaren Sportregelwerk die Konsequenz in einem sofortigen Ausschluss, Platzverweis bzw. in einer sofortigen Disqualifikation des regelwidrig agierenden Spielers besteht.[958] Um dabei zugleich etwaigen Missverständnissen vorzubeugen, ist dieser Vorschlag gleich in mehrfacher Hinsicht näher zu erläutern:

Erstens darf es bei dieser Betrachtung nicht auf die konkrete, von einem etwaig anwesenden Schiedsrichter getroffene Entscheidung ankommen.[959] Lediglich die Fra-

---

[957] Konkret für den Fußballsport siehe die noch folgenden Ausführungen auf S. 186ff.

[958] Ein ähnlicher Gedanke, nämlich der dem Regelwerk nach gerechtfertigten Disqualifikation im Sport auch im strafrechtlichen Rahmen Bedeutung zuzumessen stammt von Horn in SK, § 228, Rdn. 22.

[959] So kann weder aus dem Zeigen noch aus dem Nichtzeigen einer grünen (Hockeysport), gelben oder roten Karte durch den Schiedsrichter eine zwingende Schlussfolgerung gezogen werden; vgl. dazu LG Stuttgart, VersR 88, 600; ebenso einprägsam OLG Hamm, JR 88, 465, (466), zur fehlenden Aussagekraft der Schiedsrichterentscheidung, der in zutreffender Weise „allenfalls Indizwirkung" beigemessen wird. Ausführungen zum Indizcharakter der tatsächlich gefällten Schiedsrichterentscheidung ebenso von Gössel, § 15, Rdn. 5; BayObLGSt, NJW 61, 2072, (2074); OLG Düsseldorf, OLG-Report 97, 268, (269); LG Schweinfurt, VersR 96, 74f.

ge, ob das betreffende Sportlerverhalten gemäß dem objektiven Regelwerk bzw. dem objektiven Fachurteil nach eine Disqualifikation zur Folge haben muss, ist von entscheidender Bedeutung.[960]

Zweitens muss die Disqualifikation isoliert, also direkt und unmittelbar aufgrund des betreffenden Verhaltens gerechtfertigt sein; betroffen sind demnach nicht Fälle, in denen Spieler nach einer vorherigen Verwarnung oder Zeitstrafe[961] nunmehr aufgrund mehrmaligen und wiederholt regelwidrigen Verhaltens vom Spiel ausgeschlossen werden, sondern jene, in denen ein einziges Verhalten des Sportlers bereits eine sofortige Disqualifikation zur Folge hat.[962]

Drittens muss es sich bei dem zur Disqualifikation führenden Verhalten um einen Regelverstoß handeln, der alleine durch die übermäßige Intensität des regelwidrig geführten körperlichen Zweikampfes bzw. die Schwere des Fouls seine Rechtfertigung für eine direkte und unmittelbare Disqualifikation erfährt. Nicht erfasst sind demnach die Fälle, in denen die Disqualifikation lediglich aufgrund der spieltaktisch erheblichen Bedeutung der regelwidrigen Aktion zu erfolgen hat; so wie z.B. im Falle der aus dem Fußballsport bekannten „Notbremse", deren Grund für die (ebenfalls direkte und unmittelbare) Disqualifikation gem. Fußballregel 12, Feldverweiswürdige Vergehen, Unterpunkt 5 zumeist nur darin liegt, dass der betroffenen Mannschaft ein ganz erheblicher strategischer Vorteil, nämlich die Möglichkeit der zeitnahen Torerzielung, regelwidrig entzogen wurde[963]; speziell im Fußballsport sind demnach hier ausschließlich Fälle des groben Foulspiels und des gewaltsamen Spielens gem. Fußballregel 12, Feldverweiswürdige Vergehen, Unterpunkt 1 und 2 von Relevanz.[964]

Viertens ist mit obiger Feststellung nicht auch im Umkehrschluss gesagt, dass jedwede mit einer Disqualifikation zu ahndende Regelwidrigkeit auch ein besonders schwerer oder grober Regelverstoß sein muss.[965] Vielmehr ist richtigerweise nur zu

---

[960] Aufschlussreich ist in diesem Zusammenhang die Entscheidungsbegründung des OLG Düsseldorf, NJW-RR 2000, 1115, (1116), in welcher der Senat deswegen von einem nur „geringfügigen Regelverstoß" im Fußballsport ausgeht, weil das streitgegenständliche verletzungsursächliche Foul objektiv gemessen an Fußballregel 12 lediglich einen Freistoß und keinen Feldverweis (mit roter Karte) zur Konsequenz gehabt hätte.

[961] Die Zeitstrafe stellt eine Spielsanktion dar, die von ihrer Schwere her zwischen der Verwarnung und der Disqualifikation anzusiedeln ist; zum Tragen kommt sie insbesondere beim Handball- und Hallenfußballsport.

[962] Auf den Fußballsport übertragen bedeutet dies, dass es nicht um Disqualifikationen mittels gelbroter Karte gem. Regel 12, Feldverweiswürdige Vergehen, Unterpunkt 7 i.V.m. Nr. 6 der Anweisungen des DFB zu Regel 12, sondern um solche mittels isoliert roter Karte geht.

[963] Mit dieser Einschränkung ist nämlich dem Argument Looschelders, JR 2000, 265, (272), der die Schwere der sporteigenen Sanktionsdrohung aufgrund der unterschiedlichen Bedeutungen der Regelwidrigkeiten für den Spielverlauf als wenig aussagendes Kriterium für die haftungsbezogene Schwere des Regelverstoßes bezeichnet, der Boden entzogen.

[964] Nicht selten kommt es allerdings auch bei einer „Notbremse" im Fußballsport zu einem kumulierten Eingreifen der beiden Disqualifikationsgründe für „Feldverweiswürdige Vergehen" gem. Regel 12, Feldverweiswürdige Vergehen, Unterpunkt 5 und 1, also der Verhinderung einer offensichtlichen Torchance (Pkt. 5) durch ein (zudem noch) grobes Foul (Pkt. 1).

[965] Trotz der Aussprache einer Disqualifikation durch den Schiedsrichter weist das OLG Köln in SpuRt 2003, 74, im Falle eines Fouls bei einem Handballspiel mangels des Nachweises eines schwerwiegenden Fouls die von der Verletzten eingereichte zivilrechtliche Klage ab.

konstatieren, dass eine gemäß dem jeweilig anwendbaren, objektiven Sportregelwerk nach auszusprechende direkte und unmittelbare Disqualifikation eine notwendige Prämisse für einen solchen besonders schweren Regelverstoß ist. Oder mit anderen Vorzeichen formuliert: Regelwidrigkeiten, die - vom objektiven Regelwerk aus betrachtet - keine direkte Disqualifikation[966] zur Folge haben, stellen folglich auch keinesfalls besonders schwere Regelverstöße dar.

Unterstützung erhält diese Ansicht z.B. durch den Wortlaut der Regel 12, Feldverweiswürdige Vergehen, Unterpunkt 1 für den Fußballsport, wonach ein Spieler bei einem „groben" Foul durch Zeigen der (isoliert) roten Karte des Feldes zu verweisen und somit direkt und unmittelbar (ausschließlich aufgrund dieses groben Foulspiels) zu disqualifizieren ist. Für den hier relevanten Prüfungsmaßstab bedeutet dies, dass verletzende Spielhandlungen jedenfalls dann keine strafrechtlich relevanten Sportlerexzesse und somit auch keine mit den rechtlichen Grundwertungen nicht mehr vereinbare gewalttätige Handlungsweisen darstellen (können), wenn diese Handlungen den objektiven Regelwerken nach noch mittels jener vorgesehenen Disziplinarmaßnahmen sanktioniert werden können, die in der speziellen Strafhierarchie der Sportart unter jener der direkten und unmittelbaren Disqualifikation rangieren.

Anders als Schild, der (offensichtlich) keinen relevanten Bedeutungsunterschied zwischen einer ausgesprochenen Disqualifikation und z.B. einem im Fußballsport verhängten Freistoß sieht, ist nach der hier vertretenen Ansicht durchaus ein Unterschied zwischen der direkten und unmittelbaren Disqualifikation aus einem sportlichen Wettbewerb und sämtlichen anderen Sanktionen, wie etwa Verwarnungen (gelbe Karten), Zeitstrafen, Ermahnungen, Freistößen, Strafstößen oder auch Platzverweisen/Disqualifikationen, aufgrund wiederholten regelwidrigen Verhaltens (gelb-rote Karten) auszumachen.[967] Zum einen ist die direkte und unmittelbare Disqualifikation die härteste und schärfste Sanktion, die sämtliche Sportregelwerke überhaupt vorsehen. Sie kommt in den hier relevanten Fallgestaltungen - wenn also der Disqualifikationsgrund ausschließlich in der hohen Intensität des regelwidrig geführten körperlichen Zweikampfes bzw. der Schwere des begangenen Foulspiels liegt - nur dann zur Anwendung, wenn nach Ansicht der zuständigen Verbände das Fehlverhalten nicht mehr „sportartangemessen" oder gar sportfremd ist.

Selbst in hohem Maße gewalttätige und kriminelle Handlungen, wie z.B. der von Schild benannte Fausthieb auf dem Weg in die Kabine[968], stellen unbestreitbar besonders schwere und grobe Regelwidrigkeiten dar und können regeltechnisch keine härtere Sanktion nach sich ziehen als die direkte und unmittelbare Disqualifikation. Womit sich zeigt, dass der sofortige Platzverweis, also der augenblickliche Entzug

---

[966] Sowohl im Fußball als auch im Hand- und Basketball kommt innerhalb des Wettbewerbs dabei die (isoliert) rote Karte als Zeichen der direkten Disqualifikation des fehlbaren Spielers zum Zuge.
[967] Vgl. dazu Schild, S. 97, der allerdings nicht zwischen direkt-unmittelbarer Disqualifikation und einer Disqualifikation aufgrund wiederholter Regelwidrigkeit differenziert. Zieht man lediglich das von ihm genannte Beispiel mit der gelb-roten Karte im Fußballsport heran, ist seinen Ausführungen insofern beizupflichten, als dass eine solche Sanktion lediglich spieladäquater Natur ist. Hingegen hat die Aussprache einer direkten und unmittelbaren Disqualifikation, wie die folgenden Ausführungen zeigen, eine darüber hinausgehende Relevanz und Aussagekraft.
[968] Siehe Schild, S. 122; vgl. auch Looschelders, JR 2000, 265, (272).

der formellen Spielberechtigung ohne jegliche Vorwarnung und Möglichkeit der Besserung oder Wiedergutmachung formaler und eindeutiger Ausdruck der absoluten Ablehnung der Verbände und Sportgemeinschaft gegenüber den der Disqualifikation zugrunde liegenden Verhaltensweisen ist.

Durch die Regelungen über die direkte Disqualifikation von Spielern wird von Verbandsseite also klar die Grenze dessen, was noch als (tolerierbare) Sporthandlung aufgefasst werden kann, gezogen. Es ist daher nahe liegend und hilfreich, diese Grenzbestimmung in die hier relevante Bewertung, der begrifflichen Konkretisierung eines besonders schweren Regelverstoßes, einfließen zu lassen und für die Annahme eines solchen vorauszusetzen, dass das zu prüfende Sportlerverhalten gemäß den anwendbaren Regelwerken eine direkte und unmittelbare Disqualifikation, und zwar isoliert aufgrund der übermäßigen Härte und Intensität des vorgenommenen körperlichen Zweikampfes (und nicht aufgrund spielstrategischer Gesichtspunkte), zur Folge haben muss.[969] Im Übrigen erweist sich die Heranziehung des Disqualifikationserfordernisses vor allem dann als konsequent, wenn man - wie Horn, Schild und Sengle[970] - der Ansicht ist, dass zur wertenden Betrachtung des Einzelfalles die „Zuhilfenahme des Sachverstandes" der Experten aus den Sportverbänden erforderlich und hilfreich ist.[971] In den Sportregelwerken und den Vorschriften über die direkte und unmittelbare Disqualifikation ist dieser Sachverstand nämlich ohne Frage schon mit eingeflossen.

Die - wie schon obig ausgeführt[972] – von vielen Seiten ins Spiel gebrachte Heranziehung der inneren Willensrichtung des Sportlers in Bezug auf die begangene Regelwidrigkeit als möglicherweise weiteres ausschlaggebendes Kriterium für die Schwere eines Regelverstoßes erweist sich nur bedingt bis kaum als hilfreich. Der bei Sportlern etwaig vorhandene Vorsatz hinsichtlich einer Regelübertretung ist – wie ebenfalls schon erörtert – zum einen eine recht häufige Erscheinung und somit kein zwingendes Indiz für ein aus dem sportlich - üblichen Rahmen fallendes Verhalten; zudem erweist sich die Verwendung des juristischen Begriffs „Vorsatz" im konkreten Bezug zur Regelwidrigkeit – wie sich anhand zahlreicher Beispiele aus Literatur und Rechtsprechung belegen lässt[973] - als besonders problematisch und führt somit nur zu einer (vermeidbaren) Verkomplizierung der gesamten strafrechtlichen Bewertung. Gleiches gilt für eine etwaige wertende Miteinbeziehung der Verletzungsfolgen. Aus der Schwere der tatsächlich eingetretenen Verletzung kann nur schwerlich bzw. gar nicht auf die Schwere des Regelverstoßes geschlossen werden, da erstere, wie

---

969 Verhaltensweisen, die gemäß anwendbarem Regelwerk nicht mit der Regelhöchststrafe, nämlich *der benannten Disqualifikation, sondern mit deren Vorstufen* (Ermahnung, Verwarnung, "kumulierte" Disqualifikation) zu ahnden sind, liegen demnach zurecht noch im Rahmen des sportspezifischen Grundrisikos bzw. auf Ebene des Prognosehorizonts, da hier die sportspezifische Sanktionierung jedenfalls ausreichend ist.

970 Siehe SK/Horn, § 228, Rdn. 22; Schild, S. 122; Sengle, S. 92 und 104, und die entsprechenden Ausführungen im nächsten Abschnitt.

971 Sengle, S. 92.

972 Siehe dazu die Ausführungen auf S. 172f.

973 Vgl. u.a. Schild, S. 35 und 97.

schon oben ausgeführt, oftmals von bloßen Zufälligkeiten abhängt, so dass auch dieser Umstand gänzlich außen vor bleiben muss.[974]

Konstatieren lässt sich demnach: Sinnvolle Anforderungen an das Vorliegen eines besonders schweren Schutzregelverstoßes sind zum einen der prägnante Ausnahmecharakter des regelwidrigen Verhaltens und zum anderen die Prämisse, dass dieser Regelverstoß entsprechend den einschlägigen Verbandsregelwerken mit einer direkten und unmittelbaren Disqualifikation (isoliert zurückzuführen auf die besondere Härte und Intensität des vorgenommenen körperlichen Zweikampfes) zu sanktionieren ist.

(c) Bestimmung der Exzesskriterien mit Hilfe des Sachverstandes der Sportverbände

Auf die Anschlussfrage, wessen Beurteilung bei der Bewertung der sportlichen Einzelsituationen entscheidender und maßgeblicher Bedeutung zuzumessen ist, haben - wie schon zuvor angemerkt - insbesondere Horn[975], Schild[976] und Sengle[977] plausible und nachvollziehbare Antworten gegeben; da der Staat auf eine rechtliche Durchdringung des Sportes weitestgehend und vor allem in den hier relevanten Sportarten verzichtet hat, ist es nahe liegend, bei der konkreten Grenzbestimmung auf das „objektive Urteil der maßgebenden Fachkreise"[978] abzustellen.

Sengle begründet dies mit einem „Vorschuss an Vertrauen" zugunsten der Sportverbände, das nicht enttäuscht werden sollte, da der Staat sonst zur rechtlichen Regelung greifen müsste.[979] Hinzu kommt, dass die staatlichen Instanzen ohne die „Zuhilfenahme des Sachverstandes" der in den Sportverbänden tätigen Experten (in der Regel[980]) kaum zu einer sachgerechten Einzelentscheidung in der Lage sind.[981]

Dies betrifft im Übrigen sowohl die Frage nach dem prägnanten Ausnahmecharakter des jeweiligen Regelverstoßes als auch die Frage nach dem Erfordernis einer nach objektiver Wertung gerechtfertigten direkten und unmittelbaren Disqualifikation. Dem von Sengle[982] gezogenen und von Schild[983] gleichermaßen unterstützten Vergleich

[974] Vgl. OLG Hamm, MDR 97, 553, (554). Jedoch lassen sich ggf. aus den konkreten (schweren) Verletzungen etwaige Rückschlüsse in Bezug auf den genauen Hergang des Vorfalls ableiten, wie z.B. die dem Geschehen zugrunde liegende Dynamik, Bewegungsgeschwindigkeiten und Entfernungen der Spieler etc.
[975] SK/Horn, § 228, Rdn. 22.
[976] Schild, S. 122.
[977] Sengle, S. 92 und 104.
[978] SK/Horn, aaO.
[979] Sengle, S. 104.
[980] Freilich wird es auch hier Ausnahmen geben, in denen das Gericht, ggf. aufgrund eigener Erfahrung, sich für ausreichend sachverständig hält, das Geschehen auch in regeltechnischer Hinsicht zu bewerten.
[981] Siehe Sengle, S. 92.
[982] Sengle, aaO.
[983] Siehe insgesamt die Ausführungen Schilds, S. 122.

von „Fußballregel-Experten“ mit „Sachverständigen“ ist demnach vorbehaltlos beizupflichten.

Dies wird auch durch einschlägige Beispiele aus der Rechtsprechung untermauert;[984] so hat in einem konkreten Fall das OLG München[985] seine Entscheidung u.a. auf eine von der Vorinstanz in Auftrag gegebene gutachtliche (sachverständige) Stellungnahme des DFB zur regeltechnischen Würdigung des Spielgeschehens im Fußballsport gestützt.[986]

Zu Recht weist Schild allerdings darauf hin, dass, ungeachtet des Vertrauens und des Sachverstandes, welche den Sportverbänden eingeräumt bzw. zugestanden werden, die abschließende Beurteilung, insbesondere „ob die Praxis der Sportverantwortlichen rechtlich angemessen ist“ oder ob die eingeräumte Freiheit missbraucht wird, nur bei den staatlichen Instanzen liegen kann.[987] Ihnen obliegt - quasi im Rahmen einer Überaufsicht - die aufmerksame Beurteilung und Kontrolle der sportlichen und sportverbandsmäßigen Praxis.[988]

(2) Hoher Gefährlichkeitsgrad der Sportlerhandlung

Ein weiteres konkretisierendes Kriterium zur sachgerechten Abgrenzung zwischen sportspezifischem Grundrisiko und strafrechtlich relevantem, mit den rechtlichen Grundwertungen nicht mehr vereinbarem gewalttätigem, exzessivem Sportlerverhalten ist das Maß des erfahrungsgemäß vom regelwidrigen Sportlerverhalten ausgehenden Verletzungsrisikos für den betroffenen Gegenspieler.

Schon Roxin sieht den strafrechtlich relevanten Rahmen im Sport erst dann eröffnet, wenn durch den Regelverstoß „die Gefahr ernster Verletzungen geschaffen wird“.[989]

Diesem ist zuzustimmen[990], zumal in die obige Abgrenzungsfrage und die Bestimmung des Prognosehorizonts naturgemäß der Umstand der Erwartbarkeit und Üblichkeit des Risikoumfangs mit eingeht; was bedeutet: von einem strafrechtlich unbedenklichen Sportlerverhalten ist jedenfalls auszugehen, wenn bei dessen Vornahme die Verletzungsgefahr für den gegnerischen Spieler erkennbar gering ist bzw. in einem für die Sportart erwartbaren und üblichen Rahmen liegt. Voraussetzung für ein über das sportspezifische Grundrisiko bzw. den erwartbaren Risikorahmen hinaus-

[984] OLG München, NJW-RR 90, 732; vgl. auch BGH VersR 76, 775, (776).
[985] OLG München, aaO.
[986] Ähnlich auch in einem Fall des LG Traunstein, welches die eigene Entscheidung von einer konkreten Beurteilung eines anerkannten Fußballlehrers als Sachverständigen abhängig macht; siehe dazu Fritzweiler in SpuRt 94, 100, (101); weiteres Beispiel ist der Fall des OLG Neustadt/Weinstraße in MDR 56, 548, in dem ein Fußballregel - Sachverständiger beauftragt wird, Angaben zu Schutzwirkung und Anwendungsbereich der Fußballregel 12 zu machen.
[987] Schild, S. 122.
[988] Schild, aaO.
[989] Siehe Roxin, AT, § 24, Rdn. 20; so auch Schmitt, S. 202 und Looschelders, JR 2000, 265, (272).
[990] Da sich Roxins gänzliche Ausführungen zum Sportproblem allerdings in der obigen Anmerkung erschöpft, genügt dieser Ansatz ohne die Vornahme weiterer ins Detail gehender Differenzierungen kaum.

gehendes regelwidriges Verhalten ist daher, dass diesem per se eine hohe, über das typische sportspezifische Risiko hinausgehende Verletzungsgefahr anhaftet.

Um vergleichsweise ein Beispiel zu benennen: Während im Fußballsport eine beidbeinig gestreckte und/oder von hinten gegen den Gegenspieler durchgeführte Beingrätsche oder Beinschere[991] beim Kampf um den Ball eine in hohem Maße verletzungsrisikoträchtige Handlung darstellt, ist ein im direkten Zweikampf durchgeführtes Rempeln, Stoßen oder Beinstellen mit deutlich geringerer Verletzungsgefahr für den Betroffenen behaftet.

Eine mitentscheidende Rolle spielt bei dieser Betrachtung jedoch noch das konkret an den Tag gelegte Maß an Heftigkeit, Intensität und Aggressivität des regelwidrigen Sportlereinsatzes; auch diese Kriterien sind geeignet, auf den Grad des potentiellen Verletzungsrisikos maßgeblichen Einfluss zu nehmen.

Infolge dessen ist offensichtlich, dass sämtliche Umstände des Einzelfalls für die bewertende Quantifizierung der Gefahrenintensität heranzuziehen sind und von Entscheidungserheblichkeit sein können.

(3) Notwendige sportspezifische Differenzierungen

Auf zwei für die strafrechtliche Untersuchung von Sportverletzungen äußerst relevante sportspezifische Differenzierungen, die in Ansätzen schon im Rahmen dieser Ausarbeitung zur Sprache gekommen sind und deren Erforderlichkeit in diesem Zusammenhang von keiner Seite ernstlich bestritten wird[992], ist (noch einmal) ausdrücklich hinzuweisen.

(a) Sportartspezifische Differenzierung

Zum einen kann die konkrete Abgrenzung zwischen erlaubter Sportbetätigung und strafrechtlich relevantem (exzessiven) Sportlerverhalten nur jeweils sportartspezifisch, also nach den unterschiedlichen Sportarten differenzierend, vorgenommen werden.

Dies ergibt sich schon zwingend aus der Natur der hier entwickelten Sportlerexzess – Anforderung des besonders schweren Schutzregelverstoßes, da diese Bewertung denknotwendig von dem anwendbaren Sportregelwerk der jeweils einschlägigen Sportart abhängt. Lediglich durch Heranziehung der hinsichtlich der Gefahrenstruktur und Eingriffsintensität für die Rechtsgüter der Teilnehmer höchst unterschiedlich weit reichenden Regelwerke wird den jeweiligen Besonderheiten der verschiedenen kör-

---

[991] Hohe Verletzungsgefahren tragen üblicherweise auch folgende regelwidrige Handlungen gegen den Körper des Gegenspielers im Fußballsport in sich: Der Einsatz von angewinkelten Ellenbogen beim Kopfballduell, das Anspringen mit angezogen Beinen oder Fußangriffe auf am Boden liegende Gegenspieler; siehe zum Vergleich auch Schmitt, S. 202f.

[992] Vgl. u.a. BayObLGSt 61, 180 = NJW 61, 2072; Dölling, ZStW 96, 36, (63).

perkontaktreichen Mannschaftssportarten bzw. „den Usancen“[993] in der jeweiligen Sportart Rechnung getragen.

Die vorhandene Palette und Bandbreite von Sportarten weist dabei solche mit hoher Verletzungsgefahr bis hin zu solchen mit relativ geringer Verletzungsgefahr auf, wobei die jeweiligen Antipoden durch den Eishockey- bzw. den Basketballsport gebildet werden. Während im Eishockeysport in bestimmten Situationen sogar ein objektiv äußerst gefährlicher Bodycheck gegen die stabile Bande am Rande des Spielfeldes üblich und sogar zum Teil regelkonform ist, stellt sich im Basketball nahezu jedweder Körperkontakt als regelwidriger körperlicher Einsatz dar. Dass sich angesichts dessen eine sportartdifferenzierende Betrachtung für eine sachgerechte Bewertung der strafrechtlichen Relevanz von Sportverletzungen nicht umgehen lässt, ist evident.

(b) Professionalitätsstrukturelle Differenzierung

Des Weiteren bedarf es bei der vorzunehmenden Abgrenzung einer differenzierenden Anwendung des entwickelten Maßstabs aufgrund der im Sport denkbaren, individuell sehr unterschiedlich stark ausgeprägten Motivation und Professionalität der Teilnehmer. Da insbesondere die Erwartungshaltung der teilnehmenden Sportler hinsichtlich der mit der sportlichen Ausübung verbundenen Verletzungsgefahren (Prognosehorizont) zum Teil stark variieren, empfiehlt es sich daher, zwischen Profisport, verbandsorganisiertem Amateur- und Leistungssport, Breitensport und einfachem Freizeit- und Gelegenheitssport zu unterscheiden.

Während im professionellen Sport die (allermeisten) Akteure über hohe athletische und koordinative Fähigkeiten verfügen und zudem die Sportausübung in diesen Fällen der Sicherung der eigenen Lebensgrundlage dient, sind im Freizeitsport die körperlichen Fähigkeiten der Teilnehmer deutlich eingeschränkter und die Sportausübung zumeist von der Intention getragen, „Freude an der eigenen Bewegung“ zu haben.

Dementsprechend ist auch die Erwartungshaltung der Aktiven an die während des Wettbewerbs durchzuführenden sportarttypischen Zweikämpfe geradezu konträr.

Als Profisportler wird man regelmäßig davon ausgehen können, dass der Wettbewerb in erheblichem Maße von Ernst, Aggressivität und Kampf geprägt sein wird und aufgrund des körperlichen Einsatzes in Verbindung mit den dabei üblichen hohen Bewegungsgeschwindigkeiten aller Akteure die Gefahr etwaiger gegenseitig beigebrachter Verletzungen latent hoch ist. Insbesondere im Spitzensport, in dem vieles (auch finanziell) auf dem Spiel steht und die Aggressivität der Sportler von Zuschauern, Funktionären und Massenmedien erwartet und sogar gefördert wird,[994] besteht eine belegbar enge Verbindung von Sport und Gewalt.[995] Kurzum: „Je wichtiger der

---

[993] Siehe NK/Paeffgen, § 226a, Rdn. 83.

[994] Siehe die Ausführungen des LG Stuttgart, VersR 88, 600, (601) zur besonderen Erwartungshaltung an Profifußballer.

[995] Siehe dazu die empirischen Untersuchungsergebnisse von Pilz in Pilz/Schilling, Sportpsychologie, S. 89; zitiert und geteilt von Schild, S. 66.

Erfolg [...] genommen wird, desto offener erweist sich der Sport für Gewalt."[996] Oder: Je höher die Leistungsklasse der Sportler ist, desto höher liegt deren Toleranzgrenze bezüglich der im Sport vorkommenden Aggression.[997] Je höher diese Toleranzgrenze liegt, desto höher ist naturgemäß auch die Erwartung in Bezug auf etwaige, mit der Sportausübung verbundenen Verletzungsgefahren.

Aus diesen Überlegungen und dem daraus resultierenden modifizierten Prognosehorizont im Profisportbereich ergibt sich die zutreffende Erkenntnis, dass die entwickelten Voraussetzungen für einen strafrechtlich relevanten Sportlerexzess umso restriktiver gehandhabt werden müssen, je professioneller und erfolgsorientierter sich die sportliche Ausübung darstellt. Für den echten Profi- und Spitzensport bedeutet dies nach der hier vertretenen Ansicht, dass eine strafrechtliche Haftung (gem. § 229 StGB!)[998] angesichts der - wie ermittelt erforderlichen - restriktiven Anwendung der ohnehin schon engen Sportlerexzessanforderungen (besonders schwerer Regelverstoß mit hohem Grad der Verletzungsgefahr) nur noch in wenigen, an einer Hand abzählbaren, absoluten Ausnahmefällen in Betracht kommt.

Zieht man aus diesen gewonnenen Erkenntnissen den Umkehrschluss, ergibt sich für den Freizeit- und Breitensport insbesondere hinsichtlich der vorhandenen Aggressionstoleranzgrenze und der Ausgestaltung des Prognosehorizonts in diesem Bereich erkennbar Konträres. Obgleich auch im Freizeitsport naturgemäß körperkontaktreiche Zweikämpfe stattfinden, ist das Maß an Aggression und die Intensität der Durchführung insbesondere aufgrund der geringeren Wettbewerbserfolgsrelevanz deutlich niedriger, was sich wiederum auf die Erwartungshaltung in Bezug auf Verletzungsgefahren auswirkt. Aufgrund dessen sind die Anforderungen an einen Sportlerexzess im Bereich des reinen Freizeitsports (eher) geringer anzusetzen.

dd) Zwischenergebnis

Zusammenfassend lässt sich demnach festhalten, dass die anzustellende Prüfung, ob von einem mit den rechtlichen Grundwertungen nicht mehr vereinbarem gewalttätigem, exzessivem Sportlerverhalten ausgegangen werden kann, stets eine Frage des konkreten Einzelfalls darstellt und keinesfalls schematisch, jedoch mit unterstützender Hilfe feststehender Kriterien und Anforderungen vorgenommen werden kann. Voraussetzung für einen Sportlerexzess ist dabei, dass es sich a) um einen besonders schweren oder groben Verstoß gegen eine spielerschützende Regelbestimmung, also ein Foul mit prägnantem Ausnahmecharakter, handelt, welches zudem gemäß den objektiven Sportregeln eine sofortige Disqualifikation nach sich ziehen würde und überdies b) dieser regelwidrigen Handlung eine erfahrungsgemäß hohe Verletzungsgefahr anhaftet. Im Rahmen der dabei im konkreten Einzelfall vorzunehmenden „Subsumtion" unter die einzelnen Kriterien und Unterkriterien ist gemäß den

[996] Schild, S. 68.

[997] Vgl. Schild, einerseits S. 66, und andererseits auf S. 119 das Erfordernis einer differenzierenden Betrachtung unterstreichend; ebenso die Ausführungen des AG Ettenheim, NJW-RR 92, 353, (354), welches für differenzierte Maßstäbe zwischen Profisport und verbandsorganisiertem Amateursport wegen der unterschiedlichen „Art des Verkehrs" plädiert.

[998] Auf die Frage der Vorsatzstrafbarkeit wird im Abschnitt III) noch umfangreich eingegangen.

obigen Ausführungen der jeweiligen zugrunde liegenden Motivlage und den sportlichen Fähigkeiten der Sportler (Profisport, organisierter Leistungs- und Amateursport, Breitensport oder Freizeitsport) durch entsprechende Verschiebung der gültigen Maßstäbe Rechnung zu tragen.

d) Anwendung des entwickelten Sportlerexzessmaßstabs auf praktische Fallbeispiele aus dem Fußballsport

Wie bereits darauf hingewiesen, lässt sich auch mit Hilfe der Sportlerexzesskriterien nicht in jedem Einzelfall eine Lösung eindeutig vorzeichnen. Insbesondere lässt sich eine abschließende Aufzählung von konkreten sportlerexzessiven Verhaltensweisen angesichts der Vielschichtig- und Vielseitigkeit des Sportes und der zahlreichen denkbaren Verletzungsmöglichkeiten in den verschiedenen Sportarten nur schwerlich a priori vornehmen.

Für den Bereich des Fußballsports könnte jedoch mit Hilfe der Heranziehung von aus Sportöffentlichkeit und Rechtsprechung bekannten Sachverhalten der Versuch unternommen werden, die dort am häufigsten vorkommenden, exzessiven Sportlerhandlungen im Einzelnen unter die Lupe zu nehmen, um auf diese Weise brauchbare Anhaltspunkte, wiederkehrende Prüfungsmuster und hilfreiche Leitlinien für eine Einzelfallbetrachtung, also ein „behutsam gehandhabtes case law“[999] aufzuzeigen.

Zu den im Fußballsport üblichen verletzungsursächlichen Verhaltensweisen gehören vor allem das Beinstellen und Hakeln, Treten, Schlagen, Anspringen, Rempeln und Stoßen, Hineingrätschen, das gestreckte oder zu hohe Bein, das Auflaufenlassen, das Unterlaufen des Gegenspielers, der Scherenschlag, der Fallrückzieher und der Bodycheck.[1000] Ordnet man diese völlig unterschiedlichen Verletzungshandlungen nach ihrer tatsächlichen statistischen Häufigkeit, so fällt auf, dass der ganz überwiegende Anteil der Sportverletzungen allgemein durch den Fußeinsatz der jeweiligen Gegenspielers zustande kommt, während der verletzungsursächliche Einsatz von Faust, Hand und anderen Körperteilen eher einen geringeren Anteil ausmacht.[1001] Diese quantitative Verteilung stimmt im Übrigen mit der relativen Häufigkeit jener Sportverletzungshandlungen überein, welche in der straf- und zivilrechtlichen Rechtsprechung Gegenstand von gerichtlichen Verfahren waren und sind.

---

[999] Schild, S. 120 in Anlehnung an Schürer-Mohr, S. 147 und 202.

[1000] Siehe im Einzelnen dazu auch Schmitt, S. 32ff.

[1001] Eine aussagenkräftige statistische Erhebung über die konkreten verletzungsursächlichen Handlungen beim Fußballsport liefert Wolf in seiner Untersuchung „Die Kriminalität bei Fußballspielen“, S. 16-22. Danach kommen 69% der Sportverletzungen durch Fußangriffe des Gegenspielers zustande, weitere 18% durch Faust- oder Handschläge und 13% durch sonstige Handlungen.

aa) Der Klassiker: Die Beingrätsche

Der in der strafrechtlichen und zivilrechtlichen Rechtsprechung am häufigsten behandelte Fall eines möglichen Sportlerexzesses im Fußballsport ist das sog. „Hineingrätschen" in die Beine des Gegenspielers.[1002] Die stets gefährliche, aber als klassische Abwehrmethode bekannte „Beingrätsche" ist in vielerlei Einzelgestaltungen denkbar.

Wertungsunterschiede in Bezug auf die Schwere des Regelverstoßes und die Höhe der mit ihr verbundenen Verletzungsgefahr ergeben sich insbesondere durch die Antworten auf die Fragen, ob es sich um eine einbeinig oder zweibeinig durchgeführte Grätsche handelt, ob das Bein/der Fuß bzw. die Beine/die Füße des Grätschenden gestreckt sind, in welcher Höhe der Treffpunkt des Körperkontaktes mit dem Gegner ist, ob die Grätsche von vorne, von der Seite oder von hinten stattfindet und wie weit der Ball im Augenblick des Grätschsprunges vom gegnerischen Spieler entfernt ist bzw. welcher Zeitraum zwischen dem Balltreffen des Verletzten und dem Beintreffen des Verletzenden liegt.

Ausgangspunkt der konkreten Betrachtung ist zunächst eine den Fußballregeln in voller Weise entsprechende Beingrätsche (Tackling). Wie schon zuvor festgestellt[1003], muss ein gegen einen Gegenspieler grätschender Spieler, um insgesamt fußballregelkonform zu handeln, a) den Ball vor dem Gegenspieler berühren[1004], darf dabei b) weder mit gestrecktem oder zu hohem Bein gegen den Mann agieren[1005] noch c) bei der Durchführung des Tacklings die Gesundheit des Gegenspielers generell gefährden[1006]. Werden vom Spieler diese Voraussetzungen kumulativ erfüllt, handelt er sportregelgerecht und eine Strafbarkeit gem. § 229 scheidet auch bei Eintritt von schweren Verletzungen des Gegenspielers aus. Eine strafrechtliche Fahrlässigkeitshaftung[1007] kommt nach den hier entwickelten Grundsätzen erst in Betracht, wenn ein besonders schwerer Regelverstoß begangen wird.

Ein solcher ist jedenfalls dann (noch) nicht gegeben, wenn die Beingrätsche im konkreten Einzelfall als eine Handlung aufgefasst werden kann, welche noch im Rahmen des spieltypischen Kampfgeschehens liegt. Durchaus hilfreiche Gedankenansätze

---

[1002] Gemäß einer von Wolf, S. 25, vorgenommenen statistischen Erhebung sind zu 56% die Beine des Fußballspielers das betroffene und durch den spielerischen Angriff verletzte Körperteil.

[1003] Vgl. die Ausführungen auf S. 53f. dieser Ausarbeitung.

[1004] Ansonsten liegt ein Verstoß gegen Regel 12, Direkter Freistoß, Unterpunkt 7 vor.

[1005] Ansonsten liegt ein Verstoß gegen Regel 12, Indirekter Freistoß, Unterpunkt 5, und somit ein „gefährliches Spiel" vor.

[1006] Ansonsten liegt ein Verstoß gegen Regel 12, Indirekter Freistoß, Unterpunkt 5 i.V.m. Nr. 4 der (verbindlichen) Entscheidungen des International Football Association Board vor.

[1007] In allen genannten Beispielsfällen dieses und der nächsten Abschnitte ist angesichts mangelnder entgegenstehender Umstände davon auszugehen, dass der verletzende Spieler keinen Verletzungsvorsatz hatte. Auf anders gelagerte Fälle wird im Rahmen des Abschnittes über die strafrechtliche Vorsatzhaftung im Sport noch einzugehen sein.

und Kriterien, wann dies bei einer Beingrätsche der Fall ist, werden z.T. von Seiten der (zivilrechtlichen) Rechtsprechung vorgeschlagen.[1008]

(1) „Die Möglichkeit der Ballerreichung und der Ball als Angriffsziel" als grds. exzessausschließende Kriterien

Ein ganz entscheidender und wichtiger Gesichtspunkt ist dabei, dass selbst der regelwidrigen, verletzungsursächlichen Beingrätsche grundsätzlich kein sportlerexzessiver Charakter beigemessen werden kann, wenn sie dem äußeren Erscheinungsbild nach a) ausschließlich dem Ball gilt und (kumulativ) b) für den Spieler bei Vornahme der Grätsche die - wenn auch nur geringfügige - Aussicht besteht, den Ball noch zu erreichen;[1009] letztere Voraussetzung wird dabei zumeist in den Fällen gegeben sein, in denen sich der Ball im Zeitpunkt des verletzungsursächlichen Körperkontaktes noch in unmittelbarer Nähe des Grätschenden befindet. Ihren Geltungsgrund erhalten diese grds. exzessausschließenden Kriterien durch folgende Erwägungen:

Werden die beiden genannten Voraussetzungen vom Grätschenden kumulativ erfüllt, handelt es sich – trotz der freilich auch dann vorhandenen Verletzungsgefahr - um spielspezifische bzw. fußballtypische Praktiken, welche im Rahmen der Ausübung des Fußballsportes nicht nur üblicherweise vorkommen, sondern die kampfbetonte Sportart Fußball als solche ausmachen. Daraus resultiert die Erkenntnis, dass sich bei Vorliegen der beiden Prämissen regelmäßig das Risiko verwirklichen kann, mit welchem ein Sportler bei der Ausübung des Fußballsports vernünftigerweise rechnen muss; dazu gehört insbesondere jenes Risiko, dass ein Spieler, der sich berechtigte Hoffnung machen kann, den Ball zu erreichen, auch mittels einer - wenn auch verletzungsgefährdenden - Beingrätsche ins Spiel eingreift. Der Versuch also, in solchen Situationen noch an den Ball zu gelangen, stellt nicht nur eine geradezu fussballtypische Handlungsweise dar, vielmehr würde eine entsprechend auferlegte (strafrechtliche) Unterlassungspflicht geradezu dem Kampfspiel widersprechen[1010].

Dass in diesen Fällen die Grätsche des Spielers auch faktisch neben das anvisierte und eigentlich in unmittelbarer Nähe befindliche „Angriffsziel Ball" und deshalb unmittelbar gegen Füße und Beine des Gegenspielers gehen kann, liegt im objektiv prognostizierbaren Rahmen. Ein „Foul" ist diesem Fall dann zwar zweifellos gegeben, jedoch hat es von seiner Intensität und speziellen Eigenart her keine prägnante Ausnahmestellung innerhalb der denkbaren Kollektion der im Fußballsport verbotenen Spielweisen inne. Der für einen Sportlerexzess erforderliche, besonders schwere Schutzregelverstoß ist deshalb in dieser Konstellation regelmäßig nicht gegeben.

[1008] BGH NJW 76, 957; LG Stuttgart, NJW-RR 88, 1241; OLG München, VersR 86, 247; siehe mit weiteren Nachweisen die aufschlussreichen Ausführungen Fritzweilers in SpuRt 94, 100ff.

[1009] Ähnlich die unterschiedlichen Ausführungen von BGH NJW 76, 957, LG Stuttgart in NJW-RR 88, 1241 und OLG München, VersR 77; 844; 86, 247; vgl. ebenso Schmitt, S. 201; Looschelders, JR 2000, 265, (272);.

[1010] Ähnlich auch BGH VersR 57, 290 und OLG Neustadt, MDR 56, 550.

Dies gilt insbesondere für drei aus der Rechtsprechungspraxis bekannte Fälle[1011], denen vom Sachverhalt her jeweils eine regelwidrige seitliche Grätsche (auch mit erheblichen Verletzungserfolgen[1012]) zugrunde liegt, deren Angriffsrichtung jedoch alleine dem Ball galt und bei denen zudem für den Grätschenden noch die objektive Möglichkeit bestand, den Ball zu spielen.[1013]

(2) Ausnahmen bei atypischer Art und Weise der Grätschendurchführung

Eine Ausnahme von diesem Grundsatz bilden die Fälle, in denen zwar bei Ansatz der Grätsche noch die konkrete, wenn auch nur geringfügige Möglichkeit der Ballerreichung besteht, die Art der Durchführung und die Intensität, also das „wie" der Beingrätsche, jedoch so stark von der Regelnorm und dem prognostizierbaren Maß abweicht, dass sie als ein mit den rechtlichen Grundwertungen nicht mehr vereinbares gewalttätiges und somit sportlerexzessives Handeln qualifiziert werden kann. Dazu gehören z.B. die mit hoher „Fluggeschwindigkeit" durchgeführten, beidbeinigen Grätschen mit jeweils vorgestreckten Beinen, bei denen die Unversehrtheit des Rechtsgutes Gesundheit des Gegenspielers dem Zufall überlassen bzw. aufgrund der exorbitanten Verletzungsgefahr mehr oder weniger preisgegeben wird; mit der Sportart Fußball, wie sie allgemein bekannt ist, haben solche Praktiken wenig bis gar nichts zu tun.

Praktisches Beispiel dafür ist einer aus dem niederländischen Profifußball bekannt gewordene Fall aus dem Jahre 2004, bei dem der Spieler Bouaouzan im Spiel Sparta Rotterdam gegen Go Ahead Eagles Deventer mit Hochgeschwindigkeit eine beidbeinige Grätsche mit gestreckten Beinen gegen seinen schon vor ihm am Boden be-

---

[1011] BGH VersR 76, 591; OLG München, NJW-RR 90, 732; OLG Düsseldorf, NJW-RR 2000, 1116; ähnlich auch LG Schweinfurt, VersR 96, 74.

[1012] Komplizierter Waden- und Schienbeinbruch in BGH, aaO.; Kreuzbandriss in OLG München, aaO.; jeweils Unterschenkelfrakturen in OLG Düsseldorf, aaO., und LG Schweinfurt, aaO.

[1013] Erörterungswürdig ist in diesem Zusammenhang, inwiefern im konkreten Einzelfall die Frage nach der Möglichkeit der Ballerreichung durch den grätschenden Spieler beantwortet werden kann. Das LG Traunstein, zitiert von Fritzweiler in SpuRt 94, 100, (101), ist in einem konkreten Fall der Frage, ob der Grätschende den Ball noch spielen konnte bzw. ob dieser rechtzeitig erkennen konnte, dass er den Ball nicht mehr erreicht, mittels einer in Auftrag gegebenen Zeit- und Bewegungsanalyse nachgegangen. Dabei wurde konkret der Zeitraum zwischen dem Spielen des Balles durch den später verletzten Spieler und dem Treffen des Beines dieses Spielers durch den Grätschenden ermittelt. Der als Sachverständiger vom Gericht beauftragte anerkannte Fußballlehrer kam dabei (mittels bewegungsphysikalischer Versuche) zu der Feststellung, dass der entsprechende Zeitraum zwischen 1,2 und 1,79 Sekunden betragen haben muss. Ausgehend von der zutreffenden Erkenntnis, dass je geringer der genannte Zeitraum ist, umso wahrscheinlicher ist, dass der Grätschende den Ball realistischerweise noch spielen konnte, ging das Gericht im vorliegenden Fall (allerdings auch aufgrund weiterer Zeugenaussagen) davon aus, dass die Grätsche noch im spielüblichen Rahmen lag und zumindest eine wenn auch geringe Möglichkeit bestand, den Ball zu treffen.
In einem anderen, zwar keine Beingrätsche betreffenden, aber durchaus vergleichbaren fußballerischen Zweikampf trifft das OLG Oldenburg, VersR 95, 670f., entsprechende Feststellungen über die dem verletzenden Spieler zur Verfügung stehende Reaktionszeit für eine Vermeidung der Kollision mit dem den Ball fangenden gegnerischen Torwart. Da die Entfernung zwischen beiden Spielern nur 1 Meter betrug, hätte der verletzende Spieler selbst bei einer sehr gering angesetzten Eigengeschwindigkeit von 20 Sekunden auf 100 Metern nur eine (zu kurze) Reaktionszeit von 0,2 Sekunden zur Umsetzung der Erkenntnis einer Kollisionsvermeidung gehabt.

findlichen Gegenspieler Kokmeijer durchführte, diesen dabei mit voller Kraft von oben anfliegend traf und somit einen komplizierten doppelten Beinbruch, eine Schlagaderblutung und (mit hoher Wahrscheinlichkeit) die vollständige Invalidität beim Betroffenen verursachte.[1014] Ein ähnlicher Sachverhalt liegt einer Entscheidung des OLG Düsseldorf zugrunde, bei der ebenfalls ein „Hineingrätschen mit beiden Beinen gleichzeitig"[1015] „in den Spieler"[1016] und deshalb zurecht aufgrund der „bekannten [hohen] Verletzungsgefahr" eine „grobe Missachtung der Spielregeln"[1017] festgestellt wurde.[1018] In diesen Fällen ergibt sich die Sportlerexzesseigenschaft aus der fussballatypischen und übermäßig verletzungsgefahrintensiven Art und Weise der Durchführung der Beingrätsche.

(3) Beingrätsche ohne Möglichkeit der Ballerreichung

Nach dem oben Gesagten sind Sportler- bzw. hier konkret Fußballerexzesse vor allem dann denkbar, wenn die oben genannten grds. exzessausschließenden Kriterien bei der Beingrätsche nicht vorliegen. Unproblematisch ist dies in den Fällen zu bejahen, in denen der Angriff durch die Beingrätsche nicht dem Ball, sondern dem Gegner gilt, da hier der sportspezifische Zusammenhang zwischen dem sportlichen Wettbewerb und der Beingrätsche nicht mehr gegeben ist; hier würde dem Gegenspieler (zumeist vorsätzlich) eine Verletzung lediglich bei Gelegenheit des Sportes zugefügt.[1019]

Diffiziler zu beurteilen sind die Situationen, in denen der Angriff mittels Grätsche zwar dem Ball gilt, für den grätschenden Spieler aber von vornherein nicht die Möglichkeit besteht, den Ball noch zu erreichen. Dies gilt z.B. für vier in der Rechtsprechung einschlägig behandelte Fallgestaltungen[1020]. Die dabei zugrunde gelegten Sachverhalte stellen sich jeweils so dar, dass die vorgenommenen Grätschen jeweils von hinten bzw. von schräg hinten in die Beine des Gegenspielers erfolgten, ohne dass dabei der Grätschende eine realistische Chance gehabt hätte, den Ball zu spielen. In allen Fällen ist die Grätsche bzw. das Tackling aufgrund der dabei für den Gegenspieler vorhandenen Gesundheitsgefährdung gemäß dem Fußballregelwerk (Regel 12,

---

1014 Dieser Fall ging in den Jahren 2004/2005 vermehrt durch die europäischen Medien, da der Spieler Bouaouzan aufgrund des genannten Vorfalls von einem niederländischen Strafgericht zu einer sechsmonatigen Freiheitsstrafe auf Bewährung und zur Verrichtung von 200 Stunden gemeinnütziger Arbeit verurteilt wurde; siehe dazu den Artikel der Rheinischen Post vom 09.08.2005.

1015 OLG Düsseldorf, OLG-Report Düsseldorf 97, 268; ebenso benannt in einem Artikel der Westdeutschen Zeitung vom 25.02.2003.

1016 OLG Düsseldorf, aaO., (269).

1017 OLG Düsseldorf, aaO.

1018 Die ebenfalls notwendige Voraussetzung der Disqualifikationsreife der Grätsche ergibt sich ohne weiteres aus Regel 12, Nr. 1 der Feldverweiswürdigen Vergehen i.V.m. Nr. 4 der Entscheidungen des International Footballs Association Board.

1019 Siehe dazu vor allem die entsprechenden Ausführungen im folgenden Abschnitt über die Vorsatzstrafbarkeit.

1020 Siehe OLG Hamm in JR 98, 465 und VersR 99, 1115; daneben auch OLG Hamm, 34 U 81/05 (in erster Instanz LG Bochum), siehe dazu auch unter www.juraforum.de/jura/specials/printable/id/38189 den Bericht „OLG Hamm: Fußballer muss für Blutgrätsche Schadensersatz leisten"; sowie LG Münster, Az.: 10 O 586/02 vom 18.12.2002, siehe dazu sowohl Artikel der Rheinischen Post vom 16.02.2005 als auch den Artikel der Westdeutschen Zeitung vom 25.02.2003.

Feldverweiswürdige Vergehen, Unterpunkt 1 i.V.m. Nr. 4 der Entscheidungen des International Football Association Board zu Regel 12) mit der sofortigen und unmittelbaren Disqualifikation mittels Zeigen der roten Karte zu ahnden.[1021] Zudem besteht aufgrund des besonderen Umstands, dass die Grätschen von (schräg) hinten ausgeführt wurden, eine überaus große Verletzungsgefahr für den Gegenspieler[1022], da dieser die Attacke weder erkennen kann noch sich auf diese in irgendeiner Weise (durch die Vornahme von Abwehrmaßnahmen wie Hochspringen etc.) einstellen oder entziehen kann. In solchen Fällen des rücksichtslosen Einsteigens von (schräg) hinten, ohne die Möglichkeit zu besitzen, durch Ballerreichung spieltypisch ins Spiel einzugreifen, ist von einem besonders schweren Regelverstoß auszugehen, so dass die Voraussetzungen für ein sportlerexzessives Verhalten zu bejahen sind.

Problematischer stellt sich die Situation dar, wenn der grätschende Spieler zwar keine realistische Chance hat, den Ball zu treffen, die Beingrätsche jedoch aus Sicht des Gegenspielers von vorne durchgeführt und somit für diesen (wenn auch nur kurze Zeit vorher) erkennbar war. In diesen Fällen stellt sich, wie schon zuvor oben, die Frage nach der genauen Art und Weise der Durchführung der Grätsche. Handelt es sich um eine beidbeinige Sprunggrätsche, wie in einem Falle des OLG München[1023], in dem ein Torwart einem gegnerischen Stürmer „in der Art eines Weitspringers mit vorgestreckten Beinen in Kniehöhe gegen das Standbein [...] gesprungen war" (bedenke: ohne Möglichkeit der Ballerreichung!), ist angesichts der damit verbundenen hohen Verletzungsgefahr (vor allem auch bedingt durch den hohen Kontakttreffpunkt), der Disqualifikationsreife und der besonderen Schwere des Regelverstoßes von einem sportlerexzessiven Verhalten auszugehen.

Allerdings ist auch in diesen Fällen der regelwidrigen Beingrätsche dem Sinn des Fußballsportes (mit seinen Abwehrmethoden) mit dem Status des Kampfsportes auch in strafrechtlicher Hinsicht insoweit Rechnung zu tragen, als dass die Grenzlinie zum Sportlerexzess nicht allzu eng gezogen werden darf. Deswegen scheint es sachgerecht, die „normale" einbeinige, von vorne oder für den Gegenspieler erkennbar von der Seite durchgeführte, regelwidrige Grätsche, ungeachtet der Umstände, dass nur eine geringe oder keine realistische Chance der Ballerreichung besteht und auch hier aufgrund der vorhandenen Verletzungsgefahr die Disqualifikationsreife gegeben ist, zwar als schweren, aber eben nicht als besonders schweren Regelverstoß zu qualifizieren.

[1021] Schon gemäß der Regeländerung für die Saison 2005/2006 kommt es bei der Begehung eines feldverweiswürdigen groben Fouls gem. Regel 12, Nr. 1 der Feldverweiswürdigen Vergehen i.V.m. Nr. 4 der Entscheidungen des International Footballs Association Board nicht mehr darauf an, dass das gesundheitsgefährdende Tackling von hinten erfolgt; vielmehr ist die genaue Angriffsrichtung des Tacklings (von vorne, von der Seite oder von hinten) nunmehr unerheblich für die Spielsanktion der direkten und unmittelbaren Disqualifikation.

[1022] So ausdrücklich OLG Hamm, JR 98, 465, (466) und VersR 99, 1115, (1116) sowie LG Münster, aaO.

[1023] OLG München, VersR 77, 844f., das die Spielweise des Torwarts zu Recht als „unorthodox" und insofern als nicht mehr spiel- und sportarttypisch qualifiziert hat.

Anders kann sich die Lage hingegen wieder darstellen, wenn andere verletzungsgefahrerhöhende Umstände, wie eine besondere Treffpunkthöhe oder besonders hohe Geschwindigkeit der Grätsche etc., vorliegen.[1024]

Daran zeigt sich, dass selbst in diesen schon recht fein untergliederten und strukturierten Einzelfällen jeder kleinste tatsächliche Umstand eine Rolle im Rahmen der Gesamtbewertung spielen und nicht jede konkrete Einzelfallgestaltung bis ins letzte Detail vorhergesehen und „katalogisiert" werden kann.

(4) „Verschiebungen" des Sportlerexzessmaßstabs aufgrund differierender Professionalitätsstruktur

Wie schon zuvor benannt, ist für den Einzelfall ebenso von Relevanz, ob es sich um Freizeit-, Verbands- oder Profisport handelt, da je nach Einstufung die Anforderungen an einen Sportlerexzess variieren.

Betrachtet man einerseits Fälle aus dem Profisport, sind angesichts der dort bestehenden höheren Aggressionstoleranzgrenze und des dadurch modifizierten Prognosehorizonts höhere Anforderungen an die Exzesskriterien zu stellen. In dem schon zuvor benannten Fall Bouaouzan aus der niederländischen Profiliga ändert diese Maßstabsverschiebung am Ergebnis jedoch wenig, da es sich sowohl von der Intensität (Geschwindigkeit und Dynamik) als auch von der Eigenart der Grätsche um ein Foul mit absolutem Ausnahmecharakter handelt, was auch im Profisport nur allzu selten vorkommt.

Anders wiederum stellt sich im Ergebnis der Fall Enke aus dem Oktober 2004 dar, der als Torwart des Bundesligisten Hannover 96 im Spiel gegen Hansa Rostock beim Herauslaufen aus seinem Tor in seinen Gegenspieler di Salvo von vorne mit hoher Geschwindigkeit und nahezu in Kopfhöhe einbeinig gestreckt hineingrätschte, was beim Betroffenen zu einer schweren Gehirnerschütterung führte.[1025] Obgleich selbst der Schiedsrichter dieses Spiels im Anschluss an das Spiel nach Vorspielen der Videoaufzeichnung bestätigte, dass dieses Vergehen ein grobes Foulspiel war, welches von ihm statt mit der gelben Karte eigentlich mit dem sofortigen Platzverweis mittels roter Karte hätte geahndet werden müssen, handelt es sich nach den für den Profisport maßgebenden Kriterien noch um kein Foul mit absolutem Ausnahmecharakter. Dies schon deswegen nicht, weil sich a) der Ball noch in unmittelbarer Nähe des Körperkontaktes der beiden Akteure befand, b) die Grätsche von vorne und einbeinig durchgeführt wurde und weil c) insbesondere im Profisport vom Torwart als „letzter Instanz vor dem Verderben" (nämlich vor dem ggf. spielentscheidenden Gegentreffer) bekanntermaßen voller körperlicher Einsatz gefordert und erwartet wird, was in diesem konkreten Einzelfall die Anforderungen an einen strafrechtlich relevanten Sportlerexzess auf ein höchstes – hier noch nicht erreichte - Maß ansteigen lässt.

[1024] Wie in allen Fällen ist insbesondere hier (wenn also die Ballerreichung mittels Grätsche von vornherein nicht möglich ist) die konkrete Prüfung, ob bei Vornahme der Beingrätsche nicht ggf. sogar ein Körperverletzungsvorsatz vorlag, im voraus vorzunehmen; siehe dazu die Ausführungen im folgenden Abschnitt der strafrechtlichen Vorsatzhaftung (S. 221ff.).

[1025] Siehe Artikel mit dem Titel „Was erlaubt sich die Liga?" in der Rheinischen Post vom 04.10.2004.

Mit umgekehrten Vorzeichen stellt sich die Lage im sog. Freizeitsport dar. Zwar kommt es auch hier gelegentlich zu der fußballtypischen Vornahme von Beingrätschen, allerdings sind die Anforderungen an einen Sportlerexzess niedriger anzusetzen als im verbandsorganisierten Amateursport und sogar deutlich niedriger anzusetzen als im Profisport. Auch hier sind alle oben genannten einzelnen Umstände, die sich bei der Beingrätsche auf die Schwere des Regelverstoßes auswirken können, von potentieller Relevanz. Von einem besonders schweren Regelverstoß ist jedoch auch unter Zugrundelegung des für den freizeitlichen Fußballsport geltenden weiteren Maßstabs nicht auszugehen, wenn der grätschende Spieler realistischerweise noch den Ball erreichen konnte und keine besonderen, gefahrerhöhenden Umstände vorliegen.

Verdeutlichen lässt sich dies anhand eines Sachverhaltes, der einer Entscheidung des OLG Hamm[1026] zugrunde lag: Danach kam es bei einem Fußballspiel zwischen Jugendlichen auf der Sandfläche eines Spielplatzes zu einer frontalen Grätsche eines Spielers im unmittelbaren Kampf um den Ball, wodurch der Gegenspieler am Schienbein verletzt wurde. Da der grätschende Spieler nicht den Ball spielte, sondern lediglich den Gegner am Schienbein traf, war zwar ein Regelverstoß i.S.d. Fußballregel 12, Direkter Freistoß, Nr. 7 gegeben. Jedoch war davon auszugehen, dass die Grätsche weder mit besonders großer Geschwindigkeit und Dynamik noch mit ausgestreckten Beinen, zudem von vorne und aufgrund des geringen Abstands der beiden Akteure (von ca. einem Meter) mit gegebener potentieller Möglichkeit der Ballerreichung durchgeführt wurde. Aus diesen Gründen ist ungeachtet der Einschlägigkeit des offeneren Maßstabs im Freizeitsport im Ergebnis von keinem besonders schweren Regelverstoß auszugehen und ein Sportlerexzess in diesem Fall zu verneinen.

bb) Anderweitige Fußangriffe gegen den Gegenspieler

Eine weitere große Gruppe von Verhaltensweisen im Fußballsport, die im Einzelfall Sportlerexzesse darstellen können, sind Regelwidrigkeiten durch anderweitige Fußangriffe gegen den Gegenspieler, wie z.B. die verletzungsträchtigen Handlungen des Tretens oder des Beinstellens gem. Regel 12, Direkter Freistoß, Unterpunkt 1 und 2 bzw. des „gestreckten Beins“ als gefährliches Spiel gem. Regel 12, Indirekter Freistoß, Unterpunkt 5.

Wertungsunterschiede in Bezug auf die konkrete Schwere des Regelverstoßes und die Höhe der Verletzungsgefahr ergeben sich hier vor allem – wie schon bei der Beingrätsche – durch die Umstände, ob der Fußangriff des Verletzenden ausschließlich dem Ball gilt und dieser Spieler auch in der Lage ist, den in unmittelbarer Nähe befindlichen Ball zu spielen bzw. zu erreichen. Werden beide Voraussetzungen kumulativ erfüllt, kann im Regelfall von einer fußballtypischen, strafrechtlich unbedenklichen Handlung i.S.d. § 229 ausgegangen werden.

[1026] OLG Hamm, VersR 99, 461.

Auch hier gilt, was bereits für die Beingrätsche festgestellt wurde, dass nämlich in der Kampfsportart Fußball mit jenen Fußangriffen vernünftigerweise gerechnet werden muss, die in spielspezifischer Art und Weise geeignet sind, Einfluss auf den sportlichen Wettbewerb zu nehmen. Dazu gehört als Inbegriff des „Fuß"(!)ballsportes insbesondere jeglicher Einsatz des Fußes und des Beines gegen den Ball, welcher entweder die Erringung des Ballbesitzes oder das Spielen des Balles (mittels eines Trittes gegen denselben) ermöglicht. Besteht also für einen Spieler (aufgrund seiner geringen Entfernung zum Ball) die Möglichkeit, mittels des Fußeinsatzes den Ballbesitz zu erringen oder den Ball zu spielen, und trifft dieser dabei mit seinem Fuß lediglich den Gegenspieler, ist diese Spielweise zwar ein nach den Fußballregeln zu ahndendes Foul und insofern eine Sportregelwidrigkeit, jedoch aufgrund seiner Spieltypizität keinesfalls ein besonders schwerer Regelverstoß.

Klassisches Beispiel für eine solche Fallkonstellation ist der bereits zu Beginn dieser Untersuchung benannte Sachverhalt im Fußballfall (Fall 8)[1027], gemäß dem zwei um den Ball kämpfende Spieler nach dem Ball treten, jedoch lediglich der etwas schnellere Stürmer den Ball spielt und infolgedessen von dem etwas langsameren Abwehrspieler am Bein getroffen wird. Da hier schon regelmäßig mangels Vorliegen eines „groben Fouls" i.S.d. Regel 12, Feldverweiswürdige Vergehen, Unterpunkt 1 eine Disqualifikationsreife dieser regelwidrigen Handlung nicht gegeben ist, scheidet die Annahme eines sportlerexzessiven, besonders schweren Regelverstoßes jedenfalls aus.

Ähnliche Sachverhalte liegen auch zweien von der Rechtsprechung behandelten Fallgestaltungen[1028] zugrunde. In beiden Fällen ist von einem offensichtlichen Bestreben des Verletzenden und der auch objektiv gegebenen Möglichkeit auszugehen, durch einen Tritt gegen den Ball diesen voranzutreiben oder einem Mitspieler zuzuspielen. Da diese Spieler in beiden Konstellationen den Ball jedoch nicht erreichen, kommt es jeweils zu einem verletzungserfolgsursächlichen Tritt gegen den Gegenspieler. Wie schon im Fall 8) ist auch hier von einem fußballtypischen Kampf um den Ball auszugehen, welcher zwar von Seiten des Verletzenden als regelwidriger Fußangriff, keinesfalls jedoch als besonders schwerer Regelverstoß aufzufassen ist, der eine strafrechtliche Fahrlässigkeitshaftung zur Folge haben könnte.

Gleiches gilt für einen vom LAG Köln[1029] mittels einer Fernsehaufzeichnung festgestellten Sachverhalt, welchem ein Foulspiel eines Verteidigers gegen einen gegnerischen Angreifer aus einem Spiel der Bundesliga zugrunde liegt. In diesem Fall kam es infolge eines Zweikampfes, bei dem der Angreifer den Versuch unternahm, links am Abwehrspieler „vorbeizudribbeln", zu einem Tritt des Abwehrspielers gegen das Bein des Angreifers, bei dem der Abwehrspieler den Ball mangels eigener ausreichender Reaktionsschnelligkeit gänzlich verfehlte. Da der Abwehrspieler bei seinem Beineinsatz seinen Blick nur auf den in geringer Entfernung befindlichen Ball richtete, ging das LAG Köln angesichts entgegenstehender Anhaltspunkte davon aus, dass

---

[1027] Siehe Fall 8) auf S. 56 dieser Ausarbeitung, der an dem Sachverhalt einer Entscheidung des OLG Neustadt/Weinstraße, MDR 56, 550, angelehnt ist.
[1028] Siehe BGH JZ 75, 122 und OLG Hamm, MDR 97, 553.
[1029] LAG Köln, VersR 85, 649.

der Fuß- und Beineinsatz dieses Spielers nur dem in unmittelbarer Nähe befindlichen Ball galt. Aus Sicht des Gerichts handelte es sich bei der Aktion des Abwehrspielers um einen „offenbar missglückten Bewegungsablauf, der aus der Hektik des Kampfgeschehens entstanden ist"[1030]. Ein besonders schwerer Schutzregelverstoß ist deshalb – insbesondere unter Zugrundelegung des im Profibereich anzuwendenden (noch) engeren Maßstabs – nicht zu bejahen.

Um verletzungsursächliche Fußangriffe von Stürmern gegenüber den gegnerischen Torhütern ging es in Entscheidungen des BayObLG[1031] und des OLG Oldenburg[1032]. In beiden Fällen sprang der Torwart zur Verhinderung einer gegnerischen Torerzielung dem Angreifer entgegen und wurde kurz nach Erfassen des Balles von dem Bein des zum Schuss ausholenden Angreifers getroffen. Unzweifelhaft handelt es sich jeweils um fußballregelwidriges Verhalten.[1033] Jedoch stellt sich aufgrund der unmittelbaren Ballnähe des Angreifers und dessen, angesichts entgegenstehender Umstände anzunehmenden, anvisierten „Angriffsziels Ball" schon die Frage nach einer Disqualifikationsreife dieser Handlung und somit der Frage nach dem Vorliegen eines groben Fouls i.S.d. Regel 12, Feldverweiswürdige Vergehen, Unterpunkt 1.

Dem Angreifer kommt im Rahmen des Fußballspiels die „Aufgabe" zu, „schneller als der gegnerische Torwart am Ball zu sein"[1034] und darf dabei den Regeln nach den Ball bis zu dessen Kontrolle durch den Torwart[1035] spielen. Da vorliegend dieses Ziel nur um Bruchteile einer Sekunde verfehlt wurde, somit der mit der Regelwidrigkeit verbundene Vorwurf an den Stürmer entsprechend geringer ausfällt, fällt schon die Bejahung eines für eine Disqualifikation gem. Regel 12, Feldverweiswürdige Vergehen, Unterpunkt 1 erforderlichen groben Fouls schwer. Die Annahme eines sportlerexzessiven, besonders groben Schutzregelverstoßes ergäbe sich in dieser Konstellation nur dann, wenn dem Stürmer ausreichend (Reaktions-)Zeit geblieben wäre, angesichts des schon vorhandenen Ballbesitzes des Torwarts auf den untauglichen (allerdings hier in beiden Fällen noch als fußballtypisch zu qualifizierenden) Schussversuch zu verzichten. Dies war hier offensichtlich nicht gegeben.

Einen Grenzfall stellt das im Oktober des Jahres 2004 geschehene und durch die Medien gegangene Foul des Spielers Vuckovic an dem Spieler Curri dar. Im Zweitligaspiel zwischen Erzgebirge Aue und Wacker Burghausen kam es von Seiten Vuckovics (Burghausen) zu einem Tritt gegenüber seinem Gegenspieler Curri (Aue), der entfernt an eine präzise Technik aus dem Kampfsport Karate erinnerte.[1036] Konkret wurde der Spieler Curri dabei in Brustkorbhöhe von einem eingesprungenen, einbeinigen Tritt Vuckovics getroffen, was einen Lungenriss sowie zwei Rippenbrü-

[1030] LAG Köln, VersR 85, 649, (650).
[1031] BayObLGSt 61, 180 = NJW 61, 2072.
[1032] OLG Oldenburg, VersR 95, 670.
[1033] Die Regelwidrigkeit ergibt sich jedenfalls aus Regel 12, Indirekter Freistoß, Unterpunkt 5 i.V.m. Nr. 2 der Entscheidungen des International Football Association Board zu Regel 12.
[1034] So zutreffend das OLG Oldenburg, aaO.
[1035] Dies ergibt sich im Umkehrschluss aus der Nr. 2 der Entscheidungen des International Football Association Board zu Regel 12.
[1036] Siehe zu dem benannten Vorfall den Artikel „Tatort Fußballplatz – Das Stadion ist kein rechtsfreier Raum" unter www.zdf.de/ZDFde/inhalt/4/0,1872,2298532,00.html.

che und infolgedessen einen wochenlangen Aufenthalt in Intensivstation und Krankenhaus zur Folge hatte. Beurteilt man diese Situation im Hinblick auf die benannten, maßgeblichen Kriterien, so ist festzustellen, dass sich der Ball zwar noch in unmittelbarer Nähe des Geschehens befand, allerdings zunächst die berechtigte Frage zu stellen ist, ob angesichts der unorthodoxen und fußballunüblichen Durchführung und Höhe des Trittes (als Schuss), der Fußangriff ausschließlich dem Ball galt. Für diese Annahme spricht, dass der Spieler Vuckovic nach Ansicht der Fernsehbilder den Spieler Curri erst relativ spät visuell wahrnehmen konnte (nämlich etwa erst beim Ansetzen seines Schusses bzw. Trittes) und dieser zudem sein zunächst ausgestrecktes rechtes Bein im letzten Moment (also vermutlich nach visueller Wahrnehmung des Spielers Curri) noch geringfügig zurückzog bzw. -ziehen konnte.[1037]

Zweifellos sind hier, ungeachtet dessen, die beiden Voraussetzungen der hohen Verletzungsgefahr und der Disqualifikationsreife aufgrund des Vorliegens eines schon groben Fouls gegeben. Fraglich ist jedoch, ob insgesamt bereits ein besonders schwerer Regelverstoß vorliegt, insbesondere unter Berücksichtigung des Umstands, dass es sich vorliegend um ein Spiel aus dem professionellen Sportbereich handelt, in dem die Anforderungen an einen Sportlerexzess noch einmal anzuheben sind. Im Ergebnis wird man dies verneinen müssen, da insbesondere aufgrund der unmittelbaren Nähe des regelwidrigen Geschehens zum Ball, der offensichtlich fehlenden Wahrnehmung des Gegenspielers und der, wenn auch zu späten, Verletzungsvermeidungsbemühungen die extrem hohen Anforderungen an die Schwere des Regelverstoßes im Profifußball, nämlich das Vorliegen eines (seltenen, quasi an einer Hand abzählbaren) prägnanten Ausnahmefalles, (noch) nicht erfüllt sind.[1038]

Als Beispiel aus dem Bereich des freizeitlichen Fußballsports lässt sich die als „Schwimmbadwiesenfall" bekannte Sachverhaltskonstellation heranziehen, die einer Entscheidung des BayObLG[1039] zugrunde lag. Dieser nach kam es bei einem auf einer Schwimmbadwiese improvisierten Fußballspiel zu folgender Situation: Ein Angreifer traf bei der Ausführung eines mit dem Fuß durchgeführten Torschusses zunächst den Ball und unmittelbar danach den von der Seite in den Schuss springenden Abwehrspieler; Letzterer zog sich dabei durch die Wucht des Kontaktes einen Schienbeinbruch zu. Da vorliegend dem Stürmer aufgrund seines nicht nur fußballtypischen, sondern auch regelgerechten Spielverhaltens in Form des Torschusses nicht einmal der Vorwurf irgendeines Verstoßes gegen die Fußballregeln gemacht werden kann, scheidet ein Sportlerexzess in diesem Fall schon von vorneherein aus.

[1037] So lässt sich auch die Stellungnahme der zuständigen und mit diesem Fall befassten Staatsanwaltschaft erklären, nach deren Angaben im Ergebnis keine zureichenden Anhaltspunkte dafür ersichtlich waren, dass der Angriff des Spielers Vuckovic dem Spieler Curri galt bzw. mit Körperverletzungsvorsatz vorgenommen wurde.

[1038] Zu diskutieren sein wird dieser Fall jedoch noch einmal im Rahmen der Vorsatzstrafbarkeit gem. § 223; siehe dazu die entsprechenden Ausführungen auf S. 208ff.

[1039] BayObLG JR 61, 72.

cc) Andere Fouls – Stoßen, Schlagen, Auflaufenlassen

Auch jenseits der Beingrätschen und Fußangriffe sind im Fußballsport etwaige sportlerexzessive Verhaltensweisen, wie z.B. das Stoßen, Schlagen oder Auflaufenlassen, denkbar.

In einem Fall des LG Nürnberg-Fürth[1040] kam es bei einem freizeitlichen Fußballspiel im heimischen Garten im unmittelbaren Kampf um den Ball zu einem Stoß bzw. zu einem Rempeln zwischen zwei Spielern. Aufgrund der Wucht des Körperkontaktes stürzte einer der beiden auf dem regennassen Rasen und verletzte sich dabei in erheblichem Maße. Bei dieser Sachlage ist schon von vorneherein fraglich, ob es sich bei dem Körperkontakt zwischen beiden Spielern überhaupt um eine Regelwidrigkeit in Form des Stoßens i.S.d. Regel 12, Direkter Freistoß, Unterpunkt 6 handelte oder ob nicht ein noch regelgerechtes sog. „erlaubtes Rempeln am Mann" vorlag. Selbst wenn man vorliegend ein fußballregelwidriges Stoßen bejahen würde, fehlte es jedoch jedenfalls sowohl an der Disqualifikationsreife der Regelwidrigkeit als auch an der mit einer solchen Handlungsweise verbundenen hohen Verletzungsgefahr. Der (ober)körperliche Einsatz der Spieler im unmittelbaren Kampf um den Ball ist vielmehr ein geradezu urtypisches und nicht wegzudenkendes Verhalten im Kampfsport Fußball und stellt selbst im Falle eines regelwidrigen Stoßens oder übermäßigen (unerlaubten) Rempelns – sogar unter Zugrundelegung des weiteren Prüfungsmaßstabs im hier vorliegenden Freizeitsportbereich - keinen Sportlerexzess dar.

Anders gestaltet sich die Lage erst dann, wenn es entweder um einen Stoß ohne spielerischen Zusammenhang, also eine bei Gelegenheit zugefügte Verletzung, geht oder das Stoßen eine solche Intensität annimmt, dass schon von einem fußballuntypischen Schlagen des Gegenspielers die Rede sein kann.

Aufgrund ihrer großen Verletzungsintensität und erkennbar anwachsenden Häufigkeit rücken im Fußballsport seit jüngerer Zeit Ellenbogenstöße und –schläge zunehmend in den Blickpunkt und medialen Vordergrund.[1041] Jüngeres prominentes Beispiel ist dabei die Vorgehensweise des Nationalspielers Michael Ballack, der im Oktober 2004 bei einem Bundesligaspiel des FC Bayern bei Werder Bremen regelwidrig und verletzungsfolgenreich den Ellenbogen gegen seinen Gegenspieler einsetzte.[1042] In einem Laufduell um den Ball traf er den Spieler Fahrenhorst mit dem Ellenbogen ins Gesicht, der sich durch diese Aktion einen Nasenbeinbruch zuzog. Regeltechnisch gesehen müsste diese Spielweise aufgrund ihrer in dieser konkreten Zweikampfsituation gegebenen Fußballuntypizität als grobes Foul bewertet werden, welches mit einer direkten und unmittelbaren Disqualifikation zu ahnden ist. Von einer hohen Verletzungsgefahr ist bei einem solchen Handlungstyp zudem ohne weiteres auszugehen. Fraglich ist, inwiefern der Angriff des Spielers Ballack ausschließlich dem Ball gegolten hat. Zugunsten einer solchen Annahme spricht, dass die Spieler

---

[1040] LG Nürnberg-Fürth, VersR 90, 96f.

[1041] Nicht zuletzt deshalb gibt es seit Beginn der Saison 2002/2003 die Anweisung des DFB an die Schiedsrichter, in besonderem Maße auf die sog. „Ellenbogenvergehen" beim Kopfballduell zu achten und diese streng zu sanktionieren.

[1042] Siehe Artikel „Was erlaubt sich die Liga?" in der Rheinischen Post vom 04.10.2004.

nach Ansicht der Fernsehbilder um den sich in ihrer unmittelbaren Nähe befindlichen Ball kämpfen und der Spieler Ballack den Blick ausschließlich auf den am Boden rollenden Ball richtet. Dessen spätere Aussage, dass er die Verletzung Fahrenhorsts bedauere, er diesen bei Ausfahren des Ellenbogens jedoch nicht gesehen habe, lässt sich demnach mit dem objektiv feststellbaren Geschehen durchaus in Einklang bringen. Angesichts der hohen Anforderungen an einen strafrechtlich relevanten Sportlerexzess im Profisport ist daher auch hier im Ergebnis von keinem solchen auszugehen.

Dem LG Stuttgart[1043] lag ein Sachverhalt zugrunde, bei dem es in einem Spiel der Bundesliga bei einem Zweikampf zwischen Stürmer und Torwart zu einem sog. „Auflaufenlassen“ des Stürmers durch den Torwart kam. Der Stürmer bewegte sich dabei im Lauf alleine auf das gegnerische Tor zu. Als ihm der gegnerische Torwart entgegen lief, unternahm der Stürmer den Versuch, nachdem er den Ball nach schräg rechts vorne gespielt hatte, ebenfalls auf der rechten Seite am Torwart vorbeizulaufen. Der Torwart, der durch den Richtungswechsel des Stürmers seine Bewegungsrichtung ebenfalls (aus seiner Seite nach links) in Richtung Stürmer veränderte, erreichte den vom Stürmer gespielten Ball nicht mehr, kreuzte jedoch so die Laufbahn des Stürmers, dass es zu einem Zusammenprall in Form des Auflaufens kam, bei dem sich der Stürmer verletzte. Obgleich sicherlich hier ein regelwidriges Verhalten des Torwarts vorlag, welches ggf. sogar mit einer direkten und unmittelbaren Disqualifikation allein aufgrund der Schwere des Fouls zu ahnden wäre, und zudem die Ballerreichung – wie das Gericht feststellt[1044] – in der konkreten Situation kaum noch möglich gewesen war, ist vorliegend kein besonders schwerer Regelverstoß zu bejahen.[1045]

Zwar ist festzustellen, dass auch das hier praktizierte Auflaufenlassen eine nicht unerhebliche Verletzungsgefahr in sich birgt; vergleicht man dieses eher „passive“ Verhalten jedoch mit dem oben benannten Fall der beidbeinigen Fluggrätsche in Hochgeschwindigkeit, muss von einer deutlich geringeren potentiellen Verletzungsgefahr für den Gegenspieler ausgegangen werden, was wiederum ein gewichtiges Argument gegen das Vorliegen einer Regelwidrigkeit mit prägnantem Ausnahmecharakter darstellt. Hinzu kommt, dass solche Situationen, in denen der Torwart aufgrund der Schnelligkeit des Stürmers oftmals in die Position eines „stehenden Hindernisses“ einrückt, zwar nicht häufig, jedoch durchaus gelegentlich vorkommen, was ebenfalls gegen die Bejahung eines prägnanten Ausnahmefalls, insbesondere im Profifußball, spricht.

1043 LG Stuttgart, VersR 88, 600.

1044 LG Stuttgart, VersR 88, 600, (601).

1045 Da der Stürmer frei auf das Tor der gegnerischen Mannschaft zulief und der Torwart durch das regelwidrige Auflaufenlassen eine offensichtliche Torchance zunichte machte, ist nach dem Regelwerk schon ein sofortiger Feldverweis gegen den Torwart wegen einer sog. „Notbremse“ gem. Regel 12, Feldverweiswürdige Vergehen, Unterpunkt 5 auszusprechen. Auf diese aus spielstrategischen Gründen auszusprechenden Disqualifikationen (wegen Verhinderung einer Torerzielung) kommt es jedoch im Rahmen der Sportlerexzesskriterien nicht an, sondern lediglich auf Disqualifikationen, die aufgrund groben Fouls oder wegen gewaltsamen Spielens i.S.d. Regel 12, Feldverweiswürdige Vergehen, Unterpunkt 1 und 2 ausgesprochen werden.

e) Zwischenergebnis

Wie sich nach alledem im Einzelnen darstellt, lassen sich mit Hilfe der entwickelten restriktiven Sportlerexzesskriterien (besonders schwerer Schutzregelverstoß bei prägnanter Ausnahmestellung des Fouls mit gegebener Disqualifikationsreife und hoher Verletzungsgefahr) und der für die jeweils konkret im Fußballsport erfahrungsgemäß gefährlichsten Sportlerhandlungen dargestellten Unterkriterien (Ball als ausschließliches Angriffsziel und die Möglichkeit der Ballerreichung als grds. exzessausschließendes Kriterium), durchaus nachvollziehbare Antworten auf die Frage nach einer Abgrenzung zwischen sportartspezifischem Grundrisiko und exzessivem Sportlerverhalten geben.

Mit Blick auf die eingangs dieses Abschnittes gemachten Ausführungen zur Anwendung der (insbesondere für außersportliche Sachverhalte) vorgeschlagenen Eigenverantwortlichkeitsdogmatik auf Sportverletzungen lässt sich feststellen: Nur dann, wenn mindestens eines der beiden kumulativ geforderten Sportlerexzesskriterien zu verneinen ist, sich also das vom Sportler mit seiner Teilnahme am Sport bewusst eingegangene, sportartspezifische Risiko in dessen (eigenem Sport-)Verletzungserfolg realisiert hat, ist eine zurechnungsausschließende Risikoübernahme durch den verletzten Sportler möglich.

Des Weiteren setzt dies nach dem hier vorgeschlagenen Ansatz voraus, dass der verletzte Sportler als Rechtsgutinhaber freiverantwortlich handelt, also a) unter Abwesenheit eines eigenen Verantwortlichkeitsdefizites i.S.d. §§ 19, 20, 35 StGB, 3 JGG analog am sportlichen Geschehen teilnimmt und b) der verletzende Sportler dabei das Risiko nicht kraft überlegenen, über das sportspezifische Grundrisiko hinausgehenden Sachwissens besser erfasst als der Verletzte. Im sportlichen Bereich sind Fälle einer solchen Wissensüberlegenheit des Verletzenden vor allem dann denkbar, wenn dieser im Rahmen der Sportausübung bewusstermaßen über die sportarttypische Gefahr hinaus gehende Maßnahmen ergreift, die sich schließlich im konkreten Verletzungserfolg realisieren; dazu gehört das sportatypische und objektiv nicht vorhersehbare Tragen von im Sport nicht zugelassenen, in konkreter Ausübung von intensiven Zweikämpfen hochgefährlichen Gegenständen wie beispielsweise Armbanduhren, scharfkantigen Stollen an den Fußballschuhen etc., wenn exakt der Einsatz dieser Gegenstände zu konkreten Verletzungen i.R.d. Zweikampfs beim (diesbezüglich unwissenden) Gegenspieler führt.

6) Verbleibende sportverletzungsrelevante Anwendungsbereiche auf den Deliktsebenen Rechtswidrigkeit und Schuld

Der Vollständigkeit halber ist abschließend noch (kurz) auf die offenen Problem- und Anwendungsbereiche auf den Deliktsaufbauebenen der Rechtswidrigkeit und Schuld einzugehen.

Ist die Tatbestandsmäßigkeit des § 229 aufgrund der objektiven Zurechnung des Tatbestandserfolges zu bejahen, ist schließlich noch die - zumindest theoretische - Möglichkeit des Vorliegens eines Rechtfertigungsgrundes in Gestalt einer wirksam erteilten Einwilligung zu prüfen.[1046] Wie schon im Rahmen dieser Untersuchung ermittelt und festgestellt, kann es sich jedoch dabei nicht um eine Risikoeinwilligung, sondern allenfalls um eine individuell-konkrete Verletzungseinwilligung, also eine Einwilligung in den konkreten Verletzungserfolg handeln.[1047] Da jedoch eine solche Verletzungseinwilligung bei den hier relevanten Mannschaftssportarten zum einen nicht konkludent aufgrund der bloßen Teilnahme am sportlichen Wettkampf angenommen werden kann[1048] und zum anderen in der sportlichen Praxis äußerst selten[1049] bis gar nicht erklärt wird, spielt die Frage der rechtfertigenden Einwilligung im Rahmen der strafrechtlichen Sportverletzungsthematik eine untergeordnete Rolle.

Werden Tatbestandsmäßigkeit und Rechtswidrigkeit der verletzenden Handlung bejaht, stellt sich noch die Frage nach dem Vorliegen der Schuld; bei fahrlässig herbeigeführten Sportverletzungen ist dabei insbesondere der subjektive Fahrlässigkeitsvorwurf und daher die subjektive Vorhersehbarkeit und Erfüllbarkeit der objektiven Sorgfaltspflicht zu erörtern.[1050] Von Relevanz sind hierbei die persönlichen Eigenschaften und Fähigkeiten des verletzenden Sportlers. Neben mangelnden körperlichen Fähigkeiten, wie z.B. Verstandesfehlern, Wissens- und Erfahrungslücken[1051], mangelnder Spieltechnik oder allgemeinen physischen Mängeln, sind auch psychische und physische Extremsituationen anzuführen, die unter Umständen zu einem Schuldausschluss führen können. Bei der Ausübung der hier relevanten Mannschaftssportarten wie dem Fußball- und Handballsport ist dabei das Eingreifen „subjektiver Entlastungsmomente", wie beim Wettkampf aufkommender Übereifer sowie Erregung, Erschöpfung, Altersabbau[1052] Unüberlegtheit und Hektik[1053], denkbar.

Allerdings darf in diesem Zusammenhang nicht übersehen werden, dass bei Sportlern, die insbesondere aufgrund der eigenen fehlenden körperlichen Fähigkeiten und Kenntnisse einen Gegenspieler im Wettkampf (in sportlerexzessiver Weise) verletzen, der Schuldvorwurf dahin gehend verlagert werden kann, dass nicht von einem „Ausführungsverschulden", sondern nunmehr von einem „Übernahmeverschulden" auszugehen ist.[1054] Wer aufgrund körperlicher oder geistiger Defizite nicht in der Lage ist, eine Sportart auszuüben, bei dem knüpft die individuelle Vorwerfbarkeit nicht erst an die konkrete Art der Ausübung der verletzungsursächlichen Handlung, sondern schon an deren Übernahme an.[1055]

[1046] Ähnlich Eser, JZ 78, 368, (373) und Schild, Jura 82, 585, (591f.).
[1047] Siehe dazu die Ausführungen auf S. 66ff. und in Fn. 355 dieser Ausarbeitung.
[1048] Siehe dazu die Ausführungen ab S. 66ff.
[1049] Dies würde bei den hier relevanten Sportarten nur dann der Fall sein, wenn im vorhinein eine Verabredung unter allen Teilnehmern getroffen wird, dass man abweichend von den üblichen Regeln der Sportart verletzungsträchtige Spielweisen zulässt und auch die gegenseitige Zufügung von Verletzungen erlaubt. Allerdings bedürfte es in diesem konkreten Fall jedenfalls einer eingehenden Sittenwidrigkeitsprüfung i.S.d. § 228.
[1050] Dazu konkret Schmitt, S. 130ff. und 204ff.; Zipf, S. 103; Schroeder, S. 33f.; Vögeli, S. 200ff.
[1051] Jescheck, AT, S. 394f.; Vögeli, S. 201.
[1052] Siehe Schmitt, S. 205.
[1053] Dölling, ZStW 96, 36, (52f); Eser, JZ 76, 368, (373).
[1054] Dazu ausführlicher Schiffer, S. 181ff.; Schmitt, S. 205 und Vögeli, S. 202; vgl. Schroeder, S. 34.
[1055] Schmitt, S. 131; Schroeder, aaO.

Ein vollständiger Ausschluss der individuellen Vorwerfbarkeit kommt demnach im Wesentlichen nur bei überraschenden körperlichen Mängeln, wie Schwächeanfällen, erstmals auftretenden Alterserscheinungen oder unvorhergesehenen Situationsschwierigkeiten[1056] in Betracht, wobei letzterem Punkt in der Praxis noch die größte praktische Bedeutung zuzumessen ist; zu denken wäre dabei im Fußballsport an etwaige Sichteinschränkungen aufgrund von Nebel, heranziehender Dunkelheit oder unzureichenden Flutlichtanlagen sowie an Einschränkungen der Fähigkeit der Körperbeherrschung aufgrund plötzlich ändernder Platzverhältnisse, wie dem Auftreten überraschender Glätte durch einsetzenden Schneeregen.[1057]

Wie sich zeigt, sind nach der hier vorgeschlagenen Lösung die noch offenen Problem- und Anwendungsbereiche auf den Deliktsaufbaustufen der Rechtswidrigkeit und Schuld (im Rahmen der strafrechtlichen Prüfung des § 229) durchaus überschaubar und von insgesamt untergeordneter Bedeutung.

III) Vorsätzliche Körperverletzung - § 223 StGB

Eine wichtige Voraussetzung zur Erfüllung des Straftatbestandes der vorsätzlichen Körperverletzung gem. § 223 ist der Tatbestandsvorsatz; dieser wird im strafrechtlichen Sinne mangels gesetzlicher Definition als der Wille zur Tatbestandsverwirklichung in Kenntnis aller objektiven Tatbestandsvoraussetzungen verstanden.[1058] Als das prägende Merkmal aller Vorsatzdelikte ist er in verschiedenen konkreten Erscheinungsformen denkbar.

1) Erscheinungsformen des Vorsatzes

Anerkannte Formen des Vorsatzes sind der sog. dolus directus (direkter Vorsatz) und der sog. dolus eventualis (bedingter Vorsatz oder Eventualvorsatz), wobei sich Erstgenannter noch einmal in zwei verschiedene Gradstufen unterteilt.[1059] Alle Erscheinungsformen des Vorsatzes bestehen, wie die alte (ungenaue) Kurzformel „Wissen und Wollen der Tatbestandsverwirklichung“[1060] vorgibt, aus einem kognitiven und einem voluntativen Element, also einem Wissens- und einem Willenselement.[1061]

Beim dolus directus 1.Grades, auch Absicht genannt, steht das Willenselement im Vordergrund.[1062] Bei Erfolgsdelikten, wie dem § 223, handelt der Täter zur Erreichung des Tatbestandserfolges (hier des Körperverletzungserfolges) und strebt dabei dessen Verwirklichung direkt an.[1063] Diese (schärfste) Form des Vorsatzes spielt im sportlichen Bereich vornehmlich in echten Zweikampfsporten, wie dem Boxsport, eine Rolle, in dem es beiden Kontrahenten darum geht, mittels Faustschlägen den

---

[1056] Schroeder, aaO.
[1057] Vgl. Schmitt, S. 206f.
[1058] Tröndle/Fischer, (50. Aufl.) § 15, Rdn. 3 und 4.
[1059] Siehe dazu Tröndle/Fischer, (50. Aufl.) § 15, Rdn. 5.
[1060] BGHSt 36, 1, (9f.).
[1061] Lackner/Kühl, § 15, Rdn. 3.
[1062] Dezidiert dazu Tröndle/Fischer, (50. Aufl.) § 15, Rdn. 6.
[1063] Vgl. BGHSt 9, 147; 18, 151; 29, 73.

Gegner außer Gefecht zu setzen (wie beim sog. „Knock Out") und niederzukämpfen. Bei den hier relevanten körperkontaktreichen Mannschaftssportarten, wie dem Fußballsport, bei denen gegenseitige Körperverletzungen hingegen weder vom eigentlichen Spielzweck umfasst noch von den Sportregelwerken intendiert werden, treten absichtliche Verletzungen insbesondere in der konkreten Form von Tätlichkeiten, wie dem Nachtreten, Nachschlagen oder allgemeiner Schlägereien, auf.[1064]

Nach dem bisher Festgestellten ist in diesen Fällen jedoch mangels eines unmittelbaren Bezuges dieser Verletzungshandlungen zum Spielgeschehen schon per se nicht von einer „Sportverletzung" auszugehen,[1065] welche nach den in dieser Untersuchung erörterten und entwickelten dogmatischen Ansätzen ggf. eine strafrechtliche Privilegierung des verletzenden Täters zur Folge haben könnte. Absichtliche Körperverletzungen mit oder ohne einen Wettkampfbezug können auch sog. „Revanchefouls" oder Revanchehandlungen sein, bei denen der (zunächst gefoulte und dann anschließend) verletzende Spieler oftmals mit Anlauf und für jeden objektiven Dritten erkennbar mit entsprechender Verletzungsabsicht den Gegenspieler durch eine Beingrätsche oder einen Tritt zu Fall bringt.[1066]

Beim dolus directus 2.Grades dominiert hingegen nicht das Willens-, sondern das Wissenselement.[1067] Bei dieser Vorsatzform weiß der Täter oder sieht als sicher voraus, dass sein Verhalten zur Verwirklichung des Tatbestandes bzw. im konkreten Falle des § 223 zur Verwirklichung des Körperverletzungserfolges führt.[1068] Im Bereich des Sports ist dieser Vorsatztypus dann anzunehmen, wenn ein Sportler bei Vornahme einer Spielhandlung sicher davon ausgeht, dass diese bei einem Gegenspieler eine nicht unwesentliche körperliche Beeinträchtigung zur Folge hat.

Einschlägiger Beispielsfall ist das weltweit bekannte, rücksichtslose und brutale Foul des früheren deutschen Nationaltorwarts Schumacher gegen den französischen Stürmer Patrick Battiston bei der Fußballweltmeisterschaft 1982. Was von außen wie ein mit angezogenen Knien durchgeführter Bodycheck im Sturzflug aussah, beschrieb der Hauptbeteiligte Schumacher folgendermaßen[1069]: „Ich stürze aus dem Tor, um die Beute zu fangen, um zu provozieren, so dass der Gegner versucht, den Ball in mein Tor zu schießen. Bei solchen Aktionen ist die Verletzungsgefahr groß. Für beide beteiligten Balljäger. [...] Ich springe hoch. Patrick trifft den Ball nicht genau. Wenn man in der Luft ist, kann man den eigenen Schwung nicht mehr abbrem-

---

[1064] Ein Beispiel aus der Praxis sind die beiden Faustschläge des Spielers Demirel gegen den Ex-Profi-Spieler Maurizio Gaudino während der Halbzeitpause in einem Fußballtestspiel des SVW Mannheim gegen Fenerbahce Istanbul aus dem Jahre 2004; siehe entsprechenden Artikel der Rheinischen Post vom 16.07.2004.

[1065] Vgl. die Ausführungen auf S. 22ff. dieser Untersuchung.

[1066] Praktisches Beispiel einer Revanchehandlung mit Verletzungsabsicht: Das AG Köln hat im Jahre 2005 einen 29-Jährigen wegen gefährlicher Körperverletzung zu einer siebenmonatigen Freiheitsstrafe auf Bewährung verurteilt, weil er sich nach einem Foul des Gegenspielers an ihm unmittelbar „revanchierte" und diesem mit seinen Stollenschuhen so schwer in das Gesicht trat, dass er bewusstlos zu Boden ging. Siehe dazu den Artikel „Schläger bekommt sieben Monate auf Bewährung" der Rheinischen Post vom 24.11.2005.

[1067] Jescheck/Weigend, § 29 III 2; Tröndle/Fischer, (52. Aufl.) § 15, Rdn. 7.

[1068] Tröndle/Fischer, aaO.

[1069] Harald Schumacher, Anpfiff, S. 45.

sen, höchstens noch ein bisschen wegdrehen. Ein Torwart ist ja kein Flugzeug. Ich konnte gar nichts mehr machen, mich weder festhalten noch abstoßen. Mit angezogenen Knien flog ich auf Battiston zu. Wenn ich ihn frontal getroffen hätte, wäre es für ihn noch schlimmer geworden. Im letzten Moment konnte ich mich noch drehen und traf ihn dann mit Po oder Hüfte am Kopf."

Wie sich aus dieser „Einlassung" Schumachers ergibt, war diesem schon spätestens während seines Anfluges bewusst, dass es infolge seines heftigen Aufpralls zu einer Verletzung des gegnerischen Stürmers kommen wird. Selbst wenn man zugunsten Schumachers davon ausgeht, dass diesem eine Verletzung Battistons höchst unerwünscht war, ändert dies aufgrund des sicher vorhergesehenen Eintritts derselben nichts am Vorliegen des Körperverletzungsvorsatzes in Form des dolus directus 2.Grades.[1070]

Der dolus eventualis als schwächste Form des Vorsatzes setzt weder voraus, dass der Täter die Tatbestandsverwirklichung (willentlich) anstrebt, noch dass er ihn (wissentlich) als sicher voraussieht.[1071] Bezogen auf das Wissenselement ist zur Erfüllung dieser Vorsatzform lediglich erforderlich, dass der Täter die Verwirklichung des Tatbestandes ernstlich für möglich hält.[1072] Da diese Voraussetzung (in wissentlicher Hinsicht) nach ganz h.M. auch in Fällen bewusster Fahrlässigkeit vorliegen kann,[1073] kommt es bei der fälligen Abgrenzung zwischen Eventualvorsatz und bewusster Fahrlässigkeit maßgeblich auf das Willenselement an.[1074] Während (bei Erfolgsdelikten) der bewusst fahrlässig handelnde Täter mit dem als möglich erkannten Tatbestandserfolg nicht einverstanden ist, auf dessen Nichteintritt vertraut und hofft, dass alles gut gehen wird, ist der bedingt vorsätzlich handelnde Täter mit dem Erfolgseintritt in dem Sinne einverstanden, dass er sich mit diesem abfindet[1075] bzw. diesen billigend in Kauf[1076] nimmt.

Im Rahmen der Erörterung der strafrechtlichen Relevanz von Sportverletzungen kommt dieser Vorsatzform im Vergleich zu den anderen eine mindestens ebenso große Bedeutung zu, da sie insbesondere in den hier untersuchten Fällen der hart geführten Zweikämpfe im Einzelfall vorliegen kann. Dazu dürfte der Sportler bei Vornahme seiner Verletzungshandlung jedoch nicht auf den Nichteintritt der als möglich erkannten Verletzungsfolge vertraut haben, sondern müsste sich mit dieser abgefunden bzw. sie billigend in Kauf genommen haben.

Auf einen wichtigen Umstand, der in der strafrechtlichen Dogmatik üblicherweise unter der Rubrik „Unerhebliches Abweichen der Tätervorstellung vom tatsächlichen

---

[1070] Siehe zu der Fallgestaltung der sicher vorhergesehenen, aber gleichzeitig unerwünschten Tatbestandsverwirklichung die Ausführungen von Maurach/Zipf, § 22, Rdn. 15.
[1071] Dazu im Einzelnen Tröndle/Fischer, (52. Aufl.) § 15, Rdn. 9.
[1072] Lackner/Kühl, § 15, Rdn. 24; SK/Rudolphi, § 16, Rdn. 43; Tröndle/Fischer, aaO.; Blei, AT, § 32 IV.
[1073] Tröndle/Fischer, (52. Aufl.) § 15, Rdn. 9 und 13.
[1074] Auf eine tief(er)gehende Darstellung der umstrittenen Abgrenzung von bewusster Fahrlässigkeit und Eventualvorsatz muss hier verzichtet werden, da dies den hier vorgesehenen Untersuchungsrahmen sprengen würde. Zu den einzelnen Theorien siehe Tröndle/Fischer, § 15, Rdn. 11b ff.
[1075] Jescheck/Weigend, § 29 III 3; Lackner/Kühl, § 15, Rdn. 24; SK/Rudolphi, § 16, Rdn. 43.
[1076] BGHSt 7, 363; 21, 283; 36, 9; Tröndle/Fischer, (52. Aufl.) § 15, Rdn. 10a mwN.

Kausalverlauf“[1077] behandelt wird, ist in diesem Zusammenhang noch hinzuweisen: Obgleich sich das vom Täter gedachte innere Vorstellungsbild der Tat mit dem tatsächlichen äußeren Geschehen decken muss, ist im Strafrecht anerkannt, dass der Tatbestandsvorsatz erst dann (mangels Kongruenz dieser beiden subjektiven und objektiven Sichtweisen) zu verneinen ist, wenn ein erhebliches Abweichen der Tätervorstellung vom tatsächlichen Kausalverlauf vorliegt.[1078] Bezogen auf den Sportbereich bringt Schild es mittels eines Fallbeispiels plausibel auf den Punkt:[1079] Stellt sich ein Fußballspieler bei der Vornahme eines Foulspiels lediglich eine leichte Körperverletzung vor, welche er zudem mit Eventualvorsatz herbeiführen will, kommt es jedoch tatsächlich durch die Attacke zu einem Beinbruch des Gegenspielers, ändert diese (nicht erhebliche) Abweichung des Vorsatzinhaltes vom tatsächlich äußeren Geschehen nichts am einschlägigen Vorliegen eines Körperverletzungsvorsatzes. Es reicht aus, wenn der Spieler eine irgendwie geartete Körperverletzung herbeiführen will und dabei tatsächlich überhaupt eine irgendwie geartete Körperverletzung herbeiführt.[1080]

2) Anwendung der Grundsätze der Eigenverantwortlichkeitsgefährdung und der Risikoübernahme (auch) im Vorsatzbereich?

Es stellt sich nunmehr die schon (einmal) im Rahmen der Erörterung der BGH-Selbstgefährdungsdoktrin behandelte Frage, ob und ggf. inwiefern sich die hier vorgeschlagenen Grundsätze der Eigenverantwortlichkeitsgefährdung auch für den Vorsatzbereich, also für die Fälle vorsätzlicher Körperverletzungen, insbesondere im Sportbereich fruchtbar machen lassen. In Rechtsprechung und Schrifttum werden ähnliche dogmatische Risikoübernahmekonstruktionen - sei es in den jeweiligen zurechnungsausschließenden Rechtsfiguren der einverständlichen Fremdgefährdung[1081], der eigenverantwortlichen Selbstgefährdung[1082], den zuvor dargestellten Individuallösungen[1083] oder in Gestalt der rechtfertigenden Risikoeinwilligung[1084] - nahezu ausschließlich im Rahmen der dogmatischen Untersuchung von Fahrlässigkeitsdelikten erörtert und angewendet. Dieser auffällige Trend erscheint auch plausibel und dogmatisch gerechtfertigt, wenn, was nahe liegt, von folgender Feststellung ausgegangen wird:

Während bei fahrlässigem Verletzungsverhalten des Täters eine (bewusste) Risikoübernahme des Opfers zu einem Strafausschluss führen kann, bedarf es dazu bei vorsätzlichem Verletzungsverhalten des Täters eines ebenso vorhandenen „Vorsat-

---

[1077] Siehe allgemein zu diesem Themenbereich Tröndle/Fischer, (50. Aufl.) § 16, Rdn. 7; vgl. auch Schmitt, S. 209.

[1078] Vgl. BGHSt 1, 279; 7, 329; 38, 34.

[1079] Siehe Schild, S. 73.

[1080] Siehe insgesamt zu diesem Komplex die dezidierten Ausführungen Schilds im Abschnitt „Einheit von Vorsatzinhalt und Geschehensablauf“, S. 73f.

[1081] Roxin, AT, § 11, Rdn. 105ff.; Niedermair, S. 121ff.

[1082] BGHSt 32, 262, (265); Donatsch, SchwZStR 107, 400, (429); siehe dazu schon die Ausführungen auf S.123ff.

[1083] Siehe u.a. Fiedler, S. 170ff.; Ensthaler, S. 114ff.; Otto, Tröndle-FS, S. 155, (169ff.); Zaczyk, S. 53.

[1084] LK/Hirsch, Vor § 32, Rdn. 107; Lackner/Kühl, § 228, Rdn. 2a; Dölling, GA 84, S. 71, (82ff.); Weber, Baumann-FS, S. 43;

zes" beim Opfer. Wäre ein solcher „Vorsatz" beim Opfer gegeben, läge jedoch schon, über die bloße Risikoübernahme hinaus, eine rechtfertigende Verletzungseinwilligung des Opfers i.S.d. § 228 vor. Von einer solchen ist jedoch, insbesondere bei der Ausübung der hier relevanten Sportarten (wie schon zu Beginn dieser Untersuchung erläutert[1085]), ohne weitere vorhandene Anhaltspunkte nicht auszugehen.

Ungeachtet dessen kommen sowohl Roxin als auch Niedermair zum konträren Ergebnis, nämlich zu einer im täterlichen Vorsatzbereich zum Strafausschluss führenden Risikoübernahme des Opfers (aufgrund angenommener Einschlägigkeit der Rechtsfigur der einverständlichen Fremdgefährdung). Während Roxin ohne weitere Begründung lediglich darauf verweist, dass die Konstruktion der einverständlichen Fremdgefährdung den „Vorteil" habe, als Element der Zurechnungslehre auch für „Vorsatzfälle fruchtbar gemacht werden" könne[1086], stellt Niedermair (ebenso wenig überzeugend) fest, dass bei vorsätzlicher Verletzung in Fremdgefährdungsfällen grundsätzlich „der Erfolgsunwert [...] ausgeschlossen werden" könne[1087]. Weshalb dies angesichts der oben ausgeführten Einwendungen in concreto der Fall sein soll, bleibt unbeantwortet.

a) Gleichbehandlung des bewusst fahrlässig und des bedingt vorsätzlich handelnden Täters im Falle der Risikoübernahme des Opfers?

Auf einen Umstand, aus dem sich eine Begründung für eine zumindest teilweise Anwendbarkeit der Risikoübernahme im Vorsatzbereich ergeben könnte, ist in diesem Zusammenhang genauer einzugehen. Maßgebliche Bedeutung bei der Frage nach dem Vorliegen einer Risikoübernahme durch das Opfer hat stets die Risikoeinsicht bzw. das dem Risiko zugrunde liegende Sachwissen des Opfers, insbesondere auch im Vergleich zum handelnden Täter.[1088] Beispiele, in denen das eingegangene Risiko von Täter und Opfer gleichermaßen überblickt und erkannt wird, sind jedoch denkbar, wenn der Täter die Körperverletzung sowohl bedingt vorsätzlich als auch bewusst fahrlässig herbeiführt. In beiden Fällen ist in wissentlicher Hinsicht übereinstimmend erforderlich, dass der Täter die Verwirklichung des Verletzungserfolges (ernstlich) für möglich hält.[1089] Das Wissen um das eingegangene Risiko ist demnach bei beiden Tätern in gleicher Weise ausgestaltet.

Der abgrenzungserhebliche Unterschied zwischen einem bewusst fahrlässig und einem bedingt vorsätzlich handelnden Täter ist lediglich auf der Willensebene auszumachen. Während Erstgenannter auf den Nichteintritt des Verletzungserfolges ver-

---

[1085] Siehe dazu die Ausführungen auf S. 66ff.

[1086] Roxin, AT, § 11, Rdn. 110.

[1087] Allerdings ist es, wie Schild in Sportstrafrecht, S. 92, Fn. 211, darlegt, in der Tat „ein nicht aufklärbarer Widerspruch", wenn Niedermair, S. 124, wenige Zeilen vor der obig zitierten Anmerkung in dann zutreffender konträrer Weise zum Ausdruck bringt, dass in dieser Konstellation von vollendetem vorsätzlichem Körperverletzungsdelikt auszugehen sei, da die „Steuerungsbemühungen des Vorsatztäters" über die vom Opfer eingegangene Gefahr und das von diesem übernommene Risiko hinausgingen.

[1088] Siehe die Ausführungen auf S. 155ff. und 160f.; vgl. auch Niedermair, S. 135; im Einzelnen dazu kritisch Schild, S. 92.

[1089] Vgl. auch Tröndle/Fischer, (52. Aufl.) § 15, Rdn. 9.

traut, findet sich Letzterer mit dem Erfolgseintritt ab und nimmt ihn somit (wenn auch unerwünscht[1090]) billigend in Kauf. Anschlussfrage ist deshalb, ob eine Ungleichbehandlung der beiden Täter trotz identischen und mit dem Opfer übereinstimmenden Risikowissens allein aufgrund des im Vergleich zum Opfer relativen „Übergewichts im Willen“[1091] – oder anders formuliert aufgrund eines „Willensexzesses“ - gerechtfertigt ist.

Im Schrifttum wird dies trotz der genannten Gegenstimmen überwiegend bejaht.[1092] Schild beschreibt dabei die feststellbaren Zustände wie folgt: Wenn der Täter mit Verletzungsvorsatz agiert, überschreitet dieser das „vom Opfer einverständlich Hingenommene“, da beim Opfer schließlich nur bloßer Gefährdungsvorsatz vorliegt.[1093] Der Täter handelt folglich nicht in der Weise, wie es das Opfer hinzunehmen bereit ist, weshalb bei einer vorsätzlichen Körperverletzung das Erfolgsunrecht auch nicht durch einen bloßen Gefährdungsvorsatz des Opfers beseitigt werden kann.[1094]

Hilfreich ist es, bei dieser dogmatischen Betrachtung im Detail noch einmal den Unterschied zwischen dem bewusst fahrlässig und dem bedingt vorsätzlich agierenden Täter herauszustellen und aufzuzeigen, aus welchen Überlegungen genau sich Differenzen unter dem Gesichtspunkt der Vorwerfbarkeit ergeben, die eine unterschiedliche Behandlung der beiden Täter rechtfertigen. Dem bedingt vorsätzlich handelnden Täter ist vorzuwerfen, dass er die ja bewusstermaßen möglicherweise zum Erfolgseintritt führende Verletzungshandlung vornimmt, obwohl er im Gegensatz zum bewusst fahrlässigen Täter gerade nicht darauf vertraut, dass noch einmal alles gut gehen werde. Gerade dieses mangelnde „Erfolgsnichteintritts–Vertrauen“ beim Eventualvorsatztäter führt zu einer Verstärkung des an ihn gerichteten Vorwurfs, der darin liegt, erfolgsursächlich gehandelt zu haben, ohne zugleich etwaige Maßnahmen zur Erfolgsvermeidung ergriffen zu haben.

Das „Mehr“ an Vorwerfbarkeit beim Eventualvorsatztäter ergibt sich demnach alleine aus dem höheren Maß an enttäuschter Erwartung an den Täter aufgrund seiner differierenden inneren Einstellung, welche durch das mangelnde Vertrauen hinsichtlich der Verwirklichung des Verletzungserfolges geprägt ist. Oder anders und simpler ausgedrückt: Der an den Eventualvorsatztäter gerichtete Tatvorwurf ist deswegen von höherem Gewicht, weil an ihn, der – im Gegensatz zum Fahrlässigkeitstäter - ja nicht einmal auf den Nichteintritt des Verletzungserfolges vertraut hat, viel eher noch die Erwartung zu stellen ist, die möglicherweise verletzende Handlung zu unterlassen oder etwaige Schutzvorkehrungen zu ihrer Vermeidung zu treffen. Die sich aus dieser Überlegung ergebende Ungleichbehandlung der Täter (der eine als Fahrlässigkeits-, der andere als Vorsatztäter) ist, auch wenn der Unterschied lediglich in einem Willens- und in keinem Wissensübergewicht liegt, durchaus gerechtfertigt.

[1090] Zur Billigung eines, wenn auch unerwünschten Tatbestandserfolges siehe BGHSt 7, 369; 17, 262.
[1091] So treffend formuliert von Schild, S. 92.
[1092] Weber, Baumann-FS, S. 45; Vögeli, S. 143ff.; Walther, S. 144; Schild, S. 93 mwN.; Zaczyk, S. 61.
[1093] Siehe Schild, S. 92.
[1094] Schild, aaO.

aa) Hellmanns Argumentation zugunsten einer Gleichbehandlung

Genau gegen eine Vorwerfbarkeitsdifferenz der beiden genannten Schuldformen[1095] und die sich daraus ergebende Ungleichbehandlung der beiden Täter spricht sich allerdings Hellmann[1096] energisch aus. Er hält die alleinige Heranziehung der Frage nach dem Vorhandensein oder Nichtvorhandensein des täterlichen Vertrauens in das Ausbleiben des Taterfolgs als das entscheidende Kriterium schon mangels Ungeeignetheit desselben für wenig überzeugend. Gerade der „leichtsinnige [bewusst fahrlässig agierende] Täter", der auf einen guten Ausgang vertraue und deshalb die Gefahren aufgrund seiner Bedenkenlosigkeit falsch einschätze, stelle für das Opfer unter Umständen eine größere Gefahr dar „als der nachdenkliche Täter, der wegen der zutreffenden Beurteilung der möglichen Folgen seines Verhaltens, noch eher in der Lage wäre, die schädlichen Folgen abzuwenden, mag ihm dies – aus welchen Gründen auch immer – letztlich doch nicht gelungen sein".[1097] Konkret in dem speziellen Fall zweier an einem gefährlichen Sportwettkampf teilnehmenden Kontrahenten sei es nicht nachvollziehbar, dass nur derjenige strafrechtlich hafte, der „seine Fähigkeiten und die des Gegners kritischer beurteilt", hingegen derjenige, „der etwa wegen Überschätzung des eigenen Könnens" auf das Ausbleiben einer gegnerischen Verletzung vertraut, straflos bleibe.[1098]

Dieser auf den ersten Blick durchaus plausiblen Erwägung (Tenor: Die Überschätzung des eigenen Könnens sei gefährlicher und daher vorwerfbarer als die kritische Beurteilung des eigenen Könnens) lässt sich allerdings entgegenhalten, dass sie, ungeachtet ihres in terminologischer Hinsicht wirklich geschickten „Gewandes", lediglich ein Rechtsgefühl suggeriert, welches den Blick von der Wirklichkeit abwendet. Tatsächlich ist die Erwartungshaltung an den Täter und der an ihn zu richtende Tatvorwurf dann höher, wenn dieser trotz seiner „kritischen" und realistischeren Beurteilung der eigenen Fähigkeiten nicht von der Vornahme der verletzungsursächlichen Handlung Abstand nimmt. Aus dem gleichen Grunde beschwört der sich Überschätzende auch zumindest keine „größere Gefahren" für das Opfer herauf als der sich „kritisch"[1099] Beurteilende, zumal beide Täter ja gleichermaßen nicht von der Vornahme ihrer verletzungsursächlichen Handlung abrücken, anderenfalls es gar nicht erst zum Eintritt eines Verletzungserfolges käme.

Was sich also letztlich feststellen lässt, ist, dass Hellmann zwar in zutreffender Weise den nur graduellen Unterschied zwischen bewusster Fahrlässigkeit und Eventualvorsatz kennzeichnet, diese beiden Schuldformen jedoch in unzutreffender Weise sowohl hinsichtlich ihrer Vorwerfbarkeit als auch der von ihr ausgehenden „Gefährlichkeit" für das Opfer gewichtet.

[1095] Zur Diskussion über die Eigenschaft von Vorsatz und Fahrlässigkeit als Schuldformen und/oder subjektive Tatbestands- (oder Unrechts)elemente siehe Tröndle/Fischer, (50. Aufl.) § 15, Rdn. 1a mwN. und (52. Aufl.) § 15, Rdn. 2.

[1096] Hellmann, Roxin-Festschrift, S. 271, (280).

[1097] Hellmann, aaO.

[1098] Hellmann, aaO.

[1099] Siehe die dabei entsprechend verwandten Formulierungen von Hellmann, aaO.

bb) „Besondere Härte“ für den Eventualvorsatztäter im Falle der Risikoübernahme des Opfers

Auf einen wichtigen Umstand, der auch die eigentliche gedankliche Grundlage Hellmanns bei seiner These der nicht gerechtfertigten Ungleichbehandlung von Fahrlässigkeits- und Eventualvorsatztäter im Falle der Risikoübernahme bilden dürfte, ist in diesem Zusammenhang noch hinzuweisen:

Der Gesamtunterschied zwischen der bewusst fahrlässigen und eventualvorsätzlichen Begehung von Körperverletzungsdelikten ist zum einen – wie gesehen - hinsichtlich der an sie gestellten dogmatischen Anforderungen relativ gering und zum anderen hinsichtlich ihrer strafrechtlichen Auswirkungen und Konsequenzen oftmals nur von graduellem und begrifflichem Charakter[1100].

Im Falle der Risikoübernahme durch das Opfer stellt dieser Unterschied jedoch eine gewaltige Diskrepanz auf Seiten der strafrechtlichen Konsequenzen dar, da hier nicht die „gleitende Differenz“ zwischen Vorsatz- und Fahrlässigkeitsstrafbarkeit, sondern lediglich die „Alles oder Nichts-Alternative“ zwischen vorsätzlicher Täterschaft und vollständiger Straflosigkeit besteht. Angesichts des benannten relativ geringen dogmatischen Unterschiedes zwischen den betreffenden Schuldformen, der aber extrem unterschiedlichen strafrechtlichen Konsequenzen stellt dies für den bedingt vorsätzlich handelnden Täter (im Vergleich betrachtet) in der Tat eine „besondere Härte“ dar.[1101] Allerdings darf diese sicherlich zutreffende wertende Betrachtungsweise im Ergebnis nicht dazu führen, dass sowohl der zwischen bewusster Fahrlässigkeit und Eventualvorsatz vorliegende dogmatische Unterschied mittels unrichtiger Verwerflichkeitsüberlegungen „verwischt“ als auch die zwischen Täter und Opfer vorhandene Willensdifferenz bzw. das zugunsten des Eventualvorsatztäters bestehende „Übergewicht im Willen“[1102] nicht berücksichtigt wird.

Eines wird jedoch festzustellen sein: Im Hinblick auf die hiesige Untersuchung der strafrechtlichen Beurteilung von Sportverletzungen spielen eben solche mit „besonderer Härte“ behafteten Fallgestaltungen, also jene Fälle, in denen konkrete Handlungsweisen des Täters nur wegen des vorhandenen bedingten Verletzungsvorsatzes trotz eigentlich vollständiger Risikoübernahme des Opfers strafrechtlich zu sanktionieren wären, kaum eine messbare Rolle in der strafrechtlichen Praxis. Diese Feststellung resultiert aus diversen unterschiedlichen tatsächlichen als auch rechtlichen Gründen, die im Folgenden zu erörtern sein werden.

1100 Auf Ebene der Strafzumessung kann hinsichtlich der Strafschärfe in der Regel von einem „gleitenden Übergang“ von bewusster Fahrlässigkeit hin zu Eventualvorsatz beim Täter ausgegangen werden. Allerdings kann sich dies naturgemäß dann anders darstellen, wenn beim Vorliegen einer (eventual-)vorsätzlichen Tat ein qualifiziertes Körperverletzungsdelikt i.S.d. §§ 224, 226, 227 mit zum Teil deutlich höheren Strafdrohungen (mit)verwirklicht wäre.

1101 Schmitt, S. 208, bezeichnet dies sogar als einen „Wertungswiderspruch“. Keineswegs teilbar ist die Auffassung von Deutsch, VersR 74, 1045, (1049), der die bedingt vorsätzlichen Verletzungen aufgrund der die besondere Härte für den Eventualvorsatztäter kennzeichnenden Umstände aus den Vorsatztaten ausklammern will.

1102 Schild, S. 92.

b) Vorsätzliches Verletzungsverhalten im Mannschaftssport de facto als Regelfall?

Betrachtet man die tatsächlichen Verhältnisse im Sport etwas genauer und analysiert man abstrakt die in diesem Rahmen vorkommenden sportverletzungsursächlichen Verhaltensweisen im Hinblick auf die beim Verletzungstäter vorhandene Wissens- und Willensausrichtung, so differieren die jeweilig ermittelten Ergebnisse, je nachdem, um welche Art der Sportausübung (Sportart) es sich handelt und welche Professionalitätsstruktur der Sportausübung (Leistungsklasse: Profi, Amateursportler, Freizeitsportler) zugrunde liegt.

In den reinen und typischen Sportkämpfen oder Zweikampfsportarten, wie dem Boxsport, liegt es auf der Hand, dass die jeweiligen Akteure im Rahmen des Wettkampfes mit Verletzungsvorsatz agieren. Da diese Sportarten durch einen obligatorischen und institutionalisierten Körperkontakt geprägt werden, der (schon gemäß den jeweiligen anwendbaren Sportregeln) darauf abzielt, den Kontrahenten körperlich zu bezwingen bzw. gar niederzuzwingen, ist auch die Anwendung von körperlicher Gewalt hier intentional.

Anders stellt sich die tatsächliche Lage in den hier untersuchungsrelevanten körperkontaktreichen Mannschaftssportarten wie dem Fußballsport dar. Die Anwendung körperlicher Gewalt ist in diesen Sportarten (vom Regelwerk her) keinesfalls vorgesehen, geschweige denn intendiert oder eigentlicher Spielzweck; vielmehr wird im sportlichen Wettbewerb die Anwendung körperlicher Gewalt von den Teilnehmern und Sportverbänden strikt abgelehnt, was sich an den entsprechenden regeltechnischen Sanktionen zeigt. Im Fußballsport wird daher beispielsweise jegliches „gewaltsame Spielen" und somit jede Art von Tätlichkeit (Schlagen, Treten etc.) mit einer direkten und unmittelbaren Disqualifikation des fehlbaren Spielers gem. Regel 12, Feldverweiswürdige Vergehen, Unterpunkt 2 i.V.m. Nr. 4 der Anweisungen des DFB zu Regel 12 belegt.

Ungeachtet dieser Umstände sind – wie im Rahmen dieser Untersuchung mehrfach aufgezeigt - im sportlichen Wettbewerb gegenseitig zugefügte Verletzungen keine Seltenheit. Vorsätzlich zugefügte Verletzungen sind dabei vor allem jene, welche infolge von Tätlichkeiten durch Schläge oder Tritte herbeigeführt werden.

Ob allerdings auch der überwiegende Anteil der („echten") Sportverletzungen, welche nach der hier entwickelten Definition lediglich solche körperliche Beeinträchtigungen sind, die sich Sportler in unmittelbarem Zusammenhang mit dem sportlichen Spielgeschehen zufügen[1103], von einem täterlichen Verletzungsvorsatz getragen werden, ist eher zweifelhaft.

Schild[1104] vertritt den Standpunkt, dass in zu Verletzungen führenden Situationen des „Kampfsports" - zu denen der Fußballsport zu zählen ist – zumindest bei erfahrenen

---

[1103] Siehe die Ausführungen auf S. 22f.
[1104] Schild, S. 74.

Spielern von vorsätzlichen Verletzungshandlungen auszugehen sei[1105], so dass ein Unterschied zum „Sportkampf“, wie beim Boxsport, nicht mehr vorliege. Die vollkommen entgegengesetzte Feststellung wird von Friedrich und Schaffstein getroffen, wonach eine vorsätzliche Schadenszufügung „wegen der allgemeinen Sportdisziplin erfreulicherweise nicht sehr häufig“ zu registrieren sei [1106] bzw. der „faire Sportler“ schon an sich keine Körperverletzung begehe[1107].

Beide Ansichten sind gegenpolige Extrempositionen, die in der vorliegenden Form zu weitgehend sind und deswegen nicht ohne weiteres geteilt werden (können). Die tatsächlichen Verhältnisse sind „in der Mitte“ dieser beiden Positionen auszumachen.

Wie sich aus den Ausführungen Schilds im Umkehrschluss (zu Recht) ableiten lässt, werden im reinen Freizeitbereich durch Zweikämpfe verursachte Verletzungen regelmäßig nicht vorsätzlich herbeigeführt.[1108] Hier fehlt es grds. sowohl an einer der Sportausübung zugrunde liegenden aggressiven Grundstimmung als auch an dem Willen der Teilnehmer „um jeden Preis“ siegen zu müssen. Solche Handlungen (wie etwaige mit gestreckten Beinen durchgeführte Grätschen), die erkanntermaßen zu möglichen Verletzungen führen, werden in diesem Bereich selten bis gar nicht ausgeführt.[1109]

Etwas anders stellt sich die Lage in der Tat im Profibereich als auch im Bereich des verbandsorganisierten Mannschaftssportes dar. Hier werden zur Erreichung des sportlichen Zieles auch regelmäßig jene Handlungen vorgenommen, die täterlich bewusstermaßen zu möglichen Verletzungen beim Kontrahenten führen können.

Wie gesehen besteht der dogmatische Unterschied zwischen (bewusster) Fahrlässigkeit und (bedingtem) Verletzungsvorsatz beim Täter jedoch nicht in einer Wissensdifferenz (auf kognitiver Ebene), sondern darin, dass der Täter im letzteren Falle mit dem Erfolgseintritt insofern einverstanden ist, als dass er sich mit diesem abfindet bzw. diesen billigend in Kauf nimmt. Der Unterschied liegt also auf willentlicher Ebene.

Die entscheidende Frage ist demnach, ob in den Sportverletzungsfällen das täterliche Willenselement tatsächlich in der Weise ausgeprägt ist, dass regelmäßig von einem täterlichen Einverstandensein mit dem Erfolgseintritt ausgegangen werden kann, was, wie oben gesehen, das mangelnde täterliche Vertrauen in das Ausbleiben des Verletzungserfolgs voraussetzen würde.

[1105] Ähnlich, aber nicht so weitgehend wie Schild: Dölling, ZStW 96 (1984), 36, (47); vgl. auch Schiffer, S. 175f., der aber im Ergebnis davon ausgeht, dass „in den meisten Fällen“ der § 229 StGB zum Zuge komme. Kühn, S. 26, spricht sogar von einer „herausragenden Bedeutung“ der Bedeutung der Fahrlässigkeitsdelikte im Sportalltag.

[1106] Friedrich, NJW 66, 755.

[1107] Schaffstein, ZStW 72, 369, (379).

[1108] Siehe Schild, S. 74.

[1109] Wenn dies im Einzelnen der Fall sein sollte, erlaubt eine realistische Betrachtung der Dinge jedoch regelmäßig nicht den abstrakten Rückschluss auf ein vorliegendes Einverstandensein mit dem Erfolgseintritt und einen entsprechenden bedingten Körperverletzungsvorsatz beim Freizeitsportler.

aa) Das Argument der Spiegelbildlichkeit von Tatvorsatz und Einwilligung

Gegen die Annahme von regelmäßig oder häufig vorhandenem (bedingtem) Verletzungsvorsatz bei Wettkampfsportlern spricht zunächst eine Feststellung, die bereits schon zu Beginn dieser Untersuchung[1110] getroffen wurde und die (mittlerweile) auch nicht mehr ernsthaft bestritten wird:

Bei den hier einschlägigen Mannschaftssporten gehen die (auch verbandsmäßig organisierten und professionellen) Wettkampfsportler ungeachtet der Kenntnis der Gefährlichkeit der Sportart nicht davon aus, selber verletzt zu werden, und vertrauen daher – entsprechend dem Willensmoment des dolus eventualis - auf das Ausbleiben eigener Verletzungen.[1111] Gerade dieser evidente tatsächliche (innere) Umstand ist und war es ja, der die Rechtsprechung und das Schrifttum vor einigen Dekaden zu Recht von dem dogmatischen Gedanken, in solchen Gefährdungsfällen von einer (klassischen) Verletzungseinwilligung des Opfers auszugehen, abgebracht hat.[1112]

[1110] Siehe dazu schon die Ausführungen auf S. 66ff. dieser Untersuchung.

[1111] Siehe vor allem BGH VersR 75, 137, (138).

[1112] Anders stellt sich dies bei den klassischen Zweikampfsportarten, wie vor allem dem Boxsport, dar; nach ganz überwiegender Ansicht und durchaus beipflichtenswert wird in diesen Fällen der Sportausübung die klassische Einwilligungslösung als sachgerechter und einschlägiger Lösungsweg angesehen; vgl. u.a. BGHSt 4, 88, (92); Tröndle/Fischer, (52. Aufl.) § 228, Rdn. 22 mwN.; der bedeutende Unterschied zu den Mannschaftssportarten liegt darin, dass bei diesen reinen Kampfsportarten auch die körperliche Beeinträchtigung des Kontrahenten beabsichtigt wird und es regelmäßiges Ziel dieser sportlichen Betätigung ist, den Gegner körperlich zu bezwingen bzw. kampfunfähig zu machen. Diese differenzierende Ansicht hat auch der BGH in Zivilsachen in VersR 75, 137, (138) durchblicken lassen, indem er die Einwilligung in den Verletzungserfolg bei einem Fußballspiel als „künstliche Unterstellung", jedoch bei gefährlichen Sportarten, wie dem Boxen, als durchaus möglich gekennzeichnet hat.
Weber, S. 45, hält bei Kampfsportarten, wie dem Boxen, sicheres Wissen jedes Teilnehmers über spätere Verletzungen für gegeben. Dölling, ZStW 96, 36, (64), ordnet dem Verhalten des am Wettkampf teilnehmenden Boxers eine der Einwilligung genügende Gestattungswirkung in Bezug auf gegenseitige Hiebe zu, auch wenn ein möglicher Treffer des Gegners „höchst unerwünscht" sei. Auch Rössner, FS-Hirsch, 313, (317), der sich bei kontaktreichen Mannschaftssportarten insbesondere mangels Konkretisierung über Person, Ort und Art der Verletzung gegen eine Einwilligung ausspricht, sieht bei den klassischen Kampfsportarten die Kriterien der rechtfertigenden Einwilligung erfüllt, da beim Kampf Mann gegen Mann die Voraussetzungen der Individualität und einer weitgehenden Geschehenskonkretisierung gegeben seien.
Diesen Ansichten ist, ohne dass konkret in diesem Rahmen eine umfangreiche Erörterung dieser Parallelproblematik erfolgen soll, zuzustimmen. Die konkludente Annahme einer Verletzungseinwilligung eines an einem Boxkampf teilnehmenden Sportlers erscheint in der Tat – anderes als beim Fußballer in einem Fußballspiel - keinesfalls künstlich fingiert; auch beim selbstbewusstesten Boxer ist angesichts der extremen und gewalttätigen „Natur" und Eigenart dieser ausgeübten Sportart ein zumindest billigendes Inkaufnehmen eigener Verletzungsfolgen zu bejahen. Ein sichereres Vertrauen der Boxer dergestalt, ohne Blessuren und jegliche Verletzungen einen Boxkampf zu überstehen, wird man bei lebensnaher Betrachtung nicht vermuten, geschweige denn regelmäßig annehmen können. Zu berücksichtigen ist in diesem Zusammenhang auch, dass gerade im Profiboxsport zum Teil sogar von einer ausdrücklich erklärten Verletzungseinwilligungserklärung ausgegangen werden kann, da oftmals die Kontrahenten bereits vor dem Kampf in umfangreichen, von Juristen detailgetreu aufgesetzten Boxevent-Verträgen (in einer speziellen Klausel) ihre Einwilligung in alle möglichen Kampffolgen schriftlich erklären.

Transferiert man diese Feststellung des fehlenden Erfolgsbezugs des Willenselementes im Rahmen der Einwilligungsfrage beim Wettkampfsportler auf die Frage des eigenen Tätervorsatzes, liegt der Schluss nahe, auch hier von einem entsprechend fehlenden Erfolgsbezug des Willenselementes auszugehen. Es erweckt nämlich erhebliche Zweifel, wenn man einerseits davon ausgeht, (je)der Wettkampfsportler vertraue darauf, dass im Rahmen der Sportausübung alles gut gehe und er selber nicht verletzt werde, und andererseits die These vertritt, dass in den meisten Fällen eine vorsätzliche Verletzungszufügung durch die (identischen) Wettkampfsportler anzunehmen sei. Denn wenn tatsächlich allgemein bekannt sein sollte, dass auch in den hier relevanten Mannschaftssportarten regelmäßig mit Verletzungsvorsatz gehandelt würde, schiene es nur konsequent, auch zur regelmäßigen Annahme einer konkludenten Verletzungseinwilligung bei allen Wettkampfsportlern zu kommen; anders könnte bei einer solch hypothetisch angenommenen, allgemein (also auch den Sportlern) bekannten Wissens- und Willenslage aller Sportler die Teilnahme am Wettkampf nicht gedeutet werden.

Eine Feststellung dahingehend, dass der einzelne Sportler, welcher als Wettkampfteilnehmer sowohl potentielles Verletzungsopfer als auch potentieller Verletzungstäter ist, in der Situation des Opfers ein positives Vertrauen auf das Ausbleiben eines Erfolges habe, in der Situation des Täters aber gerade nicht, erscheint kaum nachvollziehbar.

Vielmehr erscheint es deutlich näher an der Realität, in beiden Fällen, also sowohl beim Sportler in der Täter- als auch in der Opferrolle, in faktischer Hinsicht grundsätzlich von einem entsprechend vorhandenen Vertrauen in das Ausbleiben des jeweiligen Tatbestandserfolges auszugehen und deshalb in (straf)rechtlicher Hinsicht a) keine konkludente Verletzungseinwilligung und b) im Regelfall unvorsätzliches Verletzungsverhalten der Sportler anzunehmen.

bb) Die Einschätzung der tatsächlichen Verhältnisse in der sportlichen Praxis

Dieses Ergebnis deckt sich im Übrigen mit denen aus der sportlichen Praxis gewonnenen Eindrücken. Aus eigener langjähriger und diversifiziert - praktischer Erfahrung[1113] heraus lässt sich feststellen, dass gerade auch die Spieler im verbandsorganisierten, wettkampfmäßigen Fußballsport im Rahmen von Zweikämpfen um den Ball trotz der mit höherer Spielklasse zunehmenden Wichtigkeit des sportlichen Erfolges in den meisten Fällen auf einen guten Ausgang, also auf einen Ausgang ohne eigenhändig (oder –füßig) verursachte Verletzungserfolge beim Kontrahenten vertrauen. Im Einzelnen ergibt sich dies aus einer Vielzahl von unterschiedlichen Gründen und Erwägungen, welche allerdings im Detail sehr differenziert zu gewichten sein werden:

[1113] Der Autor besitzt selber 25 Jahre praktische Erfahrungen als verbandsangehöriger und größtenteils aktiv tätiger Fußballspieler, über 15 Jahre praktische Erfahrungen als Fußballschiedsrichter und –assistent bis hinein in die Regionalliga und 5 Jahre praktische Erfahrungen als Beisitzer und stellvertretender Vorsitzender der Fußball-Spruchkammer (Sportgericht) auf Kreisebene.

(1) Faire und disziplinierte Grundeinstellung der Sportler

Bei einem bestimmten (freilich keinesfalls überwiegenden) Anteil der aktiven Fußballspieler ist in der Tat – wie Friedrich und Schaffstein kennzeichnen[1114] - das vorhandene Vertrauen in das Ausbleiben gegnerischer Verletzungen auf eine gewisse faire und disziplinierte Grundeinstellung zurückzuführen. Damit ist der zwar geringe, aber konstant vorhandene Gesamtanteil derjenigen Sportler gemeint, die aufgrund ihres Charakters, ihrer Einstellung oder ihres eigenen Verständnisses der Sportart kaum gegnergefährdende Fouls begehen, geschweige denn etwaige Verletzungen des Kontrahenten billigend in Kauf nehmen.

Beispiele für diese Art von Spielern lassen sich sowohl im organisierten Amateursport als auch im professionellen Leistungssport[1115] finden. Da dieser Anteil von Sportlern jedoch eher einen geringeren Prozentsatz, gemessen an der Gesamtheit, ausmacht, ist der von Schild geäußerten Kritik an den oben benannten Ausführungen von Friedrich und Schaffstein ausdrücklich beizupflichten. In der Tat erscheint es „lebensfremd“[1116], wenn man die Erörterung der vorsätzlichen Körperverletzungen im Mannschaftssport alleine deswegen für wenig bis kaum relevant hält, weil bei den Sportlern die allgemeine Sportdisziplin und der Fairnessgedanke extrem ausgeprägt seien. Dieser eindimensionale und nicht ausdifferenzierte Erklärungsansatz kann in dieser Form sicherlich nur für einen geringen Anteil der Sportler Geltung erfahren.

(2) Veränderte Erwartungshaltung an die Sportler und öffentliche Ächtung überharter Spielweisen

Ein weiteres nicht zu unterschätzendes Argument dafür, insbesondere auch im professionellen Fußballsport von regelmäßig unvorsätzlichem Verletzungshandeln auszugehen, ergibt sich aus dem von der heutigen Sportöffentlichkeit oftmals formulierten und medial unterstützten Anspruch gegenüber den Spielern, zwar im Wettkampf durch Einsatz und Kampfkraft zu überzeugen, nicht jedoch durch rücksichtsloses Treten auf sich aufmerksam zu machen. Der von der Sportgemeinschaft als sog. „Hammerwerfer“, „Klopper“ oder „Holzfäller“ bezeichnete Spielertypus, welcher sich alleine durch seine „beinharte Gangart auszeichnet“ und sich vor einigen Jahrzehnten noch in jeder (Profi-) Mannschaft zu einem nicht unerheblichen Anteil wieder fand, ist im heutigen Profifußball an einer Hand abzählbar.

Dies liegt nicht zuletzt an der insbesondere in den letzten zwei Jahrzehnten veränderten, immer schneller werdenden Spielweise und den immer höher entwickelten technischen Fähigkeiten der Profis. Die auch dadurch veränderte Erwartungshaltung der Öffentlichkeit und der Vereine an die Profis und den mit Profiambitionen heranwachsenden jugendlichen Nachwuchs (im Abwehrbereich) gestaltet sich derart, dass

---

[1114] Friedrich, NJW 66, 755; Schaffstein, ZStW 72, 369, (379).

[1115] Zu erinnern ist dabei vor allem an die insbesondere auch in den Sportmedien oftmals honorig erwähnten und geehrten Spieler aus der Fußballbundesliga, denen es gelingt, über eine ganze Saison hinweg, wenige oder gar keine Foulspiele zu begehen. Bekannte Beispiele sind hierfür die Spieler Patrick Andersson (ehemals Bor. Mönchengladbach), Rune Bratseth (ehemals Werder Bremen) oder Per Mertesacker (Werder Bremen).

[1116] So Schild, S. 74, Fn. 83.

der ballführende Gegenspieler nicht mehr auf welche Weise auch immer „gelegt", sondern der Ball mit Hilfe athletischer Geschicklichkeit, gutem Reaktionsvermögen und Stellungsspiel „erobert" oder „abgelaufen" werden soll.

Jene Spieler hingegen, die in den letzten 20 Jahren durch überharte und deswegen verletzungsursächliche Spielweise aufgefallen sind[1117], haben nicht nur durch die Medien und die Sportöffentlichkeit, sondern auch von Spieler- und Trainerkollegen aus dem Profibereich regelmäßig ein maßregelndes und zum Teil verachtendes Echo erfahren.[1118] Dies hat folgerichtig dazu geführt, dass diese Art von Spielertyp öffentlich einen abqualifizierenden Stempel[1119] aufgedrückt bekommen hat und mit der Zeit mehr und mehr von der medialen Bildfläche verschwunden ist.

Der Umstand der veränderten (spielbezogenen) Erwartungshaltungen an den Profisportler[1120] verbunden mit der öffentlichen und verbandsinternen Ächtung überharter (auch verletzungsvorsätzlicher) Spielweisen ist demnach ein weiteres Argument dafür, nicht vorschnell von einer billigenden Inkaufnahme etwaiger Verletzungserfolge bei Kontrahenten, sondern grds. von einem unvorsätzlichen Verletzungsverhalten der (professionellen) Sportler auszugehen.

(3) Die Selbstüberschätzung und andere vorsatzausschließenden Kriterien

Der Hauptgrund für eben diese Annahme ergibt sich jedoch aus einem Umstand, den Hellmann, wenn auch mit unzutreffender dogmatischer Gewichtung in einem anderen (außersportlichen) Zusammenhang, genannt und aufgegriffen hat, nämlich dem

---

[1117] Erinnert sei z.B. an den Fußballprofi Michael Schulz (u.a. Borussia Dortmund und Werder Bremen), der durch eine Vielzahl von Platzverweisen mit „Roter Karte" wegen schwerer Foulspiele auf sich aufmerksam machte oder den Spieler Bernd Hollerbach (u.a. Hamburger SV), der aufgrund seiner rustikalen Spielweise oftmals von den Medien und gegnerischen Trainern auf den Status eines reinen „Treters" reduziert wurde, der im Profisport nichts verloren habe.

[1118] In einem Interview Anfang der 80er Jahre ließ der (damals noch aktive) Bundesligaspieler Ewald Lienen seiner Empörung über seinerzeit zum Teil brutal agierende Spieler freien Lauf:
„Werner Lorant von Eintracht Frankfurt – er gehört für mich nicht in die Bundesliga! Ich habe es zweimal erlebt, wie er – ohne jeden Grund – über den Platz gerannt ist und gebrüllt hat [...]: Jetzt hol' ich mir einen! Lass mir den da hinten!"; siehe dazu den Artikel „Zwanzig Jahre Blutgrätsche" unter www.taz.de/pt/2001/08/14/a0162.nf/text.
Jüngstes Beispiel für eine gegenüber den Sportmedien geäußerte, verachtende Kritik an einem Spielerkollegen sind die Aussagen des Profispielers Fatmir Vata von Arminia Bielefeld nach dem Bundesligaspiel beim Hamburger SV im Februar 2006, bei dem dieser durch ein Foul des Spielers Khalid Boulahrouz eine Knöchelverletzung erlitt: „So einer muss raus aus der Bundesliga. Der ist ein Kannibale... Das war ein Foul für das Gefängnis!"; siehe Artikel der Rheinischen Post vom 07.02.2006.

[1119] Einschlägige Beispiele aus dem Profifußball sind zum einen der Fall Norbert Siegmann, der bis zum heutigen Tage seinen Bekanntheitsgrad maßgeblich auf sein an dem Spieler Lienen verübtes Foul zurückführen kann. Gleiches gilt für die schon benannten Spieler Michael Schulz, Werner Lorant und Bernd Hollerbach. Auch der Zweitligaspieler Vuckovic, der durch sein bereits in den Vorabschnitten (S. 195f.) beschriebenes folgenschweres Foul an dem Spieler Curri bekannt wurde, kämpft seit dem Vorfall gegen sein so entstandenes „einseitiges" Image an.

[1120] Diese öffentliche Erwartungshaltung umfasst seit den letzten Jahren insbesondere auch die von den Medien regelmäßig in den Vordergrund gerückte „Vorbildfunktion" der Sportler gegenüber Kindern und Jugendlichen.

Phänomen der kollektiven und zum Teil maßlosen Selbstüberschätzung der handelnden Akteure im Sport.

Insbesondere in der Gilde der höherklassig agierenden und erfahrenen Sportler ist der Hang zur Überschätzung der eigenen Fähigkeiten angesichts der (zumeist) vorhandenen eigenen guten körperlichen Konstitution in hohem Maße ausgeprägt. Das übermäßige Vertrauen in die eigene läuferische Schnelligkeit, kurze Reaktionszeiten, die Spieltechnik und eingeübte, automatisierte Bewegungen, welche auf häufigem Training und regelmäßigen Wettkämpfen basieren, führt gerade bei der Durchführung von körperlichen Zweikämpfen (z.B. mittels durchgeführter Beingrätsche im Fußballsport) dazu, dass die Spieler a priori nicht davon ausgehen, dass die jeweiligen Gegenspieler durch die eigene Spielhandlung getroffen oder gar verletzt werden.[1121] Dabei sind die Spieler nicht nur darauf bedacht, dem schon oben dargestellten Erwartungsbild vom zwar kampf- und einsatzfreudigen, aber ebenso durch Athletik und Schnelligkeit im Zweikampf sich auszeichnenden Profi zu entsprechen, sondern sie sind in der Tat regelmäßig davon überzeugt, dass aufgrund ihrer (überschätzten) Fähigkeiten eine gegenspielerverletzende Wirkung ihrer Spielhandlungen ausbleibt.

Darüber hinaus nährt dieses (irrtümliche) Vertrauen indes sogar regelmäßig die Hoffnung dahingehend, dass der Zweikampf von eigener Seite vollkommen sportregelkonform durchgeführt werden kann, um keinen erheblichen Nachteil durch eine möglicherweise spielentscheidende Sanktion seitens des Schiedsrichters (wie einen Strafstoß oder einen Platzverweis im Fußballsport) erleiden zu müssen. Alleine der hiermit zur Sprache gebrachte Aspekt „Furcht“ vor spielentscheidenden Sanktionen von Seiten des Schiedsrichters führt jedoch freilich nur bei einem geringeren Anteil der Spieler dazu, etwaige als möglich erkannte verletzende Handlungen gegenüber Gegenspielern zu unterlassen.

Neben dem übersteigerten Vertrauen in die eigenen Fähigkeiten gibt es auch Einzelfälle, in denen beim Spieler zwar konkret kein Vertrauen in der Weise besteht, dass der Gegenspieler nicht durch die eigene Spielhandlung attackiert oder getroffen wird, dieser jedoch davon ausgeht, dass sich der getroffene Spieler aufgrund seiner vom Regelwerk vorgeschriebenen Körperschutzmaßnahmen (wie dem Tragen von Schienbeinschonern im Fußballsport oder der allgemeinen gepolsterten Ausrüstung im Eishockey), die eine beeinträchtigende körperliche Einwirkung auf den Gegner abzufedern imstande ist, nicht verletzt. Auch in dieser Fallgestaltung käme man zum Ergebnis eines unvorsätzlichen Sportlerhandelns.

[1121] Bei im Wettkampf schnell aufeinander folgenden Zweikämpfen und bei hektischem Spielverlauf wird zudem noch die Frage zu beantworten sein, ob sich angesichts der nur wenigen Sekundenbruchteile, die Sportlern oftmals zur sportlichen Handlungsentscheidung bleiben, die Zeit ausreicht, um einen Verletzungsvorsatz zu bilden. Gleiches gilt für die Frage, ob sich nicht auch übertriebener Spieleifer vorsatzhindernd auswirken kann.

(4) Fälle vorsätzlicher Schadenszufügung und die Entwicklung hilfreicher Kriterien zur Vorsatzermittlung

Ohne Zweifel gibt es jedoch ebenfalls Situationen im Sport, in denen die Faktoren faire Grundeinstellung, die veränderte öffentliche Erwartungshaltung an die Spieler, die allgemeine Ächtung überharter Spielweisen, die Selbstüberschätzung der eigenen Fähigkeiten, das Vertrauen in die hinreichend schützende Ausrüstung des Gegenspielers oder die „Furcht“ vor Spielsanktionen keine „vorsatzhindernde“ Rolle bei der Sportausübung spielen.

Insbesondere das von Schild benannte Beispiel des „davoneilenden“ Stürmers, der von einem Verteidiger „mit einer bösen Grätsche von hinten von den Beinen“ geholt und schwer verletzt wird, weil dieser keine anderweitige Möglichkeit sieht, den Stürmer aufzuhalten, ist ein solcher Fall[1122], bei dem ein täterliches Vertrauen in das Ausbleiben des Verletzungserfolges aufgrund der oben genannten Faktoren kaum anzunehmen sein wird.[1123] Allerdings ist zu berücksichtigen, dass dieser Sachverhalt auch nicht gerade den im Fußballsport vorkommenden klassischen (Zwei-)Kampf „um den Ball“ beschreibt, sondern einen Vorgang erfasst, bei dem es dem verteidigenden Spieler „weniger um den Ball“ und ausschließlich um das Zufallbringen des gegnerischen Stürmers geht. Da der „voluntative Hintergrund“ des Fouls, also der mit dem Foul konkret verbundene Wille des Verteidigers, durch den Sachverhalt vorbestimmt ist, ergeben sich speziell hier auch keine komplexen Subsumtionsproblematiken.

Als diffiziler erweist es sich, alleine unter Zugrundelegung des rein objektiven Geschehens auf die konkrete Willensausrichtung des verletzenden Sportlers zu schließen. Zieht man den obigen Sachverhalt heran, käme man offensichtlich auch ohne die ausdrückliche Klarstellung und Offenbarung der Willensausrichtung des Verteidigers, also alleine aufgrund des rein objektiven Geschehens, zu der Annahme eines vorliegenden Verletzungsvorsatzes. Demnach zeigt sich, dass mit Hilfe objektiver Indizien durchaus eine erste abstrakte und vorläufige (natürlich in jedem Einzelfall umfassend und in jede Richtung hin zu überprüfende[1124]) Schlussfolgerung hinsichtlich der Willensausrichtung des verletzenden Sportlers gezogen werden kann.

Als hilfreich erweist sich dabei die Heranziehung jener Kontrollkriterien, die bereits bei der obigen Erörterung der Beingrätsche im Fußballsport Anwendung finden, nämlich der Frage, ob es sich konkret um einen Zweikampf handelt, bei dem vom äußeren Erscheinungsbild her a) der körperliche Einsatz des Verletzenden ausschließlich dem Ball und nicht dem Gegner gilt und b) zumindest die theoretische Möglichkeit der Ballerreichung noch vorhanden ist. Gelegentlich entgegnen einem Schiedsrichter im Fußballsport die unmittelbar ausgesprochenen, (oftmals nachvollziehbaren) entlastenden Erklärungen der auf dem Platz agierenden Spieler auf gegen sie ergange-

---

[1122] Siehe Schild, S. 74f. mit Verweis auf Kretschmer, Jura 2000, 270.
[1123] Vgl. auch Krähe, S. 124, der auf den konkreten Fall der „Notbremse“ abstellt.
[1124] Siehe dazu die noch folgenden Ausführungen auf S. 219ff. zum Problem der Nachweisbarkeit des Verletzungsvorsatzes im Mannschaftssport.

ne Spielsanktionen, dass der Ball doch bis zuletzt „frei spielbar" gewesen oder sie nur eine „Hundertstelsekunde zu spät" gekommen seien.

Gerade in diesen sehr häufig vorkommenden Spielsituationen, aus denen regelmäßig auch erheblichere Verletzungen beim Kontrahenten resultieren, erscheint es sehr gewagt, ohne weitere Anhaltspunkte auf einen Verletzungsvorsatz des verletzungsursächlich handelnden Spielers zu schließen. Es erscheint vielmehr gerade aus dem bezeichneten Grund in Verbindung mit den schon oben benannten Faktoren näher an der sportpraktischen Realität zu sein, bei Vorliegen der beiden unter a) und b) genannten Voraussetzungen grundsätzlich von einem unvorsätzlichen Verletzungsverhalten der Spieler auszugehen, soweit im Einzelnen keine über das objektive Geschehen hinausgehenden Anhaltspunkte[1125] vorliegen.

Etwas anders stellt sich die Lage in den eher seltener vorkommenden Situationen dar, in denen eine oder gar beide der genannten Kontrollkriterien nicht erfüllt sind. In diesen Fällen, in denen im Übrigen oftmals nach den für den Fahrlässigkeitsbereich geltenden Kriterien schon ein Sportlerexzess zu bejahen sein wird, liegt auf den ersten Blick hin regelmäßig die Vermutung näher, dass der Täter mit (zumindest bedingtem) Verletzungsvorsatz agiert hat. Allerdings ist auch hier ist eine Vielzahl von realistischen Fallgestaltungen denkbar, in denen eine akkurate „Ermittlung der Willensrichtung" des Verletzenden eigentlich zu dem Ergebnis eines mangelnden Verletzungsvorsatzes führt. Darunter fallen viele der nicht selten vorkommenden Situationen, in denen der Sportler ausschließlich mangels korrekter Einschätzung der eigenen Fähigkeiten oder der tatsächlichen Verhältnisse (wie der eigenen Entfernung zum Ball, der eigenen oder der gegnerischen Geschwindigkeit, der Ballaufrichtung, der Geschehnisse außerhalb des Blickfeldes etc.) eine Verletzung des Gegenspielers herbeiführt.

(5) Zwischenergebnis

Wie sich demnach abschließend zeigt, gibt es verschiedene, von ihrer Bedeutung und Einschlägigkeit her unterschiedlich zu gewichtende Erklärungsansätze, die geeignet sind darzulegen, weshalb insbesondere auch Profis im Fußballsport nicht nur auf das Ausbleiben eigener Verletzungen im Wettkampf, sondern regelmäßig auch auf das Ausbleiben etwaiger selbst herbeigeführter Verletzungen beim Gegenspieler vertrauen.

Damit ist keinesfalls die Feststellung getroffen, dass (bedingt) vorsätzliche Schadenszufügungen in den hier relevanten Sportarten selten oder kaum auftreten. Vielmehr soll hierdurch nur entschieden dem gelegentlich erzeugten Eindruck entgegengewirkt werden, dass vorsätzlich zugefügte Verletzungen den Großteil der dort vorkommenden Sportverletzungen in der Praxis ausmachen. Solche vorsätzliche Verletzungen sind im Regelfall vor allem dann nicht anzunehmen, wenn dem äußeren Erscheinungsbild nach a) der körperliche Einsatz des Verletzenden ausschließlich

[1125] Zu weiteren möglichen Anhaltspunkten, die auf einen Verletzungsvorsatz schließen lassen, siehe die Ausführungen im folgenden Abschnitt über die Problematik der Nachweisbarkeit innerer Tatsachen im Sport.

dem Ball und nicht dem Gegner gilt und b) zumindest die theoretische Möglichkeit der Ballerreichung noch vorhanden ist. Selbst dann, wenn im Einzelfall eines der beiden Kriterien nicht erfüllt sein sollte und die Annahme eines (zumindest bedingten) Verletzungsvorsatzes auf den ersten Blick nahe liegt, wird zu berücksichtigen sein, dass eine Vielzahl der Sportverletzungen mangels korrekter Ein- und insbesondere Überschätzung der eigenen Fähigkeiten und tatsächlichen Verhältnisse ohne Verletzungsvorsatz herbeigeführt werden.

Alles in allem lässt sich folglich feststellen, dass im Bereich der Mannschaftssportarten die vorsätzlich herbeigeführten Sportverletzungen eine deutlich geringere praktische Rolle spielen als die der fahrlässig herbeigeführten.[1126] Die zum Teil – zumindest für erfahrene Sportler - in diesem Zusammenhang befürwortete dogmatische Gleichsetzung[1127] von Mannschaftssportarten, wie dem Fußball, mit Sportkämpfen, wie dem Boxen, bei denen die Anwendung körperlicher Gewalt intentional ist, geht aus den genannten Gründen deutlich zu weit.

c) Problematik der rechtlichen Nachweisbarkeit eines Verletzungsvorsatzes

Neben den tatsächlichen Verhältnissen im Sport hinsichtlich der Willensausrichtung der agierenden Sportler ist auch die Frage nach der rechtlichen bzw. prozessualen Nachweisbarkeit innerer Tatsachen im Sport von erheblicher Bedeutung für eine auch der Praxis gerecht werdenden Lösung der strafrechtlichen Sportverletzungsthematik.[1128] Wie sich in der Folge feststellen lassen wird, wird durch dieses für die staatliche Strafverfolgung „klassische“ Problem der Nachweisbarkeit des Tatvorsatzes, welches gerade im Sportbereich eine besondere „Qualität“[1129] aufweist, die in den Vorabschnitten aufgestellte These der geringeren praktischen Relevanz von vorsätzlichen Körperverletzungen im Mannschaftssport in ihrer Wirkung noch verstärkt:

Nicht nur, dass in den Mannschaftssportarten insgesamt die fahrlässig herbeigeführten Sportverletzungen tatsächlich die gewichtigere Rolle in der Sportpraxis innehaben; sondern auch in den Fällen, in denen de facto eine (bedingt) vorsätzliche Zufügung von Sportverletzungen[1130] vorliegt, steht einer entsprechenden verbindlichen, gerichtlichen Feststellung oder gar einer Verurteilung wegen vorsätzlicher Körperver-

[1126] So insbesondere Kühn, S. 26 mwN., der von einer „herausragenden Bedeutung“ der Fahrlässigkeitsdelikte im Sportalltag spricht; ebenso Schiffer, S. 175. Die fast durchgehend in Lehrbüchern und Kommentaren vorgenommene dogmatische Zuordnung der strafrechtlichen Sportverletzungsthematik zum Fahrlässigkeitsdelikt ist daher - soweit es um den Bereich der Körperverletzungen im Mannschaftssportarten geht – durchaus nachvollziehbar.

[1127] Siehe Schild, S. 74.

[1128] Treuer, S. 30ff., stellt fest, dass die „Beweislast“ in den allermeisten der Sportverletzungsfälle von absolut entscheidender Bedeutung ist, da die Anzahl der nichtaufklärbaren Fälle einen Großteil ausmache. Zur besonderen Problematik des prozessualen Nachweises innerer Tatsachen im Sport auch Schmitt, S. 209; Vögeli, S. 53; Bydlinski, ÖJZ 55, 159, (161).

[1129] Siehe dazu die detaillierten Ausführungen und Beispiele von Treuer, Beweisprobleme, S. 30ff.

[1130] Nochmals zur Erläuterung: Reine Tätlichkeiten im Mannschaftssport, wie Schläge, Tritte und Prügeleien auf dem Spielfeld ohne einen unmittelbaren Bezug zum Spielgeschehen fallen erst gar nicht unter den hier verwendeten Begriff der Sportverletzungen; vgl. die Ausführungen auf S. 22ff.

letzung das schwer zu überbrückende „Hindernis" des rechtlich-prozessualen Nachweisbarkeitserfordernisses des Verletzungsvorsatzes entgegen.[1131]

Die Konsequenz dieser Nachweisproblematik ist, dass es in der Tat nur in absolut seltenen Ausnahmefällen zu einer gerichtlich verbindlichen Feststellung eines vorhandenen Verletzungsvorsatzes der an Mannschaftssportarten beteiligten Sportlern kommt. Belegen lässt sich dies durch einen umfassenden Blick auf tatsächliche Beispielsfälle aus der rechtlichen Praxis bzw. der zivil- und strafrechtlichen Rechtsprechung.

aa) Praxistaugliche Beweismittel

Zieht man die alleine die Vielzahl der in den letzten Jahrzehnten durch die zivil- und strafrechtliche Rechtsprechung ergangenen Urteile zu Sportverletzungen im Fußballsport als Vergleichsgrundlage heran, so fällt (wenig überraschend) auf, dass in keinem der Fälle eine geständige Einlassung des verletzenden Sportlers dergestalt erfolgt ist, dass bei der Vornahme der verletzungsursächlichen Handlung ein entsprechend vorhandener (auch nur bedingter) Verletzungsvorsatz vorgelegen hat. Dies zeigt, dass das potentielle Beweismittel der „vorsatzeingestehenden" Selbsteinlassung gerade in diesem Bereich des Sports keine relevante Rolle für die konkrete Vorsatzermittlung in der strafverfahrensrechtlichen Praxis spielt. Die unterstützende Heranziehung anderer Beweismittel zur Aufklärung der Wissens- und Willensrichtung des verletzenden Sportlers erweist sich schon aus diesem Grund als zwingend.

In nahezu allen Fällen fällt der Rechtsprechung dabei die diffizile Aufgabe zu, Rückschlüsse auf einen vorhandenen Verletzungsvorsatz des Täters isoliert auf der Grundlage des objektiven zum Verletzungserfolg führenden Geschehensablaufs zu ziehen, wobei als (praxistaugliche) Beweismittel zur Aufklärung dieses objektiven Geschehens in erster Linie der Zeugenbeweis[1132] gem. § 48ff. StPO, der Beweis durch Inaugenscheinnahme von etwaig vorhandenen Videoaufzeichnungen[1133] gem. § 86 StPO sowie ggf. der Sachverständigenbeweis[1134] gem. §§ 72ff., 48ff. StPO dienen.

[1131] Zipf, Einwilligung, S. 89, spricht zu Recht von einer „kaum lösbare[n] Schwierigkeit des Nachweises des bedingten Vorsatzes". Ähnlich formuliert Noll, zitiert von Vögeli, S. 176: „Vorsatz wird indessen praktisch nie vorliegen, wenigstens nicht zu beweisen sein". Vögeli selbst, S. 177f., weist darauf hin, dass es „schon schwierig ist, den direkten Vorsatz nachzuweisen, [es ist aber] in den meisten Fälle unmöglich, den bedingten Vorsatz festzustellen, so dass diese Fälle meist wie fahrlässige Verletzungen behandelt werden".

[1132] Sehr dezidiert und mit zahlreichen Beispielen zum Zeugenbeweis im Sportgerichts-, Zivil- und Strafverfahren Treuer, S. 30, (34ff.). Ebenso Scheffen, Beweisprobleme, S. 48ff., zur besonderen Problematik der regelmäßig mangelnden Objektivität der Zeugenaussagen im Mannschaftssport. Zum Phänomen der hier vorhandenen „Gruppensolidarität" wiederum auch Treuer, aaO., S. 36.
Zur besonderen Beweiserheblichkeit der Zeugenaussage des Schiedsrichters siehe vor allem die Entscheidung des BGH in VersR 76, 591ff. und des AG Ettenheim, NJW-RR 92, 353, welches dem Schiedsrichter die Funktion eines Schiedsgutachters i.S.d. § 317 ZPO zukommen lässt.

[1133] Siehe dazu konkret einen Fall aus dem Profifußballsport des LAG Köln, VersR 85, 649.

[1134] Der Sachverständigenbeweis kann der Aufklärung unterschiedlicher Umstände dienen; z.B. der Ermittlung der dem Täter zur Verfügung stehenden Reaktionszeiten und der Beantwortung der Frage,

bb) Grundsätzlich mangelnde Nachweisbarkeit eines Verletzungsvorsatzes bei isolierter Heranziehung des objektiven Sportverletzungsherganges

Was sich evident zeigt, ist, dass die Rechtsprechung nur in wenigen, absoluten Ausnahmefällen alleine aufgrund der Heranziehung des objektiven Geschehensablaufs des Verletzungsvorgangs zu dem Ergebnis eines nachweisbaren Verletzungsvorsatzes der Sportler gelangt.

So hält z.B. das LAG Köln[1135] (in durchaus nachvollziehbarer Weise) bei einem von einem Abwehrspieler mit großem Schwung durchgeführten Tritt gegen einen Gegenspieler einen bedingten Verletzungsvorsatz des Abwehrspielers für eine „nicht mehr zu begründende Unterstellung“ und daher für „unbewiesen“, da durch die in Augenschein genommenen Fernsehbilder und insbesondere die „Aufnahmeeinstellung aus der Totale von hinten“ der Eindruck vermittelt werde, als habe dieser Spieler bei der „Ausholbewegung nur auf den Ball gesehen“.

In ähnlicher Weise begründet der BGH[1136] die fehlende Nachweisbarkeit eines Verletzungsvorsatzes eines Spielers bei einem Vorgang, bei dem dieser einen Gegenspieler mit einer von der Seite ausgeführten Sprunggrätsche verletzte. Da u.a. der Angriff „dem Ball und nicht dem Mann“[1137] galt, scheide eine vorsätzliche Handlung „von vornherein aus“[1138].

Ebenso erkennt das OLG München[1139] bei einer seitlichen Beingrätsche keine „hinreichenden Anhaltspunkte für eine vorsätzliche Körperverletzung“, da nicht einmal bewiesen sei, dass der Grätschende „objektiv keine Möglichkeit mehr gehabt habe, den Ball auch zu erreichen“.

Keinen Beweis für einen täterlichen Verletzungsvorsatz erkennen zudem sowohl das OLG Düsseldorf[1140] im Falle einer beidbeinig durchgeführten Grätsche gegen den Gegenspieler, das OLG Neustadt an der Weinstraße[1141] bei einem Vorwärtssprung gegen das Bein des Gegenspielers als auch das LG Schweinfurt[1142] bei einem mit gestrecktem Bein durchgeführten Tritt von hinten gegen den rechten Unterschenkel des Kontrahenten. Diese Beispiele verdeutlich anschaulich, dass alleine der Beweis der objektiven Vornahme einer sogar evident-risikoreichen und verletzungsträchtigen

---

ob eine Ballerreichung für diesen realistischerweise überhaupt möglich war; siehe LG Traunstein, zitiert von Fritzweiler in SpuRt 94, 100, (101). Zum Sachverständigenbeweis hinsichtlich der sportregeltechnischen Würdigung einer Spielsituation siehe OLG München, NJW-RR 90, 732 oder OLG Neustadt a.d. Weinstraße, MDR 56, 548, (549); vgl. dazu die Ausführungen in Fn. 1013 dieser Untersuchung.

[1135] LAG Köln, VersR 85, 649.

[1136] BGH, VersR 76, 591; siehe auch ähnlichen Sachverhalt bei gleichem Ergebnis im Falle der Entscheidung des OLG Düsseldorf in NJW-RR 2000, 1115f.

[1137] BGH, aaO.

[1138] BGH, aaO., (592).

[1139] OLG München, NJW-RR 90, 732.

[1140] OLG Düsseldorf, OLG-Report 97, 268, (269).

[1141] OLG Neustadt/Weinstraße, MDR 56, 550.

[1142] LG Schweinfurt, VersR 96, 74.

Spielhandlung in den allermeisten Fällen keinen ausreichenden Nachweis für ein täterliches billigendes Inkaufnehmen oder ein Sich-Abfinden mit dem beim Gegenspieler eingetretenen Verletzungserfolg erbringen kann.[1143]

Besonders deutlich wird dies bei dem schon im Rahmen des Fahrlässigkeitsdelikts[1144] geschilderten Falle Curri/Vuckovic aus einem Spiel der zweiten Fußballbundesliga. Obgleich der Spieler Vuckovic mit einem an eine Karateeinlage erinnernden, eingesprungenen einbeinigen Tritt den Spieler Curri in Brustkorbhöhe intensivstationär zu behandelnde Verletzungen zufügte, wurde von der zuständigen Staatsanwaltschaft in Aue das zunächst eingeleitete Ermittlungsverfahren gegen den Spieler Vuckovic wegen mangelnder zureichender Anhaltspunkte hinsichtlich eines etwaig anzunehmenden (bedingten) Verletzungsvorsatzes gem. § 170 II StPO eingestellt.

Von hohem Bekanntheitsgrad ist auch das legendäre Foul des Spielers Norbert Siegmann an dem Spieler Ewald Lienen im Jahre 1981, welches am rechten Oberschenkel Lienens zu einer tiefen handtuchgroßen Fleischwunde von ca. 30 cm Länge[1145] führte.[1146] Während Lienen öffentlich seinem Gegenspieler Siegmann Verletzungsvorsatz und dessen Trainer Rehhagel Anstiftungsvorsatz unterstellte und deswegen entsprechenden Strafantrag bei der zuständigen Staatsanwaltschaft stellte, bezweifelte diese aufgrund der Fernsehbilder das Vorliegen einer hinreichenden Beweislage für die Annahme eines Verletzungs- und Anstiftungsvorsatzes bei Siegmann und Rehhagel. Schließlich verwies sie den Spieler Lienen wegen mangelnden öffentlichen Interesses auf den Privatklageweg.

Aus alledem lässt sich schlussfolgern, dass alleine auf der Grundlage des festgestellten objektiven Geschehensablaufs die Rechtsprechung (oder oftmals bereits die im Ermittlungsverfahren zuständige Staatsanwaltschaft) einen vorhandenen Tatvorsatz bei zugefügten Sportverletzungen für grundsätzlich nicht beweisbar erachtet.

Die einzige Ausnahme bildet in diesem Zusammenhang eine (ältere) strafrechtliche Entscheidung des OLG Braunschweig[1147]. Lediglich in diesem Fall geht das Gericht in dem konkreten Falle des Trittes eines Stürmers gegen die Nasenwurzel des gegnerischen Torwarts (ohne nähere Angabe von Gründen[1148]) von einer absichtlichen

---

[1143] So z.B. auch in dem in jüngerer Zeit geschehenen Foul des Spielers Stranzl vom VFB Stuttgart an dem Torwart des SV Werder Bremen Andreas Reinke, bei dem ersterer mit hoher Geschwindigkeit und mit dem Knie voraus in den Torwart Reinke hinein"rauscht" und letzterer sich mehrere Knochenbrüche im Gesicht zuzieht; siehe die Einzelheiten im Artikel „Ball brutal" der Rheinischen Post vom 06.02.2006; da der Spieler Stranzl jedoch nach den Fernsehbildern offensichtlich auf dem nassen und tiefen Rasen ausgerutscht war und so seine hohe Geschwindigkeit weder abrupt reduzieren noch über den Spieler Reinke hinwegspringen konnte, wurde diesem ausdrücklich auch von keiner Seite anschließend eine vorsätzliche Verletzung des gegnerischen Torwarts unterstellt.

[1144] Siehe dazu schon die Ausführungen auf S. 194f.; vgl. ebenso den Artikel „Tatort Fußballplatz – Das Stadion ist kein rechtsfreier Raum" unter www.zdf.de/ZDFde/inhalt/4/0,1872,2298532,00.html.

[1145] Siehe ein Lichtbild der zugezogenen Verletzung Lienens unter www.fettkrass.de/cards/lienen.jpg.

[1146] Vgl. dazu den Artikel „Zwanzig Jahre Blutgrätsche" unter www.taz.de/pt/2001/08/14/a0162.nf/text.

[1147] OLG Braunschweig, Nds. Rechtspflege 1960, 233f.

[1148] In der Entscheidung wird lediglich darauf hingewiesen, dass der Stürmer seinen Lauf (offensichtlich trotz vorhandener Möglichkeit) nicht gestoppt habe, nachdem der gegnerische Torwart den Ball bereits fest mit seinen Händen am Körper hielt.

Verletzungszufügung aus. Des Weiteren kommt zwar noch das OLG Hamm[1149] zum Ergebnis einer nachweisbar vorsätzlich zugefügten Sportverletzung durch einen Spieler, der seinen Gegenspieler beim Kampf um den Ball durch einen Ellenbogenstoß ins Gesicht attackierte. Hierbei resultiert jedoch die Überzeugung des Gerichts in Bezug auf eine vorliegende Vorsatztat schon nicht mehr (ausschließlich) auf der alleinigen Zugrundelegung des objektiven Verletzungsvorganges selbst, sondern auf dem (durch Zeugen) nachgewiesenen Umstand, dass der Verletzte seinerseits wenige Minuten vor dem Vorfall den später verletzenden Spieler regelwidrig zu Fall gebracht habe, was nach Ansicht des Gerichts konkret die Annahme eines „vorsätzlichen Revanchefouls“[1150] begründe.

cc) Regelmäßige Nachweisbarkeit eines Verletzungsvorsatzes bei selbstüberführenden, tätereigenen Äußerungen

In einem weiteren Fall[1151] beruht nach Überzeugung des AG Köln die Nachweisbarkeit des Tatvorsatzes ebenfalls auf anderen Anhaltspunkten als auf dem bloßen objektiven Geschehenshergang selbst. Das (Jugendstraf-)Gericht sieht in diesem Fall einen Verletzungsvorsatz als erwiesen an, da der Täter vor der Durchführung der verletzungsursächlichen Grätsche auf dem Spielfeld bewiesenermaßen angekündigt habe, einen der Gegenspieler „niederzustrecken“[1152] bzw. „irgendeinem das Bein“ zu brechen[1153]. Festzustellen ist demnach, dass die Rechtsprechung insgesamt strikte Anforderungen an die Nachweisbarkeit einer vorsätzlich herbeigeführten Sportverletzung stellt und nur selten bis gar nicht die Annahme eines Tatvorsatzes isoliert auf den objektiven Ablauf des bloßen Verletzungsherganges stützt.[1154] Dafür bedarf es nach Ansicht der Rechtsprechung offensichtlich weiterer Anhaltspunkte, welche geeignet sind, direkten Aufschluss über die eigentlichen Motive des Täters geben zu können.

Betrachtet man den konkret in einer Entscheidung des AG Ettenheim[1155] festgestellten Sachverhalt, in dem ein Spieler im Anschluss an die Durchführung der eigenen verletzungsursächlichen Grätsche diese mit dem Ausspruch „Hoffentlich hat der den Fuß ab!“ kommentierte, fällt es schwer nachzuvollziehen, weshalb das Gericht hier lediglich von einer fahrlässigen Verletzungshandlung des Spielers ausgeht.[1156]

[1149] OLG Hamm, VersR 85, 1072; MDR 85, 847.

[1150] OLG Hamm, VersR 85, 1072, (1073).

[1151] Zu diesem konkreten Vorfall siehe die Artikel „Eine Woche Gefängnis für ein Foul“ in Sportbild, 12/2003, S. 32 und „Die Blutgrätsche ist meist kein Fall für den Richter“ in WZ vom 25.02.2003, S. 11.

[1152] Siehe WZ vom 25.02.2003, aaO.

[1153] Siehe Sportbild 12/2003, aaO.

[1154] Insbesondere in strafrechtlichen Verfahren wäre bei vorhandenen Zweifeln hinsichtlich der Beweislage vom in dubio pro reo – Grundsatz auszugehen.

[1155] AG Ettenheim, NJW-RR 92, 353.

[1156] Da es sich um eine zivilrechtliche Angelegenheit handelt, in der es vornehmlich um einen Schmerzensgeldanspruch geht, „begnügt“ sich das Gericht offensichtlich (vorschnell) mit der Feststellung einer fahrlässigen Schutzgutverletzung i.S.d. §§ 847, 823 II, I BGB i.V.m. § 229 StGB, welche ja wie die vorsätzliche Begehung zu einer Zuerkennung des deliktischen Anspruches führt.

Wieder anders stellt sich die Situation in einer Entscheidung des OLG Düsseldorf[1157] dar, in der das Gericht trotz Vorliegen einer extrem gefährlichen und erhebliche Verletzungen herbeiführenden beidbeinigen Grätsche nicht zur Überzeugung des Vorliegens einer vorsätzlichen Verletzungshandlung kommt, weil sich die prozessual vorgebrachte Behauptung, der Spieler habe gegenüber dem später Verletzten im vorhinein angekündigt, ihn „krankenhausreif zu treten", nicht beweisen lasse.[1158]

Dass es in früheren Zeiten auch in der Fußballbundesliga gelegentlich zu solch angekündigten (verletzungsvorsätzlichen) Fouls gekommen ist, belegt eine Aussage des Spielers Lienen[1159], der darüber berichtet, dass der Spieler Werner Lorant im Wettkampf zweimal über den Platz gebrüllt habe: „Jetzt hol' ich mir einen! Lass mir den da hinten!"[1160] Als objektive Anhaltspunkte und Indizien, die zum Nachweis eines entsprechenden Vorsatzes dienen können, kommen neben ausgesprochenen Ankündigungen und Androhungen von Verletzungshandlungen auch die Vornahmen und Androhungen von Revanchefouls oder Fouls aufgrund einer besonderen persönlichen Vorgeschichte[1161] in Betracht.

d) Zwischenergebnis

Wie sich zeigt, ist die alleinige Heranziehung eben jener rein objektiven Umstände, die den zur Sportverletzung führenden Vorgang beschreiben, in aller Regel nicht geeignet, den für eine Verurteilung ausreichenden Nachweis eines Verletzungsvorsatzes zu liefern. [1162] Dafür bedarf es mangels eines entsprechenden Geständnisses

---

[1157] OLG Düsseldorf, OLG-Report 97, 268, (269).

[1158] Auch in diesem zivilrechtlichen Schmerzensgeldverfahren kommt das Gericht jedoch aufgrund fahrlässiger Begehung zu dem Ergebnis eines gegebenen Schmerzensgeldanspruchs gem. §§ 847 a.F., 823 II, I BGB i.V.m. § 230 StGB.

[1159] Vgl. dazu den Artikel „Zwanzig Jahre Blutgrätsche" unter www.taz.de/pt/2001/08/14/a0162.nf/text.

[1160] Kurioserweise war es im Jahre 2001 hingegen der als Trainer agierende Ewald Lienen selbst, der im Verdacht stand, einen seiner Spieler des 1.FC Köln mit den Worten „Hau den weg" aufgefordert zu haben, den gegnerischen Spieler Stefan Effenberg vom FC Bayern München zu attackieren. Lienen erläuterte daraufhin (plausibel), dass er die Aufforderung so gemeint habe, sein Spieler solle den Ball wegschlagen.
Der Trainer von Arminia Bielefeld, Thomas von Heesen, unterstellte jüngst nach einem an seinem Spieler Vata verübten Foul, dass der Gegenspieler Boulahrouz seinen Spieler „mit Ansage weggetreten" habe. Etwaige Beweismittel (neben der bloßen Fernsehaufzeichnung des Verletzungsvorgangs) zur Unterstützung seiner Behauptung konnte von Heesen allerdings nicht benennen.

[1161] Denkbar und (persönlich) bekannt sind Fälle, in denen „Revanchefouls" nicht auf vorherige Vorgänge aus demselben Wettkampf, sondern auf in der früheren Vergangenheit (z.B. im Hinspiel oder Vorsaison) geschehene und/oder spezifisch-persönliche Umstände zurückzuführen sind.

[1162] Anders stellt sich dies bei der Vornahme von Tätlichkeiten dar, bei denen ein konkreter unmittelbarer Bezug zum Wettkampfgeschehen nicht vorhanden ist und deswegen von einer Sportverletzung in dem hier verstandenen Sinne nicht die Rede sein kann. So wird man z.B. bei einem außerhalb des Spielgeschehens erfolgten Tritt gegen den Gegenspieler regelmäßig (und nur schwer widerlegbar) von einem Verletzungsvorsatz des Tretenden ausgehen können; so z.B. im Falle der zwei Faustschläge des Spielers Demirel gegen den Ex-Profi Gaudino in der Halbzeitpause des Testspiels SVW Mannheim gegen Fenerbahce Istanbul im Jahre 2004; siehe Artikel in der Rheinischen Post vom 16.07.2004. Gleiches gilt für einen mit Stollenschuhen ausgeführten Tritt in das Gesicht des Gegenspielers als Revanchehandlung (ohne unmittelbaren Wettkampfbezug) nach einem von diesem zuvor begangenen Foul. Das AG Köln verurteilte in diesem Fall den vorsätzlich zutretenden Spieler zu siedes Täters regelmäßig weiterer Anhaltspunkte, wie z.B. einer nachweisbaren, vorherigen Ankündigung oder einer späteren selbstüberführenden Kommentierung der Verletzungshandlung durch den Täter, welche Aufschluss über dessen mit der Verletzungshandlung verbundenen Motive und Intentionen zu geben in der Lage sind. Anderenfalls wird auch aufgrund der (ja nur) möglicherweise einschlägigen vorsatzausschließenden Faktoren (faire Grundeinstellung eines gewissen, wenn auch geringen Teils der Spieler; die veränderte öffentliche Erwartungshaltung; die allgemeine Ächtung überharter Spielweisen; die Selbstüberschätzung der eigenen Fähigkeiten; das Vertrauen in die gegnerische Schutzausrüstung; die „Furcht" vor Spielsanktionen; übertriebener Spieleifer) oftmals ein so erheblicher Zweifel am Verletzungsvorsatz der Sportler bestehen, dass zumindest unter Anwendung des in dubio pro reo - Grundsatzes letztlich von einem unvorsätzlichen Sportlerhandeln auszugehen ist.[1163]

Fasst man demnach abschließend die gefundenen Ergebnisse der letzten Abschnitte zusammen, bleibt zu konstatieren, dass vorsätzlich zugefügte Verletzungen im Mannschaftssport nicht nur faktisch seltener vorkommen als fahrlässig zugefügte Verletzungen, sondern auch regelmäßig kein (bedingter) Verletzungsvorsatz beim Täter prozessual nachweisbar ist, obgleich man dessen Existenz aufgrund des rein objektiven Geschehensablaufs und der erheblichen Gefährlichkeit der verletzungsursächlichen Handlung für nicht fern liegend hält. Ein nachweisbarer (dann aber zumeist nicht nur bedingter) Verletzungsvorsatz wird regelmäßig nur in den eher seltenen Fallgestaltungen gegeben sein, in denen weitere, über den objektiven Verletzungshergang hinausgehende Anhaltspunkte (wie eine vorherige Ankündigung oder Androhung der Verletzungshandlung oder eines Revanchefouls etc.) vorliegen.

Die „Gesamtrelevanz" von vorsätzlich herbeigeführten Sportverletzungen in der strafrechtlichen Praxis ist demnach sowohl aus tatsächlich-realen als auch rechtlich-prozessualen Gründen als begrenzt und teilweise überschätzt einzustufen. Im besonderen Maße gilt diese „begrenzte Gesamtrelevanz" für die Fälle bedingten Verletzungsvorsatzes, da über den objektiven Geschehensablauf hinausgehende Anhaltspunkte für einen Verletzungsvorsatz - wie die Abgabe von Verletzungsabsichtsbekundungen – regelmäßig die Nachweisbarkeit direkten Verletzungsvorsatzes impliziert.

3) Vorzüge der eigenen Lösung auch im Vorsatzbereich

Wie bereits ausgeführt, kann nach der hier vertretenen Ansicht auch eine vollständige Risikoübernahme des Opfers gemäß den entwickelten Kriterien der Eigenverantwortlichkeitsgefährdung keine (bedingt) vorsätzlich zugefügte Körperverletzung strafrechtlich „kompensieren", da die zwischen Täter und Opfer (bei bedingtem Tatvorsatz zumindest) vorhandene Willensdifferenz bzw. das zugunsten des Ersteren bestehende „Übergewicht im Willen"[1164] entgegen anderer Auffassungen[1165]

---

ben Monaten Freiheitsstrafe, welche zur Bewährung ausgesetzt wurde; siehe Artikel der Rheinischen Post vom 24.11.2005.

[1163] Siehe zu den Anforderungen an eine umfassende Prüfung des voluntativen Vorsatzelementes BGH 36, 11, (13).

[1164] Siehe die zutreffende Formulierung von Schild, S. 92.

Berücksichtigung finden muss. Es stellt sich demnach die Frage, ob dieser Umstand dem hier vertretenen Lösungsweg ernsthaft entgegensteht.

Wie die letzten Abschnitte dargelegt haben, haben die Fälle (vor allem bedingt) vorsätzlicher Sportverletzungszufügung im Mannschaftssport aus den oben benannten tatsächlichen und rechtlichen Gründen für die strafrechtliche Praxis eine nur begrenzte Gesamtrelevanz. Von wirklich praktischer Bedeutung sind in diesem Bereich allenfalls die Fälle der (zumeist mit direktem Verletzungsvorsatz) vorgenommenen Revanchefouls, der Fouls mit entsprechender vorheriger Ankündigung oder Androhung und jener Fouls, die mit dem Zwecke verübt werden, den Gegenspieler außer Gefecht zu setzen oder mangels tauglichen Einsatzes anderweitiger Mittel an der aktiven sportlichen Fortführung zu hindern.

a) Strafwürdigkeit der vorsätzlichen Sportverletzung im Mannschaftssport?

Die in diesem Zusammenhang aufkommende und mitentscheidende Frage ist nunmehr, ob es sich bei den genannten verletzungsvorsätzlichen Handlungen bereits um Verhaltensweisen handelt, die sachgerechterweise als strafwürdiges Unrecht zu qualifizieren sind.

Derweil die Rechtsprechung[1166] und die h.L.[1167] dies ohne weiteres bejaht, vertreten Schild[1168] und Dölling[1169] die Auffassung, dass es auch bei solch vorsätzlich zugefügten Verletzungen in Mannschaftssportarten eines strafrechtsdogmatischen Erklärungsansatzes bedarf, der im Grundsatz einen Strafbarkeitsausschluss des Vorsatztäters vorsieht. Während Schild die Grenze zur Strafbarkeit erst dort überschritten sieht, wo „der Sport aufhört, Sport zu sein", „keine wirkliche Sporthandlung" mehr vorliegt[1170] bzw. nicht mehr vom Verhalten eines „maßgerechten Sportlers" die Rede sein kann[1171], sieht Dölling auch vorsätzliche Verletzungshandlungen als strafunwürdig an, „sofern es dem Täter um die Erlangung eines Vorteils im Spiel geht" und die Attacke z.B. nicht vornimmt, um den Kontrahenten zu verletzen[1172]; ferner sei ein

---

[1165] Siehe Hellmann, aaO. und Roxin, aaO.

[1166] BayObLGSt 1960, 266; 1961, 180; OLG Braunschweig, Nds. Rechtspflege 1960, 233.

[1167] Siehe die konkreten Strafbarkeitsabgrenzungskriterien von SchSch/Stree, (26. Aufl.) § 228, Rdn. 16; NK/Paeffgen, § 228, Rdn. 103; LK/Hirsch, § 226a, Rdn. 12; SK/Horn, § 228, Rdn. 22; Tröndle/Fischer, (50. Aufl.) § 228, Rdn. 7; MüKo/Hardtung, § 228, Rdn. 34; Sonnen, JA 82, 266, (267); Becker in DJ 1938, 1721; Schroeder, Sport und Recht, S. 1, (30); Jescheck, AT, § 56 II, 3); Nürck, S. 279; Noll, S. 99; R. Schmitt, Gedächtnisschrift für Schröder, S. 263, (270); Mahling, S. 68f.; Heß/Dressler, S. 51; Maurach, Strafrecht - BT, 5. Aufl. (1969), § 8 III A), 2); Haft, S. 113; Niedermair, S. 133; Rössner, Hirsch-Festschrift, S. 312, (324); Burgstaller, S. 54; Eser, JZ 78, 368, (373f.); Maurach/Zipf, Strafrecht AT, § 17 II, Rdn. 23; Roxin, AT, § 24, Rdn. 20; Günter, S. 350; Kühn, S. 82f.; Zipf, S. 89ff.

[1168] Schild, S. 93 und 116ff, (121); Jura 82, 585, (592).

[1169] Dölling, ZStW 96, 36, (61).

[1170] Schild, S. 121.

[1171] Schild, Jura 82, 585, (590f.).

[1172] Dölling, aaO., (45).

Strafausschluss sachlich nicht mehr gerechtfertigt, wenn die Attacke geeignet ist, dem Gegner eine erhebliche Körperverletzung zuzufügen[1173].

Freilich begibt man sich bei der gestellten Ausgangsfrage auf ein Terrain, bei der die subjektive Wertung und das Gerechtigkeitsempfinden eines jeden Einzelnen eine maßgebliche Rolle bei der entsprechend vorzunehmenden Abwägung spielen.

Einerseits wird mit der zufördernden Kontinuität des ja sogar staatlich geförderten und in der gesellschaftlichen Vorstellung verankerten, sportlichen Wettbewerbes argumentiert, welcher durch eine zunehmende Durchdringung und Sanktionierung mit dem „scharfen Schwert des Strafrechts" zum Erliegen komme; die mit dieser Durchdringung naturgemäß verbundene Abschreckung vor strafrechtlichen Konsequenzen halte die Sportler geradezu von der konkreten sportlichen Ausübung fern oder treibe sie von ihr weg.[1174] Eine (auch erhebliche) täterprivilegierende Sichtweise sei insbesondere dann sachgerecht, wenn es sich bei den zu sanktionierenden (verletzungsvorsätzlichen) Handlungen um Spielweisen handelt, die „immer wieder"[1175] mal zu beobachten sind.

Andererseits wird der Anspruch auf individuellen, grundgesetzlich abgesicherten Rechtsgüterschutz auch im Bereich des Sportes geltend gemacht, der ab einer gewissen (aus den unterschiedlichen schon genannten Gründen sicherlich weiter als üblicherweise) zu ziehenden Grenze auch durch die Anwendung und Einschlägigkeit strafrechtlicher Bestimmungen wieder gewährleistet sein müsse.

aa) Dogmatische Gründe für einen Strafausschluss im Vorsatzbereich?

Beginnt man dabei mit der Benennung jener verletzungsursächlicher Verhaltensweisen, welche sich bei Vornahme einer abstrakten (Güter-)Abwägung ohne größere Überlegungen als strafrechtlich relevant aufdrängen, sind hier – insoweit auch in Übereinstimmung mit Dölling – jedenfalls alle vorsätzlichen zugefügten Körperverletzungen zu nennen, bei denen es nicht um einen anerkennenswerten spieltechnischen oder -strategischen Zweck geht. Sämtliche Revanchefouls und körperliche Attacken außerhalb[1176] wie auch innerhalb des Spielgeschehens[1177], welchen die Intention zugrunde liegt, dem Gegner Schmerzen zuzufügen, diesen zu verletzen oder außer Gefecht zu setzen, stellen Handlungen dar, die keinesfalls einer straf-

---

1173 Dölling, aaO., (46).

1174 Dölling, aaO., (47), spricht von der erwünschten Herbeiführung einer „Entkriminalisierung der Körperverletzung im Sport".

1175 Dölling, aaO., (47).

1176 Insoweit liegt auch nach Schild, S. 122, ein unbestrittener Fall einer strafrechtlich ahndungswürdigen Handlung vor.

1177 Siehe zwei bekannte strafrechtliche Rechtsprechungsfälle absichtlicher Verletzungszufügung (Tritt gegen die Nasenwurzel des gegnerischen Torwarts und beidbeinige Grätsche von hinten in die Beine des Gegenspielers) im Fußballsport mit direktem Bezug zum Spielgeschehen, welche beide zur Verurteilung wegen vorsätzlicher (gefährlicher) Körperverletzung führten; zum einen OLG Braunschweig in Nds. Rechtspflege 60, 233 und zum anderen AG Köln, siehe dazu die Artikel „Eine Woche Gefängnis für ein Foul" in Sportbild, 12/2003, S. 32 und „Die Blutgrätsche ist meist kein Fall für den Richter" in WZ vom 25.02.2003, S. 11.

rechtlichen Privilegierung bedürfen, sondern als „kalt und berechnend" verübte Kriminalität[1178] bei Gelegenheit des Sportes zu qualifizieren sind. Solche Verhaltensweisen, die aufgrund krimineller Gesinnung den Sport und dessen Grundsätze pervertieren, sind daher ohne Zweifel den allgemeinen Regelungen des Strafrechts (in concreto § 223) zu unterwerfen.

Als diffiziler erweist sich der entsprechende Abwägungsvorgang, wenn es sich um solche Sachverhalte handelt, in denen quasi „zum Preise" eines spieltechnischen Vorteils eine Verletzung des Gegenspielers vorsätzlich herbeigeführt wird. Zieht man das einprägsame, von Schild zitierte Beispiel[1179] heran, bei dem ein Verteidiger im Fußballsport keine andere Möglichkeit sieht, den gegnerischen Stürmer an der Torerzielung zu hindern, als ihn mit einer „bösen Grätsche von hinten" in die Beine schwer und vorsätzlich zu verletzen, ist zwar der vom Verteidiger erwünschte wettbewerblich - strategische „Zweck" unverkennbar, er „heiligt" jedoch nicht das die vorsätzlich herbeigeführten Verletzungsfolgen verursachende „Mittel".

Dies ergibt sich schon aus der realen Natur der Mannschaftssportarten und dem ihnen zugedachten Status. Obgleich diesen Sportarten kampf- und körperbetontes Agieren keinesfalls fremd ist, handelt es sich gerade um Sportausübung, die nicht darauf abzielt, den Kontrahenten auf irgendeine Weise körperlich zu besiegen oder niederzuzwingen, geschweige denn brutale körperliche Gewalt auszuüben. Gerade deswegen ist die verletzungsvorsätzliche Vornahme solcher Handlungen (im Gegensatz zu Sportarten wie dem Boxen) weder im Sinne der jeweiligen Sportverbände oder der von ihnen geschaffenen Regeln noch der am Sport beteiligten Teilnehmer oder der Sportöffentlichkeit. Wenn sich demnach also die betreffenden Sportarten selbst nicht (wie im Boxsport) über solche verletzungsvorsätzliche Verhaltensweisen definieren, deren Vornahme zudem von der Sportöffentlichkeit geächtet, geschweige denn gefordert werden und darüber hinaus vorsätzlich zugefügte Verletzungen – wie mehrfach schon erörtert – über das hinausgehen, was von jedem teilnehmenden (auch professionellen) Sportler einverständlich hingenommen wird, sind kaum dogmatische Gründe ersichtlich, die dafür sprechen, eine strafrechtliche Haftung in diesen „exzessiven" Fällen grundsätzlich auszuschließen. Zipf ist daher beizupflichten, wenn er unter dem „Deckmantel des Sportbetriebes"[1180] ausgeführte Verletzungshandlungen als echte und strafrechtlich ahndungswürdige Kriminalität qualifiziert.

bb) Tatsächliche und praktische Gründe für einen Strafausschluss im Vorsatzbereich?

Auch der zugunsten einer restriktiveren Anwendung des Strafrechts vorgetragene praxisbezogene Einwand, der Sport komme angesichts der zu hohen strafrechtlichen Abschreckung anderenfalls faktisch zum Erliegen, vermag nichts an dieser Sichtweise zu ändern. Betrachtet man nämlich die bis zum heutigen Tage einschlägige strafrechtliche Rechtsprechungspraxis, nach der in Mannschaftssportarten bereits jetzt

[1178] Siehe Wolf, Kriminalität bei Fußballspielen, S. 19; vgl. auch Schmitt, S. 40 und Kühn, S. 83.
[1179] Schild, S. 74f. mit Bezug auf Kretschmer, Jura 2000, 267, (270).
[1180] Eine von Zipf, Einwilligung, S. 89, treffend verwandte und oftmals im Schrifttum übernommene Formulierung; vgl. ebenso Schmitt, S. 209; Rössner, Ethik, S. 309; Kühn, S. 83.

jede vorsätzlich zugefügte Sportverletzung eine strafbare vorsätzliche (ggf. sogar gefährliche) Körperverletzung darstellt[1181], und stellt man zugleich fest, dass die Anzahl der Sportausübenden (insbesondere im Fußballsport) in den letzten Jahren stetig angestiegen ist, so lässt sich der obige „Abschreckungseinwand" schwerlich (statistisch) belegen. Erst recht gilt dies mit Blick auf den hier vorgeschlagenen Lösungsweg, welcher insgesamt eine in ganz erheblichem Maße restriktivere Anwendung des Strafrechts (in concreto in Bezug auf § 229) vorsieht als die bisherige Rechtsprechung, welche bereits bei jedem verletzungsursächlichen vorsätzlichen oder grob fahrlässigen Regelverstoß[1182] (!) eine strafrechtliche Haftung bejaht. Berücksichtigt man, dass auch nach den bisher angewendeten extensiveren dogmatischen Kriterien der Rechtsprechung die Zahl der strafrechtlichen Prozesse und Verurteilungen in den letzten Jahrzehnten verschwindend gering gewesen ist und keineswegs eine „inflationäre Prozessflut" zur Folge gehabt hat, lässt sich auch eine praktische Notwendigkeit für einen regelmäßig anzunehmenden, der Entkriminalisierung dienenden Strafausschluss vorsätzlicher Verletzungshandlungen in Mannschaftssportarten nicht befürworten.

Diese Erkenntnis basiert jedoch nicht nur auf dem Ergebnis der genannten statistischen Angaben, sondern vor allem auf den für dieses Ergebnis ursächlichen Gründen, zu denen tatsächliche, aber vor allem auch detailliert - strafrechtliche Umstände zu zählen sind. Dabei ist primär auf die schon in den Vorabschnitten bezeichneten tatsächlichen und rechtlich-prozessualen Gründe zu rekurrieren, welche zu dem Ergebnis einer insgesamt begrenzten Gesamtrelevanz von vorsätzlichen Sportverletzungen führen; zu diesen gehören a) die im Vergleich zu fahrlässig herbeigeführten Sportverletzungen tatsächlich bestehende geringwertige Bedeutung von vorsätzlich zugefügten Verletzungen im Mannschaftssport und b) deren regelmäßig nicht vorhandene prozessuale Nachweisbarkeit.

Neben diesen beiden Umständen gibt es noch zwei weitere nicht unerhebliche Gründe, die sich auch bei Vorliegen einer eigentlich (höchst selten vorliegenden) beweisbaren vorsätzlichen Sportverletzungshandlung als wirksames Verfahrens- und „Verurteilungshindernis" herausstellen können und auch schon regelmäßig in der Vergangenheit als solches herausgestellt haben.

(1) Die einfachen Körperverletzungsdelikte als relative Antragsdelikte

Die beiden (einfachen) Körperverletzungsdelikte gem. §§ 223, 229 können als sog. relative Antragsdelikte gem. § 230 nur dann strafrechtlich verfolgt werden, wenn entweder ein Strafantrag i.S.d. § 77 gestellt ist oder die Strafverfolgungsbehörde wegen des besonderen öffentlichen Interesses an der Strafverfolgung ein Einschreiten von Amts wegen für geboten hält.

[1181] Naturgemäß nur bei Vorliegen aller weiteren strafbarkeitsbegründenden Voraussetzungen (wie der Schuldfähigkeit etc.).

[1182] BayObLGSt 1960, 266; 1961, 180; OLG Braunschweig, Nds. Rechtspflege 1960, 233; so auch AG Köln, siehe dazu die Artikel „Eine Woche Gefängnis für ein Foul" in Sportbild, 12/2003, S. 32 und „Die Blutgrätsche ist meist kein Fall für den Richter" in WZ vom 25.02.2003, S. 11.

Im Bereich des Sports werden Strafanträge von den jeweils verletzten Sportlern[1183] auch in offensichtlich begründeten Fällen[1184] äußerst selten gestellt.[1185] Dies hängt nach eigener Erfahrung weniger damit zusammen, dass die zugefügten Verletzungen bei den Verletzten nicht als strafwürdiges Unrecht empfunden werden[1186], sondern mehr damit, dass die meisten im Sportbereich agierenden Personen (Sportler, Trainer, Funktionäre)[1187] darum bemüht sind, entstandene Konflikte innerhalb der Sportgerichtsbarkeit der Sportverbände[1188] zu lösen.[1189] Selbst bei Verletzungen mit schwerer Folge zieht es – wie sich auch durch das quantitative Verhältnis der zivilrechtlichen Prozesse im Vergleich zu den strafrechtlichen Prozessen zeigt[1190] - ein Großteil der verletzten Sportler vor, keinen Strafantrag zu stellen, sondern lediglich auf zivilrechtlichem Wege Schadensersatzansprüche gegen den Schädiger geltend zu machen.[1191]

Bei Profisportlern, insbesondere bei den Fußballprofis der ersten und zweiten deutschen Bundesliga, ist es zudem seit Jahren eine Art ungeschriebener Verhaltenskodex, dass bei allen (!) im Wettbewerb zugefügten Verletzungen durch Gegenspieler[1192] auf das Stellen etwaiger Strafanträge verzichtet wird, um ausschließlich der gerade auf diesem Gebiet sehr ausgeprägten und durchstrukturierten DFB-Sportgerichtsbarkeit die Entscheidung über etwaige Konsequenzen zu überlassen.[1193]

[1183] Anders stellt sich die Lage dar, wenn nicht der Gegenspieler, sondern Dritte das „Objekt" der verletzenden Attacke eines Sportlers sind; aus eigener Erfahrung lässt sich hier feststellen, dass Tätlichkeiten gegen Schiedsrichter, Trainer oder Zuschauer nicht nur Gegenstand verbandsinterner Sportgerichtsverhandlungen sind, sondern regelmäßig ein „Nachspiel" vor der ordentlichen Gerichtsbarkeit, insbesondere den Strafgerichten haben.

[1184] Damit sind vor allem Tätlichkeiten wie das Nachtreten oder Nachschlagen außerhalb des Wettkampfgeschehens gemeint.

[1185] So auch Dölling, ZStW 96 (1984), 36, (54), und Zipf, Einwilligung, S. 103.

[1186] Insoweit entgegen Dölling, aaO.

[1187] In der Praxis kommt es gelegentlich vor, dass im Wettbewerb verletzte Sportler durch vereinseigene und -fremde Funktionäre dazu gebracht werden, auf über den Sportbereich hinausgehende Maßnahmen, wie das Stellen eines Strafantrages, welches gem. § 77 angesichts anderweitiger Bestimmungen ausschließlich dem Verletzten obliegt, zu verzichten, um die zwischen den Vereinen bestehende „Grundloyalität" nicht zu gefährden.

[1188] Siehe allgemein zu den Verbandsstrafverfahren der deutschen Sportverbände Buchberger in SpuRt 96, 122ff.

[1189] So zu Recht Dölling, aaO.

[1190] Siehe zum Vergleich die Auflistung relevanter Gerichtsentscheidungen zu Sportverletzungen in Anlage 2 (S. 248ff.) im Anschluss an diese Ausarbeitung.

[1191] Anders jedoch in dem zuvor geschilderten Fall (siehe S. 223) des angekündigten Fouls im Fußballsports, vgl. AG Köln, siehe dazu die Artikel „Eine Woche Gefängnis für ein Foul" in Sportbild, 12/2003, S. 32 und „Die Blutgrätsche ist meist kein Fall für den Richter" in WZ vom 25.02.2003, S. 11.

[1192] Dazu zählen auch absichtlich und oftmals außerhalb des Blickfeldes des Schiedsrichters zugefügte Verletzungen, wie das Nachtreten, Nachschlagen oder etwaige Ellenbogenstöße oder Nackengriffe.

[1193] Das letzte in der Öffentlichkeit bekannt gewordene Beispiel, in dem ein Strafantrag i.S.d. § 77 im Profifußball gegen den verletzenden Gegenspieler gestellt wurde, ist der Fall Lienen aus dem Jahre 1981, der aufgrund des legendären Fouls durch den Spieler Siegmann Strafantrag gegen diesen und dessen Trainer Rehhagel wegen angeblicher Anstiftung zu diesem Foul stellte; vgl. dazu auch Schmitt, S. 142, und Reinhart, SpuRt 97, 1.

Da demnach nur in Ausnahmefällen ein Strafantrag gestellt wird, liegt es regelmäßig an der Staatsanwaltschaft, darüber zu befinden, ob ein besonderes öffentliches Interesse an der Strafverfolgung i.S.d. § 230 vorliegt. Gem. § 234 S.1 RiStBV ist dies namentlich dann anzunehmen, wenn der Täter einschlägig vorbestraft ist, roh oder besonders leichtfertig gehandelt hat oder durch die Tat eine erhebliche Verletzung verursacht wurde, wobei für die Gesamtbewertung aber auch beachtlich sein kann, dass der Verletzte auf Bestrafung keinen Wert legt. Obgleich diese namentlich genannten Voraussetzungen begrifflich sicherlich zum Teil durch die Fälle der vorsätzlichen Begehung von Sportverletzungen erfüllt werden, lässt sich feststellen, dass die Staatsanwaltschaft hier geradezu „schematisch" und „stereotyp"[1194] das besondere öffentliche Interesse an der Strafverfolgung verneint.[1195] Dabei ist zu berücksichtigen, dass die Staatsanwaltschaft in den allermeisten Fällen, insbesondere im Amateurbereich gerade mangels Vorliegen eines Strafantrages gar keine Kenntnis von etwaigen Verletzungsvorgängen und ermittlungsrelevanten Sachverhalten auf den Sportplätzen und -feldern nehmen kann. Selbst im Profibereich und in anderen Fällen, in denen durch Ermittlungsbehörden mittels Aufzeichnung oder eigener Beobachtung strafrechtsrelevante Verletzungssachverhalte festgestellt werden und werden können, sind von Amts wegen aufgenommene Ermittlungen die absolute Ausnahme.[1196]

(2) Die einfachen Körperverletzungsdelikte als Privatklagedelikte

Hinzu kommt, dass die Körperverletzungsdelikte gem. §§ 223, 229 Privatklagedelikte i.S.d. § 374 I Nr. 4 StPO sind.[1197] Wegen dieser Delikte wird von der Staatsanwaltschaft – auch im Falle des Vorliegens eines Strafantrages durch den Verletzten - gem. § 376 StPO die öffentliche Klage nur dann erhoben, wenn dies im (einfachen) öffentlichen Interesse liegt.[1198] Dieses wird gem. §§ 86 II, 233 RiStBV in der Regel dann vorliegen, wenn der Rechtsfrieden über den Lebenskreis des Verletzten hinaus gestört und die Strafverfolgung ein gegenwärtiges Anliegen der Allgemeinheit ist,

---

[1194] So zutreffend Schmitt, S. 141.

[1195] So im Ergebnis auch Reinhart, SpuRt 97, 1ff.; Kauffmann, Kleinknecht-Festschrift, S. 203, (205f.).

[1196] Vgl. Hummel, S. 65.

[1197] Noch bis zum Erlass des 6. Strafrechtsreformgesetz (Art. 3 Nr. 5, Buchst. b) vor einigen Jahren handelte es sich auch bei dem Delikt der gefährlichen Körperverletzung gem. § 224 um ein Privatklagedelikt.

[1198] Aus dem systematischen Zusammenhang von § 230 und den §§ 374, 376 StPO ergibt sich demnach zwangsläufig, dass dem Rechtsbegriff des öffentlichen Interesses im Falle der Körperverletzung gem. §§ 223, 229 jedenfalls besondere Bedeutung und Relevanz zukommt. Wird gem. § 230 ein Strafantrag i.S.d. § 77 I gestellt, bedarf es zur Bejahung der öffentlichen Klage zwar nicht der Bejahung des besonderen öffentlichen Interesses, jedoch gem. der §§ 374, 376 StPO der des (einfachen) öffentlichen Interesses durch die Staatsanwaltschaft. Wird hingegen kein Strafantrag gestellt, so bedarf es gem. § 230 bereits der Bejahung des besonderen öffentlichen Interesses, worin zugleich auch die Bejahung des (einfachen) öffentlichen Interesses i.S.d. § 376 StPO zu sehen ist (siehe Kleinknecht/Meyer-Goßner, § 376, Rdn. 3), da zwischen diesen beiden Rechtsbegriffen nur ein gradueller Unterschied besteht (siehe Kauffmann, Kleinknecht-Festschrift, S. 206).
Wie sich daher insgesamt zeigt, hängt die Erhebung der öffentlichen Klage (Einreichung einer Anklageschrift i.S.d. § 170 I StPO, Strafbefehlsantrag gem. § 407 StPO, mündliche Klageerhebung im beschleunigten Verfahren gem. § 418 III S. 2 StPO oder mündliche Nachtragsanklage gem. § 266 II S.1 StPO) im Falle der §§ 223, 229 stets von der staatsanwaltschaftlichen Ermessensentscheidung über das Vorliegen eines (ggf. besonderen) öffentlichen Interesses ab.

insbesondere bei Vorliegen einer rohen Tat oder einer erheblichen Misshandlung oder Verletzung.[1199]

In Sportverletzungsfällen lässt die Staatsanwaltschaft gem. § 86 III RiStBV zwar gelegentlich Ermittlungen darüber anstellen, ob ein solches öffentliches Interesse besteht.[1200] Zugleich kommt sie jedoch eher selten zu dem Ergebnis, dass ein Einschreiten gem. § 376 StPO von Amts wegen geboten ist,[1201] so dass der Verletzte häufig auf den Privatklageweg verwiesen wird. Zwar können sich aus dem Privatklageverfahren ebenso strafrechtliche Konsequenzen für den Betroffenen ergeben, allerdings führt der Verletzte dieses Verfahren im Gegensatz zu staatsanwaltschaftlich geführten Strafverfahren mit eigenem Kostenrisiko[1202] und ohne die Hilfe der Staatsanwaltschaft[1203], was in den allermeisten Fällen vor der Durchführung desselben abschreckt.

b) Zwischenergebnis

Aus alledem lässt sich schlussfolgern, dass der Status der Körperverletzungsdelikte als partielle Privatklage- und relative Antragsdelikte bei Sportverletzungen eine weitere zusätzliche und besonders erhebliche „strafprozess- und verurteilungshindernde Wirkung" hat. Fasst man danach die sich aus den beiden letzten Abschnitten gewonnen Erkenntnisse zusammen und bringt man sie mit dem schon zuvor Gesagten in Beziehung, verdichten sich die vorgebrachten Argumente zu der berechtigten Feststellung, dass die praktische Gesamtrelevanz nachweisbarer und verurteilungsfähiger vorsätzlich begangener Sportverletzungen auch angesichts dieser rechtlichen Hindernisse enorm begrenzt ist. Alleine die materiell-strafrechtliche Ahndungsfähigkeit verletzungsvorsätzlicher Handlungen gefährdet demnach keinesfalls ernsthaft die Bestands- und Erhaltungsfähigkeit der hier relevanten Sportarten. Dem individuellen, staatlich gewährleisteten und strafrechtlich abgesicherten Rechtsgüterschutz ist daher bei der Vornahme vorsätzlicher Verletzungshandlungen angesichts der nicht real gefährdeten Bestandskontinuität der Mannschaftssportarten eindeutig der Vorrang einzuräumen.

Alles in allem besteht demnach insgesamt weder ein sachgerechter dogmatisch-theoretischer noch ein real-praktisch begründbarer Grund oder Bedarf dafür, vorsätz-

---

[1199] Zum Begriff und zu den Voraussetzungen einer Bejahung des öffentlichen Interesses siehe Kleinknecht/Meyer-Goßner, § 376, Rdn. 1; Zipf, S. 103; Geerds, JZ 84, 786, (791); Schiffer, S. 17; Schmitt, S. 215; sehr dezidiert mit Bezug zum Sportgeschehen Reinhart, SpuRt 97, 1, (4ff.) und Kauffmann, Kleinknecht-Festschrift, S. 203, (207ff.).

[1200] Siehe Schmitt, S. 142.

[1201] So zu Recht auch Schmitt, aaO.; auch hier bildet der Fall Lienen aus dem Jahre 1981 ein einschlägiges Beispiel. Obgleich der Profifußballspieler Lienen als Verletzter i.S.d. § 77 I Strafantrag gegen den Gegenspieler Siegmann wegen des verletzungsursächlichen Stollenschuhtrittes gestellt hatte, verneinte die Staatsanwaltschaft sogar im Falle der möglichen Verurteilung wegen gefährlicher Körperverletzung gem. § 224 (früher § 223a) das (einfache) öffentliche Interesse an der Erhebung der öffentlichen Klage und verwies den Spieler Lienen auf den Privatklageweg.

[1202] Siehe die jeweilige Verteilung der Privatklagekosten gem. § 471 StPO.

[1203] Siehe aber die Ausnahmen gem. § 377 Abs. 1 und 2 StPO.

lich zugefügte Verletzungen im Mannschaftssport materiellrechtlich[1204] aus dem strafrechtlichen Anwendungsbereich der Körperverletzungsdelikte zu eliminieren.

Dem hier vorgeschlagenen und entwickelten Lösungsansatz, nämlich der (ausschließlichen) Anwendung der Grundsätze der Eigenverantwortlichkeitsgefährdung steht demnach auch dieser Einwand nicht entgegen. Er erweist sich als eine sowohl den tatsächlichen als auch den rechtlichen Realitäten durchaus gerecht werdende Lösung des Sportverletzungsproblems.

Abschließend ist allerdings darauf hinzuweisen, dass – theoretisch denkbar - eine vorsätzlich herbeigeführte Sportverletzung (im Mannschaftssportbereich) genauso wie jedwede andere vorsätzliche Körperverletzung vor allem durch eine ausdrücklich erteilte[1205] Verletzungseinwilligung i.S.d. § 228 gerechtfertigt sein kann. Insofern bestehen diesbezüglich keine begründbaren Unterschiede zum außersportlichen Bereich. Jedoch dürfte zum einen die entsprechende praktische Relevanz einer solchen abgegebenen Erklärung nur äußerst gering sein; zum anderen bedürfte es in diesen Fällen einer eingehenden Prüfung des Sittenwidrigkeitsmaßstabs gem. § 228 als objektiver Dispositionsgrenze individueller Autonomie.

IV) Relevante Qualifikationstatbestände der Körperverletzung im Sportbereich

Bejaht man im Einzelfall das Vorliegen einer strafbaren vorsätzlichen Körperverletzung im Rahmen der Ausübung der hier relevanten Sportarten, kommt unter Umständen sogar die Erfüllung eines der Qualifikationstatbestände in Betracht. Von praktischer Relevanz ist hierbei vor allem die Begehung der gefährlichen Körperverletzung mittels eines gefährlichen Werkzeugs gem. § 224 I S.1 Nr. 2 Alt. 2.

Für den Fußballsport stellt sich vornehmlich die nahe liegende Frage, ob nicht die Fußballschuhe bei einem Tritt oder einer Beingrätsche gegen den Gegenspieler ein gefährliches Werkzeug darstellen. Nach allgemeiner Auffassung ist nicht jeder „beschuhte Fuß" schlechterdings ein gefährliches Werkzeug, also ein Gegenstand, der nach seiner objektiven Beschaffenheit und nach der Art seiner Benutzung im Einzelfall geeignet ist, erheblichere Körperverletzungen zuzufügen.[1206]

[1204] In den (wenigen) Fällen, in denen sämtliche Voraussetzungen einer strafrechtlichen Verurteilung wegen vorsätzlicher Körperverletzung vorliegen, wird überdies dem Umstand, dass es sich um Vorgänge aus dem sportlichen Bereich handelt, auf der Ebene der Strafzumessung eine maßgebliche strafmildernde Wirkung und Bedeutung zukommen. Wie die Fälle des OLG Braunschweig und des AG Köln (Quelle unten) zeigen, beließen es die Gerichte trotz Vorliegen schwerwiegender und folgenreicher körperlicher Attacken bei relativ milden Strafen, nämlich einer Freiheitsstrafe von zwei Monaten auf Bewährung bzw. einer Woche Jugendarrest; siehe dazu OLG Braunschweig, Nds. Rechtspflege 1960, 233 für den Fall einer gefährlichen Körperverletzung und AG Köln, dazu die Artikel „Eine Woche Gefängnis für ein Foul" in Sportbild, 12/2003, S. 32 und „Die Blutgrätsche ist meist kein Fall für den Richter" in WZ vom 25.02.2003, S. 11.

[1205] Auch das Vorliegen einer konkludenten Verletzungseinwilligungserklärung ist theoretisch denkbar, jedoch dürfte auf eine solche Erklärung nicht nur aufgrund des bloßen sportlichen Teilnahmeverhaltens geschlossen werden. Hierzu bedürfte es der Existenz weiterer eindeutiger Anhaltspunkte.

[1206] RGSt 4, 397; BGHSt 3, 109; Tröndle/Fischer, (50. Aufl.) § 224, Rdn. 8.

Jedoch ist nach ständiger Rechtsprechung der feste, schwere Schuh am Fuß bei der Durchführung von Tritten gegen den Körper des Opfers jedenfalls geeignet, erheblichere Verletzungen bei diesem herbeizuführen, und insofern als gefährliches Werkzeug aufzufassen.[1207] Auch bei Gebrauch normaler Straßenschuhe ist im Falle heftiger Fußtritte gegen den Leib, welche die Gefahr erheblicher Verletzungen mit sich gebracht haben, der objektive[1208] Qualifikationstatbestand des § 224 I Nr. 2 Alt. 2 zu bejahen.[1209] Gleiches gilt zudem für einfache Turnschuhe, wenn mit ihnen Tritte in besonders sensible Regionen des Körpers durchgeführt werden, wie z.B. in das Gesicht des Opfers.[1210] Die Bejahung des Qualifikationsmerkmals des gefährlichen Werkzeugs im Falle des Trittes mit dem beschuhten Fuß hängt folglich von zwei entscheidenden Kriterien ab, nämlich einerseits von der Festigkeit und Schwere des Schuhwerks und andererseits von der Zielrichtung des konkreten Trittes unter Berücksichtigung der damit verbundenen Verletzungsgefahr.

Für Fußtritte mit Fußballschuhen oder -stiefeln im Rahmen eines Fußballspiels bedeutet dies aufgrund der erfahrungsgemäß festen Sohle und der oftmals an ihr befestigten robusten Stollen oder Nocken, dass im Regelfall bereits die Festigkeit und Schwere des Fußballschuhwerks geeignet ist, erhebliche Verletzungen bei Gegenspielern herbeizuführen. In den früher und heute gewohntermaßen getragenen Fußballschuhen ist demnach bei Tritten gegen den Körper regelmäßig ein gefährliches Werkzeug gem. § 224 I Nr. 2 Alt. 2 anzunehmen.[1211] Ein entsprechend einschlägiges Beispiel aus der Rechtsprechung ist die Entscheidung des OLG Braunschweig, nach der der Täter wegen gefährlicher Körperverletzung zu verurteilen war, weil dieser im Rahmen eines Fußballspiels den gegnerischen Torwart mit seinen Fußballstiefeln trat.[1212]

Anders ist dies freilich zu sehen, wenn bei freizeitlich ausgetragenen Fußballspielen z.B. nur mit leichten Stoffschuhen ohne dicke und schwere Sohle gespielt wird; in diesem Fall wäre die Verletzungsgefahr bei einem etwaigen Tritt kaum größer als die durch einen barfuss ausgeführten Tritt, so dass hier das Qualifikationsmerkmal des gefährlichen Werkzeugs regelmäßig nicht gegeben ist. Mögliche Ausnahmen könnten hier aber gezielte Tritte in das Gesicht und andere extrem sensible Regionen des Körpers sein.

In den anderen Mannschaftssportarten sind als gefährliche Werkzeuge weiterhin denkbar der gegen den Körper gerichtete Schlageinsatz des Eishockey- oder Hockeyschlägers.

[1207] BGH MDR, 52, 273; siehe weitere Nachweise bei Tröndle/Fischer, aaO.

[1208] Freilich bedarf es noch zur Erfüllung des entsprechenden subjektiven Tatbestandes des auf das gefährliche Werkzeug gerichteten Vorsatzes; zu den genauen Anforderungen siehe Tröndle/Fischer, (50. Aufl.) § 224, Rdn. 13.

[1209] BGHSt 30, 376; OLG Stuttgart, NJW 92, 851.

[1210] Siehe entsprechend BGH NStZ 99, 616; vgl. auch OLG Düsseldorf, NJW 89, 920.

[1211] So im Ergebnis auch Wolf, S. 23; Schmitt, S. 134; Schild, S. 123; Kost, S. 248.

[1212] OLG Braunschweig, Nds. Rechtspflege, 1960, 233. Gleiches gilt für eine Entscheidung des AG Köln aus dem Jahre 2004, der ein mit Verletzungsabsicht durchgeführter Stollenschuhtritt in das Gesicht des Gegenspielers zugrunde liegt. Auch hier wurde der Tretende wegen gefährlicher Körperverletzung verurteilt; siehe Artikel der Rheinischen Post vom 24.11.2005.

Von praktischer Relevanz ist darüber hinaus[1213] eine mögliche Begehung der schweren Körperverletzung i.S.d. § 226 I Nr. 2 und 3, deren tatbestandlich vorausgesetzte Folgen lediglich fahrlässig verursacht werden müssen. Angesichts der vor allem im Fußballsport übermäßig häufig durch Attacken betroffenen Beinregion[1214] kommt hier insbesondere der Eintritt der schweren Folgen der dauernden Gebrauchsunfähigkeit eines wichtigen Gliedes des Körpers oder der Lähmung in Betracht; Letztere setzt allerdings eine erhebliche Beeinträchtigung der Bewegungsfähigkeit eines Körperteils voraus, welche den ganzen Körper in Mitleidenschaft zieht[1215]. Darunter fällt z.B. auch die Versteifung eines Kniegelenks.[1216]

C) Abschließende Zusammenfassung der wichtigsten Erkenntnisse und Ergebnisse

1) Wie die vorliegenden Ausführungen gezeigt haben, bildet keiner der in Rechtsprechung und Schrifttum vorgeschlagenen Lösungsansätze zur Sportverletzungsproblematik eine vollständig zufrieden stellende und zielführende Lösung.

Insbesondere die rechtfertigende (Risiko-)Einwilligung sowie die Grundsätze der Sozialadäquanz und des erlaubten Risikos sind aufgrund der dogmatischen Bedenken in ihrer konkreten Anwendung auf Sportverletzungen wenig Erfolg versprechend.[1217] Auch die sportspezifisch - modifizierten Tatbestandsauslegungsmethoden erweisen sich nicht als hinreichende, dem Sportproblem gerecht werdende Lösungswege.

Einem zielführenden Problemlösungsansatz am nächsten kommt von allen untersuchten Lösungsansätzen am ehesten noch die von vielen Seiten stark kritisierte Sportadäquanzlösung. Diese liefert vor allem hinsichtlich der konkreten Grenzziehung zwischen straflosem und strafbarem Sportlerverhalten und deren genauer Beurteilungszuständigkeit durchaus zielführende Antworten, ist jedoch letztendlich aufgrund ihrer zugrunde gelegten Qualifizierung des Sportbereichs als rechtsentlassener Raum nicht teilbar.[1218]

2) Zur Entwicklung einer geeigneten Problemlösung bedarf es der begrifflichen Präzisierung des eigentlichen Untersuchungsgegenstandes, nämlich der „Sportverletzung". Unter dieser ist eine körperliche Beeinträchtigung zu verstehen, die sich Sportler in Ausübung von Sport und in unmittelbarem Zusammenhang mit dem sport-

---

[1213] Ausführungen zu weiteren theoretisch denkbar einschlägigen, jedoch von ihrer praktischen Relevanz in diesem Zusammenhang weniger bedeutsamen Qualifikationstatbeständen siehe bei Schmitt, S. 134ff.

[1214] Nach einer Untersuchung von Wolf, S. 25, sind zu 56% die Beine des Fußballspielers das betroffene und durch den spielerischen Angriff verletzte Körperteil.

[1215] So schon RGSt 21, 223.

[1216] Siehe dazu BGH NJW 88, 2622.

[1217] Die Rechtsfigur der Risikoeinwilligung ist darüber hinaus auch in ihrer allgemeinen Anwendung dogmatisch fragwürdig; siehe dazu die Ausführungen ab S. 77ff.

[1218] Siehe im Detail dazu die Ausführungen auf S. 108ff.

lichen Spielgeschehen gegenseitig zufügen. Andere Verletzungshandlungen, wie z.B. Fußtritte oder Faustschläge abseits vom Spielgeschehen oder in Spielpausen, die lediglich „bei Gelegenheit" des Sports zugefügt werden, stellen normale und alltägliche Körperverletzungshandlungen dar, die nach den allgemeinen strafrechtlichen Grundsätzen zu beurteilen sind.

3a) Im Rahmen der Erörterung strafrechtlich - fahrlässig zugefügter Körperverletzungen im Sport (§ 229) ist es hilfreich, die jeweils in den (kontaktreichen) Mannschaftssportarten einschlägig anerkannten und anwendbaren Sportregeln heranzuziehen. Vom rechtlichen Status her sind diese als untersatzungsrechtliche Bestimmungen bzw. Vereinsordnungen privater nationaler Sportverbände zu qualifizieren. Darüber hinaus sind sie, wie die Fußballregeln der FIFA, überstaatlich anerkannte Vorschriften, da sie über nationale Grenzen hinweg allgemeine, weltweite Geltung erfahren und insoweit die Größe ihres verbindlichen Geltungsbereiches sogar denjenigen höherrangiger, innerstaatlicher Normen und Vorschriften übertrifft.

Sportregelwerke, insbesondere die offiziellen Fußballregeln, stellen (mittlerweile) umfangreiche, den jeweiligen sportarttypischen Gefahrensituationen angepasste, sportlerschützende Sondernormsysteme dar. Daher hat die vollständige und kumulative Einhaltung der mit (oftmals sogar überschneidender) Schutzwirkung ausgestatteten Sportregeln (Sportlerschutzregeln) durch den Sportler sorgfaltswidrigkeits- und somit fahrlässigkeitsausschließende Wirkung.[1219] Umgekehrt führt die Übertretung einer solchen Sportlerschutzregel jedoch keinesfalls zur ausnahmslosen Annahme einer objektiven Sorgfaltspflichtverletzung. Von einer zwingenden Kongruenz von verletzungsursächlichem Sportlerschutzregelverstoß und fahrlässigem Verletzungsverhalten kann infolge dessen nicht ausgegangen werden. Aufgrund dieser nur eindimensionalen bzw. einseitigen Bindungswirkung der Sport(lerschutz)regeln stellt sich deren alleinige Heranziehung nicht als erfolgstaugliche Methode zur genaueren Bestimmung fahrlässig-tatbestandsmäßiger Sportverletzungshandlungen dar.

3b) Hingegen erweist sich im Zuge der Entwicklung eines geeigneten strafrechtlichen Lösungsansatzes für das Sportverletzungsproblem ein vergleichender Blick auf solche außersportlichen Sachverhalte als hilfreich, in denen, ähnlich wie bei der Teilnahme an körperkontaktreichen Mannschaftssportarten, das jeweilige verletzte Opfer sich bewusst einer Gefährdung der eigenen körperlichen Unversehrtheit aussetzt. Gerade die strafrechtsdogmatische Beurteilung jener Eigengefährdungsfallgestaltungen, welche im Zivilrecht ohne weitere Schwierigkeiten mittels der dort anwendbaren Rechtsinstitute oder -grundsätze des Mitverschuldens (§ 254 BGB) oder des venire contra factum proprium (§ 242 BGB) einer sachgerechten Lösung zugeführt werden können, zeigt zielführende Wege und Alternativen auf, wie auch das Sportverletzungsproblem in strafrechtlicher Hinsicht in den Griff zu bekommen ist.

3c) Diese Fallgestaltungen bewusst riskanten und eigengefährdenden Opferverhaltens (wie eben die im Rahmen dieser Ausarbeitung erörterten Memel-, Motorroller-, Mitfahrer-, Heroinspritzenfälle etc.[1220]) sind allerdings zunächst von Fällen bewusster

---

[1219] Siehe dazu die Ausführungen auf S. 49ff.
[1220] Vgl. im Einzelnen S. 63f.

und gewollter Selbst- oder Fremdverletzungen abzugrenzen. Im Gegensatz zu Letzteren fehlt es beim Opfer auf subjektiver Seite an einem voluntativen Element hinsichtlich des Verletzungserfolges; der eingetretene Verletzungserfolg stellt sich hier vielmehr als lediglich unvorsätzliche Folge eines bewusst gesuchten, risikoreichen, sozialen Kontaktes dar,[1221] weshalb der strafrechtsdogmatische Rückschluss auf das Vorliegen einer rechtfertigenden Verletzungseinwilligung des Opfers in diesen Fällen ausscheidet.

3d) Nach h.M. ist bei den genannten Gefährdungsfallgestaltungen zu unterscheiden zwischen Fällen eigenverantwortlicher Selbstgefährdung (Sachverhalte, in denen sich das Opfer selbst freiverantwortlich gefährdet) und einverständlicher Fremdgefährdung (Sachverhalte, in denen sich das Opfer bewusstermaßen von einer „tatherrschaftlich" agierenden anderen Person gefährden lässt). Bei Fahrlässigkeitsdelikten erkennt sie in Fällen eigenverantwortlicher Selbstgefährdung des Opfers einen Ausschlussgrund für die objektive Erfolgszurechnung an. Fällen der einverständlichen Fremdgefährdung, zu denen im Ergebnis auch die Sportverletzungssachverhalte zu zählen sind[1222], misst sie hingegen zu Unrecht eine vollständig andere strafrechtliche Bedeutung bei und wendet hier regelmäßig (und oftmals begründungslos) die mit dogmatischen Bedenken behaftete rechtfertigende Risikoeinwilligung an.

Eine solche strikte, sich mit erheblichen Unterschieden auf der Rechtsfolgenseite auswirkende und ausschließlich mittels des objektiven Kriteriums der Tatherrschaft vorgenommene dogmatische Trennung zwischen Selbst- und Fremdgefährdung ist jedoch aus mehreren Gründen nicht zu befürworten: Dazu gehören im einzelnen a) die durch die phänomenologische Betrachtung gewonnenen, willkürlichen und zufallsabhängigen Einzelergebnisse einer solchen strikten Trennung, b) die durchaus vorhandene strukturelle Identität der beiden Gefährdungskonstellationen und c) die mangelnde Übertragbarkeit der aus dem Vorsatzbereich entnommenen Tatherrschaftskriterien in den Fahrlässigkeitsbereich.[1223] Darüber hinaus sind auch weder das zur Untermauerung der Trennung angeführte „Teilnahmeargument"[1224], noch die gegen eine Gleichbehandlung geltend gemachten Einwendung der etwaigen Umgehung der §§ 216, 228[1225] durchgreifende Argumente zugunsten einer strikten Abgrenzung zwischen Fremd- und Selbstgefährdung.

3e) Stattdessen wird im Rahmen dieser Untersuchung dafür plädiert, gefährdungskonstellationsübergreifend - also unabhängig davon, ob es sich nach h.M. um eine Fremd- oder Selbstgefährdungslage handelt - von einem einheitlichen Maßstab einer normativen Verantwortungszuweisung auszugehen. In concreto ist eine zurechnungs- und strafbarkeitsausschließende Gefahrübernahme des betroffenen Rechtsgutinhabers dann anzunehmen, wenn sich im eingetretenen Verletzungserfolg genau die Gefahr realisiert, die das Opfer sowohl unter Abwesenheit eines Verantwortlichkeitsdefizites als auch unter Abwesenheit eines überlegenen Sachwissens des Tä-

---

[1221] Vgl. die Ausführungen auf S. 66ff.
[1222] Vgl. dazu die Anmerkungen auf S. 72ff.
[1223] Siehe dazu S. 146ff.
[1224] Vgl. S. 126ff. und 146ff.
[1225] Siehe dazu S. 139ff.

ters zumindest billigend in Kauf genommen und somit eigenverantwortlich übernommen hat. Die konkrete Anwendung dieses Maßstabs der Eigenverantwortlichkeitsgefährdung führt auch im Einzelfall - wie sich unter Heranziehung der genannten Beispielsfälle und etwaigen Abwandlungen zeigt[1226] - zu durchaus sachgerechten und nachvollziehbaren Ergebnissen.

4a) Diese, auf Gefährdungskonstellationen allgemein anwendbare strafrechtliche Konstruktion, lässt sich – wenn auch mit geringer Modifikation – für die Beurteilung der strafrechtlichen Relevanz von Sportverletzungen im Hinblick auf die Frage der Begehung fahrlässiger Körperverletzungen i.S.d. § 229 bei der Durchführung körperkontaktreicher Mannschaftssportarten transferieren.

Dementsprechend abgeleitet ist die erste maßgebliche Voraussetzung für eine zurechnungsausschließende Gefahrübernahme im Sport, dass die konkret eingetretene Sportverletzung Folge des vom betroffenen Sportler eingegangenen Risikos sein muss und demzufolge nicht Folge überschießender bzw. exzessiver Verhaltensweisen des verletzenden Sportlers (Sportlerexzessen) sein darf.

Vom Vorliegen solcher Sportlerexzesse ist dann auszugehen, wenn im Einzelfall das sportspezifische Grundrisiko bzw. der erwartbare Risikorahmen durch den verletzenden Sportler überschritten wird. Bei der Bestimmung dieses Risikomaßstabs ist nicht auf höchstindividuelle und deswegen variable Umstände abzustellen, sondern eine objektive

generalisierende Betrachtungsweise heranzuziehen. Dieses Erfordernis ergibt sich aufgrund der atypischen Sonderkonstellation der Sportsachverhalte, welche sich von allen anderen Gefährdungsfallgestaltungen im Strafrecht dadurch unterscheiden, dass sie a) latente „Gegenseitigkeitsgefährdungen" darstellen, b) ihnen lediglich eine objektiv - einheitliche Willensäußerung aller potentiell Betroffenen in Form des einfachen Teilnahmeverhaltens am Sportgeschehen zugrunde liegt und sie c) Bestandteile des überindividuellen Massenphänomens Sport sind.[1227]

4b) Die konkrete Abgrenzung zwischen sportartspezifischem Grundrisiko und exzessivem Sportlerverhalten ist stets eine Frage des Einzelfalls und kann lediglich durch ein „behutsam gehandhabtes case law"[1228] vorgenommen werden. Allerdings lassen sich mit Hilfe feststehender Kriterien brauchbare Anhaltspunkte, wiederkehrende Prüfungsmuster und hilfreiche Leitlinien für eine Einzelfallbetrachtung aufzeigen.

Die erste Voraussetzung für einen Sportlerexzess ist ein besonders schwerer oder grober Verstoß gegen eine spielerschützende Sportregelbestimmung. Dabei muss es sich um ein Foul mit prägnantem Ausnahmecharakter handeln, welches zudem (als

---

[1226] Zu der konkreten Anwendung dieses (übergreifenden) Eigenverantwortlichkeitsmaßstabs auf die genannten Beispielfälle siehe rückblickend die Ausführungen auf S. 160ff.

[1227] Siehe dazu im Einzelnen die Ausführungen auf S. 164ff.

[1228] So in ähnlichem Zusammenhang schon Schild, S. 120, in Anlehnung an Schürer-Mohr, S. 147 und 202; vgl. dazu die Ausführungen auf S. 185.

Mindestvoraussetzung) gemäß den anwendbaren Sportregeln eine sofortige und unmittelbare Disqualifikation[1229] nach sich ziehen würde.

Bei der Beantwortung der Frage, ob ein besonders schwerer Regelverstoß vorliegt, ist der jeweilig zugrunde liegenden Motivlage der Sportler (Profisport, organisierter Leistungs- und Amateursport, Breitensport oder Freizeitsport) Rechnung zu tragen; je professioneller und erfolgsorientierter sich die sportliche Betätigung darstellt, desto restriktiver muss aufgrund der deutlich höheren Aggressionstoleranzgrenze im Profisport im Vergleich zum Amateur- oder Freizeitsport das Merkmal des besonders schweren Regelverstoßes angewandt werden.[1230] Dabei wird, insbesondere bei der Beurteilung der Disqualifikationsreife der Verletzungshandlung, regelmäßig auf das objektive und sachverständige Urteil der maßgebenden sportlichen Fachkreise abzustellen sein.[1231]

Die zweite Voraussetzung eines Sportlerexzess ist darüber hinaus, dass der grob regelwidrigen Handlung des verletzenden Sportlers per se eine erfahrungsgemäß hohe Verletzungsgefahr für den sportlichen Kontrahenten anhaftet.

4c) Konkret für den Fußballsport lassen sich darüber hinaus weitere Unterkriterien zur Abgrenzung zwischen sportartspezifischem Grundrisiko und exzessivem Sportlerverhalten bilden. So wird man in aller Regel ein sportlerexzessives Verhalten im Fußballsport verneinen können, wenn bei Vornahme der körperverletzenden Handlung der Ball aus objektiver Sicht eines Dritten das ausschließliche Angriffsziel des Sportlers darstellt und (kumulativ) die Möglichkeit der Ballerreichung gegeben ist.[1232]

4d) Neben der Einhaltung des sportspezifischen Grundrisikos setzt die Annahme einer zurechnungsausschließenden Gefahrübernahme nach den entwickelten Grundsätzen der Eigenverantwortlichkeitsgefährdung voraus, dass der verletzte Sportler als Rechtsgutinhaber freiverantwortlich handelt, also a) unter Abwesenheit eines eigenen Verantwortlichkeitsdefizites am sportlichen Geschehen teilnimmt und b) der verletzende Sportler dabei das Risiko nicht kraft überlegenen, über das sportspezifische Grundrisiko hinausgehenden Sachwissens besser erfasst als der Verletzte.

Fälle solcher Wissensüberlegenheit sind allerdings nur dann denkbar, wenn der Verletzende im Rahmen der Sportausübung über die sporttypische Gefahr hinaus gehende Maßnahmen ergreift, wie z.B. das sportatypische und objektiv nicht vorhersehbare Tragen von im Sport nicht zugelassenen, in konkreter Ausübung von inten-

---

[1229] Siehe die begriffspräzisierenden Ausführungen auf S. 176ff. in Bezug auf das auf den ersten Blick leicht missverständliche Prüfungskriterium der Disqualifikationsreife des verletzungsursächlichen Fouls.

[1230] Konkret dazu die Ausführungen ab S. 182ff.

[1231] Siehe dazu die Anmerkungen ab S. 180f., u.a. dabei Fn. 980.

[1232] Vgl. dazu im Detail die Darstellungen und aufgegriffenen Beispiele auf S. 187ff.

siven Zweikämpfen hochgefährlichen Gegenständen wie Armbanduhren oder scharfkantigen Stollen an den Fußballschuhen.[1233]

5a) In den Fällen vorsätzlich zugefügter Sportverletzungen führt allerdings auch eine vollständige Risikoübernahme durch das Opfers gemäß den entwickelten Kriterien der Eigenverantwortlichkeitsgefährdung nicht zu einer strafrechtlichen „Kompensation" im Sinne einer Aufhebung der strafrechtlichen (Vorsatz-)Haftung und somit nicht zur Annahme eines Zurechnungs- und Strafausschlussgrundes. Agiert der Täter mit Verletzungsvorsatz, überschreitet dieser das vom Opfer eigenverantwortlich Hingenommene, da bei Letzterem der „Vorsatz" lediglich auf eine bloße Gefährdung der eigenen körperlichen Integrität, nicht jedoch auf den Eintritt eines Verletzungserfolges gerichtet ist, anderenfalls ja schon das Vorliegen einer rechtfertigenden Verletzungseinwilligung i.S.d. § 228 gegeben wäre.

5b) Bei der Ausübung körperkontaktreicher Mannschaftssportarten steht der Umstand der mangelnden strafrechtlichen „Enthaftung" vorsätzlicher Körperverletzungen dem hier entwickelten Lösungsweg nicht entgegen. Dies schon deswegen nicht, weil die angeführten Hauptargumente für einen Ausschluss vorsätzlicher Körperverletzungen aus dem strafrechtlichen Haftungsbereich, nämlich insbesondere die ansonsten drohende und abschreckende „Flut" von Strafverfahren und –verurteilungen wegen vorsätzlicher Sport(körper)verletzungen und die damit vermeintlich verbundene unerwünschte „Lahmlegung" des Sportbereichs, nicht durchgreifen.

Erstens machen vorsätzlich zugefügte Verletzungen in der sportlichen Praxis eher einen geringen Anteil der Sportverletzungen aus. Insbesondere für den Bereich des (auch professionellen) Fußballsports wurden diverse Begründungsansätze benannt, weshalb davon auszugehen ist, dass die agierenden Sportler im Rahmen ihrer Betätigung auf dem Spielfeld nicht nur auf das Ausbleiben eigener Verletzungen, sondern regelmäßig auch auf das Ausbleiben etwaiger selbstverursachter Verletzungen beim Gegenspieler vertrauen (und somit grundsätzlich ohne bedingten Verletzungsvorsatz handeln).

Neben dem benannten „Argument der Spiegelbildlichkeit von Tatvorsatz und Einwilligung"[1234] sind dies folgende - von ihrer quantitativen und qualitativen Bedeutung her freilich differenziert zu gewichtende – „vorsatzhindernde" Faktoren: Die grundsätzlich faire Grundeinstellung eines gewissen Anteils der Spieler, die in den letzten Jahren vollständig veränderte Erwartungshaltung an die Sportler, die allgemeine und öffentliche Ächtung überharter Spielweisen, das Vertrauen in die gesundheitsschützende Ausrüstung des Gegenspielers, die „Furcht" vor spieltechnischen Sanktionen des Schiedsrichters, der übertriebene Spieleifer und vor allem anderen die weit verbreitete Selbstüberschätzung der eigenen spielerischen und körperlichen Fähigkeiten durch die aktiven Sportler.[1235]

[1233] Das Tragen dieser gegnergefährdenden Gegenstände müsste dabei zu konkreten Verletzungen beim hinsichtlich des Einsatzes dieser Gegenstände unwissenden Gegenspieler führen; siehe dazu die Ausführungen auf S. 198f.

[1234] Siehe konkret dazu die Ausführungen auf S. 210f.

[1235] Siehe dazu im Detail die Ausführungen auf S. 211ff.

Zweitens wurde dargelegt, dass die generelle Problematik der rechtlich - prozessualen Nachweisbarkeit eines Verletzungsvorsatzes im körperkontaktreichen Mannschaftssportbereich eine besonders gravierende Qualität aufweist. Dies gilt freilich weniger für die – allerdings auch unstreitig strafrechtlich ahndungswürdigen - „sportfremden“ Verletzungshandlungen, wie etwa Faustschläge, Fußtritte oder anderen „Tätlichkeiten“, zumal diese oftmals zeitlich und örtlich abseits des eigentlichen Spielgeschehens stattfinden und deswegen ohne weiteres als sogar mit direktem Vorsatz (ersten Grades) zugeführte Verletzungshandlungen erkennbar sind. Bei echten Sportverletzungshandlungen jedoch, die sich also aus dem spielerischen Zusammenhang, z.B. beim Kampf um den Ball, ergeben, wird ein nachweisbarer (bedingter) Verletzungsvorsatz regelmäßig nur in jenen seltenen Fallgestaltungen zu bejahen sein, in denen weitere, über den objektiven Verletzungshergang hinausgehende Anhaltspunkte, wie z.B. eine vorherige Ankündigung, Androhung oder täterüberführende Kommentierung der Verletzungshandlung oder des Revanchefouls, vorliegen. Die alleinige Heranziehung der objektiven Umstände, die den zur Sportverletzung führenden Vorgang beschreiben, ist in aller Regel nicht geeignet, den für eine Verurteilung ausreichenden Nachweis eines täterlichen Verletzungsvorsatzes zu liefern.[1236]

Darüber hinaus ist zu berücksichtigen, dass in einschlägigen Grenzfällen aufgrund des regelmäßig zu erwartenden sportlerseits erfolgten Verweises auf das Vorliegen eines oder mehrerer der oben benannten vorsatzausschließenden Faktoren oftmals ein so erheblicher Zweifel am Verletzungsvorsatz dieses Sportler bestehen wird, dass (zumindest) unter Anwendung des strafrechtlichen in dubio pro reo - Grundsatzes letztlich von einem unvorsätzlichen verletzungsursächlichen Sportlerhandeln auszugehen ist.

Drittens ist die hier so vertretene positive strafrechtliche Haftung für vorsätzliches Verletzungsverhalten in den hier relevanten Mannschaftssportarten sowohl aus dogmatisch-theoretischer als auch in tatsächlich-praktischer Hinsicht sachgerecht.

Obgleich diesen Sportarten kampf- und körperbetontes Agieren keinesfalls fremd ist, handelt es sich gerade um eine Art der Sportausübung, die nicht darauf abzielt, den Kontrahenten auf irgendeine Weise körperlich zu beinträchtigen oder niederzuzwingen, geschweige denn verletzungsvorsätzliche (brutale) körperliche Gewalt auszuüben. Gerade deswegen ist die verletzungsvorsätzliche Vornahme solcher Handlungen (im Gegensatz zu Sportarten wie dem Boxen, die sich durch verletzungsvorsätzliche Verhaltensweisen definieren) weder im Sinne der jeweiligen Sportverbände oder der von ihnen geschaffenen Regeln noch der am Sport beteiligten Teilnehmer oder der Sportöffentlichkeit. Wenn solche Handlungen also von den Verbänden und der Sportöffentlichkeit missbilligt werden und unstreitig über das hinausgehen, was von jedem teilnehmenden (auch professionellen) Sportler einverständlich hingenommen wird, sind kaum dogmatische Gründe ersichtlich, die dafür sprächen, eine strafrechtliche Haftung in diesen exzessiven Fällen grundsätzlich auszuschließen. Betrachtet man zudem, dass nach geltender Rechtsprechung bereits jede vorsätzlich zugefügte Sportverletzung eine strafbare vorsätzliche (ggf. sogar gefährliche) Kör-

---

[1236] Siehe die entsprechenden Begründungen und aufgezeigten Beispiele auf S. 219ff.

perverletzung darstellt[1237], und stellt man zugleich fest, dass die Anzahl der (nicht nur vereinsmäßig) Sportausübenden (insbesondere im Fußballsport) in den letzten Jahren stetig angestiegen ist, so lässt sich der obige praxisbezogene Einwand der ansonsten drohenden Lahmlegung des Sportbetriebes nicht überzeugend belegen und aufrechterhalten.

Erst recht gilt dies im Übrigen mit Blick auf den hier vorgeschlagenen Lösungsweg im Fahrlässigkeitsbereich, welcher in erheblichem Maße restriktivere Strafbarkeitsvoraussetzungen vorsieht als die geltende Rechtsprechung, welche bereits bei jedem verletzungsursächlichen vorsätzlichen oder grob fahrlässigen Regelverstoß(!) eine strafrechtliche Haftung bejaht.

Trotz der Anwendung dieser (weiten) Strafbarkeitskriterien der Rechtsprechung ist die Zahl der strafrechtlichen Prozesse und Verurteilungen wegen Sportverletzungen in den letzten Jahrzehnten verschwindend gering gewesen und hat keineswegs eine abschreckende „inflationäre Prozessflut" zur Folge gehabt. Dies ist im Übrigen auch in nicht unerheblichem Maße darauf zurückzuführen, dass es sich bei den Delikten gem. §§ 223, 229 einerseits um relative Antragsdelikte gem. § 230 und andererseits um Privatklagedelikte gem. § 374 I Nr. 4 StPO handelt, und die Staatsanwaltschaft bei Sportverletzungen das (besondere) öffentliche Interesse regelmäßig verneint.[1238]

Da demzufolge die praktische Relevanz vorhandener, nachweisbarer und verurteilungsfähiger vorsätzlich begangener Sportverletzungen angesichts der benannten zahlreichen rechtlichen „Hürden" enorm begrenzt ist, lässt sich im Ergebnis auch keine tatsächlich-praktische Notwendigkeit für einen regelmäßig anzunehmenden (der Entkriminalisierung dienenden) Strafausschluss vorsätzlicher Verletzungshandlungen bejahen.

5c) Strafbaren vorsätzlichen Tathandlungen, die jedoch nach hier geltender Definition noch als Sportverletzungshandlungen, (also als in unmittelbarem Zusammenhang mit dem sportlichen Spielgeschehen zugefügte Verletzungen) aufzufassen sind, kommt allerdings auf der Ebene der Strafzumessung eine ganz erheblich strafmildernde Wirkung und Bedeutung zu.[1239] Dies gilt jedoch freilich nicht für Verletzungen, die lediglich „bei Gelegenheit" des Sports zugefügt und deswegen als „normale" Körperverletzungen zu qualifizieren und zu behandeln sind.[1240]

6) Das Ziel dieser strafrechtswissenschaftlichen Ausarbeitung war es, einen insbesondere der rechtlichen und sportlichen Praxis gerecht werdenden und den strafrechtsdogmatischen Ansprüchen genügenden Lösungsansatz für die Sportverletzungsproblematik zu entwickeln. Dass die hier erarbeitete pragmatische Gesamtlösung durch ihre dogmatische Eingliederung der Sportverletzungsfälle in die zugehörige Sachverhaltsgruppe „der eigengefährdenden Opferverhaltensweisen" zugleich

---

[1237] Naturgemäß nur bei Vorliegen aller weiteren Strafbarkeitsvoraussetzungen (wie z.B. der Schuldfähigkeit etc.).

[1238] Siehe zu diesem Themenkreis die Ausführungen auf S. 227ff.

[1239] Siehe dazu die Ausführungen in Fußnote 1204.

[1240] Siehe dazu die Ausführungen auf S. 20ff.

zu einer besseren Übersichtlichkeit der Strafrechtsdogmatik auf diesem Gebiet führt, ist freilich ein positiver Nebeneffekt.

Einer – wie bisher - vollständigen strafrechtsdogmatischen „Isolation“ der Sportverletzungsthematik bedarf es aus diesen Gründen nicht (mehr). Sie lässt sich durch die hier vorgeschlagenen, gefährdungskonstellationsübergreifend anwendbaren Grundsätze der Eigenverantwortlichkeitsgefährdung vielmehr im Kontext jener Themenkreise erörtern, die bis dato nach h.M. in dogmatisch fragwürdiger Weise nach den Schlagworten einverständlicher Fremdgefährdung und eigenverantwortlicher Selbstgefährdung (nach Tatherrschaftsgesichtspunkten) voneinander getrennt und unterschiedlich strafrechtlich behandelt werden.

Neben der Entwicklung eines praxistauglichen Lösungsansatzes für das strafrechtliche Sportverletzungsproblem war es daher vor allem Intention dieser Ausarbeitung, an der oftmals vorgenommenen Einordnung der Fremdgefährdungsfälle unter die Rechtsfigur der rechtfertigenden (Risiko-)Einwilligung und der damit verbundenen, streng differenzierten dogmatischen Beurteilung von Fremd- und Selbstgefährdung Zweifel zu wecken und einen alternativen, allgemein (also auch über den Sportbereich hinausgehend) anwendbaren Prüfungsmaßstab vorzustellen.

Fußballregeln 2007/2008

Regel 12 – Verbotenes Spiel und unsportliches Betragen

Verbotenes Spiel und unsportliches Betragen sind in der nachstehend beschriebenen Form zu ahnden:

Direkter Freistoß

Ein Spieler verursacht einen direkten Freistoß für die gegnerische Mannschaft, wenn er einen der nachfolgend aufgeführten sechs Verstöße nach Einschätzung des Schiedsrichters fahrlässig, rücksichtslos oder mit unverhältnismäßigem Körpereinsatz begeht:

- einen Gegner tritt oder versucht, ihn zu treten,
- einem Gegner das Bein stellt oder es versucht,
- einen Gegner anspringt,
- einen Gegner rempelt,
- einen Gegner schlägt oder versucht, ihn zu schlagen,
- einen Gegner stößt.

Der gegnerischen Mannschaft wird ebenfalls ein direkter Freistoß zugesprochen, wenn ein Spieler einen der nachfolgenden Verstöße begeht:

- beim Tackling im Kampf um den Ball den Gegner vor dem Ball berührt,
- einen Gegner hält
- einen Gegner anspuckt
- den Ball absichtlich mit der Hand spielt (dies gilt nicht für den Torwart in seinem eigenen Strafraum).

Der direkte Freistoß wird an der Stelle ausgeführt, wo sich der Verstoß ereignete.

Strafstoß

Begeht ein Spieler der verteidigenden Mannschaft innerhalb seines eigenen Strafraumes einen der vorstehend genannten zehn Verstöße, so ist er durch einen Strafstoß zu bestrafen. Dies gilt ohne Rücksicht auf die jeweilige Position des Balles, aber vorausgesetzt, dass der Ball im Augenblick des Verstoßes im Spiel war.

Indirekter Freistoß

Ein Torwart verursacht einen indirekten Freistoß für die gegnerische Mannschaft, wenn er innerhalb seines Strafraumes einen der folgenden vier Verstöße begeht:

- Er wartet mehr als sechs Sekunden, während er den Ball mit seinen Händen kontrolliert, bevor er ihn für das Spiel freigibt.
- Er berührt den Ball, nachdem er ihn freigegeben hatte, erneut mit der Hand, bevor ein anderer Spieler ihn berührt hat.
- Er berührt den Ball mit der Hand, den ein Mitspieler ihm absichtlich mit dem Fuß zugespielt hat.
- Er berührt den Ball mit der Hand, nachdem er ihn direkt von einem Einwurf eines Mitspielers erhalten hat.

Außerdem verursacht ein Spieler einen Freistoß für die gegnerische Mannschaft, wenn er nach Ansicht des Schiedsrichters einen der folgenden Verstöße begeht:

- gefährlich spielt,
- den Lauf des Gegners behindert,
- den Torwart daran hindert, den Ball aus seinen Händen freizugeben,
- irgendeine andere, nicht bereits in der Regel 12 erwähnte Regelübertretung begeht, für welche das Spiel unterbrochen wird, um ihn zu verwarnen oder des Feldes zu verweisen.

Der indirekte Freistoß wird an der Stelle ausgeführt, wo sich der Verstoß ereignete.

Persönliche Strafen

Verwarnungswürdige Vergehen

Ein Spieler muss durch Zeigen der gelben Karte verwarnt werden, wenn er eine der folgenden sieben Regelübertretungen begeht:

1. sich unsportlich verhält,
2. durch Worte oder Handlungen seine Ablehnung zu erkennen gibt,
3. wiederholt gegen die Spielregeln verstößt,
4. die Wiederaufnahme des Spieles verzögert,
5. beim Eckstoß oder Freistoß den vorgeschrieben Abstand nicht einhält,
6. ohne Genehmigung des Schiedsrichters das Spielfeld betritt oder wieder betritt,
7. das Spielfeld absichtlich und ohne Zustimmung des Schiedsrichters verlässt.

Feldverweiswürdige Vergehen

Ein Spieler (...) muss durch Zeigen der Roten Karte des Feldes verwiesen werden, wenn er eine der folgenden sieben Regelübertretungen begeht:

1. ein grobes Foul begeht,
2. gewaltsam spielt,
3. einen Gegner oder irgendeine andere Person anspuckt,

4. ein Tor oder eine offensichtliche Torchance der gegnerischen Mannschaft durch absichtliches Handspiel verhindert oder zunichte macht (dies gilt nicht für den Torwart in seinem Strafraum),
5. einem auf sein Tor zulaufenden Gegenspieler eine offensichtliche Torchance nimmt, indem er eine mit Freistoß oder Strafstoß zu ahndende Regelübertretung begeht,
6. anstößige, beleidigende oder schmähende Äußerungen oder Gebärden gebraucht,
7. eine zweite Verwarnung im selben Spiel erhält.

Entscheidungen des International Football Association Board

1. ...

2. Es gilt als Kontrolle des Balles durch den Torwart, wenn dieser ihn mit irgendeinem Teil des Armes oder der Hand berührt. ...

3. ...

4. Ein Tackling, welches die Gesundheit eines Gegners gefährdet, ist als grobes Foul zu ahnden.

Zusatzbestimmungen und Richtlinien der FIFA für Schiedsrichter

Gefährliches Spiel

Als gefährliches Spiel gilt jede Aktion beim Spielen des Balles, durch die jemand verletzt werden könnte (einschließlich des Spielers selbst), die sich in der Nähe eines Gegners zuträgt und diesen aus Angst vor einer Verletzung daran hindert, den Ball zu spielen. Die Aktion gilt nur dann als Vergehen, wenn dem Gegner daraus ein Nachteil entsteht.

...

Grobe Fouls

Ein Spieler begeht ein grobes Foul, wenn er einen Gegenspieler bei laufendem Spiel im Kampf um den Ball übermäßig hart oder brutal angreift.

Ein Spieler, der im Kampf um den Ball nach vorne, von der Seite oder von hinten mit einem oder beiden Beinen in einen Gegenspieler hineinspringt und durch übertriebene Härte die Gesundheit des Gegners gefährdet, begeht ein grobes Foul.

...

Gewaltsames Spiel (Tätlichkeit)

Gewaltsames Spiel liegt vor, wenn ein Spieler einen Gegner abseits des Balles übermäßig hart oder brutal angreift.

...

Anweisungen des DFB

...

3. Greift ein Spieler einen Mannschaftskameraden, den Schiedsrichter, einen Schiedsrichter-Assistenten, einen Zuschauer usw. an, so gilt dies ebenfalls als gewaltsames Spiel.

...

6. Wird ein bereits verwarnter Spieler während eines Spieles in Folge einer zweiten Verwarnung des Feldes verwiesen, muss der Schiedsrichter ihm zuerst die Gelbe Karte und unmittelbar danach die Rote Karte zeigen. (Damit soll deutlich signalisiert werden, dass der Feldverweis aufgrund des zweiten verwarnungswürdigen Verstoßes, und nicht etwa aufgrund eines Verstoßes, der einen sofortigen Ausschluss zur Folge gehabt hätte, ausgesprochen wurde.)

Die wesentlichen strafrechtlichen und zivilrechtlichen Gerichtsentscheidungen mit dem Schwerpunkt Sportverletzungen in der (zugänglichen) juristischen Literatur

Fußballsport:

- BGH VersR 1957, 290
- BGH VersR 1975, 137
- BGHZ 63, 140 = BGH VersR 1975, 155 = NJW 1975, 109 = JZ 1975, 122 = JR 1975, 285
- BGH NJW 1976, 957 = VersR 1976, 591
- BayObLGSt 1960, 266 = BayObLG JR 1961, 72
- BayObLGSt 1961, 180 = BayObLG NJW 1961, 2072
- OLG Bamberg, NJW 1972, 1820f.
- OLG Braunschweig, Niedersächsische Rechtspflege 1960, 233
- OLG Düsseldorf, VersR 1992, 841
- OLG Düsseldorf, OLG-Report Düsseldorf, 1997, 268
- OLG Düsseldorf, NJW-RR 2000, 1115
- OLG Hamm, MDR 1985, 847 = VersR 1985, 1072
- OLG Hamm, NJW-RR 1992, 856
- OLG Hamm, MDR 1997, 553
- OLG Hamm, VersR 1998, 68
- OLG Hamm, JR 1998, 465 = VersR 1999, 1115
- OLG Hamm, VersR 1999, 461
- OLG München, VersR 1977, 844
- OLG München, VersR 1986, 247
- OLG München, NJW-RR 1990, 732
- OLG München, SpuRt 1994, 100
- OLG Neustadt an der Weinstraße, MDR 1956, 545
- OLG Nürnberg, VersR 1977, 1134
- OLG Nürnberg, VersR 1998, 69
- OLG Oldenburg, VersR 1995, 670
- OLG Stuttgart, VersR 1988, 600
- OLG Stuttgart, SpuRt 2000, 248 = NJW-RR 2000, 1556
- LAG Köln, VersR 1985, 649
- LG Köln, NJW-RR 1986, 832

- LG Nürnberg-Fürth, VersR 1990, 96
- LG Schweinfurt, VersR 1996, 74
- AG Bad Neustadt, VersR 1995, 110
- AG Ettenheim, NJW-RR 1992, 353
- Obergericht des Kantons Bern, SpuRt 2001, 83

Handball:

- OLG Düsseldorf, VersR 1983, 274
- OLG Frankfurt, NJW-RR 1991, 418
- OLG Hamm, NJW-RR 1991, 418
- OLG Köln, SpuRt 2003, 74
- LG Marburg, NJW-RR 1988, 1243 = VersR 1989, 94

Basketball:

- BGH VersR 1976, 775
- AG Bremen, NJW 2004, 1964

Eishockey:

- OLG München, VersR 1989, 598 = NJW-RR 1989, 727

Squash:

- OLG Hamm, VersR 1985, 296
- OLG Hamm, NJW-RR 1991, 149
- OLG München, VersR 1993, 237

Tennis:

- OLG Braunschweig, NJW-RR 1990, 987
- OLG Hamm, NJW-RR 1991, 418
- OLG Hamm, SpuRt 2000, 248
- OLG München, NJW 1970, 2296
- LG Wuppertal, VersR 1969, 337

Skisport:

- BGH VersR 1972, 370
- OLG Frankfurt am Main, VersR 1995, 544
- OLG München, NJW 1966, 2406
- LG Wien, NJW 1966, 305

Andere „parallele" Sportarten:

- BGH VersR 1981, 853	Schlittschuhsport
- BGH VersR 1982, 1004 = NJW 1982, 2555	Schlittschuhsport
- OLG Düsseldorf, VersR 1994, 1484	Schlittschuhsport
- BGH NJW 2003, 2018	Motorsport
- OLG Celle, VersR 1980, 874	Motorsport
- OLG Saarbrücken, VersR 1992, 248	Go-Kartsport
- OLG Düsseldorf, VersR 1996, 343	Radsport
- OLG Zweibrücken, VersR 1994, 1366	Radsport
- OLG Hamm, VersR 1983, 1040	Pferderennsport
- OLG Düsseldorf, VersR 1996, 73	Trabrennsport
- OLG Hamm, VersR 1998, 67	Golfsport
- OLG Hamm, NJW-RR 1988, 1245	Tanzsport
- OLG Hamm, NJW-RR 1990, 925	Segelsport

Literaturverzeichnis:

Alternativkommentar Kommentar zum Strafgesetzbuch, Band I, §§ 1 - 21 StGB 1. Auflage, Neuwied 1990

Becker, Wilhelm Sportverletzung und Strafrecht DJ 1938, 1720ff.

Berr, Helmut Sport und Strafrecht – Die strafrechtliche Haftung der Sportler für Körperverletzung und Tötung im Sport und die Erfassung im Aufbau des Straftatsystems Diss. Saarbrücken 1973

Baumann, Jürgen Strafrecht – Allgemeiner Teil 6. Aufl., Bielefeld 1974, 9. Aufl., 1985

Baumann, Jürgen / Weber, Ulrich / Mitsch, Wolfgang Strafrecht – Allgemeiner Teil 10. Aufl., Bielefeld 1995, 11. Aufl., 2003

Beulke, Werner / Mayer, Hans-Walter Strafrecht: Die Mutprobe JuS 1987, 125ff.

Bickelhaupt, Werner Einwilligung in Trunkenheitsfahrt NJW 1967, 712ff.

Blei, Hermann Strafrecht, Allgemeiner Teil 18. Aufl., München 1983

Bohnert, Joachim Das Bestimmtheitserfordernis im Fahrlässigkeitstatbestand ZStW 94, 68ff.

Bohnert, Joachim Fahrlässigkeitsvorwurf und Sondernorm JR 1982, 6ff.

Bottke, Wilfried Probleme der Suizidbeteiligung GA 1983, 22ff.

Brüggemeier, Gert Deliktsrecht Baden-Baden 1986

Brunner, Albert Die Sportverletzung im schweizerischen Strafrecht Diss. Zürich 1949

Bruns, Manfred Aids, Alltag und Recht MDR 1987, 353ff.

Buchberger, Markus	Die Überprüfbarkeit sportverbandsrechtlicher Entscheidungen durch die ordentliche Gerichtsbarkeit SpuRt 1996, 122ff.
Burgardsmeier, Heinrich	Der Ringkampf im Strafrecht Diss. Rostock 1933
Burgstaller, Manfred	Das Fahrlässigkeitsdelikt im Strafrecht Wien 1974
Burmeister, Joachim	Sportverbandswesen und Verfassungsrecht DÖV 1978, 1ff.
Bydlinski, Franz	Die strafrechtliche Beteiligung von Sportverletzungen ÖJZ 1955, 159ff.
Charalambakis, Aristotelis	Selbsttötung aufgrund Irrtums und mittelbare Täterschaft GA 1986, 485ff.
Dach, Ralph Peter	Anmerkung zu BGHSt 32, 262ff. NStZ 1985, 24ff.
Dallinger, Wilhelm	Aus der Rechtsprechung des BGH in Strafrecht-Sachen, MDR 1951, 273ff.
Dallinger, Wilhelm	Aus der Rechtsprechung des BGH in Strafrecht-Sachen, MDR 1969, 194ff.
Dallinger, Wilhelm	Aus der Rechtsprechung des BGH in Strafrecht-Sachen, MDR 1973, 901ff.
Dencker, Friedrich	Besprechung von Aufsätzen und Anmerkung-Bohnert, NStZ 1983, 398ff.
Derksen, Roland	Ultimate Fighting – oder: setzt das Strafrecht modernen Gladiatorenkämpfen Grenzen? SpuRt 2000, 141ff.
Deutsch, Erwin	Die Mitspielerverletzung im Sport VersR 1974, 1045ff.
Donatsch, Andreas	Gedanken zum strafrechtlichen Schutz des Sportlers SchwZStrR 107, 400ff.
Dölling, Dieter	Die Behandlung der Körperverletzung im Sport im System der strafrechtlichen Sozialkontrolle ZStW 96, 36ff.

Dölling, Dieter	Fahrlässige Tötung bei Selbstgefährdung des Opfers GA 1984, 71ff.
Dölling, Dieter	Anmerkung zu BayObLG, JR 1990, 473 JR 1990, 474ff.
Dölling, Dieter	Anmerkung zu OLG Zweibrücken 1Ss 90/93, Beschluss vom 14.05.1993 JR 1994, 520ff.
Ebert, Ina	Schweigen im Vertragsrecht JuS 1999, 754
Emmerich, Volker	Anmerkung zu BGHZ 63, 140 JuS 1975, 463f.
Engisch, Karl	Untersuchungen über Vorsatz und Fahrlässigkeit im Strafrecht Berlin 1930
Ensthaler, Jürgen	Einwilligung und Rechtsgutpreisgabe beim fahrlässigen Delikt Diss., Göttingen 1983
Eser, Albin	Zur strafrechtlichen Verantwortlichkeit des Sportlers, insbesondere des Fußballspielers JZ 1978, 368ff.
Fahl, Christian	Ermöglichung fremder Selbstgefährdung – „Stechapfeltee" JA 1998, 105ff.
Faller, Artur	Sport und Strafrecht (Die Sportverletzung) Diss. Heidelberg 1953
Fiedler, Ralf-Peter	Zur Strafbarkeit der einverständlichen Fremdgefährdung – unter besonderer Berücksichtigung des viktimologischen Prinzips Diss. Frankfurt 1990
Friedrich, Paul	Die Haftung des Sportlers aus § 823 Abs. 1 BGB NJW 1966, 755ff.
Frisch Wolfgang	Vorsatz und Risiko München 1983
Frisch, Wolfgang	Grund- und Grenzprobleme des sog. subjektiven Rechtfertigungselements Festschrift für Lackner, S. 113ff., Berlin 1987

Frisch, Wolfgang | Tatbestandsmäßiges Verhalten und Zurechnung des Erfolgs
Heidelberg 1988

Frisch, Wolfgang | Selbstgefährdung im Strafrecht
NStZ 1992, 1ff. und 62 ff.

Frisch, Wolfgang | Faszinierendes, Berechtigtes und Problematisches der Lehre von der objektiven Zurechnung des Erfolgs
Festschrift für Roxin (Hg. Schünemann), S. 213ff.
Berlin 2001

Frisch, Peter | Das Fahrlässigkeitsdelikt
Berlin 1973

Fritzweiler, Jochen | Haftung des Sportlers bei Sportunfällen
Diss. Burghausen, 1976

Fritzweiler, Jochen | Tödliche Unfälle bei Risikosportarten
SpuRt 1997, 124ff.

Fritzweiler, Jochen | Anmerkung zu OLG München
SpuRt 1994, 100ff.

Fritzweiler, Jochen | Rechtsprechung zum Sportrecht 1999-2001
NJW 2002, 1014ff.

Fritzweiler, Jochen | Rechtsprechung zum Sportrecht 2002-2003
NJW 2004, 989ff.

Füllgraf, Lutz | Haftungsbegrenzung bei Sportverletzungen
VersR 1983, 705ff.

Fünfsinn, Helmut | Anmerkung zu BGH StV 1985, 56f.
StV 1985, 56ff.

Geerds, Friedrich | Zur Rechtsstellung des Verletzten im Strafprozess
JZ 1984, 786ff.

Geilen, Gerd | Suizid und Mitverantwortung
JZ 1974, 145ff.

Geppert, Klaus | Rechtfertigende Einwilligung des verletzten Mitfahrers bei Fahrlässigkeitsstraftaten im Straßenverkehr?
ZStW 83, 947ff.

Geppert, Klaus | Zu examensrelevanten Fragen im Rahmen alkoholbedingter Straßenverkehrsgefährdung durch Gefährdung von Mitfahrern
Jura 1996, 47ff.

Geppert, Klaus — Zur Unterbrechung des strafrechtlichen Zurechnungszusammenhangs
Jura 2001, 90ff.

Göbel, Alfred — Die Einwilligung im Strafrecht als Ausprägung des Selbstbestimmungsrechts
Frankfurt am Main 1992

Gössel, Karl Heinz — Strafrecht Besonderer Teil 1 Band 1
Heidelberg 1987

Grunsky, Wolfgang — Zur Haftung bei Sportunfällen
JZ 1975, 109ff.

Grunsky, Wolfgang — Haftungsrechtliche Probleme der Sportregeln
Heidelberg 1979

Günter, Hans-Ludwig — Strafrechtswidrigkeit und Strafunrechtsausschluss
München 1983

Haft, Fritjof — Strafrecht – Besonderer Teil
6. Aufl., München 1997

Hammer, Michael — Autosurfen, Selbstgefährdung oder Fremdgefährdung? OLG Düsseldorf, NStZ-RR 1997, 325
JuS 1998, 785ff.

Hansen, Georg — Die Einwilligung des Verletzten bei Fahrlässigkeitstaten, im besonderen das bewusste Eingehen eines Risikos durch den Geschädigten
Diss. Bonn 1963

Hardtung, Bernhard — Anmerkung zu BGH NStZ 01, 205
NStZ 2001, 206ff.

Hartung, Fritz — Schlägermensur und Strafrecht
NJW 1954, 1225ff.

Harzer, Regina — Die Verletzung von Spielregeln und das Strafrecht – Sanktionsmöglichkeiten und Sanktionsverfahren im Profifußball
KritV 1999, 114ff.

Hassemer, Raimund — Schutzbedürftigkeit des Opfers und Strafrechtsdogmatik
Berlin 1981

Heinze, M. — Anmerkung zu BGH JR 1975, 285
JR 1975, 288ff.

Helgerth, Roland	Aids – Einwilligung in infektiösen Geschlechtsverkehr NStZ 1988, 261ff.
Hellgardt, Klaus	Die Haftung für Sportverletzungen Diss. Köln 1973
Hellmann, Uwe	Einverständliche Fremdgefährdung und objektive Zurechnung Festschrift für Roxin Berlin 2001
Henkel, Heinrich	Der Notstand nach gegenwärtigem und künftigem Recht München 1932
Herzberg, Rolf-Dietrich	Der reumütige Kurschatten: Ein Bericht über eine strafrechtliche Examensklausur JuS 1984, 369ff.
Herzberg, Rolf-Dietrich	Beteiligung an einer Selbsttötung, Teil 3 und 4 JA 1985, 265ff. und 336ff.
Herzberg, Rolf-Dietrich	Vorsatz und erlaubtes Risiko – insbesondere bei der Verfolgung Unschuldiger (§ 344 StGB) JR 1986, 6ff.
Herzberg, Rolf-Dietrich	Straffreie Beteiligung am Suizid JZ 1988, 182ff.
Herzberg, Rolf-Dietrich	Aids: Herausforderung und Prüfstein des Strafrechts JZ 1989, 470ff.
Herzog, Felix / Nestler-Tremel, Cornelius	Aids und Strafrecht – Schreckensverbreitung oder Normstabilisierung StV 1987, 360ff.
Heß, Burkhard / Dressler, Wolf-Dieter	Aktuelle Rechtsfragen des Sports Heidelberg 1999
Hillenkamp, Thomas	Verkehrsgefährdung durch Gefährdung des Tatbeteiligten – OLG Stuttgart NJW 1976, 1904 JuS 1977, 166ff.
Hillenkamp, Thomas	Der Einfluss des Opferverhaltens auf die dogmatische Beurteilung der Tat – einige Bemerkungen zum Verhältnis zwischen Viktimologie und Dogmatik Bielefeld 1983
Hirsch, Hans Joachim	Sozialadäquanz und Unrechtslehre ZStW 74, 78ff.

Hirsch, Hans Joachim — Anmerkung zu BGH 1979, 429
JR 1979, 429ff.

Hirsch, Hans Joachim — Die Entwicklung der Strafrechtsdogmatik nach Welzel
Festschrift der Rechtswissenschaftlichen Fakultät zur 600-Jahr-Feier der Universität zu Köln, S. 399ff.
Köln 1988

Hofmann, Gerhard — Inwieweit sind beim Sport verursachte Verletzungen straffrei?
JW 1933, 417ff.

Hugger, Heiner — HIV-Übertragung als mittäterschaftliche Beteiligung an fremder Selbstverletzung – BayObLG, NJW 1990, 131
JuS 1990, 972ff.

Hummel, Dieter — Verfolgung von Sportvergehen unter besonderer Berücksichtigung von Straftaten im Zusammenhang mit Fußballspielen in: Württembergischer Fußballverband e.V. (Hg.)
Fußballsport und Strafrecht, S. 64ff.
Stuttgart 1978,

Jakobs, Günther — Strafrecht Allgemeiner Teil
1. Aufl., Berlin 1983, 2. Aufl., 1993

Jescheck, Hans Heinrich (Weigend, Thomas) — Lehrbuch des Strafrechts, Allgemeiner Teil
4. Aufl., Berlin 1988, 5. Aufl., Berlin 1996

Jescheck, Hans Heinrich — Die Behandlung des Zweikampfs in der Strafrechtsreform
JZ 1957, 108ff.

Joecks, Wolfgang — Kommentar zum StGB
4. Aufl., München 2003

Karding, Ernst — Straflose vorsätzliche Körperverletzungen bei Bewegungsspielen
Diss. Leipzig 1902

Kargl, Walter — Probleme der Strafbegründung bei Einwilligung des Geschädigten am Beispiel des Dopings
JZ 2002, 389ff.

Kauffmann, Hans — Einige Gedanken zum öffentlichen Interesse an der Verfolgung von Körperverletzungen im Sport
Festschrift für Kleinknecht, S. 203ff.
München 1985

Kaufmann, Armin	Zum Stande der Lehre vom personalen Unrecht Festschrift für Welzel, S. 393ff., Berlin 1974
Ketteler, Gerd	Sport als Rechtsbegriff SpuRt 1997, 73ff.
Kienapfel, Diethelm	Das erlaubte Risiko im Strafrecht Diss. Frankfurt am Main 1966
Kindhäuser, Urs	Erlaubtes Risiko und Sorgfaltswidrigkeit – Zur Struktur strafrechtlicher Fahrlässigkeitshaftung GA 1994, 197ff.
Kindhäuser, Urs	Kommentar zum StGB 1. Aufl., Baden-Baden 2002, 2. Aufl., 2005
Kindhäuser, Urs	Nomos-Lehrbuch – Allgemeiner Teil, 1. Aufl., Baden-Baden 2005
Kleinknecht, Theodor / Meyer-Goßner, Lutz	Strafprozessordnung mit GVG und Nebengesetzen 44. Auflage, München 1999
Kost, Helmut	Die Körperverletzung im Sport – Die Leibesübungen Greifswald 1926
Krähe, Christian	Die zivilrechtlichen Schadenersatzansprüche von Amateur- und Berufssportlern für Verletzungen beim Fußballspiel Bern 1981
Kratzsch, Dietrich	Verhaltenssteuerung und Organisation im Strafrecht. Ansätze zur Reform des strafrechtlichen Unrechtsbegriffs und der Regeln der Gesetzesanwendung Berlin 1985
Kratzsch, Dietrich	Aufgaben- und Risikoverteilung als Kriterien der Zurechnung im Strafrecht Festschrift für Oehler (Hg. Herzberg), S. 65ff. Köln 1985
Kretschmer, Joachim	Das Fahrlässigkeitsdelikt JURA 2000, 267ff.
Kretschmer, Joachim	Selbstgefährdung im Sport – Strafbarkeit bei Retterunfällen SpuRt 2002, 4ff.

Kubink, Michael	Strafrechtliche Probleme des Rechtsschutzverzichts im sportlichen Grenzbereich – soziale Adäquanz, erlaubtes Risiko, Einwilligung JA 2003, 257ff.
Kühl, Christian	Strafrecht Allgemeiner Teil 3. Aufl., München 2000
Kühn, Ralph	Sportstrafrecht und Notwehr unter besonderer Berücksichtigung der Fahrlässigkeitsstrafbarkeit im Sport und durch Kampfsport erworbener Sonderfähigkeiten Marburg 2001
Küpper, Georg	Strafvereitelung und sozialadäquate Handlungen GA 1987, 385ff.
Lackner, Karl / Kühl, Christian	Strafgesetzbuch mit Erläuterungen 24. Aufl., München 2001
Lauerbach, Erwin	Sport und Gesellschaft In: Schroeder/Kauffmann: Sport und Recht, S. 6ff. Berlin 1972
Leipziger Kommentar	zum Strafgesetzbuch, Bd. 1, §§ 1-31 StGB 5. Aufl., Berlin/Leipzig 1933, 10. Aufl., Berlin 1985, 11. Aufl., 2003
Leipziger Kommentar	zum Strafgesetzbuch, Bd. 2, §§ 32-60 StGB 11. Aufl., Berlin 1992
Lenckner, Theodor	Technische Normen und Fahrlässigkeit Festschrift für Engisch, S. 490ff., Frankfurt am Main 1969
Looschelders, Dirk	Die haftungsrechtliche Relevanz außergesetzlicher Verhaltensregeln im Sport JR 2000, 265ff.
Mahling, Günther	Die strafrechtliche Behandlung von Sportverletzungen Diss. Leipzig 1940
Maiwald, Manfred	Zur Leistungsfähigkeit des Begriffs „erlaubtes Risiko“ für die Strafrechtssystematik Festschrift für Jescheck, S. 405ff., Berlin 1985
Marburger, Peter	Die Regeln der Technik im Recht Berlin, 1979

Maurach, Reinhart	Deutsches Strafrecht Besonderer Teil 5. Aufl., Karlsruhe 1969
Maurach, Rainer / Schroeder; Friedrich / Maiwald, Manfred	Strafrecht Besonderer Teil 1 8. Aufl., Heidelberg 1995
Maurach, Reinhart / Zipf, Heinz	Strafrecht Allgemeiner Teil, Teilband 1 7. Aufl., Heidelberg 1987
Maurach, Reinhart / Gössel, Karl-Heinz / Zipf, Heinz	Strafrecht – Allgemeiner Teil – Ein Lehrbuch Teilband 2 – Erscheinungsformen des Verbrechens und Rechtsfolgen der Tat 7. Auflage, Heidelberg 1989
Mayer, Hellmuth	Strafrecht, Allgemeiner Teil Stuttgart, 1953
Meckel, Fritz	Die strafrechtliche Haftung für riskante Verhaltensweisen Diss. Wiesbaden 1968
Meiners, Frank	Die Haftung des organisierten Mannschaftssportlers für Wettkampfverletzungen Diss. Göttingen 1977
Mletzko, Karl Werner	Die strafrechtliche Behandlung von Körperverletzungen und Tötungen beim Sport Diss. Erlangen 1935
Mitsch, Wolfgang	Fahrlässigkeit – Täterschaft und Teilnahme JuS 2001, 105ff.
Montenbruck, Axel	Anmerkung zu BGH JR 85, 113ff. JR 1985, 115ff.
Münchener Kommentar	Kommentar zum StGB, Band 3, §§ 185-262 StGB 1. Aufl., München 2003
Münzberg, Wolfgang	Verhalten und Erfolg als Grundlagen der Rechtswidrigkeit und Haftung Frankfort am Main 1966
Neumann, Ulfried	Abgrenzung von Teilnahme am Selbstmord und Tötung in mittelbarer Täterschaft – BGHSt 32, 38 JuS 1985, 677ff.

Neumann, Ulfried	Die Strafbarkeit der Suizidbeteiligung als Problem der Eigenverantwortlichkeit des „Opfers“ JA 1987, 244ff.
Niedermair, Harald	Körperverletzung mit Einwilligung und die Guten Sitten München 1999
Nipperdey, Hans-Carl	Rechtswidrigkeit, Sozialadäquanz, Fahrlässigkeit, Schuld im Zivilrecht NJW 1957, 1777ff.
Nirk, R.	Anmerkung zu LG Wien vom 29.01.1965 – 43 R 7/65 NJW 1966, 305ff.
Noll, Peter	Übergesetzliche Rechtfertigungsgründe, im besonderen die Einwilligung des Verletzten Basel 1955
Noll, Peter	Tatbestand und Rechtswidrigkeit: Die Wertabwägung als Prinzip der Rechtfertigung ZStW 77, 1ff. und 30ff.
Nürck	Sport und Recht Berlin 1936
Nomos-Kommentar	zum StGB – Band III, §§ 146-248c StGB Baden-Baden, Stand: 2000
Otto, Harro	Selbstgefährdung und Fremdverantwortung – BGH NJW 1984, 1469 Jura 1984, 536ff.
Otto, Harro	Eigenverantwortliche Selbstschädigung und –gefährdung sowie einverständliche Fremdschädigung und –gefährdung Festschrift für Tröndle, S. 157ff. Berlin 1989
Otto, Harro	Mittäterschaft beim Fahrlässigkeitsdelikt Jura 1990, 47ff.
Otto, Harro	Täterschaft und Teilnahme im Fahrlässigkeitsbereich Festschrift für Spendel, S. 271ff., Berlin 1992
Otto, Harro	Übungen im Strafrecht 4. Aufl., Berlin 1995
Otto, Harro	Anmerkung zu BayObLG JZ 97, 521 JZ 1997, 522f.

Paetzold, Harald / Riemenschneider, Sabine — Strafrechtliche Verantwortbarkeit des Arztes
NJW 1997, 2420ff.

Palandt — Kommentar zum Bürgerlichen Gesetzbuch
59. Auflage, München 2000

Petev, Valentin — Zum Problem der Rechtswidrigkeit in Bezug auf die zivilrechtliche Haftung für Sportunfälle
VersR 1976, 320ff.

Pfister, Bernhard — Autonomie des Sports, sport-typisches Verhalten und staatliches Recht
Festschrift für Lorenz, S. 171ff.
Tübingen 1991

Pfister, Bernhard — Schutzzweck von Sportregeln
Festschrift für Gitter, S. 731ff.
Wiesbaden 1995

Pfister, Bernhard — Sportregeln vor staatlichen Gerichten
SpuRt 1998, 221ff.

Pfister, Bernhard / Steiner, Udo — Sportrecht von A-Z
München 1995

Pilz, Gunter A. / Schilling, Guido — Sportpsychologie. Wofür?
Basel 1974

Preuß, Wilhelm — Untersuchung zum erlaubten Risiko im Strafrecht
Berlin 1974

Prittwitz, Cornelius — Die Ansteckungsgefahr bei Aids – Ein Beitrag zur objektiven und subjektiven Zurechnung
JA 1988, 427ff.

Prittwitz, Cornelius — Strafbarkeit des HIV-Virusträgers trotz Aufklärung des Sexualpartners
NJW 1988, 2942ff.

Puppe, Ingeborg — Die Lehre von der objektiven Zurechnung
Jura 1998, 21ff.

Rehberg, Jörg — Zur Lehre vom erlaubten Risiko
Diss. Zürich 1962

Reichert, Bernhard — Grundriss des Sportrechts und des Sporthaftungsrechts
Darmstadt 1968

Reinhardt, Uwe	Öffentliches Strafverfolgungsinteresse bei Sportverletzungen und – unfällen SpuRt 1997, 1ff.
Reinhart, Michael	Einige Bemerkungen zum Dohrn-Urteil JR 1964, 368ff.
Renström, Per	Sportverletzung und Überlastungsschäden Köln 1997
Renzikowski, Joachim	Anmerkung zu BGH JR 2001, 246 JR 2001, 248ff.
RGRK-Kommentar	zum Bürgerlichen Gesetzbuch, Band II, 5. Teil, §§ 812-831 BGB 12. Aufl., Berlin 1989
Roeder, Hermann	Die Einhaltung des sozialadäquaten Risikos und ihr systematischer Standort im Verbrechensaufbau Berlin 1969
Rössner, Dieter	Fahrlässiges Verhalten im Sport als Prüfstein der Fahrlässigkeitsdogmatik Festschrift für Hirsch, S. 313ff. Berlin 1999
Rössner, Dieter	„Affekt/Affekthandlung", „Körperverletzung", „Recht im Sport", „Resozialisierung/Strafvollzug", „Strafe/Sühne" in: Grupe/Hübenthal, Lexikon der Ethik im Sport, 1. Aufl., S. 306ff. Schorndorf 1998
Roxin, Claus	Verwerflichkeit und Sittenwidrigkeit als unrechtsbegründende Merkmale im Strafrecht JuS 1964, 373ff.
Roxin, Claus	Besprechung: Lehrbuch des Strafrechts von Hans-Heinrich Jescheck – Allgemeiner Teil, 2. Aufl., Berlin ZStW 85, 96ff.
Roxin, Claus	Zum Schutzzweck der Norm bei fahrlässigen Delikten Festschrift für Gallas, S. 241 ff. München 1973
Roxin, Claus	Bemerkungen zur sozialen Adäquanz im Strafrecht Festschrift für Klug, S. 303ff. Köln 1983

Roxin, Claus — Anmerkung zu BGH NStZ 1984, 410f.
NStZ 1984, 411ff.

Roxin, Claus — Anmerkung zu BGH NStZ 1984, 70f.
NStZ 1984, 71ff.

Roxin, Claus — Täterschaft und Tatherrschaft
6. Aufl., Berlin 1994

Roxin, Claus — Strafrecht Allgemeiner Teil
Bd. 1 - Grundlagen
3. Aufl., München 1997

Rudolphi, Hans Joachim — Vorhersehbarkeit und Schutzzweck in der Fahrlässigkeitslehre
JuS 1969, 549ff.

Schaffstein, Friedrich — Soziale Adäquanz und Tatbestandslehre
ZStW 72, 369ff.

Schaffstein, Friedrich — Handlungsunwert, Erfolgsunwert und Rechtfertigung bei den Fahrlässigkeitsdelikten
Festsschrift für Welzel (Hg. Stratenwerth), S. 557ff.
Berlin 1974

Scheffen, Erika — Beweislastfragen bei Sportunfällen in:
Beweisprobleme in der Sportrechtsprechung
Referate bei einem Richterseminar
Württembergischer Fußballverband e.V.
Ostfilden 1984

Scheffen, Erika — Zivilrechtliche Haftung im Sport
NJW 1990, 2658ff.

Schiffer, Bernd H. — Die strafrechtliche Behandlung der Sportverletzung
Diss. Mannheim 1977

Schild, Wolfgang — Die strafrechtsdogmatischen Konsequenzen des rechtsfreien Raumes
JA 1978, 449ff., 570ff., 631ff.

Schild, Wolfgang — Das strafrechtliche Problem der Sportverletzung
(vorwiegend im Fußballkampfspiel)
Jura 1982, 464ff., 521ff., 585ff.

Schild, Wolfgang — Sportstrafrecht
1. Auflage, Baden-Baden 2002

Schlehofer, Horst	Einwilligung und Einverständnis Diss. Bochum 1985
Schlehofer, Horst	Risikovorsatz und zeitliche Reichweite der Zurechnung bei ungeschütztem Geschlechtsverkehr des HIV-Infizierten NJW 1989, 2017ff.
Schlehofer, Horst	Juristische Methodologie und Methodik der Fallbearbeitung JuS 1992, 659ff.
Schmidhäuser, Eberhard / Alwart, Heiner	Strafrecht, Allgemeiner Teil 2. Aufl., Tübingen 1984
Schmidhäuser, Eberhard	Der Unrechtstatbestand Festschrift für Engisch, S. 433ff. Frankfurt am Main 1969
Schmidt Eberhard	Schlägermensur und Strafrecht JZ 1954, 369ff.
Schmitt, Bertram	Körperverletzungen bei Fußballspielen Lübeck 1985
Schmitt, Rudolf	§ 226a StGB ist überflüssig Gedächtnisschrift für Schröder, S. 263ff. München 1978
Schönke/Schröder	Strafgesetzbuch - Kommentar 24. Aufl., München 1991, 25. Aufl., 1997, 26. Aufl., 2001
Schöntag, Hartmut	Rechtliche Probleme um den Sportschiedsrichter Diss. Augsburg 1975
Schroeder, Friedrich-Christian / Kauffmann, Hans (Hg.)	Sport und Strafrecht Sport und Recht, S. 21ff. Berlin 1972
Schroeder, Friedrich-Christian	Die Bestimmtheit von Strafgesetzen am Beispiel des groben Unfugs JZ 1969, 775ff.
Schünemann, Bernd	Moderne Tendenzen in der Dogmatik der Fahrlässigkeits- und Gefährdungsdelikte JA 1975, 715ff.

Schünemann, Bernd	Einige vorläufige Bemerkungen zur Bedeutung des viktimologischen Ansatzes in der Strafrechtsdogmatik; Das Verbrechensopfer in der Strafrechtspflege (Schneider Hg.) München 1982
Schünemann, Bernd	Fahrlässige Tötung durch Abgabe von Rauschmitteln? Besprechung des Urteils BGH NStz 1981, 350 NStZ 1982, 60ff.
Schünemann, Bernd	Zur Stellung des Opfers im System der Strafrechtspflege NStZ 1986, 439ff.
Schünemann, Bernd	Riskanter Geschlechtsverkehr eines HIV-Infizierten als Tötung, Körperverletzung oder Vergiftung? JR 1989, 89ff.
Schünemann, Bernd	Über die objektive Zurechnung GA 1999, 207ff.
Schürer-Mohr, Wiebke	Erlaubte Risiken - Grundfragen des erlaubten Risikos im Bereich der Fahrlässigkeitsdogmatik Frankfurt am Main 1998
Schumacher, Harald	Anpfiff München 1987
Sengle, Alfred	Verrechtlichung des Sports In: Württembergischer Fußballverband e.V. (Hg.), Fußballsport und Strafrecht, S. 7ff. Stuttgart 1978
Sigler, Willy	Versuch einer juristischen Interpretation haftungsauslösender Regelbestimmungen in: Württembergischer Fußballverband e.V. (Hg.), Haftungsrechtliche Probleme im Fußballsport, S. 17ff., 1976
Sonnen, Bernd Rüdeger	Anmerkung zu OLG Karlsruhe 3 St 310/80, Beschluss vom 25.06.1981 JA 1982, 266ff.
Sportbrockhaus	Sportlexikon 3. Aufl., Wiesbaden 1977
Staudinger	Kommentar zum BGB, 2. Buch Recht der Schuldverhältnisse, §§ 823-825 BGB 13. Aufl., Berlin 1999
Sternberg-Lieben, Irene	Der praktische Fall – Strafrecht: Alkohol im Blut JuS 1998, 428ff.

Sternberg-Lieben, Detlev	Die objektiven Schranken der Einwilligung im Strafrecht Tübingen 1997
Stoll, Hans	Das Handeln auf eigene Gefahr – Eine rechtsvergleichende Untersuchung Berlin 1961
Stooß, C.	Chirurgische Operation und ärztliche Behandlung Basel 1898
Storch, Alfred	Rechtliche Behandlung von Sportverletzungen beim Golfspiel VersR 1989, 1131ff.
Stratenwerth, Günter	Strafrecht Allgemeiner Teil 4. Aufl., Köln 2000
Stree, Walter	Beteiligung an vorsätzlicher Selbstgefährdung – BGHSt 32, 262 JuS 1985, 179ff.
Systematischer Kommentar	zum Strafgesetzbuch, §§ 1-37 StGB Frankfurt am Main, Stand: 1993
Systematischer Kommentar	zum Strafgesetzbuch, §§ 201-266b StGB Frankfurt am Main, Stand: 1998
Teichmann, Arndt	§ 823 BGB und Verletzung eines anderen im Sport JA 1978, 293ff. und 347ff.
Treuer, Wolf Dieter	Tatsachenfeststellung in der Sportrechtsprechung in: Beweisprobleme in der Sportrechtsprechung Württembergische FV Schriftenreihe – Heft Nr. 19 Ostfilden 1984
Tröndle, Herbert / Fischer, Thomas	Strafgesetzbuch mit Nebengesetzen 50. Aufl., München 2001, 51. Aufl., 2003, 52. Aufl., 2005
Trüg, Gerson	Fall – Verwendung eines PKW JA 2002, 214ff.
Vieweg, Klaus	Zur Einführung: Sport und Recht JuS 1983, 825ff.
Vögeli, Hans Felix	Strafrechtliche Aspekte der Sportverletzungen, im besonderen die Einwilligung des Verletzten im Sport Diss. Zürich 1974

Vollrath, Alfred	Sportkampfverletzungen im Strafrecht Diss. Leipzig 1931
Walther, Susanne	Eigenverantwortlichkeit und strafrechtliche Zurechnung Freiburg 1991
Weber, Ulrich	Objektive Grenzen der strafbefreienden Einwilligung in Lebens- und Gesundheitsgefährdungen Festschrift für Jürgen Baumann, S. 43ff., Bielefeld 1992
Wegner, Uwe	Sportverletzungen Hannover 1993
Weigend, Thomas	Über die Begründung der Straflosigkeit bei Einwilligung des Betroffenen ZStW 98, 44ff.
Weisemann, Ulrich / Spieker, Ulrich	Sport, Spiel und Recht München 1983
Weissenberger, Phillipe	Die Einwilligung des Verletzten bei den Delikten gegen Leib und Leben Bern 1996
Weißer, Bettina	Gibt es fahrlässige Mittäterschaft? JZ 1998, 230ff.
Welzel, Hans	Der allgemeine Teil des deutschen Strafrechts in seinen Grundzügen Berlin 1940, 3. Aufl. 1944
Welzel, Hans	Das deutsche Strafrecht 1. Aufl., Berlin 1947, 3. Aufl. 1954, 4. Aufl. 1954, 5. Aufl., 1956, 7. Aufl. 1960, 11. Aufl. 1969
Welzel, Hans	Studien zum System des Strafrechts ZStW 58, 491ff.
Welzel, Hans	Fahrlässigkeit und Verkehrsdelikte Karlsruhe 1960
Welzel, Hans	Abhandlungen zum Strafrecht und zur Rechtsphilosophie Berlin 1975
Werner, Fritz	Sport und Recht Tübingen 1968

Wessels, Johannes / Beulke, Werner	Strafrecht Allgemeiner Teil 29. Aufl., Heidelberg 1999
Wolf, Paul-Gerhard	Die Kriminalität bei Fußballspielen. Eine kriminologische Untersuchung Diss. Freiburg 1962
Wolter, Jürgen	Objektive und personale Zurechnung von Verhalten, Gefahr und Verletzung in einem funktionalen Straftatsystem Berlin 1981
Wussow, Werner	Zur Lehre von der Sozialadäquanz NJW 1958, 891ff.
Zaczyk, Rainer	Kommentar zur Dissertation von Ralph Fiedler GA 1991, 571ff.
Zaczyk, Rainer	Strafrechtliches Unrecht und die Selbstverantwortung des Verletzten Heidelberg 1993
Zeiler	Sport und Körperverletzung DJZ 1926, 1603ff.
Zimmermann, Reinhard	Verletzungserfolg, Spielregeln und allgemeines Sportrisiko – Zur Haftung des Sportlers für Unfälle bei Wettspielen VersR 1980, 497ff.
Zipf, Heinz	Einwilligung und Risikoübernahme im Strafrecht Berlin 1970
Zipf, Heinz	Rechtskonformes und sozialadäquates Verhalten im Strafrecht ZStW 82, 633ff.

Strafrecht und Rechtsphilosophie in Geschichte und Gegenwart

Herausgegeben von Wolfgang Schild

Band 1 Michael Prüßner: Die von mehreren versuchte Tat. Gefährdung und Risiko bei versuchter mittelbarer Täterschaft und versuchter Mittäterschaft. 2004.

Band 2 Yi-fen Shaw: Entwicklung und Reform zur *Vergewaltigung in der Ehe* gemäß § 177 StGB. Der *Kampf um Anerkennung* aus rechtshistorischer und rechtsphilosophischer Sicht. 2005.

Band 3 Lutz Hähle: Die strafrechtliche Relevanz von Sportverletzungen. Zur Problematik des Schutzes der körperlichen Unversehrtheit, insbesondere im Fußballsport. 2008.

Band 4 Satu Lidman: Zum Spektakel und Abscheu. Schand- und Ehrenstrafen als Mittel öffentlicher Disziplinierung in München um 1600. 2008.

Peter Lang · Internationaler Verlag der Wissenschaften

Matthias Holla

Der Einsatz von Schiedsgerichten im organisierten Sport

Frankfurt am Main, Berlin, Bern, Bruxelles, New York, Oxford, Wien, 2006.
XX, 454 S.
Schriften zum Verfahrensrecht.
Herausgegeben von Peter Gottwald und Ulrich Haas. Bd. 11
ISBN 978-3-631-54428-0 · br. € 77.70*

Von Seiten des organisierten Sports wird zunehmend der Wunsch nach Einführung einer Sportschiedsgerichtsbarkeit geäußert und in der Praxis auch umgesetzt. Auf internationaler Ebene zeigt sich dieser Trend am Beispiel des Tribunal Arbitral du Sport bzw. Court of Arbitration for Sport (TAS/CAS). Die Bedeutung dieses Sportschiedsgerichts wird in Zukunft noch wachsen, da der Antidoping Code der Welt-Antidoping-Agentur (WADA) den TAS/CAS für alle dopingrelevanten Streitigkeiten abschließend als höchste Entscheidungsinstanz vorsieht. In Umsetzung des Antidoping Code wird auch auf nationaler Ebene über die Gründung eines nationalen Sportschiedsgerichts nachgedacht. Ob nun die Schiedsgerichtsbarkeit eine bessere Alternative zur Beilegung von Sportstreitigkeiten sein kann, hängt von der konkreten Ausgestaltung des Schiedsverfahrens ab. Die Untersuchung arbeitet den rechtlichen Rahmen einer Sportschiedsgerichtsbarkeit heraus und zeigt Lösungsmöglichkeiten für die praktische Umsetzung auf.

Aus dem Inhalt: Normative Rahmenbedingungen der Schiedsgerichtsbarkeit · Begründung der schiedsrichterlichen Zuständigkeit · Das Schiedsgericht · Das Schiedsverfahren · Mehrparteienschiedsverfahren · Der Schiedsspruch

Kolibri 360 GmbH
Ferdinand-Jühlke-Straße 7
99095 Erfurt, Deutschland
produktsicherheit@kolibri360.de

Druck:
CPI Druckdienstleistungen GmbH
im Auftrag der
Kolibri 360 GmbH
Ferdinand-Jühlke-Str. 7
99095 Erfurt